本书获"外交学院中央高校基本科研业务费专项资金"资助

新中国政党外交基本经验研究

余科杰 柴尚金 ◎ 著

Research on
the Basic Experience of
Party Diplomacy
of New China

当代世界出版社
THE CONTEMPORARY WORLD PRESS

图书在版编目（CIP）数据

新中国政党外交基本经验研究/余科杰，柴尚金著. -- 北京：当代世界出版社，2023.2
ISBN 978-7-5090-1730-2

Ⅰ.①新… Ⅱ.①余… ②柴… Ⅲ.①中国共产党-外交-研究 Ⅳ.①D27

中国国家版本馆 CIP 数据核字（2023）第 020130 号

书　　名	新中国政党外交基本经验研究
出 品 人	丁　云
策划编辑	刘娟娟
责任编辑	刘娟娟　徐嘉璐
装帧设计	王昕晔
版式设计	韩　雪
出版发行	当代世界出版社
地　　址	北京市地安门东大街 70-9 号
邮　　编	100009
邮　　箱	ddsjchubanshe@163.com
编务电话	（010）83907528
发行电话	（010）83908410（传真） 13601274970 18611107149 13521909533
经　　销	新华书店
印　　刷	北京新华印刷有限公司
开　　本	710 毫米×1000 毫米　1/16
印　　张	26.25
字　　数	353 千字
版　　次	2023 年 2 月第 1 版
印　　次	2023 年 2 月第 1 次
书　　号	ISBN 978-7-5090-1730-2
定　　价	98.00 元

如发现印装质量问题，请与承印厂联系调换。

版权所有，翻印必究；未经许可，不得转载！

目 录

导 论 … 1

第一章 新中国政党外交的历史概述 … 8
  一、新中国政党外交的起步发展及历史性开拓
    （1949年—20世纪70年代末） … 9
  二、政党外交的转型发展及拓展创新
    （20世纪70年代末—中共十八大） … 22
  三、中共十八大以后政党外交的新跨越 … 38

第二章 在实践中坚持和发展马克思主义党际关系理论 … 47
  一、马克思主义经典作家奠定了无产阶级政党
    党际关系的理论基础 … 47
  二、毛泽东丰富和发展了马克思主义党际关系理论 … 52
  三、邓小平对马克思主义党际关系理论作出了创新性
    贡献 … 57
  四、江泽民对马克思主义党际关系理论的继承与发展 … 64
  五、胡锦涛对马克思主义党际关系理论的拓展深化 … 71
  六、习近平有关党的对外工作的重要论述是马克思主义
    中国化的最新成果 … 79
  七、对党际关系理论创新的规律性认识 … 92

第三章 服务于党和国家中心工作及总体外交战略　　99

一、政党外交与党的奋斗目标、中心工作、国家外交战略的一致性　　99

二、新中国成立至改革开放前政党外交主要目标是巩固新生政权、打开新中国外交局面、支持世界革命　　110

三、20世纪70年代末到中共十八大以前政党外交服务于党和国家中心工作　　122

四、中共十八大以来政党外交进一步寓于国家总体外交之中　　130

五、政党外交促进国家关系发展的主要经验　　149

第四章 始终坚持和遵循党际关系四项原则　　156

一、党际关系四项原则是马克思主义经典作家有关论述的必然要求　　157

二、党际关系四项原则是中国共产党不断探索的必然结果　　162

三、党际关系四项原则的普适性、科学性　　173

四、坚持党际关系四项原则的根本要求和基本经验　　182

五、新时代坚持新型政党关系指导原则　　194

第五章 处理好意识形态与超越意识形态的关系　　197

一、政党意识形态和超越意识形态问题的逻辑呈现　　197

二、20世纪70年代末以前的"以意识形态划线"　　207

三、20世纪70年代末以后的"超越意识形态"　　217

四、政党外交中处理意识形态问题的经验教训及启示　　224

第六章 准确把握党际关系和国家关系的辩证统一　　237

一、党际关系与国家关系相互关联的理论缘起和表现形式　　237

二、20世纪70年代末以前：党际关系"决定"国家关系　　242

三、20世纪70年代末到中共十八大：党际关系"促进"
　　　　国家关系　　　　　　　　　　　　　　　　　　250
　　四、中共十八大以来：党际关系"充实"国家关系　　261
　　五、处理党际关系与国家关系辩证统一的历史经验及启示　276

第七章　处理好同各国共产党与其他类型政党党际关系　291
　　一、中共处理同各国共产党党际关系的经验与教训　　291
　　二、在求同存异基础上发展同社会党党际关系　　　　306
　　三、以发展国家关系为目的发展同资产阶级右翼政党
　　　　党际关系　　　　　　　　　　　　　　　　　　311
　　四、在平等、互信基础上深化与民族主义政党党际关系　315
　　五、发展同不同类型政党党际关系的基本经验　　　　323

第八章　正确处理与执政党和非执政党党际关系　　　　　328
　　一、执政党：发展党际关系的重中之重　　　　　　　328
　　二、非执政党：发展党际关系的重要基础　　　　　　347
　　三、同执政党与非执政党发展党际关系的历史经验　　365

结　语　新中国政党外交的基本经验和重要启示　　　　　378
　　一、正确处理马克思主义党际关系理论继承与发展的关系　378
　　二、始终坚持"三个重要"的科学定位　　　　　　　382
　　三、坚持党际关系主要原则并赋予其新的时代内涵　　385
　　四、始终坚持"国家利益至上"的总要求　　　　　　390
　　五、不以意识形态划线但充分认识国际意识形态斗争的
　　　　尖锐性和重要性　　　　　　　　　　　　　　　393

参考文献　　　　　　　　　　　　　　　　　　　　　　398

后　记　　　　　　　　　　　　　　　　　　　　　　　410

导 论

一、课题的目的和意义

十分重视和善于总结历史经验,一直是中国共产党的优良传统和政治优势。中国共产党在近百年的奋斗历程中,始终坚持以马克思列宁主义为指导,坚持在实践中不断发展马克思列宁主义,着眼于时代要求和社会实践,科学地总结历史经验,在不同历史时期形成了同马克思列宁主义既一脉相承又与时俱进的思想理论,即毛泽东思想、邓小平理论、"三个代表"重要思想、科学发展观和习近平新时代中国特色社会主义思想。显然,实践是中国共产党思想理论不断发展的动力源泉,实践性则是中国共产党思想理论的鲜明特征。但实践只是思想理论产生的基础和源泉,实践中产生的只是经验,并不能直接得出理论的结果。只有对这些经验进行科学的总结,并加以系统的、创造性的理论概括,才能形成科学的理论体系。

马克思曾经指出:"理论的方案需要通过实际经验的大量积累才臻于完善。"① 对历史经验的科学总结,是进行理论创新的必要条件。列宁说过,马克思的学说"是用深刻的哲学世界观和丰富的历史知识阐

---

① 中共中央马克思恩格斯列宁斯大林著作编译局编:《马克思恩格斯文集》(第五卷),北京:人民出版社,2009年版,第437页。

明的经验总结"①。只有科学总结历史经验,特别是要善于汲取失败的教训,才能推动实践,指导实践,失败就可能成为成功之母。恩格斯说得好,"要明确地懂得理论,最好的道路就是从本身的错误中、'从亲身经历的痛苦经验中'学习"②。邓小平在谈到中国共产党和毛泽东的成功之道时指出,"有了这么一个党,尽管人数少,也能制定正确的战略和策略,包括不断总结经验,改正缺点和错误。一个党是不可能不犯错误的。""毛泽东同志最伟大之处,就是善于及时总结经验,看见不对的赶快纠正,看到好的东西赶快推广,抓住事物的本质,不为零零碎碎的现象所迷惑。"③习近平总书记指出:"回望过往的奋斗路,眺望前方的奋进路,我们必须把党的历史学习好、总结好,把党的成功经验传承好、发扬好。""我们党一步步走过来,很重要的一条就是不断总结经验、提高本领,不断提高应对风险、迎接挑战、化险为夷的能力水平。"④

  作为世界上最大的执政党、最大的共产党,中国共产党从成立之初,就根据革命的需要,积极开展国际活动;特别是在新中国成立后,中国共产党在执掌国家政权、处理外交关系、捍卫国家主权安全、维护国家利益的过程中,根据不同的时代主题和国内外形势,紧密结合党和国家中心工作和发展战略,积极开展政党外交。新中国成立后,以毛泽东同志为核心的党的第一代中央领导集体,在世界冷战、东西方对垒的情况下,积极发展同社会主义国家执政党及世界各国共产党的关系,在总结中国革命和国际共产主义运动历史经验的基础上,明确提出了独立自主、互相尊重等处理兄弟党关系的准则,坚决反对苏联大国主义、大党主义,捍卫了中国国家主权和尊严。20世纪70年代

---

① 中共中央马克思恩格斯列宁斯大林著作编译局编:《列宁选集》(第三卷),北京:人民出版社,1995年版,第134页。
② 马克思、恩格斯著,刘潇然等译:《马克思恩格斯书信选集》,北京:人民出版社,1962年版,第440页。
③ 中共中央文献研究室编:《邓小平文集(一九四九——一九七四)》(下卷),北京:人民出版社,2014年版,第254页。
④ 习近平:《在党史学习教育动员大会上的讲话》,载《求是》,2021年第7期。

末,以邓小平同志为核心党的第二代中央领导集体,根据和平与发展的时代要求和党的工作重心转移到经济建设的战略决策,系统总结了党过去开展政党外交的经验教训,提出了建立新型党际关系的主张和新时期处理党际关系的"四项原则"(独立自主、完全平等、互相尊重、互不干涉内部事务),改变了"以意识形态划线"的做法,把国家关系和国家利益作为开展政党外交的根本出发点,使政党外交工作得到了历史性开拓。可以说,不断总结历史经验,是新中国成立以来政党外交工作不断拓展的历史前提,同时也是马克思主义党际关系理论创新发展的动力源泉。

中共十八大以来,以习近平同志为核心的党中央面对世界百年未有之大变局,肩负起中华民族伟大复兴的历史使命,在推进中国特色社会主义伟大事业和党的建设新的伟大工程的历史进程中,以中国与世界紧密关联的大视野,统筹国内国际两个大局,根据时代要求和使命任务,就当代中国外交和政党外交提出了一系列重要论述。习近平总书记关于党的对外工作的重要论述在目标方向、定位属性、基本原则、核心范畴、价值理念多方面赋予了政党外交全新内涵。践行新时代政党外交,坚持以习近平总书记关于党的对外工作的重要论述为根本遵循和行动指南,需要认真总结新中国成立以来的历史经验,在实践中处理好各种关系,比如,为中国人民谋幸福和为人类谋进步、国家利益与人类共同利益、超越意识形态和坚持宣介特定价值理念(中国特色社会主义)、新型政党关系与新型国际关系等。

习近平总书记指出:"中国共产党是为中国人民谋幸福的政党,也是为人类进步事业而奋斗的政党。中国共产党始终把为人类作出新的更大的贡献作为自己的使命。"① 在阐述人类命运共同体理念时,习近平总书记一方面呼吁各国政党应秉持"天下一家"的理念,在维护自身利益的同时,也要为共同构建人类命运共同体而努力,中国共

---

① 习近平:《习近平谈治国理政》第三卷,北京:外文出版社,2020年版,第45页。

产党愿意做新型政党关系和新型国际关系的"建设者""推动者""贡献者""维护者";另一方面又特别强调要捍卫维护国家利益:"决不能放弃我们的正当权益,决不能牺牲国家核心利益。任何外国不要指望我们会拿自己的核心利益做交易,不要指望我们会吞下损害我国主权、安全、发展利益的苦果。"① 显然这些既是中国共产党发出的时代强音,也是基于历史的经验总结。要把新时代政党外交推向新高度,实现新跨越,认真总结历史经验教训,无疑是至关重要的。

总结新中国成立以来政党外交的历史经验,既是研究中国共产党党际关系理论的主要着眼点,也是构建当代中国政党外交理论的重要抓手,对于促进当代中国政党外交的深入实践,具有重要启示和借鉴。

二、总结政党外交历史经验的思想方法

善于总结历史经验是中国共产党理论创新的关键环节。这就产生了如何总结历史经验的重要问题,即依据什么样的思想方法来总结政党外交的历史经验。

一方面,要充分认识到,新中国成立以来政党外交经历了70年的跌宕起伏,为我们正确认识总结历史经验教训提供了根本前提。科学总结历史经验,仅仅依靠主观的努力还是不够的,"必须具备总结历史经验的正确的指导思想——深刻的哲学世界观;具备足够的历史知识和历史材料;还有经验本身的成熟。特别是第三个条件,这是完全不以人们的主观意志为转移的。"② 成熟的经验当然包括失败的教训,而且这点更加重要。1957年11月,毛泽东在莫斯科会议期间指出,"只有成功的经验还不行,还要有失败的经验。没有失败的经验就不能比较,而且最好既犯过右倾机会主义错误,也犯过'左'倾机会主义错

---

① 习近平:《习近平谈治国理政》,北京:外文出版社,2014年版,第249页。
② 孙长江:《马克思主义者对待历史经验的态度》,载《人民日报》,1981年9月11日,第5版。

误。"① 1962年1月，毛泽东在扩大的中央工作会议上进一步指出："在民主革命时期，经过胜利、失败，再胜利、再失败，两次比较，我们才认识了中国这个客观世界。在抗日战争前夜和抗日战争时期，我写了一些论文，例如《中国革命战争的战略问题》《论持久战》《新民主主义论》《〈共产党人〉发刊词》，替中央起草过一些关于政策、策略的文件，都是革命经验的总结。那些论文和文件，只有在那个时候才能产生，在以前不可能，因为没有经过大风大浪，没有两次胜利和两次失败的比较，还没有充分的经验，还不能充分认识中国革命的规律。"② 就政党外交而言，70年的风雨历程，既有开创历史的辉煌，也有陷入孤立封闭的凄冷；既有以党际关系促进国家关系，从而维护国家利益的好的做法，也留下了不能正确处理党际关系和国家关系，从而损害国家利益的遗憾；在意识形态问题上，既有对原则性与灵活性的有机结合，又有因对某些理念某些问题过于执着而导致僵化；既有对党际关系四项原则的坚持，又有在实践中有失原则分寸的问题；等等。这些正反两方面的经验教训，构成了新时代政党外交的历史起点，也为我们科学总结历史经验准备了成熟的条件。

另一方面，坚持用马克思主义世界观历史观为指导，以科学的方法研究总结政党外交历史经验。总结经验在很大程度上就是探求历史真相、追求真理规律的过程，必须要有正确的认识论方法论，如果认识方法错误，很难得到正确的结果。正如恩格斯所说："从歪曲的、片面的、错误的前提出发，循着错误的、弯曲的、不可靠的道路行进，往往当正确的东西碰到鼻子尖的时候还是没有得到它。"③ 总结经验，用不同的方法，就会得出不同的结论，甚至完全相反的结论。新中国

---

① 吴冷西：《十年论战：1956—1966中苏关系回忆录》（上），北京：中央文献出版社，1999年版，第144页。
② 中共中央文献研究室编：《毛泽东文集》（第八卷），北京：人民出版社，1999年，第299页。
③ 中共中央马克思恩格斯列宁斯大林著作编译局编：《马克思恩格斯选集》（第三卷），北京：人民出版社，2012年版，第938页。

成立后中共在经济建设中的一条根本经验，就是经济建设必须遵循经济规律，但一段时间里却是用搞革命、开展群众运动的方法搞建设，在实践中造成很大损失，在认识上距离真理越来越远。那么，我们如何总结历史经验呢？在这个问题上，首先要树立三个"大视野"，即从历史、全球和未来三个维度来看。

历史"大视野"：总结历史经验，探求历史规律，必须要有大历史观，研究新中国成立以来政党外交，必须要有超越这一主题的历史视野，要以这一主题为主线，以更远的历史纵深，推及新中国成立以前中国共产党的国际活动、国际共产主义运动史，同时横向结合中共党史、党的建设、世界社会主义运动史、当代中国外交史、世界政党发展史、世界主要国家主要政党发展史等相关学科及相邻领域的历史，进行多角度综合考察，力求历史真实，真正揭示把握新中国成立以来政党外交的基本规律，为总结历史经验奠定基础。全球和未来"大视野"：总结历史经验不是要回到历史的故纸堆，而是要服务于现实、服务于未来。早在1920年列宁就曾经指出："现在还没有到编写苏维埃政权历史的时候。即使已经到了这样的时候，那我要代表我个人说，并且我想也可以代表中央委员会说，我们不预备做历史学家，我们所关心的是现在和将来。"[①] 因此在总结历史的过程中，必须立足现实，放眼全球，远眺未来，准确把握世界发展潮流，特别是世界政党和政党政治发展趋势，把握中国与世界的关系，特别是中国共产党领导的伟大事业与人类文明发展的关系。正如习近平总书记指出："只有回看走过的路、比较别人的路、远眺前行的路，弄清楚我们从哪儿来、往哪儿去，很多问题才能看得深、把得准。"[②]

总结政党外交历史经验，除了开阔的视野，还必须把握三个原则。

[①] 中共中央马克思恩格斯列宁斯大林著作编译局编：《列宁选集》（第四卷），北京：人民出版社，1995年版，第112页。

[②] 《习近平在学习贯彻党的十九大精神研讨班开班式上发表重要讲话》，载《人民日报》，2018年1月6日，第1版。

一是应当坚持内因与外因、主观与客观相结合，尤其着重于内因和主观的分析，不宜过分强调外因和客观的作用。总结历史，目的是要汲取经验教训，如果不是着重主观和内因分析，而是过分强调客观和外因的作用，很容易把外在环境、客观因素作为犯错误的借口，从而很难达到总结历史的目的。

二是要着眼于宏观整体把握历史，但同时也要关注"人的因素"。从整体上研究把握历史，厘清其脉络走向，揭示其主题主线、规律本质，不管对哪个历史领域的研究来说，都是必须遵循的基本前提，而不宜过多地纠缠于历史细节。列宁在摘录批注黑格尔《逻辑学》时指出，"历史上常常举出奇闻轶事当做大事件的小'原因'，——而事实上这只是一种导因，只是一种外部刺激，'事件的内在精神倒是可以不需要它'"，列宁充分肯定黑格尔这一思想，认为黑格尔对历史因果性的理解，"要比现在的许许多多'学者们'深刻和丰富一千倍"。[①] 不过，需要指出的是，政党外交的一大特点就是做人的工作，诸如领导人的性格特质、领导人个人关系等"人的因素"对于党际关系的好坏有时候具有决定性的影响。因此，基于"人的因素"的一些历史细节，也应当予以足够的关注。

三是应采取科学分析的态度，根据辩证唯物主义和历史唯物主义，任何历史事件、历史决策及其历史后果之间都有其特定的因果规律，具有历史必然性。肯定一切、否定一切不符合历史规律和特点，也无助于历史经验教训的总结和汲取。比如，由于政党外交具有政党属性和国家属性的双重性质，因此在评价围绕意识形态与国家利益的相互关系、党际关系与国家关系的互动关联这一中心问题作出的决策和处理（究竟是偏向政党属性多一点还是偏向国家属性多一点）时，都应遵循实事求是的原则。

---

① 中共中央马克思恩格斯列宁斯大林著作编译局译：《列宁全集》（第五十五卷），北京：人民出版社，2017年版，第134—135页。

第一章 新中国政党外交的历史概述

党的对外工作或广义范畴下所述的政党外交工作是党的一条重要战线，也是新中国国家总体外交的重要组成部分。新中国成立以来，中国共产党政党外交肩负着服务国家总体外交、推动人类进步事业的历史使命，围绕党和国家中心工作，在探索中前进，在曲折中发展，在开拓中创新。从新中国成立到20世纪70年代末，在毛泽东党际关系思想指引下，中国共产党积极发展同各国共产党、工人党等"兄弟党"的党际关系，为推动政党外交和国家总体外交进行了历史性开拓。从20世纪70年代末到2012年中共十八大，在邓小平新型党际关系思想和江泽民、胡锦涛有关论述的指引下，中国共产党在总结历史经验教训的基础上，全方位多层次开展政党外交，实现了政党外交的转型发展。中共十八大以后，在习近平总书记关于党的对外工作的重要论述指引下，面对世界百年未有之大变局，中国共产党的对外工作在理论和实践上大力开拓创新，实现了新时代政党外交的历史跨越。三个时期既具有鲜明的阶段性特征，又前后相继、一脉相承。准确把握70多年政党外交史，厘清其中线索脉络，归纳成就与不足，是科学总结历史经验的前提和基础。

一、新中国政党外交的起步发展及历史性开拓（1949年—20世纪70年代末）

从新中国成立到20世纪70年代末，面对东西方对垒的冷战格局和西方国家对中国的封锁，中国共产党为这一时期政党外交进行了历史性开拓。同时，由于历史和时代的局限性，特别是由于意识形态成为政党外交的主导因素，这一时期政党外交也经历了曲折。考察这一时期政党外交史，从政党外交自身发展规律的角度，可以以1965年中苏大论战的结束为界线，分为前后两个阶段。两个阶段的共同点在于，都突出意识形态的主导作用，即坚持"意识形态划线"原则，但不同的是，前一个阶段主要是与意识形态相同的共产党往来，不与其他类型政党开展政党外交；后一个阶段，受当时党内极"左"思潮影响，主要是与赞同中共思想主张的共产党发展关系，即所谓"以我划线"，基本不与其他类型政党开展政党外交，也未与被中共认定为变"修"的其他共产党往来。

（一）从新中国成立到中苏大论战，政党外交开始起步

1949年，中国共产党领导的新民主主义革命取得胜利，成为新中国的领导党、执政党。面对西方国家的敌意和封锁，中国共产党实行"一边倒"（倒向以苏联为首的社会主义阵营）的外交战略方针，把发展与以苏联为首的社会主义国家的关系作为战略重点，同时积极发展同各国非执政的共产党以及其他一些进步力量的关系，致力于争取和维护国家利益。对于这一时期的政党外交，2011年，中联部王家瑞部长在纪念党的对外工作90周年的文稿中阐释："新中国成立后，我们党同各国共产党、工人党和其他进步力量广泛建立友好关系，为迅速打开新中国外交局面、巩固新生的人民政权、进行社会主义革命和开

展大规模社会主义建设做出了积极贡献。"① 概括起来，主要有以下几点：

第一，以共产党、工人党等"兄弟党"为主要交往对象，并兼及一些其他类型政党。一方面，把发展同"兄弟党"特别是社会主义国家执政党的关系作为战略重点，这是冷战时期社会主义与资本主义两大阵营鲜明对垒的必然要求。对于新生的中华人民共和国来说，外交上的当务之急无疑是迅速在国际社会站稳脚跟，得到国际社会承认，巩固和提高国际地位，捍卫国家主权安全。1949年10月2日，苏联与中国建交，随后一直到1950年1月18日，保加利亚、罗马尼亚、匈牙利、朝鲜、捷克斯洛伐克、波兰、蒙古国、德意志民主共和国、阿尔巴尼亚、越南等十个社会主义国家相继承认新中国。与此同时，建立和发展与这些国家执政党的关系，成为政党外交的重要内容和任务。在与社会主义国家执政党关系中，中苏两党关系无疑是最为重要的。在最初的几年，中苏之间互动频繁，1949年12月到1950年2月毛泽东访问苏联期间，双方签署了《中苏友好同盟互助条约》；1952年10月，刘少奇率代表团访问苏联并出席苏共十九大，就社会主义改造问题向苏联请教；1954年9月29日，赫鲁晓夫率高规格代表团访华并参加新中国成立五周年庆祝活动，其间，双方签订了一系列新的关于苏联援助中国的协议；等等。同时，积极发展同上述十个东欧和亚洲社会主义国家执政党的关系。其中，保、罗、匈、捷、波、德、阿这些东欧国家执政党，过去同中共几乎没有联系，这时期都建立了全面良好的关系。1955年1月，中国同南斯拉夫正式建立大使级外交关系，中共与南共联盟的关系一时得以改善。1956年9月，中共八大召开，当时世界上70多个国家的共产党和工人党中，包括社会主义国家在内的54个国家的共产党和工人党接受中国共产党的邀请，派出代表团出席会议，巴基斯坦共产党和美国共产党分别派出观察员参加会议。这

---

① 王家瑞：《把握规律 开拓进取 推动党的对外工作科学发展——纪念党的对外工作90周年》，载《求是》，2011年第14期，第26页。

是对新中国成立初期中国共产党的对外工作的一次大检阅。其间,毛泽东先后会见了29个国家的共产党和其他工人政党代表团。中共八大以后,意大利、荷兰、冰岛、葡萄牙、法国、瑞典等国的共产党和工人党代表团先后访华,中共也派代表出席了意共、英共代表大会,并与美国共产党、加拿大共产党、新西兰共产党、澳大利亚共产党也建立了良好关系。1959年中华人民共和国成立十周年时,有61个国家的共产党和工人党代表团或代表来华参加庆祝活动。

另一方面,与一些资本主义国家左翼政党和少数亚非拉民族主义政党进行接触。1954年8月,以艾德礼为首的英国工党(时为反对党)代表团应邀访华,毛泽东、周恩来接见了代表团,阐明了中国对推进中英关系的原则立场。从1952年开始,日本社会党每年都有国会议员访华,1957年后,该党多次应邀组团访华,受到毛泽东、周恩来接见。1957年,澳大利亚工党四位联邦议员组成代表团对中国进行了正式访问。另外,意大利社会党、印度国大党、缅甸联邦反法西斯人民自由同盟、智利激进党和社会党、南非非洲人国民大会、肯尼亚非洲民族联盟等政党都曾应邀派出代表团访华,并受到毛泽东、周恩来等党和国家领导人的接见。1958年以后,中国共产党与亚非拉的民族民主政党接触更多了。毛泽东说:"一九五八年前,我很少见到非洲人。从一九五八年到一九六四年,每年经常看到非洲朋友。"[①] 这些政党来访一般都是通过对外友协、外交学会等具有民间性质的机构发出邀请,而不是像共产党来访由中联部邀请那样,表明中共与这些党的接触往来多限于民间。

第二,以维护以苏联为首的社会主义阵营的团结为主要目的和出发点。新中国实行向以苏联为首的社会主义阵营"一边倒"的外交战略方针,这就决定了这个阵营的团结对于中国党和国家利益以及国际共运的发展都具有十分重要的意义。为此,新中国成立后,中共就提

---

① 中共中央文献研究室编:《毛泽东文集》(第八卷),北京:人民出版社,1999年版,第384页。

出了人民民主国家（社会主义阵营）要"以苏为首"①，这就成为20世纪50年代中共处理双多边党际关系的重要主张和遵循引领。这首先体现在与南共关系上。1948年南共在如何建设社会主义问题上与苏共发生严重分歧，被开除出"共产党工人党情报局"。新中国成立后，南斯拉夫于1949年10月5日即予以承认，但两国并未建立正式外交关系，中共与南共也没有交往。1953年斯大林去世后，苏共与南共关系改善。这种情况下，1955年1月，中南两国正式建立了大使级外交关系，之后，两党关系也有很大改善。中共八大期间，毛泽东亲自对南共联盟代表团表示，"我们有对不起你们的地方。过去听了情报局的意见，我们虽然没有参加情报局，但对它也很难不支持。……你们承认新中国，我们没有回答，……那时没有回答你们，也有一个原因，就是苏联朋友不愿意我们和你们建交。"② 这都是坚持"以苏为首"、与苏联保持一致的具体结果。

1956年2月，苏共二十大召开，赫鲁晓夫做了关于斯大林问题的秘密报告。之后报告被披露，在各国共产党引起极大的思想混乱，国际共运中的矛盾凸显出来，中国共产党义不容辞地承担起了维护团结的责任。1956年9月，中共八大召开，把"继续巩固和加强同苏联和各人民民主国家的兄弟情谊"作为中国外交基本政策。之后，东欧地

---

① 查阅《建国以来毛泽东文稿》各册，"以苏为首"的提法最早见诸1949年10月16日《祝贺德意志民主共和国成立的电报》（第一册第72页），之后，大凡中共中央与社会主义阵营各党双多边场合的电文，谈及社会主义阵营团结，都要提"以苏为首"，直到1960年12月24日毛泽东等祝贺"中德友好合作条约"签订五周年的电报中，第一次没有出现"以苏为首"的字眼。

② 中共中央文献研究室编：《毛泽东文集》（第七卷），北京：人民出版社，1999年版，第119—120页。

区发生了波匈事件①，中共应邀参加了事件的调解，既批评了苏共在波苏关系事件中的大国沙文主义，反对苏联用武力解决问题，又从维护国际共产主义运动团结的大局出发，主张在内部协商讨论解决认识上的问题。1957年6月，毛泽东在《关于正确处理人民内部矛盾的问题》中进一步指出，"巩固同苏联的团结，巩固同一切社会主义国家的团结，这是我们的基本方针，基本利益所在。"② 1957年11月，世界各国共产党和工人党代表会议在莫斯科召开。会议期间，中共代表团坚持"以苏为首"的主张，制定了对苏共"以保为主，以批为辅"的行动方针，针对波兰党等深受苏共大党主义、大国主义之害的一些东欧"兄弟党"不同意"以苏为首"的提法，进行了大量的劝服，认为社会主义阵营要团结，必须要有一个头，那就是苏联。最后，各党通过协调和妥协，基本上统一了认识，发表了《莫斯科宣言》，结束了苏共二十大后国际共运的混乱局面。

随着中苏关系恶化，中共不再提"以苏为首"，但直到20世纪60年代初，中共都始终坚持维护社会主义阵营的团结。1961年1月，中共召开八届九中全会，毛泽东强调，我们现在在党内要讲团结，在国际上跟苏联讲团结，跟社会主义国家要讲团结，跟兄弟党要讲团结。在81党会议上骂过我们的党，我们也要同他们讲团结。③ 1963年2月

---

① 波匈事件，即波苏关系事件和匈牙利事件。1956年6月，波兰波兹南地区由于工人某些要求没有得到满足而引发流血冲突。10月16日，波兰统一工人党举行中央全会，改组中央领导。苏共认为波兰出现了一股要脱离社会主义阵营的倾向，必须坚决制止，于是下令驻波苏军进军华沙，但在波兰举国一致的强烈要求下，苏军撤回军营，波兰国防部长、有一半波兰血统的苏联元帅罗科索夫斯基离任返回苏联。之后波兰新领导人宣布，波兰友好是波兰对外政策的基础。就在波兰局势有所缓和的时候，10月下旬，匈牙利首都布达佩斯发生大规模骚乱，匈牙利宣布建立多党制政府，退出华约。中共认为匈牙利事件的性质不同于波苏关系事件，应该挽救社会主义的匈牙利。11月4日，苏军开进布达佩斯，迅速控制了局面。此后，波兰和匈牙利国内的社会秩序逐渐恢复。
② 中共中央文献研究室编：《毛泽东文集》（第七卷），北京：人民出版社，1999年版，第242页。
③ 王家瑞主编：《中国共产党对外交往90年》，北京：当代世界出版社，2013年版，第61页。

23日,毛泽东在会见苏联驻华大使契尔年科时表示,我们现在来好好的团结起来,好好把分歧问题来解决,能解决多少,就解决多少,……你骂我,我骂你,老是这么骂下去,帝国主义是高兴的。① 这一时期中共坚定地维护以苏联为首的社会主义阵营的团结,发展党际关系、国家关系,大大提高了中国共产党在各国党和国际共运中的威望和地位。

第三,使新中国从社会主义国家主要是苏联,获得了大量的援助,维护了国家主权安全。毛泽东访苏期间,双方签订了《中苏友好同盟互助条约》,中国要回了旅顺、大连及中东路的主权,并获得了苏联三亿美元低息贷款和苏联空军的支援。斯大林去世后,中共对新上任的赫鲁晓夫积极给予政治上的支持配合。赫鲁晓夫对于中国的经济建设也给予了相当积极的援助,表现了很大的诚意:不仅推动斯大林时期援华项目落实,并主动扩大原有协议规定的141项企业设备的供应范围,新建15个工业企业,还向中国提供了5.2亿卢布军事贷款。② 同时,苏联还向中国提供了大量的技术支持,对中国顺利完成第一个五年计划起到了十分重要的推动作用。1954年赫鲁晓夫访华期间,同意从中国旅顺口撤走苏联海军,将大连和旅顺的海军基地移交给中方,并把四个中苏合营的股份公司中的苏联股权转让给中方。③ 1957年11月莫斯科会议前,赫鲁晓夫决定向中国提供原子弹样品和生产技术,帮助中国建立核工厂,并签订了援助中国的《国防新技术协定》,派遣大批苏联专家援助中国建设。这些都是这一时期发展同苏联为首的社会主义阵营的党际关系、国家关系的显著成果。正如毛泽东所说,"苏联建设社会主义已经有40年了,它的经验对于我们是十分宝贵的。大家看吧,谁给我们设计和装备了这么多的重要工厂呢?美国给我们没

---

① 王家瑞主编:《中国共产党对外交往90年》,北京:当代世界出版社,2013年版,第67页。

② 沈志华:《苏联专家在中国1948—1960》,北京:新华出版社,2009年版,第191页。

③ 李健:《天堑通途——中国共产党对外交往纪实》(下),北京:当代世界出版社,2001年版,第417页。

有？英国给我们没有？他们都不给。只有苏联肯这样做，因为它是社会主义国家，是我们的同盟国家。除了苏联以外，东欧一些兄弟国家也给了我们一些帮助。"① 努力争取国际援助，实现新中国最现实的国家利益，是这一时期政党外交的显著特点。

第四，切实履行国际主义义务。新中国成立后，按照国际共运内部分工，中共负责帮助亚洲各国共产党开展解放斗争，不仅帮助日本共产党、印度支那共产党（后改名为"越南劳动党"）等制定纲领政策，协调处理内部问题，而且对朝鲜、越南等党和国家给予军事和经济多方面的支持与援助。1950年6月，朝鲜战争爆发，9月美军全线进抵三八线，朝鲜战局逆转。这种情况下，中共中央作出了抗美援朝的重大决策；经过三年的打打谈谈，1953年7月签订了《朝鲜停战协定》。朝鲜战争结束后，中国加强了对朝鲜的经济援助，双方交往的主渠道由战时以军方和外交部为主转为以中朝两党为主。与此同时，中国大力支持越南的抗法斗争。1950年1月18日，中越两国宣布建交，并互派代表（中越相互派遣的代表，既是党的代表，也是政府的代表，具有双重身份）。中共中央指示云南、广西两省，积极帮助越南以及其他东南亚国家共产党，并派出军事顾问团直接参加越南抗法战争的重大战役，直到赶走法国殖民者。

此外，这一时期政党外交的另一个显著特点是，始终坚持反对大党主义、大国沙文主义，主张兄弟党和兄弟国家不论大小一律平等，在多边党际交往中主持公道正义。这方面的内容将在其他章节论及。

（二）中苏大论战及其对政党外交的影响

所谓"中苏大论战"，一般是指1963年到1964年，中共与苏共围绕意识形态系列问题展开的、以严重对立为显著特征的公开辩论。早在1956年，由于赫鲁晓夫在苏共二十大关于斯大林问题的秘密报告，

---

① 中共中央文献研究室编：《毛泽东文集》（第七卷），北京：人民出版社，1999年版，第242页。

中苏两党就一些重大理论问题开始出现矛盾争论,但都属于兄弟党之间的正常内部意见。1960年2月,赫鲁晓夫在莫斯科华沙条约国首脑会议上不指名攻击中国领导人,同年4月中共发表《列宁主义万岁》等三篇文章,进行不点名回击。1961年10月,苏共二十二大指名攻击支持中共观点的阿尔巴尼亚劳动党,中苏两党矛盾开始升级。1962年12月,在赫鲁晓夫带头策划下,在东欧五国共产党代表大会上,不仅公开指名攻击阿尔巴尼亚党,而且还公开指名攻击中国共产党,使论战进一步激化、公开化。但中共始终保持节制和留有余地,在发表的对苏共反驳文章中,既没有指名批评苏共,也没有指名批评赫鲁晓夫。1963年7月14日,苏共中央发表《给各级组织和全体共产党员的公开信》,全面、系统地对中共和中共领导人指名道姓进行攻击。同年9月6日至1964年7月14日,中共先后发表了九篇评论文章(以下简称"九评"),全面回击了苏共的对内对外政策。同时苏联方面也发表一系列论战文章。论战达到高潮。中苏大论战既是国际共运重大事件,也是中苏两党两国关系的标志性、转折性事件,对新中国政党外交和党际关系产生了重大影响。

第一,使中苏两党两国关系恶化。大论战不是一般理论之争,也不是个别问题上的不同主张,而是中苏两党关于当代世界的矛盾、关于战争与和平、关于国家与革命、关于国际共产主义运动路线纲领等重大理论原则之争,双方都指责对方的路线方针政策,给对方扣上反马克思列宁主义、修正主义的帽子,并不仅仅限于意识形态分歧和国家利益之间的矛盾,而是进一步上升到社会主义阵营和国际共运内部的纲领路线之争,具有严重的对抗性和不可调和性。大论战期间,中苏双方曾试图停止论战、缓和关系,却以失败告终。1963年2月21日,苏共中央致信中共中央,提议举行两党高级会谈,中方予以积极回应,同意"停战议和",并决定对兄弟党的指名攻击暂时停止作公开答辩。但是,同年3月30日,苏共中央的答复信再次强调"国际共产主义运动路线的正确性",表示"在共产主义运动的理论和策略的原则性的根本问题上仍将不会调和,并将进行反对修正主义和宗派主义的斗争"。① 1964年10月,赫鲁晓夫因苏联领导层内部矛盾下台。中共希望以此为契机改善两党关系,并派出以周恩来为首的代表团赴莫斯科参加十月革命47周年纪念活动。中方希望了解赫鲁晓夫被解职的政治原因,苏方的答复是,只是由于他的"工作作风和方法",而没有其他问题。周恩来的结论是"苏共领导还要继续执行赫鲁晓夫的路线不变"②,因此两党关系的最终破裂已不可避免。

第二,使中共在国际共运中的"朋友圈"大大缩小。大论战期间,除了亚洲等为数不多的共产党外,欧美各国共产党大多数站在苏共一边,支持苏共的观点立场。但中共并未放弃对这些政党做工作,仍然不失时机地争取他们的理解和支持。1962年11月至12月,挪威共产党中央主席埃米尔·洛夫林率团访华。刘少奇在与代表团会谈中谈到中苏分歧时指出,中苏分歧的真正原因是,要不要革命、要不要马列主义,兄弟国家兄弟党之间是平等的独立的,还是父子国和父子党的关系?③ 1963年2月,英共总书记约翰·高兰率团访华,刘少奇两次会见了高兰,强调了中苏团结的重要性,但苏联和其他一些党采取施加压力的办法,要我们放弃我们认为正确的一些原则和观点,这是办不到的。只能采取独立、平等和协商的办法,来解决分裂,增进团结。④ 同时,中苏论战期间,尽管一些党对中共进行了攻击,中共始终坚持对其他兄弟党、其他社会主义国家"一概不问",集中力量与苏共交锋。⑤ 但这却未能阻止中共与这些共产党关系下滑,特别是与捷、

---

① 《关于国际共产主义运动的总路线的论战》,北京:人民出版社,1965年版,第476、480页。
② 金冲及主编:《周恩来传(1898—1976)》(下),北京:中央文献出版社,2008年版,第1612页。
③ 王家瑞主编:《中国共产党对外交往90年》,北京:当代世界出版社,2013年版,第75页。
④ 中共中央文献研究室编:《刘少奇年谱》(下卷),北京:中央文献出版社,1996年版,第570页。
⑤ 吴冷西:《十年论战:1956—1966中苏关系回忆录》(下),北京:中央文献出版社,1999年版,第799页。

德、保、匈、波等东欧执政的共产党，以及古巴等拉美国家共产党的关系逐渐冷淡下来。1964年新中国成立15周年之际，一共有80多个国家和地区的3000多名外国贵宾参加北京的庆祝活动，规模很大，但各兄弟党兄弟国家来宾规格大为下降，有的国家仅派来党报主编为首的代表团来华。

第三，使政党外交滑入"反修"轨道。如前所述，大论战之所以发生，根本就在于中苏都认为对方的路线主张是反马列主义的，并给对方扣上各种帽子。从中共来说，早在1959年12月，毛泽东在思考国际形势和对策时就提出了"修正主义是否已经成了系统"的问题，"现代修正主义"的概念随即出现，并成为中共用以描述苏共等被认为是反马列主义党的思想理论的总概括。在中共看来，同苏共的论战，就是马列主义同现代修正主义的斗争。在大论战中，中共把那些凡是对自己某些观点和做法持有疑义而赞同苏共某些观点的党，都看成是"修正主义党"，并加以批判。把政党外交纳入"反修"轨道，即以是否"变修"、是否支持自己的观点主张决定双方关系好坏，这样不可避免地把许多党推到了自己的对立面。

显然，大论战对中国政党外交的影响不仅在于使中共同苏共及其他党之间的关系恶化，而且更在于改变了中国政党外交的一些重要做法，"以我划线""以我为首"开始成为中国政党外交的原则主张。但必须指出，与大论战之前相比，中共在大论战时期虽然与那些被认为"变修"了的党之间的关系冷淡倒退，但仍然保持了表面上的党际关系，是"分而不裂"，仍然同属于社会主义阵营（尽管这个阵营已经矛盾重重，面临瓦解之虞），同时"以我为首""以我划线"毕竟没有正式确立。因此，大论战时期的党际关系与之前的党际关系仍然是相通的，在总体上都属于"以意识形态划线"的阶段。

大论战时期，中共在积极发展同欧美共产党关系的同时，十分重视同亚洲、大洋洲各国共产党的关系。一是加强同朝鲜、越南、老挝等国执政党的沟通协调，争取他们的配合支持。1962年12月捷克斯洛伐克党代表大会上，许多党指名攻击中共，而朝鲜代表团团长则明确对此表示不同意，指出这大大损害各国工人阶级的共同事业。1963年5—6月间，中共就答复苏共中央的回信稿（关于国际共运总路线问题），先后征求朝鲜党、越南党及新西兰共产党等的意见。同年11月29日，赫鲁晓夫致信中共中央，提议停止公开论战，召开兄弟党国际会议。根据毛泽东指示，中共中央起草了复信稿后，又先后征求了越南党、朝鲜党、新西兰共产党等的意见，使这些党在大方向上与中共保持一致。二是坚定支持越南抗美斗争和老挝革命斗争。1960年12月，越南南方民族解放阵线成立，中国率先予以承认，标志着中国确立了援越抗美的政策，在军事、武器、物质等方面给予了越南大量的援助。三是与日本、印度、锡兰（斯里兰卡）、尼泊尔、印度尼西亚、马来亚、澳大利亚、新西兰、秘鲁、委内瑞拉等国非执政的共产党或左派组织都保持了良好关系。这些都是此后中共政党外交的基本对象和主要基础。

（三）"文化大革命"时期对政党外交的曲折

1965年1月5日，《人民日报》发表社论，号召全国人民在对外工作方面，"为世界革命、人类进步和世界和平的伟大事业作出更多更大的贡献"①。同年9月3日，《人民日报》发表林彪署名的《人民战争胜利万岁》一文，从世界范围内阐述了毛泽东关于农村包围城市的革命理论。1967年11月6日，《人民日报》、《红旗》杂志、《解放军报》联合发表纪念十月革命50周年的署名文章，正式向世界宣布"世界革命的中心已经转移到中国"。在此期间，康生接替邓小平领导中联部后，提出要在国际共运中"支左反修"，即支持各国共产党中的"左派"，反对"修正主义"，对一些不同意中国共产党观点的党，称之为"修字号"党，并划分出"大修""小修""半修"。综观"文化

---

① 《革命的大会 民主的大会 团结的大会——庆祝第三届全国人民代表大会第一次会议的伟大成就》，载《人民日报》，1965年1月5日，第2版。

大革命"时期的政党外交,主要有以下几点特征:

第一,"支左反修"的做法给"文化大革命"初期的政党外交造成了很大冲击。突出的就是把毛泽东思想和中国革命道路绝对化强加于人,鼓动与中共交往的外国共产党以"文化大革命"为榜样。正是因为这些激进观点和错误做法,使得政党外交在"文化大革命"时期经历很大曲折,中共先后与78个"老党"中断了关系,到"文化大革命"结束,只有约10个"老党"与我尚有交往。虽与110多个"新党"、"左派"组织建立了联系,① 但这些组织往往人数少、规模小,在本国国内和国际共运基本上没有影响,后来逐步淡出了政治舞台。

第二,在政党外交中突出"反修"立场。1966年1月,苏共二十三大向中共发出邀请函,中共予以拒绝,中苏两党关系正式破裂。"文化大革命"爆发后,东欧各党给予激烈的指责,中共因此认定苏共及东欧已经变成了"修正主义集团"。进入20世纪70年代,东欧国家继续谋求改善与中共党际关系,但都被拒绝。②

在与南共联盟关系上:1971年,南共联盟就中共建党50周年致电祝贺,但中方并没有公开发表贺电;之后,南共联盟通过各种渠道表示愿恢复两党关系,但中方均未给予肯定答复。在与古共关系上:1967年后中古两国关系缓和;1970年5月1日,毛泽东在天安门城楼会见了古巴驻华使馆临时代办;1971年1月2日,周恩来出席了古巴驻华使馆的国庆招待会,这些都是国家关系层面的活动,两党关系迟迟未能恢复正常状态。在与西欧共产党关系上:1971年罗共总书记齐奥塞斯库访华期间,转达了西欧各国共产党想与中共恢复关系的愿望。但中共仍然对"反修"坚持原来的立场。

第三,在政党外交中积极援助各国各党。一方面,大力支持各国

---

① 《光辉的历程 宝贵的经验——新中国成立60年来党的建设主要成就与经验研讨会论文集》,北京:中央文献出版社,2010年版,第509页。
② 王泰平:《中华人民共和国外交史(1970—1978)》(第三卷),北京:世界知识出版社,1999年版,第238页。

共产党特别是社会主义国家共产党反帝反修,如支持越南抗法抗美、支持阿尔巴尼亚反修,作出巨大牺牲。中国从20世纪50年代开始援助越南,20世纪70年代初加大了援助力度,专门成立了以李先念副总理为首的"援越领导小组",其间,中国向越南提供的各种援助总额为203.6845亿元人民币。① 对阿尔巴尼亚,20世纪60年代开始到70年代中后期,中共给予了大量援助,不仅顺利接续了苏联在阿已经开始的各种项目,而且保证了阿国内生产建设。此外,老挝、罗马尼亚也先后得到中国大量援助。另一方面,大力支持亚非拉各国争取民族独立解放的斗争。以支援非洲为例,1956—1977年,中国向36个非洲国家提供了超过24.76亿美元的经济援助,其中70年代对非洲援助额为18亿美元,是同期苏联援助的两倍。② 这些援助,有相当部分就是通过政党渠道实现的。比如1975年3月、9月,南非非洲人国民大会主席奥利弗·坦博、泛非主义者大会主席勒巴洛,分别应中国人民对外友好协会邀请访华,中国副总理纪登奎会见他们,商谈了中国向非国大、泛非大提供军事援助及为其培训人员的问题。

第四,通过民间渠道接待来自日本、联邦德国、澳大利亚等资本主义国家以及一些民族主义国家的其他类型政党。在日本方面,中共自20世纪50年代即与日本社会党等政党保持接触。日本社会党先后于1962年、1964年、1970年、1975年、1977年多次组成正式代表团访华。为促进中日邦交正常化,1970年11月,以成田知己委员长为团长的日本社会党应邀访华,与中日友好协会发表了联合声明,阐明中日邦交正常化的四项原则。此外,1971年7月、1972年3月,中方以中日友好协会名义先后邀请日本公明党竹入义胜委员长、日本民社党春日一幸委员长率领本党代表团访华,为中日邦交正常化传递信息,牵线搭桥。在澳大利亚方面,1971年7月,中方邀请惠特拉姆为首的

---

① 王泰平:《新中国外交50年》(上),北京:北京出版社,1999年版,第169页。
② 李安山:《论中国对非洲政策的调适与转变》,载《西亚非洲》,2006年第8期,第11—17页。

工党代表团访华，受到周恩来的接见，在澳国内引起很大反响，最终促成了中澳建交。在联邦德国方面，1972年7月基督教民主联盟（以下简称"基民盟"）副主席施罗德应邀访华，同中方就建交问题签署了"内部谅解方案"，推动了两国建交。此外，这一时期还接待了少量的亚非拉民族主义政党，如印度国大党、缅甸联邦反法西斯人民自由同盟、智利激进党和社会党、南非非洲人国民大会、肯尼亚非洲民族联盟、阿根廷正义党等。

综观20世纪70年代末以前的政党外交，以毛泽东同志为核心的党的第一代中央领导集体在冷战背景之下，围绕党和国家中心工作和核心使命，大力拓展对外尤其是对社会主义国家政党关系，对打破封锁、捍卫国家主权尊严、提高中国国际地位和影响，进行了历史性开拓，形成了具有时代特征的政党外交格局。

二、政党外交的转型发展及拓展创新（20世纪70年代末—中共十八大）

20世纪70年代末，以邓小平同志为核心的党的第二代中央领导集体，结合国内外形势，根据党和国家中心工作的转移，针对过去政党外交中存在的问题，开始全面调整党的对外工作方针政策，主要是打破"以意识形态划线"的做法，发展新型党际关系。从20世纪70年代末到2012年，在邓小平新型党际关系思想和江泽民、胡锦涛有关论述指引下，政党外交在转型中发展、发展中创新，形成了全方位的政党外交新格局。这段时期以1997年中共十五大为界线，又可以分为前后两个阶段。1997年之前约20余年，具有"转型发展"的显著特征，即转型中有发展、发展中有转型。1997年到2012年，在全面转型完成基础上，进入以"政党外交"为鲜明标识、全面拓展创新的新阶段。

（一）政党外交方针政策的调整

1977年8月南共联盟主席、南斯拉夫总统铁托应邀访华，两党领导人本着"一切向前看"的精神,作出了恢复两党关系的决定(次年6月中共向南共联盟十一大发出贺电,正式公布与该党恢复了党际关系),由于南共联盟是第一个被中国共产党称为"现代修正主义"的党,与其恢复党际关系,可谓党的对外工作方针政策开始调整的重要标志。

1977年12月20日,中共中央批准了中联部、外交部《关于黑非洲一些民族主义国家执政党要求与我党建立关系问题的请示》。请示说:"在当前新形势下,为了进一步加强同非洲和第三世界其他国家人民的团结""主动而又适当地开展对这些国家的民族主义政党的工作是完全必要的。对其中要求同我党建立一定关系的民族主义政党,在策略上可灵活掌握,在具体做法上可以适当放松,可以有选择、有重点地以我党的名义同他们进行一些联系和往来。"① 自此,中共决定开展对非洲、拉美等地区民族主义政党的工作。1980年7月21日,中共中央又批准了中联部《关于对社会党开展工作的请示》,这样,民族主义政党、社会党这些过去与中共从来没有党际往来的政党,开始被纳入发展党际关系的范围,标志着指导思想和方针政策全面调整。同时中共中央还批准了中联部《建议为"三和一少"、"三降一灭"问题平反的请示》,摈弃了"文化大革命"期间"支左反修"的错误指导方针。

1982年中共十二大报告指出,"我们党坚持在马克思主义的基础上,按照独立自主、完全平等、互相尊重、互不干涉内部事务的原则,发展同各国共产党和其他工人阶级政党的关系。"这是首次集中阐明处理党际关系的四项原则,提出"本着上述原则,我们党同世界上许多共产党保持着友好的联系",同时强调"我们也期望同更多的进步政党和组织建立这种联系"。② 显然,政党外交的对象范围已经不再只是共

---

① 蔡武主编:《中国共产党对外工作大事记(1949.10—1999.12)》(上册),北京:当代世界出版社,2001年版,第404页。
② 中共中央文献研究室编:《十一届三中全会以来党的历次全国代表大会中央全会重要文件选编》(上),北京:中央文献出版社,1997年版,第266页。

产党和工人阶级政党，而是大大拓展到了其他"进步政党和组织"。但十二大报告关于政党外交的对象范围、适用原则具有明显的保留，即仍然以共产党和工人党为重点；同时党际关系四项原则主要是针对同共产党、工人党关系而言的，表明政党外交的方针还没有完全摆脱意识形态的制约。

1984年联邦德国社会民主党（以下简称"社民党"）主席维利·勃兰特访华期间，胡耀邦总书记发表题为《超越意识形态的差异谋求相互了解和合作》的主旨演讲，不仅在党际关系四项原则基础上提出了"超越意识形态"这一新的倡议主张，而且也把党际关系四项原则从十二大报告主要适用于共产党扩大应用到社会党等各类政党。[①] 1985年10月22日，中共中央批转中联部《党的对外联络工作拨乱反正、开创新局面的情况和体会》的报告。报告中提出，党的对外联络工作为我国社会主义现代化建设服务。通过党的关系，推动国家关系的发展。党的对外活动中也要注入经济因素，主要是通过党的关系和群众团体的渠道，促进经济合作和技术引进等。[②] 这一报告既是超越意识形态要求的进一步体现，也反映了政党外交的根本目的。

1987年，中共十三大报告阐述了党的十一届三中全会以来中共关于社会主义再认识的一系列科学理论观点，其中之一是"按照独立自主、完全平等、互相尊重、互不干涉内部事务的原则，发展同外国共产党和其他政党的关系"，在表述上第一次把"其他政党"与共产党相提并论，表明中共已经把"其他政党"放在与共产党同等重要的地位，并且正式将党际关系四项原则适用范围扩大到"其他政党"。[③] 这一理念在1992年中共十四大报告中更加明确，报告在关于政党外交对

---

① 钱李仁：《我所经历的党的对外联络工作的战略思想变化》，载《当代世界》，2010年第7期，第36页。
② 蔡武主编：《中国共产党对外工作大事记（1949.10—1999.12）》（下册），北京：当代世界出版社，2001年版，第545页。
③ 中共中央文献研究室编：《十一届三中全会以来党的历次全国代表大会中央全会重要文件选编》（上），北京：中央文献出版社，1997年10月版，第491页。

象范围的表述上，不再将外国共产党单列，而是提出要按照党际关系四项原则，"同各国政党建立和发展友好关系，本着求同存异的精神，增进相互了解和合作"①。

1997年，中共十五大报告强调，要在坚持党际关系四项原则基础上，"同一切愿与我党交往的各国政党发展新型的党际交流和合作关系，促进国家关系的发展"②。这一主张的显著特点和重大意义在于：第一，在政党外交对象范围上，明确"一切"愿与中共交往的各国政党，表述更加鲜明。第二，明确与各国党的交流合作是一种"新型"党际关系。第三，尤其重要的是，中共十五大报告明确了发展党际关系的根本目的是"促进国家关系的发展"，确立了党际关系促进国家关系的根本原则，彻底摒弃了过去极"左"思想影响下党际关系凌驾于国家关系、进而损害国家利益的错误做法，标志着自20世纪70年代末开始的政党外交方针政策调整的最终结束。

党的政党外交方针政策调整，从一开始就是在邓小平指导下进行的。1977年8—9月铁托访华期间，邓小平以国际共运老战士的身份会见了铁托，双方"达成了共同的谅解"③。1980年5月，邓小平在同中央负责工作人员谈话时明确指出，"我们在处理党与党之间的关系时，总的来说是清醒的。但是回过头看看，我们过去也并不都是对的。""各国的事情，一定要尊重各国的党、各国的人民，由他们自己去寻找道路，去探索，去解决问题，不能由别的党充当老子党，去发号施令。"④ 1987年6月，邓小平会见南共联盟中央主席团委员科罗舍茨时，总结了国际共产主义运动的经验教训，明确提出"党与党之间要建立新型的关系"⑤。邓小平的系列论断和政党外交方针政策调整中形

---

① 中共中央文献研究室编：《十一届三中全会以来党的历次全国代表大会中央全会重要文件选编》（下），北京：中央文献出版社，1997年10月版，第189页。
② 同①，第449—450页。
③ 邓小平：《邓小平文选》（第三卷），北京：人民出版社，1993年版，第236页。
④ 邓小平：《邓小平文选》（第二卷），北京：人民出版社，1994年版，第319页。
⑤ 同③，第237页。

成的新观点、新主张,构成了邓小平新型党际关系思想的主要内容,其中最根本的有三点:一是,新型党际关系是以独立自主、完全平等、互相尊重、互不干涉内部事务为指导原则的;二是,新型党际关系的根本目的是维护国家利益,服务于社会主义现代化建设,促进国家关系的发展;三是,新型党际关系是超越意识形态的,不以意识形态论亲疏。

政党外交方针政策的调整,反映在思想理论界,就是"政党外交"概念正式出现并逐渐被官方使用。① 1995年12月31日,中联部李淑铮部长撰文指出:"许多外国的执政党和参政党赞赏我政党外交和政府外交'相互协调配合',共同推进国家总体外交的作法……"② 这是首次把"政党外交"和"政府外交"进行并列表述。1997年9月8日,中联部戴秉国部长指出,"十四大以来,中国的政党外交为增进中国同各国之间的相互了解、推动中国同各国友好合作关系发展做了大量工作。"③ "中国的政党外交"的提法更加突显了政党外交的重要性。"政党外交"概念的使用,充分体现和反映了政党外交方针政策调整转型的要求。因为,如前所述,政党外交方针政策之所以进行调整,目的就是要把维护国家利益、促进国家关系,作为政党外交的基本出发点,把政党外交与国家利益密切联系起来。这种调整转型需要进行理论上的概括和规范,需要一个能够准确反映时代要求的词汇。"政党外交"一词便应运而生。这一用语正式出现并被官方使用,也是对政党外交方针政策调整进程的最好诠释。

(二) 政党外交的跨越式发展

正是在邓小平新型党际关系思想指导下,20世纪70年代末以来的

---

① 余科杰:《论"政党外交"的起源和发展——基于词源概念的梳理考察》,载《外交评论》,2015年第4期,第133—134页。
② 李淑铮:《1995年党的对外工作回顾 知交尽四海 万里有亲朋》,载《人民日报》,1995年12月31日,第3版。
③ 《十四大以来我党对外交往取得重要进展》,载《人民日报》,1997年9月9日,第4版。

政党外交逐渐打破意识形态的束缚,在转型中不断拓展新领域、取得新进展。纵观20世纪70年代末到1997年这段历史,20世纪80年代末以前主要是转型奠基,之后则主要是在既有基础上继续拓展。这20余年的政党外交,步步前行,步步登高,2001年时任中联部部长戴秉国曾将这段时期的进步发展概括为"五大步"①,其中四大步是在20世纪80年代迈出的。

第一,逐步与一些国家的共产党恢复政党外交。继恢复同南共联盟的关系后,1980年同西班牙共产党、希腊共产党,1982年同荷兰共产党、法国共产党,1983年同瑞典左翼党(共产党人)、比利时共产党、圣马力诺共产党、印度共产党(马)、墨西哥统一社会党先后恢复和建立了党际关系。从1984年到1988年,出现了与外国共产党恢复发展关系的高潮,先后与37个国家地区的42个新老共产党往来交流。

第二,逐步与非洲、拉美和亚洲国家民族民主政党建立起多种形式的交流合作关系。1978年5—6月间,应中联部邀请,索马里革命社会主义党干部代表团访问中国,这是第一个同中共建立党际关系的非洲民族主义政党;1979年10月,与布隆迪民族统一进步党正式建立关系;1980年先后同博茨瓦纳民主党、马里人民民主联盟建立党际关系。1980年9月,委内瑞拉基督教社会党总书记费尔南德斯率领代表团访华,这是中共正式接待的第一个拉美民族主义政党代表团。据统计,从1978年到20世纪80年代末,与中共有交往的民族主义政党达到110多个。②

第三,同欧洲国家的社会党(社民党、工党)及其政党国际组织建立了联系。1981年2月,法国社会党弗朗索·密特朗应中国共产党邀请来华访问,共同确立了两党之间的友好关系。1984年5月底,联

---

① 戴秉国:《发挥政党外交优势 服务全党全国工作大局——纪念中联部成立50周年》,载《当代世界》,2001年第2期,第5页。
② 王家瑞主编:《中国共产党对外工作90年》,北京:当代世界出版社,2013年版,第147页。

邦德国社民党主席勃兰特率领代表团访华。此后短短的三年时间里，同欧洲、亚洲、非洲、拉丁美洲和大洋洲的30多个社会党、社会民主党、工党建立了联系。

第四，从20世纪80年代中期起，为促进我国同发达国家关系的健康、稳定发展，积极同西欧国家的一些传统中右翼政党进行了多种形式的接触与交往，先后同意大利、西班牙、法国等国家的一些中右翼政党建立了关系。

从政党外交的对象范围而言，这四大步涉及了共产党、社会党、民族主义政党、资产阶级政党等世界主要类型政党，完全打破了过去以共产党为主要交往对象的做法，使政党外交初步形成了全方位、多领域的交往格局。

进入20世纪90年代，在国内发生1989年政治风波、国际上东欧剧变和苏联解体的情况下，政党外交肩负服务国家总体外交、打破西方"制裁"的任务使命，进一步发展与各国各类执政党、参政党、合法在野党的关系，真正形成了全方位、多渠道、宽领域、深层次的政党外交新格局。一方面，继续发展和深化同各类政党的往来合作。1991年、1992年，主动恢复和加强了与越南、朝鲜、老挝、古巴等社会主义国家执政的共产党的关系；东欧剧变和苏联解体后，积极与这一地区重新组建的共产党和工人党建立关系，如捷克和摩拉维亚共产党、俄罗斯联邦共产党、摩尔多瓦共产党人党等。针对西方国家"制裁"，加强做西方社会党和资产阶级政党的工作，1990年、1991年先后同日本社会党、法国社会党、西班牙社会党、德国社民党、葡萄牙社会党恢复接触，1992年又与奥地利社会民主党（以下简称"奥地利社民党"）、芬兰社会民主党（以下简称"芬兰社民党"）、比利时法语社会党进行了接触和党际交流；1991年、1992年先后与法国保卫共和联盟、德国基民盟和基社盟恢复交往。另一方面，苏联解体后，前苏联和东欧地区各国和非洲国家出现多党制浪潮，本着党际关系四项原则，积极而有序地开展了对各类新老政党的联络工作，迈出了政党外交的"第五步"。苏联解体后到1999年,中共与前苏联和东欧地区30多个政党建立了不同形式的关系,在这一地区的政党外交范围非但没有萎缩,反而有了新的发展。20世纪90年代,在非洲地区,又与36个国家的50多个执政党、参政党和有影响的在野党建立了形式多样的关系。在拉美地区则与智利争取民主党、危地马拉民主党,以及南美唯一未建交国巴拉圭的执政党红党建立了联系。

考察进入20世纪90年代的政党外交,从交往对象看,主要有三点特别值得注意:一是与周边国家政党建立党际关系,服务周边外交。1991年中共代表团首次访问了南亚两个最大的国家巴基斯坦和印度,同时还与该地区尼泊尔、斯里兰卡、孟加拉国等国家的相关政党建立了全面关系,与各执政党的关系进一步发展。在东南亚,1994年中共同马来西亚执政党联盟——国民阵线正式建立了党际关系,这是东盟国家中第一个与中国共产党建立党际关系的执政党。1995年又同柬埔寨奉辛比克党和人民党建立了友好联系。1996年与印尼执政党专业集团进行了首次交往。1996年还与印度人民党、尼泊尔民族民主党、蒙古民主联盟等周边国家的在野政党建立了联系。二是大力发展与未建交国政党的关系,遏制台湾当局的"银弹外交"。20世纪80年代初中共就注意与未建交国政党建立联系,但是由于种种原因,进展缓慢;20世纪80年代末期后由于台湾当局大搞所谓"双重承认"和"弹性外交",其"邦交国"数量反而增加,从1988年年初最少时的22个,增加到1996年上半年最多时的31个。20世纪90年代初以后,中国共产党加大了与这些国家政党发展关系的力度。1992年,中共邀请了拉美地区五个未建交国的八个政党代表团来华访问,派团访问了四个未建交国家。到1997年,中共已同拉美非建交国中的十个国家的24个政党建立了联系,① 大大实现了超越。三是同一些国际性政党组织的多边交往显著增加。比如:不仅邀请了欧洲民主联盟、社会党国际的

---

① 周余云:《相交无远近 万里尚为邻——十四大以来中国共产党与拉美政党的交往》,载《拉丁美洲研究》,1998年第1期,第2页。

代表团来访，也同美洲基民党组织进行了接触，还首次派观察员出席了基民党国际代表大会。

从交往内容看，进入20世纪90年代，对外交往突破传统政治议题，经济、贸易、文化等成为政党外交的重要内容，尤其是经贸比较活跃。1985年10月，中共中央虽然批转了中联部的报告，提出党的对外活动中也要注入经济因素，但真正开始把经贸活动与政党外交结合起来，还是在20世纪90年代。① 所谓"政党外交搭台，经贸活动唱戏"就是这一时期出现的。邓小平南方谈话和中共十四大的召开，使中国特色社会主义和改革开放进入新阶段。由此，中共十分注重研究和借鉴别国党在发展模式、经济增长方式等方面的经验教训。许多国家特别是发展中国家的政党也十分重视了解中国共产党领导经济建设，建立社会主义市场经济体制，以及处理改革、发展、稳定三者关系等方面的经验。党的领导人和各省市党的负责人在对外交往中，根据经济建设和改革的需要，有针对性地进行专题考察，直接同外国经贸人士和企业家进行广泛接触，同时应外国政党、组织的要求，实事求是地向他们介绍中国的做法和经验。中联部作为党的对外联络工作的主管部门，结合国内经济建设和改革开放的需要，举办各种研讨交流活动，并通过党的对外交往渠道开展同有关国家的经济贸易活动。到1997年，中联部下属事业单位"中国经济联络中心"同81个国家和地区的约68个政党、140多家公司和企业建立了业务往来，促成了一些中外合资合作项目和贸易项目。②

---

① 党的对外活动与经贸相结合，在20世纪80年代主要体现在由社民党执政的德国和由共产党执政的捷克等少数国家。如，1985年4月，德国社民党联邦理事会主席团成员、黑森州州长伯尔纳率团访华，其间，伯尔纳与江西省省长赵增益签订了"两地经济合作协议书"，与山东省省长梁步庭商谈了双边经济合作问题。1986年9月，联邦德国萨尔州州长、德国社民党联邦理事会成员奥斯卡·拉冯泰访华，其间，拉冯泰与湖北省省长郭振乾、湖南省省长熊清泉分别举行了省州经贸合作的会谈；湖南省同拉冯泰签订了意向性的省州"经济技术贸易合作协议书"。1988年5月，捷克斯洛伐克共产党中央总书记雅克什访华，其间签订了中捷两国"关于长期经济和科技合作基本方向的协定"。

② 《新形势下中国共产党的对外交往》，载《当代世界》，1997年第9期，第5页。

综观20世纪70年代末到中共十五大这段历史，政党外交围绕党和国家的中心工作，在转型中发展、发展中转型，开始实现交往对象由单一类型政党向各种类型政党转变，交往内容由单一的政治议题向包括政治、经济、贸易、党建等在内的多议题转变，交往目的由意识形态取向向维护国家利益、促进国家关系转变；交往方式由单纯的政党高层互访向多层次、多领域、灵活多样转变，开始了自新中国成立以来政党外交的"第二步跨越式发展"。①

（三）中共十五大以后政党外交的新局面

中共十五大后，随着方针调整的到位，政党外交的发展很快迎来高起点的崭新开局。1998年，中共对外交往发生了三个重要事件：一是与日本共产党恢复党际关系。1966年，"文化大革命"爆发后，中共由于"左"的错误，中断了与日共的关系。1985年，中共通过罗马尼亚共产党向日共提出恢复关系的建议，但日共坚持要中共认错并中止和反日共组织的联系。1998年6月8日至10日，中联部戴秉国部长同日共代表团举行五次会谈。会谈中，中方对于两党关系中由于受20世纪60年代国际环境和"文化大革命"等因素的影响而出现的不符合党际关系四项原则，特别是互不干涉内部事务原则的做法，做了认真的总结和纠正。日方对中方的真诚态度表示赞赏。② 至此，中国共产党与世界主要共产党都建立了正常党际关系。二是社会党国际主席来访。1998年9月，社会党国际主席莫鲁瓦带着"所有成员党的共同意愿"来华访问，希望在"世界发生很大变化，面临新挑战"的世纪之交，与中国共产党"在更广泛的领域里合作"。他表示将"进一步要求成

---

① 王家瑞：《始终围绕党和国家中心工作不断推动党的对外工作实现跨越式发展》，载《求是》，2009年第16期，第22—23页。
② 《中国共产党与日本共产党实现关系正常化》，载《人民日报》，1998年6月12日，第1版。

员党与中国共产党建立建设性的合作关系"。① 这标志着与社会党国际这一世界上最大的政党国际组织的关系实现正常化，是冷战结束后政党外交的突出成就。三是接待了由非洲五国执政党组成的多国干部考察交流团。1998年10月27日至11月9日，由科特迪瓦民主党、喀麦隆人民民主联盟、佛得角争取民主运动、几内亚统一进步党和赤道几内亚民主党五个非洲国家执政党组成的干部考察交流团应邀访华。这种由不同国家若干个政党联合组团来访的情况，只在20世纪50年代末到20世纪60年代初出现过，20世纪70年代末以来还是第一次，表明了政党外交的力度之大，彰显了中国共产党的影响力。1998年可谓政党外交史承上启下的重要年份。

如果说1997年之前政党外交整体属于"调整转型"阶段，那么这之后到中共十八大，就是政党外交的"拓展创新"时期。1998年4月，中共中央政治局常委、国家副主席胡锦涛访问日本期间强调，"政党外交是国家关系的重要组成部分"②。这是"政党外交"一词第一次出自党的领导人之口。之后，"政党外交"进入理论梳理的阶段，③ 与"党际关系"一道成为概括党的对外工作的高频用词。"政党外交"一词的提炼和升华，体现了政党外交的理论开拓和实践创新。世纪之交，

---

① 钟联文：《为了友谊、和平与发展——党际交往中的中国形象》，载《人民日报》，1999年9月15日，第7版。
② 《中国共产党对外工作概况》编委会编：《中国共产党对外工作概况1999》，北京：当代世界出版社，2000年版，第112页。
③ 2001年6月戴秉国从五个方面概括了政党外交的"基础性和战略性"作用，即：国家关系的奠基石、国家关系的助推器、政府外交的补充、中央的参谋助手、在世界范围内展示党和国家的良好形象（戴秉国：《中国共产党对外交往八十年回顾与思考》，载《人民日报》，2001年6月25日，第3版）。2007年9月28日王家瑞撰文，使用了"中国特色政党外交"的新提法，提出要"积极探索中国特色政党外交新格局"，努力服务于国际国内两个大局（王家瑞：《积极探索中国特色政党外交新格局》，载《人民日报》，2007年9月28日，第7版）。2009年1月9日《人民日报》发表记者对王家瑞的访谈，阐明了中国特色政党外交的基本特征，即：既坚持马克思主义党际关系理论的基本原则，又紧密联系党和国家的具体实际；它是中国共产党积极顺应时代潮流、与时俱进、开拓进取的产物；它是历代中央领导集体不懈探索、长期实践的结晶（《开拓中国特色政党外交新局面》，载《人民日报》，2009年1月9日，第8版）。

世界多极化、经济全球化加速发展，前者为政党外交提供了更加广阔空间；后者则为政党外交提出了新的课题。这种背景下，2002年，中共十六大对政党外交的交往对象作了新的补充，提出我们将继续坚持党际关系四项原则，"同各国各地区政党和政治组织发展交流和合作"，把"政治组织"正式纳入党的交往范畴。[1] 2005年4月，中共中央总书记、国家主席胡锦涛在参加亚非峰会时，第一次提出建设"和谐世界"的主张，对政党外交提出了更高的要求。这些体现了21世纪政党外交的不同内容、不同要求。综观1997年到中共十八大这段历史，政党外交在"第二步跨越式发展"的基础上，实现了历史新跨越；之所以称之为"新跨越"，而不是并列式的"第三步跨越式发展"，是因为新跨越在本质上是第二步跨越的延续，但与第二步相比又确有很大不同，有很大发展，具有了一些新的历史特点。

第一，高层次交往，多层级参与。传统意义上，中联部作为中国共产党对外联络部门，一般代表党与国外政党交往，出访代表团一般也由中联部和其他相关部门人员组成。随着政党外交的深入开展，这一情况逐渐改变。一方面，党的高层交往日益增多，中共中央领导人出访和会晤外国政党领导人，是政党外交发展的最重要体现；另一方面，在中联部的协调组织下，中央书记处书记、中央委员、党的其他部门（有时也包括一些国家机关）以及地方党委（政府）也参与到政党外交中。这种现象始于20世纪90年代初期，到20世纪90年代末以后，已发展成为一个十分鲜明的特点。1999年，中央政治局常委及政治局委员会见了80批次国外执政党、参政党和重要在野党代表团组，并率中共代表团分别访问了亚洲、中东、拉美、北欧和大洋洲一些国家；还有40多位省部级领导率领或参加党的有关代表团或作为党

---

[1] 中共中央文献研究室编：《中共十三届四中全会以来历次全国代表大会中央全会重要文献选编》，北京：中央文献出版社，2002年版，第690页。

的代表等出访。① 据统计，2003 年至 2009 年间，中央政治局常委参与出访和接见政党次数高达 357 次，平均每年达 50 余次，占中共政党外交活动总数的 21.12%；由中央政治局委员牵头为 241 次，占总数量的 14.13%，二者总计共占 35.25%；中央书记处书记、中央委员、中联部和相关部门副部长干部参与，占总体数量的三分之二。② 之后，历年高层次交往势头不减，多层次参与格局更加丰富，促进了深层次沟通，发挥了政党交往的预防性外交的特色和优势。

第二，在交往对象上，积极发展与社会主义国家执政党、周边国家政党、发展中国家政党、发达国家政党、政党国际组织的关系，特别是拓展了与发达国家中右翼政党的交往。在西方发达国家，以保守主义政党为代表的资产阶级政党是除社会党之外的又一序列主要政党，这些政党以其保守主义、自由主义而与中共存在巨大的意识形态鸿沟。20 世纪 80 年代末 90 年代初，法国保卫共和联盟、意大利天民党等先后与中共建立联系并交往，但后来借口 1989 年政治风波对中国进行所谓"制裁"使关系疏离甚至中断。1999 年到 2003 年，中共先后与法国民主联盟、美国民主党思想库、英国保守党、法国保卫共和联盟、法国人民运动联盟、澳大利亚自由党、德国基民盟进行了初步接触、对话、互访。2000 年，欧洲议会第一大党团——人民党党团首次派代表团访华。2004 年，首次以中联部名义派团访美，同美政府官员和智库就东北亚安全问题进行对话，并开展广泛交流；首次以中共省委书记身份访问美国和加拿大（2004 年 8 月 30 日至 9 月 11 日，应美国对外政策理事会、加拿大北电网络公司的邀请，中共中央委员、中共江西省委书记孟建柱访问两国）。2007 年，中共代表团访问英国、德国、西班牙、比利时、法国和欧洲议会，与欧洲人民党首次举办"中欧关

---

① 《中国共产党对外工作概况》编委会编：《中国共产党对外工作概况 2000》，北京：当代世界出版社，2001 年版，第 17 页。
② 刘朋：《中国共产党政党外交的现状及思考——基于 2003—2009 年中共重要对外交往活动的统计分析》，载《学术探索》，2010 年第 2 期，第 51 页。

系与未来面临的共同挑战"研讨会,与欧洲自由党首次接触并建立党际关系,与英国保守党等三个主要政党共同举办"中英青年政治家论坛"首届会议。之后,与发达国家中右翼政党的交往进入了机制化阶段。

第三,在交往方式上,加强多边政党外交,发起主办和参加多边研讨活动。一是举办第三届(2004年)并参加历届亚洲政党国际会议(系菲律宾基督教穆斯林民主力量党于2000年发起创办,每两年举办一次),利用这一平台加强与亚洲主要政党的交流合作。二是利用一些政党国际组织加强多边交往。1998年"圣保罗论坛"(中南美洲及加勒比海地区左翼政党组织)第一次邀请中联部派观察员参加论坛第八届年会。1999年社会党国际第21次代表大会邀请中共以观察员身份出席,这是1986年第17次大会以来的第一次。2005年"拉美政党常设大会"第一次邀请中联部派代表与会。与这些政党国际组织的交往,既是交往方式上的创新,也是交往对象的大大拓展。中共积极利用这些组织平台,加强与成员党的接触对话。三是与一些政党共同举办或者参加一些政党举办的多边研讨会。2003年9月,与西欧国家的一些社会党、社民党及澳大利亚工党联合举办了"全球化与国际新秩序"研讨会。2004年4月,与欧洲议会人民党党团共同举办"WTO——中欧经贸关系研讨会",为中国加入世界贸易组织后,如何更好地发展中欧经贸合作献计献策。2006年6月,与非洲布隆迪、喀麦隆等11国政党共同举办了"民族、宗教和扶贫问题——如何在发展中国家建立和谐社会"研讨会。此外,还参加突尼斯宪政民主联盟国际研讨会、墨西哥劳动党"政党与新社会"国际研讨会、"欧洲社会论坛"年会。四是应邀参加欧洲左翼政党的党节、报节、代表大会。党节、报节系法共、西共、葡共、德国的共产党、意大利(重建)共产党等共产党定期活动,邀请各方面代表参加,中共从20世纪80年代初即应邀参加这些活动,20世纪90年代末以后,中共将其作为平台,通过图片展、研讨活动,积极宣传党的主张。

第四,机制化建设前所未有。20世纪90年代末以来,政党外交最显著的特点就是机制化交流。这种交流包括定期互访,合作举办商贸会、理论研讨会,定向考察等多种形式。其中,中越、中日、中俄、中欧、中美等政党定期交流最具有代表性。中越政党交流机制的突出特点是定期举行理论研讨会,2003年、2004年举办了第一、二次,2005年、2006年中断,之后每年举行一次。2006年7月,日本民主党小泽一郎率代表团访华期间,与中共中央总书记胡锦涛达成共识,决定建立"中国共产党与日本民主党定期交流机制",先后于2007年1月、2007年12月、2009年11月、2012年3月举行了四次会议;2012年12月民主党下台后,这一机制被自民党继承,演变为"中日执政党交流机制",并于2015年12月举行了第五次会议。2009年6月,中共与统一俄罗斯党签署了《中国共产党与统一俄罗斯党合作协议》和《中国共产党与统一俄罗斯党2009—2011年合作备忘录》,决定定期举办政党论坛,对话机制会议每年一次,轮流在两国举行。中欧政党高层论坛系由中共倡议的中欧政党综合性对话机制,分别于2010年5月、2011年5月、2012年5月、2013年4月、2016年5月举办了五届,除了第三届在布鲁塞尔举办,其他历届都在中国举办,标志着中欧战略性沟通和全方位合作又增加了一个新的重要平台,表明中欧政党交流与对话又迈上了一个新台阶。中美政党高层对话是中共与美国民主党、共和党之间的对话机制,每年定期或不定期举行,2010年3月在北京举办首届以来,到2017年12月已经举办了十届。此外,中共与英国、法国、德国等发达国家政党以及许多发展中国家政党,都建立了诸如"政治家论坛""合作备忘录""合作协议"之类的对话、合作机制。2004年2月,社会党国际主席古特雷斯率团访华时,中共与社会党国际建立了"战略对话机制"。

第五,更加"务实",突出经贸议题,加大"以政促经、政经结合"的力度,提高为国内经济建设服务的针对性。1999年11月,中联部召开了"党的对外工作暨经济联络工作座谈会",会议的主题是

"在党的对外工作中注入经济因素,开展对外经济联络,推动中外经贸合作"。这在党的对外联络工作中还是第一次。为配合"西部大开发",2000—2008年中联部安排几百批外国政党、团体和友好人士到我国西部参观考察,并安排十几个西部省区的党委负责同志率领30余批中共代表团出国访问、考察。2000年5—6月间,吴官正率领中共代表团访问乌拉圭、巴西、委内瑞拉,随行的经贸团通过与三国企业界洽谈磋商,签署了20项经贸合同、协议和意向书。① 2006年6月随中央政治局委员张德江往访阿曼等国的广东省经贸团签订了金额为41.6亿美元的经贸合同以及一批科技和旅游合作意向协议。② 中联部先后于2008年在温州举办"中非中小企业合作论坛"、2009年在宁波举办"中阿·中非中小企业合作论坛"、2010年在扬州举办"2010中国扬州-海湾阿拉伯国家石油化工产业合作论坛"、2010年在北京举办中非农业合作论坛。中欧政党高层论坛也充分体现了务实合作的要求,"金融危机后国际经济金融体制改革与全球治理""气候变化与环保问题""中欧关系与中欧政党合作在中欧关系中的作用""中国'十二五'规划和'欧洲2020战略'"等等,都曾是对话研讨的议题。

总之,20世纪70年代末以来的政党外交,在邓小平新型党际关系思想指引下,紧紧围绕党和国家中心工作和核心使命,紧扣维护国家利益、促进国家关系的根本目的,以开放、自信、包容的姿态面对世界各类政党,实现了交往对象由过去单一类型政党(共产党)向各种类型政党的转变,交往内容由单一的政治议题向包括政治、经贸、党建等在内的多议题的转变,交往目的由突出意识形态取向向以维护国家利益为根本出发点的转变,形成了全方位、多层次、宽领域、机制化的政党外交新格局。

---

① 《政党外交60年:艰难前行 成绩斐然 续写辉煌》,http://www.qstheory.cn/lg/zl/201001/t20100129_20164.htm。
② 《中国共产党对外工作概况》编委会编:《中国共产党对外工作概况2007》,北京:当代世界出版社,2008年版,第9页。

三、中共十八大以后政党外交的新跨越

中共十八大以后,以习近平同志为核心的党中央肩负中华民族伟大复兴的历史使命,在推进中国特色社会主义的伟大事业和党的建设新的伟大工程的历史进程中,统筹国内国际两个大局,擘画指导党的对外工作,在继承中发展、在开拓中前进、在创新中突破,既与国家总体外交紧密配合、相辅相成,又突出党的特点和属性,在党言党、在党为党,为不断推进中国特色社会主义伟大事业和党的建设新的伟大工程争取有利外部环境。

(一)突出党的属性和特点,更加服务于软实力建设

如前所述,20世纪70年代末以后,政党外交方针政策逐步调整,不再像过去那样着重于单一政治议题,而是发展为政治、经贸、党建等方面的综合性议题,其中以经贸为显著特色,所谓"政党外交搭台,经贸活动唱戏",就是对改革开放以来,特别是20世纪90年代以来政党外交的形象概括;虽然这一时期政党外交也涉及党的自身建设、治国理政、思想理论这些具有鲜明意识形态色彩的内容,但总体上还是强调服务于现代化建设、服务于经济建设这个中心主题。中共十八大以后,以习近平同志为核心的党中央,紧扣新时代党和国家中心工作和核心使命,坚持中国特色社会主义"四个自信",在世界上高高举起中国特色社会主义的旗帜,对党的对外工作重点进行了调整。

早在2011年1月,中共中央政治局常委、中央书记处书记、国家副主席习近平在出席纪念党的对外工作90年暨中联部建部60年大会上,指示中联部要"紧密结合加强和改进新形势下党的建设要求推进党的对外工作,加强对外国政党治党治国经验的比较研究,冷静观察、深入思考世界政党兴衰成败的经验教训,深化对共产党执政规律的认识。""紧密结合提升党的国际形象的要求推进党的对外工作,广泛介绍我们党以人为本的执政理念,展示我们党的执政成就,表明我们党

维护世界和平、促进共同发展的真诚愿望，增进国际社会对我们党的了解、尊重和认同。"① 如果说邓小平同志强调政党外交要服务于社会主义现代化建设，即服务于国家"硬实力"建设，那么习近平总书记特别强调政党外交不仅要服务于"硬实力"，更要服务于党的建设，服务于提升党的国际形象，服务于党的理念的宣传传播，即服务于国家"软实力"建设，也就是政党外交要充分体现党的属性和要求。中共十八大以来的政党外交实践，无论是双边、还是多边，都充分体现了这一点。

一是服务于党的建设。注重政党自身建设经验的交流，是中共十八大以后政党外交中十分鲜明的主题，这不仅体现在与越南共产党、老挝人民革命党、古巴共产党、俄罗斯共产党等执政、非执政的共产党交流中，而且在与其他类型政党交流中也经常涉及这一问题，如：2013年4月，全国党建研究会副会长高世琦率团访问瑞典期间，突出党建思想理论方面的交流；2013年10月，中俄执政党对话机制第四次会议的主题就是"群众路线与新形势下党的现代化建设"；2014年11月，委内瑞拉统社党相继派出两批专题研修班访华，双方重点就经济规划和党建经验进行交流；2014年，中联部先后两次与柬埔寨人民党举行以"做好群众工作，巩固执政基础"为主题的理论研讨会。

二是利用双多边交往，通过各种政党论坛、研讨会、对话会，宣传党的思想理论、方针政策、重大理念，努力深化国际社会对中国特色社会主义新探索、新实践的理解和支持。除了"一带一路"、人类命运共同体这些国际公共倡议之外，中共十八大、十九大及十八届、十九届历次中央全会精神，"十三五"规划，中国特色社会主义，全面从严治党，习近平新时代中国特色社会主义思想，等等，都是对外宣介、阐释的主题内容，特别致力于讲好中国故事、中国共产党故事，分享中国共产党的执政经验。2017年11月30日至12月3日，中国共产党

---

① 《习近平在纪念党的对外工作90年暨中联部建部60年大会上强调：党的对外工作要继往开来再创辉煌》，载《光明日报》，2011年1月18日，第3版。

与世界政党高层对话会在北京举行。之所以举办此次大会，主要就是应各国政党要求，集中宣讲中共十九大精神和习近平新时代中国特色社会主义思想，"习近平新时代中国特色社会主义思想"成为对话会重要交流议题。大会期间，习近平总书记发表主旨讲话，通篇贯穿新时代中国特色社会主义思想，深刻反映了中国共产党的世界观、价值观、发展观和治理观，体现了中国共产党的领导力和大国担当，受到各国政党的充分肯定和高度称赞。2018年5月26日至28日，中国共产党与世界政党高层对话会在深圳举行专题会议，包括"中国共产党的故事——习近平新时代中国特色社会主义思想在广东的实践"专题宣介会、纪念马克思诞辰200周年专题研讨会等。2018年6月1日至2日，来自45个国家和地区的66位共产党及左翼政党领导人和代表参观安徽省凤阳县小岗村，并在这里出席中联部举办的第19届万寿论坛。这都充分体现出党的属性和特点，是中共十八大以来政党外交最鲜明的特色。

（二）密切配合重大外交议程，进一步提升在国家总体外交中的地位

中共十八大以来，中国外交在以习近平同志为核心的党中央坚强领导下，攻坚克难，砥砺前行，开创性推进中国特色大国外交，办成了不少大事难事，打赢了不少大仗硬仗，取得了历史性成就。在这一过程中，政党外交根据国家外交主题，积极谋划，主动作为，特别是在推进全球治理、国际地区合作方面，充分发挥党际渠道优势，力度空前，如密切配合主办G20、上海合作组织等全球性、地区性合作组织领导人峰会，以及宣介推广"一带一路"倡议等国家重大外交议程、外交任务。2016年9月，G20峰会在杭州召开，峰会主题是"构建创新、活力、联动、包容的世界经济"，习近平总书记在开幕辞中提出要"完善全球经济治理"；同年10月，"2016中国共产党与世界对话会"在重庆召开，对话会以"全球经济治理创新：政党的主张和作为"为主题，吸引了来自50个国家的72个政党和政治组织的300余名中外代表与会，既与 G20 杭州峰会相承接，又突出政党的特色，发挥政党的政治引领作用。

考察中共十八大以来政党外交可以发现，在推进诸如中国与金砖国家、中国与非洲、中国与拉美、中国与中东欧国家等区域合作这些国家外交议程和国际合作中，都有相应的政党专题会、对话会、论坛等政党机制，或独立运作，或临时召开，都是为了密切配合。如"中国与中东欧青年政治家论坛"（2013 年 10 月举办首届）、"中非政党理论研讨会"（2015 年 2 月举办首届）、"中国共产党与湄公河国家政党对话会"（2016 年 10 月举办首届）、"中拉政党论坛"（2016 年 12 月举办首届）、"中国-阿拉伯国家政党对话会"（2016 年 4 月举办首届）、"金砖国家政党、智库和民间社会组织论坛"（2017 年 9 月举办首届）、"上合组织政党论坛"（2018 年 5 月举办首届），这些机制既是中国与中东欧国家、非洲、湄公河流域国家、拉美、阿拉伯国家、金砖国家、上合组织国家政党党际交往的机制化渠道，又是"中国与中东欧'16+1'合作机制""中非合作论坛""大湄公河次区域经济合作""中国与拉共体论坛""中国与阿拉伯国家合作论坛""金砖国家组织""上海合作组织"这些政府间合作组织的有力补充，而这些组织几乎涵盖了目前中国与所有发展中国家的国际合作，在促进中国与这些地区国家关系方面，起到了显著的铺陈、配合、巩固、深化的作用。

2013 年习近平总书记提出"一带一路"倡议和人类命运共同体理念后，对其进行国际宣介阐释就成为中国外交的重要任务。在这一过程中，中联部充分利用上述国际区域合作机制框架和领导人峰会，结合"一带一路"主题，举办与之平行的政党专题会议，或者创设相应的论坛机制，进行深入的沟通交流，这样既配合这些国际合作组织的外交议程，又宣传了"一带一路"等国际倡议。2015 年 10 月，中联部以"重塑丝绸之路，促进共同发展"为主题，承办了"亚洲政党丝绸之路专题会议"，以深化亚洲及丝路沿线国家间的合作，32 个国家的 65 个政党和政党组织的 300 余名代表参加了会议；在此基础上，进一步创设了"中国-中亚政党论坛"，以增进中亚国家对"一带一路"的了解。2016 年 4 月，中联部又以"中阿共建命运共同体——政党使命"为主题，在银川举办了"中国-阿拉伯国家政党对话会"，主要围绕"道路选择与政治引领""和平稳定与国际反恐""'一带一路'与政党作用"等议题展开；2018 年 5 月，"上合组织政党论坛"围绕"凝聚政党智慧，弘扬上海精神，推动构建人类命运共同体"的主题达成多项共识。

中共十八大以后，政党外交还积极服务于诸如南海仲裁问题这样的重大外交争端解决。2016 年南海冲裁争端发生以后，中联部充分发挥联系各国政党、政治组织的优势，深入做国际社会工作，使 120 多个国家 240 多个政党、政治组织公开支持我在南海问题上的立场，有力配合了总体外交，[1] 从而大大提高了政党外交对国家总体外交的贡献率。

（三）新时代政党外交运作机制的创新发展

如果说政党外交突出党的属性，是中共十八大以来政党外交在内容上创新发展的话，那么搭建战略沟通平台，创新工作机制方式，则是新时代政党外交在运作机制方面的重大发展。进入 21 世纪以来，中国共产党与世界上一些主要政党建立了诸如定期互访，合作举办商贸会、理论研讨会，定向考察等多种形式的交流交往机制，其中，中越、中日、中俄、中英、中法、中德、中欧、中美等政党定期交流最具有代表性；2004 年中共与社会党国际（世界上最大的政党国际组织）建立了"战略对话机制"。平台机制建设取得很大进展。中共十八大以来，平台机制建设又有重大创新突破，在继续搭建诸如"中非理论研讨会""中拉政党论坛""中国-阿拉伯国家政党对话会""中国-中亚

---

[1] 《中国共产党对外工作概况》编委会编：《中国共产党对外工作概况 2017》，北京：当代世界出版社，2018 年版，第 1 页。

政党论坛""上合组织政党论坛"等对应区域合作的政党平台机制的同时，开始探索搭建以中国共产党为一方主体、面向世界各国和各类政党的战略沟通平台，这就是"中国共产党与世界政党高层对话会"和"中国共产党与世界政党领导人峰会"。

作为一个具有国际影响力的高端政治对话平台，"中国共产党与世界政党高层对话会"的前身是2014年、2015年、2016年召开的第一、二、三届"中国共产党与世界对话会"，其中第一、二届分别以"中国改革：执政党的角色""从严治党：执政党的使命"为主题，与会者主要是一些国家的专家学者和政要。2016年10月在重庆举办了第三届对话会，以"全球经济治理创新：政党的主张和作为"为主题，中共中央政治局常委刘云山出席并发表题为《为完善全球经济治理贡献政党智慧和力量》的主旨演讲，与会者包括G20国家和各地区重要国家的政党领导人、政要、智库学者以及工商界人士；期间举行了"政党与全球经济治理创新"专场政党对话会，围绕全球经济治理的理念、机制和实践创新，汇聚各界的智慧，为推动国际经济秩序向着更为公正合理的方向前进，作出政党的贡献。第三届对话会的显著不同就是政党角色开始凸显出来。

2017年11月30日至12月3日，"中国共产党与世界政党高层对话会"在北京召开，这次对话会把对话主体进一步聚焦为"政党"。大会以"构建人类命运共同体、共同建设美好世界：政党的责任"为主题；习近平总书记出席大会并发表《携手建设更加美好的世界》主旨演讲，突出强调"政党在国家政治生活中发挥着重要作用，也是推动人类文明进步的重要力量""不同国家的政党应该增进互信、加强沟通、密切协作，探索在新型国际关系的基础上建立求同存异、相互尊重、互学互鉴的新型政党关系，搭建多种形式、多种层次的国际政党交流合作网络，汇聚构建人类命运共同体的强大力量"[①]。这是第一次

[①] 习近平：《携手建设更加美好的世界——在中国共产党与世界政党高层对话会上的主旨讲话》，北京：人民出版社单行本，2017年版。

把"新型政党关系"与"新型国际关系"联系起来,明确把政党关系作为国际关系的有机组成部分,把建立新型政党关系作为促进带动新型国际关系的重要途径,要求不同国家、不同意识形态政党在党际交往中"求同存异、互相尊重、互学互鉴",并且要"密切协作",提出了许多政党政治与政党外交新理念新论述,既是世界政党政治史上的重大突破,更是中国外交尤其是政党外交理论和实践的历史性跨越,产生了重大反响。

这次大会的重要成果就是通过了具有广泛共识和影响的《北京倡议》,其中明确提出,"我们倡议将中国共产党与世界政党高层对话会机制化,使之成为具有广泛代表性和国际影响力的高端政治对话平台。"① 这次大会吸引了世界近300个政党和政治组织的领导人共600多名中外代表参会,这是前所未有的。继2018年5月26—28日在广东深圳举办了中国共产党与世界政党高层对话会专题会议之后,7月17—18日,对话会又在坦桑尼亚达累斯萨拉姆,以"中非政党探索符合各国国情发展道路的理论与实践"为主题,专门举行非洲专题会议,与非洲约40个国家的40个政党组织进行深入对话。对话会不仅是中国共产党与世界政党的战略沟通平台,而且也是中国共产党对外宣传、塑造良好形象的窗口,正不断探索机制化、固定化的有效途径。

与这一国际高端平台相配合,中联部自2016年年初发起主办了万寿论坛,主要邀请各国政党政要、智库学者、民间组织代表,围绕重大热点、社会政治思潮、政党政治、治国理政经验教训等阐述观点、加强交流,更好地增进中国与世界相互理解,是一个以政党外交为牵引、连接公共外交和民间外交的开放包容的国际交流平台;并且已走出国门,2018年6月2日在肯尼亚内罗毕举办第20届活动,这是第一次在海外举办,论坛议题为"新时代南南合作框架下的中非合作",聚焦"'一带一路'国际合作与中非命运共同体""中非合作与发展能力

---

① 《中国共产党与世界政党高层对话会北京倡议》,新华社北京2017年12月3日电。

建设"等。

2021年7月6日,在新冠肺炎疫情笼罩世界的背景下,中国共产党与世界政党领导人峰会以线上线下结合方式隆重举行。这是中国共产党与世界政党高层对话平台机制化建设的又一重大步骤,也是中国共产党成立100周年之际举办的一场重大多边外交活动。习近平总书记发表《加强政党合作 共谋人民幸福》主旨讲话。这次盛会吸引了160多个国家500多个政党和政治组织逾万名代表出席会议;很多外方政党领导人都是现任或者曾经担任过总统、总理、党的总书记,规格高,是名副其实的"峰会";除了在国内设六个会场(一个主会场、五个分会场)外,还在世界各地开设了200个分会场;来自亚洲、非洲、拉美、欧洲的21位政党领导人进行了大会发言,发言者除了社会党国际和西班牙共产党,其他都是各国执政党领导人。大会用16种语言同传,发表了反映世界政党心声的《共同倡议》。这次大会规模大、层级高、覆盖面广,表明中国共产党拥有广大的"朋友圈"、巨大的国际影响力和号召力。

综上所述,新中国成立以来,中国共产党开展政党外交,紧紧把握时代脉搏,围绕党和国家中心工作和核心使命,紧扣捍卫国家主权安全尊严、维护党的执政地位、维护国家利益、促进国家关系的根本目的,不断前行,登高望远。在毛泽东党际关系思想指引下,政党外交为打破封锁、打开新中国外交新局面、提高新中国国际地位,进行了历史性开拓,形成了具有时代特征的政党外交格局。在邓小平新型党际关系思想指引下,政党外交实现了交往对象由单一类型政党向各种类型政党的转变,交往内容由单一的政治议题向包括政治、经济、贸易、党建等在内的多议题的转变,交往目的由突出意识形态取向向维护国家利益转变。在习近平总书记关于党的对外工作的重要论述指引下,则进一步实现了由服务于国家"硬实力"(社会主义现代化)建设向既服务于"硬实力"建设更服务于"软实力"建设(塑造党和国家形象,增强制度理念认同)的提升,由政党外交中淡化意识形态到旗帜鲜明地宣介中共思想理念的跃进,由单纯发展党际关系向推动党际关系与国际关系协同关联的突破。政党外交已经成为关系党和国家工作全局的事业,"三个重要"的定位已然形成,即党的对外工作是党的一条重要战线,是国家总体外交的重要组成部分,是中国特色大国外交的重要体现。

综观新中国成立以来的历史,中国共产党开展政党外交,始终紧紧围绕党和国家中心工作找准切入点,在积极致力于服务中国社会主义革命、建设和改革,服务党和国家总体外交战略,为党的自身建设和治国理政提供重要智力支持,扩大中国和中国共产党的世界影响,树立党和国家良好的国际形象等等方面作出了重大贡献,取得了历史性成就,也积累了十分丰富的历史经验。要取得更多的成就,有必要就历史经验进行全面系统准确的总结梳理。

第二章　在实践中坚持和发展马克思主义党际关系理论

马克思主义党际关系理论是在无产阶级政党发展党际关系的实践中产生的，是无产阶级政党开展政党外交的基本原则和理论遵循。作为一贯重视理论武装和勇于进行理论创新的党，中国共产党在中国革命、建设和改革的不同历史时期，坚持把马克思主义普遍真理与中国具体国情相结合，将国际形势与世界发展大势同党的发展相结合，不断推进政党外交理论与时俱进、不断创新，为实现中华民族伟大复兴和推进人类和平发展进步作出了重要贡献。

一、马克思主义经典作家奠定了无产阶级政党党际关系的理论基础

作为无产阶级政党的创始人，马克思和恩格斯在领导国际工人运动的历史进程中，逐步形成了马克思主义的党际关系理论。马克思主义经典作家认为，政党是代表一定阶级、阶层或利益集团的根本利益，为达到某种政治目的，特别是为了取得政权而建立的一种政治组织，是阶级和阶级斗争发展到一定历史阶段的产物。政党的阶级性决定了政党的意识形态属性，也就是说政党都具有较强的意识形态特征。这种意识形态属性，对政党交往产生明显影响，政党"志同道合"则联系紧密,道不同则不相与谋,意识形态不同的政党相互交往甚少。根据政党意识形态属性,马克思主义经典作家非常重视各国无产阶级政党之间的团结、联合与相互支持,提出无产阶级"国际主义"的思想理论和基本原则,主要有以下几方面内容。

(一) 高举无产阶级国际主义旗帜,共同开展反对资产阶级的斗争

马克思、恩格斯在19世纪40年代就强调"各民族工人党派利益的一致",要求实现无产阶级政党的国际"联合""团结""合作"。19世纪50—60年代,许多国家的工人运动在对资产阶级的斗争中迅速走向国际联合的道路,当时建立的国际工人协会即第一国际就是工人运动的指挥中心和活动平台。马克思在为第一国际起草的《国际工人协会共同章程》和《临时章程》中,强调各国工人通过国际联合与共同行动,以反对共同的敌人即各国资产阶级。认为"无产阶级在反对资产阶级联合力量的斗争中,只有把自身组织成为与有产阶级建立的一切旧有政党不同的、相对立的政党,才能作为一个阶级来行动"[①]。马克思认为"无产阶级的解放,只能是国际的事业"[②]。马克思和恩格斯共同起草的《共产党宣言》结束语中提出了"全世界无产者,联合起来!"的口号,一直激励着各国无产阶级和共产党人开展反对资本主义和帝国主义的斗争。马克思和恩格斯认为,在无产阶级和资产阶级的矛盾尖锐对立的情况下,共产主义革命不仅是一国的事情,它将在一切文明国家,至少在英、美、法、德这样的国家同时发生,因而,各国无产阶级必须联合起来,实行无产阶级国际主义,共同反对资产阶级的剥削和压迫,实现无产阶级和人类的全部解放。然而,国际联合的程度、形式和方式是灵活多样的,一切取决于形势的变化和客观

---

① 中共中央马克思恩格斯列宁斯大林著作编译局编:《马克思恩格斯选集》(第二卷),北京:人民出版社,1995年版,第611页。
② 中共中央马克思恩格斯列宁斯大林著作编译局译:《马克思恩格斯全集》(第三十九卷),北京:人民出版社,1974年版,第87页。

实际的需要。马克思和恩格斯认为，无产阶级的团结与联合本身不是目的，而只是推动无产阶级革命向前发展的条件和手段。"国际联合"到底采取什么形式和方式，成立不成立"国际"，应视具体情况而定，应看哪种方式更有利于无产阶级事业的发展。"国际联合""国际主义"都不是一成不变的，需要根据各国无产阶级革命的实际需要而不断调整更新。

（二）民族独立和党际自主平等是无产阶级政党国际联合的基础

欧洲多国在经历了100多年的王位争夺战后，按照威斯特伐利亚和约，确立了在国际关系中应遵守民族国家独立、主权、领土完整的原则。马克思、恩格斯在强调无产阶级政党的国际团结、提出无产阶级国际主义原则的同时，也看到了民族国家的主权独立和国家利益的重要性，并将国际主义原则运用到无产阶级政党关系之中。

马克思、恩格斯认为"无产阶级的国际运动，无论如何只有在独立民族的范围内才有可能""民族独立是一切国际合作的基础"[1]，无产阶级的国际联合要以国家的主权独立为前提，"国际联合只能存在于国家之间，因而这些国家的存在、它们在内部事务上的自主和独立也就包括在国际主义这一概念本身之中。"[2] 无产阶级的国际主义原则与独立的国家主权原则不是对立的，应把无产阶级国际主义与各国的民族特点和斗争实际结合起来。马克思、恩格斯认为，在国际合作中，不仅要尊重各民族和国家的利益，而且也要尊重各工人政党的独立和平等，在国际合作中要相互协调。工人阶级政党用什么方式达到自己的目的"应当由这个国家的工人阶级自己选择"[3]，尊重各党的选择

---

[1] 中共中央马克思恩格斯列宁斯大林著作编译局译：《马克思恩格斯全集》（第三十五卷），北京：人民出版社，1971年版，第261页。

[2] 中共中央马克思恩格斯列宁斯大林著作编译局译：《马克思恩格斯全集》（第三十九卷），北京：人民出版社，1974年版，第84页。

[3] 中共中央马克思恩格斯列宁斯大林著作编译局译：《马克思恩格斯全集》（第十七卷），北京：人民出版社，1963年版，第683页。

权,应当"容许每个支部对实际运动抱有自己的理论观点"①,反对把自己的观点强加于人。在无产阶级反对资产阶级的斗争中,"任何一次国际行动,都必须就其实质和形式事先进行协商。"② 国际合作只有在平等者之间才有可能。平等协商、相互尊重,是马克思、恩格斯晚年总结第一、第二国际经验教训所提出的一条基本原则。

(三) 灵活处理无产阶级政党与其他党派的关系

马克思主义经典作家认为,无产阶级革命是解放全人类的伟大事业,只有广泛动员和团结各种社会力量,才能取得革命的胜利。无产阶级革命是在民主主义革命的基础上产生的,"在一定的条件下完全可以利用其他政党和党派来达到自己的目的,但是它不应当隶属于任何其他政党""在民主主义还未实现以前,共产主义者和民主主义者就要并肩战斗"。③ "共产党人到处都努力争取世界各国民主主义政党之间的团结和协议。"④ 在这一阶段,无产阶级政党同民主主义政党的分歧是存在的,但主要是理论上的分歧,并不影响相互关系和联合行动。共产党人可以而且应当同"国际"之外的工人阶级政党和其他类型的政党发展关系,努力争取同他们"联合""达成协议""共同行动",以争取无产阶级革命的胜利。无产阶级政党在处理与其他党派关系时,应实行灵活的策略,在尊重各自特点和独立性的基础上,加强同各国民主主义政党的团结,处理好与观点不同的政党之间的关系。

---

① 中共中央马克思恩格斯列宁斯大林著作编译局编:《马克思恩格斯选集》(第四卷),北京:人民出版社,2012年版,第490页。
② 中共中央马克思恩格斯列宁斯大林著作编译局译:《马克思恩格斯全集》(第三十九卷),北京:人民出版社,1974年版,第185页。
③ 中共中央马克思恩格斯列宁斯大林著作编译局译:《马克思恩格斯全集》(第四卷),北京:人民出版社,1958年版,第306页。
④ 同③,第504页。

(四) 各国党根据实际运用革命理论，反对照搬抄袭其他党的决议或经验

在国际工人协会成立后，马克思、恩格斯就反对以国际协会取代各国工人组织的做法，认为"加入国际协会的工人团体，在彼此结成亲密合作的永久联盟的同时，完全保存自己原有的组织"①。无产阶级的国际组织及其领导人应尊重各国党和工人组织的权利及理论观点，"总委员会不是罗马教皇，我们允许每个支部对实际运动抱有自己的理论观点。"②

由于无产阶级革命的长期性和复杂性，也由于各国各党发展水平不同，情况千差万别，国际组织所提出的理论和斗争策略不可能放之四海而皆准，必须与各国各党实际相结合并随着实践的发展而发展。列宁在"各政党相互关系的问题"上，不仅继承了马克思、恩格斯的党际关系思想，而且还就如何学习俄国革命经验和在帝国主义包围之中如何巩固新生苏维埃政权等问题上，对马克思、恩格斯上述有关党际关系思想进行了新的阐述，特别强调各国各党要根据实际情况来选择自己的斗争策略，要有自己的特点。列宁认为："要善于针对各阶级和各政党相互关系的特点，针对共产主义客观发展的特点来运用共产主义普遍的和基本的原则。"③列宁根据俄国的革命实际，坚持走自己的路，并指出："一切民族都将走向社会主义，这是不可避免的，但是一切民族的走法却不会完全一样，……每个民族都会有自己的特点。"④"对于俄国社会主义者来说，尤其需要独立地探讨马克思的理论。"要善于借鉴别国的经验，"简单抄袭别国最近的决议是不够的"

---

① 中共中央马克思恩格斯列宁斯大林著作编译局译：《马克思恩格斯全集》（第十六卷），北京：人民出版社，1964年版，第18页。

② 中共中央马克思恩格斯列宁斯大林著作编译局译：《马克思恩格斯全集》（第三十二卷），北京：人民出版社，1974年版，第663页。

③ 中共中央马克思恩格斯列宁斯大林著作编译局译：《列宁全集》（第三十九卷），北京：人民出版社，1992年版，第69页。

④ 中共中央马克思恩格斯列宁斯大林著作编译局译：《列宁全集》（第二十八卷），北京：人民出版社，1990年版，第163页。

"必须善于用批判的态度来看待这种经验,并独立地加以检验"。①

在斯大林时期,苏联社会主义建设取得的伟大成就使苏共获得了巨大的声望。斯大林未能正确对待苏联的经验和苏共的威望,大党主义和大国主义恶性膨胀,开了粗暴控制、干涉其他党和国家内部事务的恶劣先例。第二次世界大战后,社会主义从一国发展到多国,形成了社会主义阵营,党际关系与国家关系出现了相互交织的情况,党际关系中不正常的现象时隐时现。从20世纪40年代末期开始,特别是20世纪五六十年代,包括中共在内的一些共产党和工人党一直在为争取国际共产主义运动内部的党际关系的正常化而斗争,取得了一定成效并积累了丰富的经验教训。

马克思主义党际关系理论是在无产阶级政党相互关系的实践中产生的。马克思主义经典作家在国际共产主义运动的历史实践中曾提出了无产阶级国际主义、党际之间独立平等协商、各党根据自己的实际制定方针政策、反对大党大国主义等许多有关党际关系的基本原则。

二、毛泽东丰富和发展了马克思主义党际关系理论

中国共产党是马克思列宁主义与中国工人运动相结合的产物,其成立也受到国际共产主义运动的影响。在1922年召开的中共第二次全国代表大会上,中共即决定加入共产国际,成为共产国际的一个支部。共产国际对中国革命和中国共产党给予了大力支持和帮助,特别是在推动建立第一次国共合作和推动建立世界反法西斯统一战线等方面起到了很大作用。但是,由于共产国际不完全了解、甚至忽视中国的特殊国情,在帮助和指导中国革命的同时,也犯了很多教条主义的错误。以毛泽东同志为主要代表的中国共产党人在总结经验教训的基础上,把马克思主义基本原理与中国革命具体实践相结合,在尊重共产国际

---

① 中共中央马克思恩格斯列宁斯大林著作编译局译:《列宁全集》(第一卷),北京:人民出版社,1986年版,第205页。

的思想领导和组织领导的同时,根据中国的实际情况,创造性地解决了中国革命面临的许多问题,开辟了一条适合中国国情的革命道路,同时也积累了在国际共产主义运动中独立自主处理党际关系的经验,奠定了党际关系的思想理论基础以及新中国国家关系的基础。

(一)坚持独立自主的原则

独立自主是毛泽东思想的活的灵魂,是处理党际关系的首要原则。毛泽东多次强调,各国党应该根据本国的历史和具体实际,独立自主地解决内部事务,外国经验可以学习借鉴,但是不能照抄照搬。1958年7月,毛泽东在同苏联驻华大使尤金谈话时指出:"我们要学习苏联,但是首先要考虑我们自己的经验,以我们自己的经验为主。"① 新中国成立初期,中共实行了"一边倒"的外交政策,重视学习苏联等国的经验,但同样强调自身的独立性。1956年5月,周恩来在一次讲话中指出:"苏联是最先进的社会主义国家,我们首先要向苏联学习。""凡是我们不懂不会的,都要去学。但要有一条:要独立思考,避免盲从,不要迷信。"②

在政党外交中,中国共产党既主张珍惜自己的独立,也主张要尊重别人的独立。国际共产主义运动是由各个不同的国家和民族的人们参加的共同事业,各国情况千差万别,而马克思主义只有一个。因此,各国党始终存在一个马克思主义在本国的具体运用问题。各国党有权自主地选择适合自己国情的革命和发展的道路。1956年4月,毛泽东在同拉丁美洲一些国家党的代表谈话时指出:"各国应根据自己国家的特点决定方针、政策,把马克思主义同本国特点结合起来。中国的经验,有好的也有不好的,有成功的也有失败的。即使是好的经验,也

---

① 中华人民共和国外交部、中共中央文献研究室编:《毛泽东外交文选》,北京:中央文献出版社、世界知识出版社,1994年版,第327页。
② 中华人民共和国外交部、中共中央文献研究室编:《周恩来外交文选》,北京:中央文献出版社,1990年版,第159—160、389页。

不一定同别的国家的具体情况相适应。照抄是很危险的，成功的经验，在这个国家是成功的，但在另一个国家如果不同本国的情况相结合而一模一样地照搬就会导向失败。"①

1957年，毛泽东在出席莫斯科共产党和工人党会议时，专门就独立自主问题与各国领导人交换意见，强调各党完全独立，各个党的事情由各个党自己负责。在毛泽东等人的努力下，尊重各党独立自主的原则写进了会议发表的《莫斯科宣言》，成为各国共产党交往的首要原则。这对于各国马克思主义政党努力寻求适合本国情况的革命和建设道路具有重要意义。即便到了晚年，毛泽东对这一原则也没有放弃。针对"文化大革命"期间党的对外工作中存在的"左"的现象，毛泽东还专门作出批评和纠正，指出："对于一切外国人，不要求他们承认中国人的思想，只要求他们承认马列主义的普遍真理与该国革命的具体实践相结合。这是一个基本原则。"②

（二）党与党之间关系平等

平等原则是党际关系的重要原则。在政党外交工作中，中共历来反对"老子党"，主张各国政党，无论规模大小、历史长短、执政与否、经验多少，一律平等，不存在"父子党""老子党"，国际共产主义运动内部既没有领导党，也没有被领导党。从20世纪50年代中期开始，以毛泽东同志为核心的党的第一代中央领导集体对苏共的大党主义和大国沙文主义进行了坚决的斗争，始终强调国与国、党与党之间平等相处。1954年12月，毛泽东在会见缅甸总理吴努时明确指出："我们不是大哥哥同小弟弟的关系，我们是同年同月同日同时生的兄

---

① 中共中央文献研究室编：《毛泽东文集》（第七卷），北京：人民出版社，1999年版，第64页。
② 中共中央文献研究室编：《毛泽东文集》（第八卷），北京：人民出版社，1999年版，第433页。

弟。"① 还强调,"就共产主义队伍来说,四海之内皆兄弟。"② 1956年10月波兰事件发生后,毛泽东指出,苏波关系不是老子与儿子的关系,是两个国家、两个共产党之间的关系。按道理,两党之间的关系是平等的,不能像旧社会老子对儿子那样。③ 同年12月,毛泽东在《再论无产阶级专政的历史经验》一文中指出:"当各国共产党相互间保持平等的关系,经过真正的而不是形式上的协商而达到意见和行动的一致,它们的团结就会增进。反之,如果在相互关系中把自己的意见强加于别人,或者用互相干涉内部事务的办法代替同志式的建议和批评,它们的团结就会受到损害。"④ 1957年1月,周恩来在同赫鲁晓夫会谈时指出,说以苏联为首,并不是说一切服从苏联。没有这样的理解。兄弟国家,兄弟党都是平等相待。刘少奇也指出:"对待任何兄弟党,都必须采取热情和谦虚的态度,必须坚决反对任何大国主义和资产阶级民族主义的危险倾向。"⑤ 20世纪60年代的中苏论战,其中一个重要原因也是为了争取各党之间的平等。中国共产党不仅反对一些大国大党凌驾于其他政党之上,粗暴干涉别国内政,也不追求自身在国际共产主义运动中的"特殊地位"和"领导党"地位。

(三) 坚持求同存异原则

党际关系中的"求同存异",其实质就是要求政党外交工作要敢于超越意识形态和社会制度的差异,不仅同社会主义国家政党之间求同存异,发展友好关系,而且也有选择地同西欧资本主义国家政党以及亚非拉国家的民族主义政党发展关系。毛泽东多次强调,一个国家的

---

① 中华人民共和国外交部、中共中央文献研究室编:《毛泽东外交文选》,北京:中央文献出版社、世界知识出版社,1994年版,第196页。
② 同①,第315页。
③ 吴冷西:《十年论战:1956—1966中苏关系回忆录》(上),北京:中央文献出版社,1999年版,第35页。
④ 《再论无产阶级专政的历史经验》,载《人民日报》,1956年12月29日,第1版。
⑤ 刘少奇:《刘少奇选集》(下卷),北京:人民出版社,1985年版,第275页。

革命和建设,离不开世界各国人民的同情、支持和帮助。党也好,国家也好,总是朋友越多越好。革命是这样,建设也是这样。1954年8月,毛泽东在与英国工党代表团的谈话中说:"我们和你们所代表的社会主义能不能和平共处?我认为可以和平共处。""难道只能和这种社会主义共处,不可以和别的事物共处吗?和非社会主义的事物,像资本主义、帝国主义、封建王国等能共处吗?我认为,回答也是肯定的,只需要一个条件,就是双方愿意共处。为什么呢?因为我们认为,不同的制度是可以和平共处的。"[①] 1957年1月,毛泽东提出应该区别对待西欧、日本同美国之间的关系,认为"矛盾总是有的,目前只要大体过得去,可以求同存异,那些不同的将来再讲"[②]。毛泽东这些看法对当时我们正确处理同资本主义国家的政党关系具有普遍的指导意义,按照这一思想,政党外交开始积极发展同西欧和日本各个政党的关系,从而为以后中美关系正常化和中日建交奠定了基础。求同存异,是以毛泽东同志为核心的党的第一代中央领导集体关于政党外交理论探索的重要成果。

(四) 党际关系不影响国家关系

党际关系与国家关系是性质与内容不相同的范畴。党际关系是指各国政党之间的关系;国家关系则是主权国家之间的外交关系。党际关系和国家关系是相互影响、相互作用的。以毛泽东同志为核心的党的第一代中央领导集体对党际关系和国家关系的探索是一个发展的过程。新中国成立之初,当时的中国与社会主义国家之间的外交关系实质上是执政的共产党之间关系的扩大和延伸。20世纪50年代中期以后,毛泽东就先后提出了党际关系与国家关系思想。毛泽东认为,在对外关系中,中国政府是以别国的政府或国际组织为对象来发展双边

[①] 中华人民共和国外交部、中共中央文献研究室编:《毛泽东外交文选》,北京:中央文献出版社、世界知识出版社,1994年版,第160页。

[②] 同①,第283页。

或多边关系,"来解决问题"的,而不是以政党为对象的。发展国家关系不应以党际关系的有无、好坏为前提,不应以党际关系干涉别国内政。这一时期,中共在实践中力图将党际关系和国家关系区别开来。1954年12月,毛泽东在会见缅甸政府总理吴努时说:"在你们国内也有对我们不友好的党派、团体和个人,在别国如印度、印尼也有。但是我们不好干涉,不好对这些党派、团体和个人说,他们不应该反对我们。每一国都有几种党。对于这几种党,我们不能表示反对哪些党,赞成哪些党。我们只能以每一国的政府为对象来解决问题。"[①] 1956年,中共和南斯拉夫共产主义者联盟关系出现裂痕之后,毛泽东随即指示,同南斯拉夫的国家关系要保持,一万年也不要断。20世纪50年代中后期,中苏两党关系恶化。1960年,苏共从中国撤走专家,撕毁与中国签订的合同,进一步恶化了两国关系,毛泽东严厉批评了苏联的这一做法。1965年2月,毛泽东在会见苏联部长会议主席柯西金时指出,公开论战无非是笔墨官司,一个人也没有死。原则争论还要继续下去,但国家关系应当要改善。尽管以毛泽东同志为核心的党的第一代中央领导集体有意识地从理论上区别党际关系和国家关系,但是受当时国际形势的影响和外交任务的制约,在实践中还很难将二者区别开来。党际关系的亲疏直接决定了国家关系的好坏。

毛泽东以上关于政党外交工作的论述和探索,回答了战后国际形势、国际关系、国际共运和新中国外交所面临的许多重大问题,丰富和发展了马克思主义党际关系理论,奠定了中国共产党作为执政党对外交往的原则框架,有力地指导了当时中国的整个外交工作,其中包含的战略思想和策略艺术具有一定的现实指导意义。

三、邓小平对马克思主义党际关系理论作出了创新性贡献

邓小平曾长期主管政党外交工作,多次率领党的代表团出访或参

---

① 中华人民共和国外交部、中共中央文献研究室编:《毛泽东外交文选》,北京:中央文献出版社、世界知识出版社,1994年版,第187页。

加世界共产党、工人党代表大会，亲身经历过国际共运中的许多重大事件和重大斗争，与世界各国政党的领导人有广泛的交往，积累了处理党际关系的丰富经验。1978年年底召开的中共十一届三中全会，实现了党的指导思想由"以阶级斗争为纲"到"以经济建设为中心"的伟大转变，我国进入了改革开放和社会主义现代化建设的新时期，邓小平也再次成为党的核心领导成员，并成为党的第二代中央领导集体核心。在对国际形势和时代特征进行科学分析和清理纠正"文化大革命"时期党际交往"左"的错误的基础上，邓小平对政党外交指导方针进行了重大调整，形成了独具特色的新型党际关系思想。

（一）本着不计前嫌、一切向前看的原则，积极建立新型的党际关系

中共十一届三中全会后，开展政党外交面临的一个问题就是，如何处理20世纪60年代与各国党在国际共产主义运动论战中的恩恩怨怨。对此，邓小平认为应该坚持实事求是的态度对待历史问题，不应回避争论和矛盾，一切向前看。1977年，邓小平在会见来访的南斯拉夫总统铁托时指出，过去我们两家吵架，主要是我们方面不对，但也不能说你们讲的、做的都正确。过去的事情一风吹，一切向前看。1980年4月，邓小平在会见来访的意大利共产党总书记贝林格时指出，"过去吵架没关系，有不同意见不要紧。总会有一些不同的看法。双方都把问题讲清楚，有些问题要通过实践加以检验。过去许多争论，并不是我们讲的都是对的。我想你们认为自己讲的也不一定都对。把问题说清楚，就能加深了解。我要说三句话：一是过去的一切一风吹；二是当时有些问题我们看得不清楚，甚至有错误；三是我们双方统统向前看。"[1] 1986年6月，邓小平再次强调了对于党与党之间的争论要谅解，过去的事情不谈了，一切向前看。1987年6月，邓小平在会见

---

[1] 中共中央文献研究室编：《邓小平年谱（一九七五—一九九七）》（上），北京：中央文献出版社，1997年版，第622页。

来访的南斯拉夫共产主义者联盟中央主席团委员科罗舍茨时,在总结中共与南斯拉夫以及东欧其他各国的党和国家关系之后,明确提出:"党与党之间要建立新型的关系。"① 所谓的"新",就是要在总结经验的基础上,结束争论,坚持党际关系的基本原则,一切向前看。正是这种不纠缠于历史旧账的实事求是的态度,以及"一切向前看"的发展的眼光,很快地使中共摆脱了在世界以及国际共产主义运动中较为孤立的境地,推进党际关系不断向前发展。从20世纪80年代至20世纪90年代,以中南(斯拉夫)两党恢复关系为突破口,中国共产党先后恢复了与意大利共产党、西班牙共产党、法国共产党、葡萄牙共产党等欧洲国家共产党,以及印共(马)、塞浦路斯劳动人民进步党、多米尼加共产党、巴西共产党等传统共产党的联系;与波兰、匈牙利、捷克、保加利亚、民主德国等东欧五国执政党以及苏联共产党也实现关系正常化,并与古巴共产党、越南共产党以及蒙古人民革命党正式恢复了关系,为中国的改革开放创造了良好的外部环境。

(二) 党与党之间不分大小,都应该完全平等、互相尊重、互不干涉内部事务

国际共产主义运动中曾经存在的"大家庭"体制发挥过重要的历史作用,但是受大国沙文主义影响,也出现过"大党主义"和"老子党"的现象,严重损害了各国党的交往,甚至恶化了国家关系。邓小平坚决反对这种"大党主义"和"老子党"的现象,主张党与党之间应该一律平等。1980年11月,邓小平在会见西班牙共产党代表团时说:"党与党之间的关系是兄弟党关系,不是父子党关系""父子党关系,要控制人家,我们是深有感受的。后来我们就强调,国家无论大小,党无论大小,应该一律平等。"针对苏联共产党过去的一些做法,1987年6月,邓小平对来访的南斯拉夫共产主义者联盟中央主席团成员科罗舍茨说:"一个党和由它领导的国家的对外政策,如果是干涉别

---

① 邓小平:《邓小平文选》(第三卷),北京:人民出版社,1993年版,第237页。

国内政，侵略、颠覆别的国家，那么，任何党都可以发表意见，进行指责。我们一直反对苏共搞老子党和大国沙文主义那一套。他们在对外关系上奉行的是霸权主义的路线和政策。"①邓小平认为，无论是无产阶级政党还是其他性质的政党，都要采取一律平等的态度。我们反对人家对我们发号施令，同时，我们也决不能对人家发号施令。这是党际关系中一条重要的原则。

(三) 各国党应该独立自主地决定本国的事情

邓小平认为，"因为每一个国家、每一个党都有自己的经历，情况千差万别。"② 所以解决问题的思路和方法也不应相同。最根本的一条经验就是，各国共产党应该根据自己国家的情况，自己决定自己的政策，革命也好，建设也好，才能取得成功。1980年5月，邓小平明确指出："各国的事情，一定要尊重各国的党、各国的人民，由他们自己去寻找道路，去探索，去解决问题，不能由别的党充当老子党、去发号施令。"③ 之后，邓小平在许多场合，反复阐述关于处理党际关系的原则和思想。

1983年4月，邓小平在会见印度共产党（马克思主义）中央代表团时强调："一个国家的革命要取得胜利，最根本的一条经验就是，各国共产党应该根据自己国家的情况，找出自己的革命道路。"④ 1987年6月，邓小平在会见南斯拉夫共产主义者联盟中央主席团成员科罗舍茨时再次强调："我想有一点最重要，就是任何大党、中党、小党，都要相互尊重对方的选择和经验，对别的党、别的国家的事情不应该随

---

① 中共中央文献研究室编：《邓小平年谱（一九七五—一九九七）》（上），北京：中央文献出版社，1997年版，第692页。
② 邓小平：《邓小平文选》（第三卷），北京：人民出版社，1993年版，第236—237页。
③ 邓小平：《邓小平文选》（第二卷），北京：人民出版社，1994年版，第319页。
④ 同②，第27页。

便指手画脚。对执政党是这样,对没有执政的党也应该是这样。"①独立自主是毛泽东与邓小平外交战略的共同内核。其内涵主要包括:各国党有权根据本国实际情况,选择本国的社会制度和发展道路;有权独立管理和决定党内的一切事务,自己观察国际国内形势并制定路线方针政策。在新的历史条件下,邓小平在坚持毛泽东独立自主外交思想的基础上又赋予了它新的内涵,实现了从结盟外交到不结盟外交的转变,实现了从意识形态划线外交到超越意识形态和社会制度的全方位外交的转变。这些转变告诉我们:独立自主外交思想需要根据国际形势的变化而不断丰富和发展,要以国家利益为最高准则。

(四)不以一党一国的经验来判断和评价别的国家和政党的功过是非

20世纪国际共运中长期存在的一种错误做法就是把马克思主义教条化,把一个国家或一个政党的经验和模式神圣化、绝对化,这是导致各国共产党发生矛盾、引发争论乃至冲突的一个重要原因。20世纪60年代,邓小平在主管政党外交工作时,经历过中苏论战等国际共产主义运动中的一些重大事件,对这一点有过深刻的思考。1980年5月,他在同中央有关负责同志的谈话中比较集中地阐述了国际共产主义运动中党与党之间的原则,指出:"一个党评论外国兄弟党的是非,往往根据的是已有的公式或者某些定型的方案,事实证明这是行不通的。""各国党的国内方针、路线是对还是错,应该由本国党和本国人民去判断。最了解那个国家情况的,毕竟还是本国的同志。""欧洲共产主义是对还是错,也不应该由别人来判断,不应该由别人写文章来肯定或者否定,而只能由那里的党、那里的人民,归根到底由他们的实践做出回答。"②邓小平对中共在国际共运争论中所应承担的责任也作出深刻的检讨。在1982年10月25日会见法国共产党中央代表团

---

① 邓小平:《邓小平文选》(第三卷),北京:人民出版社,1993年版,第236页。
② 邓小平:《邓小平文选》(第二卷),北京:人民出版社,1994年版,第318—319页。

时，邓小平说："一个党对于别国的情况总是比较生疏的，总没有本国那样了解自己的问题。一个党即使犯了错误，也要靠自己去总结、去纠正，这样才靠得住。我们过去在这个问题上处理得不好，我们总结了这方面的经验。"① 1983年1月11日，邓小平会见墨西哥统一社会党代表团时又说："我们的历史经验教训就是，一个党对别的党指手画脚是不行的。"② 1983年11月6日，邓小平在会见澳大利亚共产党（马列）主席希尔时，说得更为明确："我们的真正错误是根据中国自己的经验和实践来论断和评价国际共运的是非，因此有些东西不符合唯物主义和辩证法的原则。"③ 简言之，各国党的路线、方针是对是错，应该由各国党和人民去判断。同时，邓小平也反对别国党照搬中国的改革模式。在邓小平看来，中国的改革是一种试验，"如果成功了，可以对世界上的社会主义事业和不发达国家的发展提供某些经验。当然，不是把它搬给别国。"④

（五）意识形态的差异不应成为处理党际关系的障碍

新中国成立后很长一段时期内，政党外交注重同各国共产党、工人阶级政党交往，而不同与中共有明显意识形态差异的社会党、社会民主党发展关系，甚至采取排斥和不接触的态度。历史证明，这种自我封闭、自我孤立的做法，对于其自身的事业乃至国家利益是非常不利的。当今世界发生了巨大变化，中国的发展已经融入世界的发展之中，中共必须打破意识形态的束缚，与不同意识形态政党建立联系，在彼此尊重对方社会制度和意识形态的前提下求同存异，这样才能使党的对外交往有效地为国家利益服务。1986年9月，邓小平在接受美国哥伦比亚广播公司记者华莱士采访时说："中国观察国家关系问题不

---

① 邓小平：《邓小平年谱（一九七五—一九九七）》（下），北京：中央文献出版社，2004年版，第863—864页。
② 同①，第881页。
③ 同①，第944页。
④ 邓小平：《邓小平文选》（第三卷），北京：人民出版社，1993年版，第135页。

是看社会制度。"①而是要根据国与国之间的具体情况而定。1989年10月，邓小平在会见美国前总统尼克松时指出："考虑国与国之间的关系主要应该从国家自身的战略利益出发。着眼于自身长远的战略利益，同时也尊重对方的利益，而不去计较历史的恩怨，不去计较社会制度和意识形态的差别，并且国家不分大小强弱都相互尊重，平等相待。这样，什么问题都可以妥善解决。用这样的思想来处理国家关系，没有战略勇气是不行的。"②苏联解体后，其执政党发生变化。在这种情况下，邓小平明确指出："不管苏联怎么变化，我们都要同它在和平共处五项原则的基础上从容地发展关系，包括政治关系，不搞意识形态的争论。"③这一时期，本着超越意识形态差异、谋求相互了解和合作的方针，中国共产党积极与西方国家社会党建立联系，开展合作。1981年，法国社会党领导人密特朗率社会党政治代表团访华，使得法国社会党成为西欧社会党中第一个与中国共产党建立关系的政党。随后，中共与德国社民党、意大利社会党、奥地利社会党、比利时社会党、西班牙工人社会党、英国工党、荷兰工党等欧洲地区的社会党建立了各种形式的联系和交往。中共突破了意识形态的差异，不仅同各国共产党、工人党进行交往，而且尝试同不同性质类型的政党建立不同形式和不同程度的联系，并尝试与主要政党的国际组织进行接触，逐步摸索出与世界各国各类政党交往的方式和策略，推进不同意识形态的政党之间的交流和对话。

邓小平上述有关建立新型党际关系的思想，为中共处理同各国政党的关系提供了思想指南，在此基础上中共提出了新时期党际关系四项原则。1982年9月，中共十二大在总结中国共产党对外交往正反两方面经验教训的基础上，正式提出了中共与各国共产党发展关系的四项原则，即坚持在马克思主义基础上，按照独立自主、完全平等、互

---

① 邓小平：《邓小平文选》（第三卷），北京：人民出版社，1993年版，第168页。
② 同①，第330页。
③ 同①，第353页。

相尊重、互不干涉内部事务的原则,发展同各国共产党和其他工人阶级政党的关系。1987年10月,中共十三大明确提出处理党际关系的四项原则不仅适用于共产党及其他工人阶级政党,而且适用于诸如社会党、工党在内的其他政党,成为新时期政党外交重要的指导思想。独立自主、完全平等、互相尊重、互不干涉内部事务的党际关系四项原则,是中共在深刻总结党的对外交往和世界社会主义运动正反两方面经验的基础上取得的重大理论成果。它继承和发展了毛泽东独立自主、平等交往思想,是和平共处五项原则在党际关系领域的具体运用,同时也顺应了国际形势特别是党际关系发展的新趋势,体现了新型党际关系的本质特征。党际关系四项原则作为新时期政党外交的指导原则,具有重要的理论价值和实践意义。正是在党际关系四项原则的指导下,政党外交实现了一系列重大调整,突破了此前只与各国共产党和工人党交往的局限,开始与世界各国各类政党进行广泛接触和深入交往,实现了历史性跨越。

四、江泽民对马克思主义党际关系理论的继承与发展

20世纪80年代末90年代初,国际局势发生急剧而深刻的变化。一方面,东欧剧变、苏联解体,国际共产主义运动发生严重挫折。另一方面,冷战结束,东西对峙的两极格局被打破,世界处于新旧格局交替的动荡时期。面对严峻复杂的国际形势,以江泽民同志为核心的党的第三代中央领导集体按照邓小平同志提出的"冷静观察、沉着应付"方针,站稳脚跟,深入研究新情况、新问题,对世界形势变化作出了新的准确的判断和把握,认为冷战结束后,"和平与发展"的时代主题仍然没有改变,世界要和平,人民要合作,国家要发展,社会要进步,已成为时代的潮流。同时,江泽民也清醒地认识到,东欧剧变、苏联解体后,"世界社会主义处于低潮,但这只是整个历史长河中的暂

时现象。……社会主义前途依然光明。"①在准确判断时代潮流和国际形势的基础上,以江泽民同志为核心的党的第三代中央领导集体把维护国家利益作为根本出发点和落脚点,积极主动而又审慎稳妥地领导开展党的对外交往。一方面,对外阐明中共对东欧剧变、苏联解体的看法,宣传中国坚持改革开放、坚持走中国特色社会主义道路的信念决不动摇。江泽民在会见前越共中央总书记、越党中央顾问阮文灵时表示,中国坚持改革开放和建设中国特色社会主义的信心决不动摇,中共将坚定不移地贯彻"一个中心、两个基本点"的基本路线。另一方面,面对一些西方国家对我的"制裁",江泽民提出要发展全方位的政党关系,特别是要扩大利益汇合点,妥善解决彼此分歧,坚持对话,不搞对抗。政党外交配合政府外交,加大与发展中国家政党的交往力度,拓展与发达国家不同类型政党的联系与合作,争取互谅和信任,扩大参与多边政党合作。这一时期,在不断推进政党外交稳步发展的过程中,以江泽民同志为核心的党的第三代中央领导集体,坚持党际关系四项原则并根据时代发展的特征,不断完善和发展了马克思主义党际关系理论,主要有如下几点表现。

(一) 在坚持中不断发展和完善党际关系四项原则

党际关系四项原则最初是作为处理中共同其他无产阶级政党的党际关系原则提出来的。但自20世纪80年代末以来,国际形势发生了深刻的变化:一方面,由于东欧剧变、苏联解体,无产阶级政党在东欧和苏联地区相继丧失政权,国际共产主义运动遭遇严重挫折,中共发展对外关系若只限于无产阶级政党将举步维艰;另一方面,由于世界多极化趋势的发展和政党政治的兴起,世界范围内的政党外交活动趋于活跃,拓展政党交往的对象既有必要,又有了现实可能性。而中共提出的党际关系四项原则,显然适应了世界政党形势的变化,其内

---

① 江泽民:《江泽民文选》(第一卷),北京:人民出版社,2006年版,第336页。

涵在实践中得到进一步丰富，因而得到外国政党越来越广泛的赞赏和认同，逐步成为公认的处理党际关系的基本准则。

1991年5月，江泽民出访苏联，这是自1957年来中共最高领导人首次访苏，双方明确中国共产党和苏联共产党之间不断增强的联系，在整个中苏关系中起着重要作用。两党之间的交往今后仍将按照独立自主、完全平等、互相尊重、互不干涉内部事务的原则。中共十四大报告提出，"中国共产党重视同各国政党的关系，"将继续按照党际关系四项原则，"同各国政党建立和发展友好关系，本着求同存异的精神，增进相互了解和合作。"① 中共十四大还对党章进行了修改，将原党章中的按照党际关系四项原则"发展我党同各国共产党和其他工人阶级政党的关系"修改为按照党际关系四项原则"发展我党同各国共产党和其他政党的关系"②。这是首次在党章中明确开展政党外交的对象将不限于工人阶级政党，在之后几次党章修改中也一直坚持这一表述。中共十五大报告提出，"要坚持在独立自主、完全平等、互相尊重、互不干涉内部事务原则的基础上，同一切愿与我党交往的各国政党发展新型的党际交流和合作关系，促进国家关系的发展。"③ 强调同"一切"愿与中共交往的各国政党发展"新型"关系，这就进一步明确了政党外交的对象从各国共产党和其他工人阶级政党扩展到一切愿与中共交往的各国政党，为中共开拓跨世纪政党外交新局面指明了方向。进入21世纪后，中共又明确将各类政治组织纳入政党外交的对象，进一步扩大政党外交的范围。中共十六大继续强调，中共将继续坚持党际关系四项原则，同各国各地区政党和政治组织发展交流和合作。

中共十三届四中全会以来，中共一方面重视加强与深化同社会主

---

① 江泽民：《江泽民文选》（第一卷），北京：人民出版社，2006年版，第244页。
② 《中国共产党章程》（1992年10月18日通过），载《人民日报》，1992年10月22日，第1版。
③ 江泽民：《江泽民文选》（第二卷），北京：人民出版社，2006年版，第41页。

义国家政党及其他各国工人阶级政党之间的传统友谊，并在交往中鼓舞其坚持走社会主义道路的信心和坚持马克思主义信仰；另一方面，不计较意识形态的差异，积极而又审慎地同前苏东地区转型国家、发展中国家和西方发达国家的新老政党建立和恢复联系和交往。1998年，江泽民在会见日本共产党代表团时的谈话中，特别就冷战结束后如何处理各国共产党之间的关系问题，对党际关系四项原则的内涵作了进一步阐释："世界各国情况千差万别，实现社会主义的道路和模式可以是多种多样的。各国共产党人可以在完全平等和互相尊重的基础上进行交流和探索，不存在'中心'，不能搞无谓的意识形态争论，不要对别人的探索和实践指手画脚，更不能把自己的观点和模式强加于人。"①

（二）不同文明和社会制度可以在求同存异中共同发展

随着两极格局的终结和多极化趋势的加速发展，西方新自由主义、新保守主义思潮甚嚣尘上，世界越来越呈现出不同意识形态、不同社会制度、不同价值观念、不同发展道路多元并存的局面，世界既变得越来越丰富多彩，也变得越来越复杂。面对这种复杂的国际形势，江泽民提出了"尊重世界文明多样性"的思想，形成了对世界现状和人类前景的理论新概括，为确立跨世纪政党外交指导方针提供了理论依据，其主要内容有：世界是丰富多彩的，各国国情千差万别，有着各种不同的社会制度、价值观念和发展模式；世界多样性既是客观存在，又是历史必然；世界文明的多样性，是人类社会的基本特征，也是人类文明进步的动力。一方面，中共对社会主义向共产主义过渡的长期性有了更加深刻的认识，认识到社会主义与资本主义长期并存将是一个很长的历史阶段，我们必须承认世界各国社会制度多样性的现实；另一方面，有的国家和政党却不愿承认社会制度多样性的现实，对我

---

① 江泽民：《江泽民文选》（第二卷），北京：人民出版社，2006年版，第194页。

们坚持的中国特色社会主义道路持怀疑态度,特别是美国和西方一些反华势力还以所谓"人权""民主"为幌子对我国内政妄加指责和干涉,妄图对我实行"和平演变"。江泽民指出,世界文明多样性应该得到尊重,而不是试图以一种文明取代其他文明,并强调说:"如同宇宙间不能只有一种色彩一样,世界上也不能只有一种文明、一种社会制度、一种发展模式、一种价值观念。各个国家、各个民族都为人类文明的发展作出了贡献。应充分尊重不同民族、不同宗教、不同文明的多样性。"① 尊重世界文明多样性,就是要在与不同文明的交流中提倡和而不同,坚持求同存异。江泽民为中国传统文化中的"和而不同"思想赋予了新的时代含义:"和谐而又不千篇一律,不同而又不相互冲突。和谐以共生共长,不同以相辅相成。和而不同,是社会事物和社会关系发展的一条重要规律,也是人们处世行事应该遵循的准则,是人类各种文明协调发展的真谛。"② 因此,"世界各种文明、社会制度和发展模式应相互交流和相互借鉴,在竞争比较中取长补短,在求同存异中共同发展。"③ "尊重世界文明多样性"思想,也是我们反对霸权主义和强权政治,抵制西方国家对我国内政横加干涉的一个有力的理论武器。

针对西方学者提出的"文明冲突论",江泽民指出:"文明的差异不是世界冲突的根源,而应是世界交流的起点。海纳百川,有容乃大。这个世界应少一些对抗,多一些对话,少一些傲慢和偏见,多一些交流和沟通。这样才能共同发展进步。"④ 江泽民还表示,世界各国情况千差万别,实现社会主义的道路和模式千差万别。各国共产党人可以在完全平等和互相尊重的基础上进行交流和探索,不存在"中心",不能搞无谓的意识形态争论,不要对别人的探索和实践指手画脚,更不

---

① 江泽民:《江泽民文选》(第三卷),北京:人民出版社,2006年版,第110页。
② 同①,第522页。
③ 同①,第522—523页。
④ 同①,第520—521页。

能把自己的观点和模式强加于人。

不以意识形态的差异作为处理党际关系的障碍,并不意味着在政党外交中放弃意识形态的原则。江泽民认为,对待差异的正确态度是,"我们不把自己的社会制度和意识形态强加于人,也决不允许别国把他们的社会制度和意识形态强加于我们。"① 与信奉不同意识形态的政党建立友好关系的关键是寻找共同利益的汇合点,求同存异。对彼此的分歧,通过对话和协商来解决,不搞对抗。

和而不同、求同存异,为在新的形势下开展政党外交提供了有益的启示,这就是:既要坚定不移地走中国特色社会主义道路,又要按照求同存异的精神广泛开展与世界各国政党的交流,不让意识形态和社会制度的差异成为政党外交的障碍。这就为拓展政党外交的对象和范围提供了理论依据,为发展与各国政党之间的新型党际关系开辟了广阔的空间。

(三) 通过发展党际关系,促进经济社会和国家关系的发展

积极开展政党外交,首要任务是为国内的现代化建设服务。中共十三届四中全会以来,以江泽民同志为核心的党的第三代中央领导集体继续坚持中共十一届三中全会确立的党的基本路线,把进行社会主义现代化建设作为全党和全国人民长期的中心任务。政党外交和其他战线的工作一样,必须服从和服务于这个中心。江泽民同志指出,"经济优先已成为世界发展潮流。这是时代进步和历史发展的必然。"② 随着经济全球化的全面深入推进,各国政党聚焦的问题日益转向内部的经济社会问题,以此增强对社会的引领能力和政治竞争力。这种政治理念的转变无疑促进各国政党更多注重对外交往的务实性。

进行现代化建设,需要一个和平的国际环境。因此,发展党际关系,促进人民友谊和国家关系发展,就是为了争取和平的国际环境。

---

① 江泽民:《江泽民文选》(第一卷),北京:人民出版社,2006年版,第244页。
② 同①,第413页。

中共十四大报告提出，中国共产党将"积极发展对外关系，努力为我国的改革开放和现代化建设争取有利的国际环境"①。这就开宗明义地表明了中共积极开展政党外交的出发点和落脚点。1998年，江泽民在纪念党的十一届三中全会召开20周年大会上的讲话中指出："我们进行改革开放和现代化建设，需要一个和平的国际环境。我们对外工作的首要任务，就是争取和平，为社会主义现代化建设服务。要实事求是地判断国际形势，恰当处理对外关系，以利抓住机遇，集中力量加快国内经济和其他事业的发展。"②中共还紧紧抓住发展这一执政兴国的第一要务，把经济因素注入政党外交，开辟了政党外交的新领域。

在坚持和发展邓小平新型党际关系思想的基础上，江泽民在中共十五大报告中首次提出发展新型党际关系的目的在于促进国家关系的发展，明确了发展党际关系要以国家利益为重，要服从和服务于国家关系的发展，政党外交服从并服务于国家总体外交。在庆祝中国共产党成立80周年大会上的讲话中，江泽民又进一步提出，要通过广泛发展党际关系，"促进人民之间的友谊和国家关系的发展"③，从而为政党外交的目的增加了新的内容，即在发展官方关系的同时，发展民间关系，促进人民之间的友谊。正确处理党际关系与国家关系，是做好政党外交工作的前提。

除了促进国家关系发展、为国内经济建设和现代化建设争取良好的外部环境之外，政党外交还要为世界的和平与发展作出积极贡献，促进人类进步事业的发展。中共十四大将"为世界的和平与发展做出自己的贡献"写进政治报告。在亚太经合组织第二次领导人非正式会议上，江泽民指出："如何更有效地维护世界和平、促进经济发展，把一个和平、繁荣、美好的世界带入二十一世纪，是当前各国人民正在严肃思考的问题，也是我们这一代领导人肩负的重大历史使命。""经

---

① 江泽民：《江泽民文选》（第一卷），北京：人民出版社，2006年版，第242页。
② 江泽民：《江泽民文选》（第二卷），北京：人民出版社，2006年版，第261页。
③ 江泽民：《江泽民文选》（第三卷），北京：人民出版社，2006年版，第297—298页。

济优先已成为世界潮流。这是时代进步和历史发展的必然。当前，对每个国家来说，悠悠万事，唯经济发展为大。发展不但关乎各国国计民生、国家长治久安，也关系到世界的和平与安全。经济的确越来越成为当今国际关系中最首要的关键的因素。各国根据平等互利原则，不断加强合作力度和协调，在更大规模上互通有无、取长补短，是促进经济发展、实现共同繁荣的必由之路，也是为维护世界和平奠定重要基础。"① 在庆祝中国共产党成立80周年大会上，江泽民再一次明确提出："中国对外政策的宗旨，就是维护世界和平，促进共同发展。"② 随着经济全球化进程的加速发展，经济关系、贸易交流等诸多方面，都成了相互依存的全球性问题，需要各国政党共同关注，开展合作。因此，中共在政党外交中，积极应对经济全球化，积极宣传构建国际经济新秩序的主张，同时注重就各国普遍关心的经济发展战略进行交流、学习和借鉴，进一步丰富了政党外交内容，拓宽了政党外交渠道，使政党外交的目的更加明确、对象更加广泛、方针更加完善、形式更加灵活、交流更加深入，一个多渠道、多层次、多领域的政党外交格局逐渐形成。

五、胡锦涛对马克思主义党际关系理论的拓展深化

进入21世纪，国际形势继续发生深刻变化。一方面，以互联网为代表的科技进步和经济全球化越来越使当今世界成为一个"地球村"。各国之间联系紧密，互相依存，任何一个国家都不可能闭关锁国、在世界潮流之外独立发展。另一方面，随着中国对外开放的深入推进和国际地位不断提高，我国内政外交的关联性进一步增强。要办好国内的事，不能不考虑国际因素；要处理好国际问题，也不能不考虑国内因素。特别是"9·11"事件发生后，国际关系中的不稳定因素日益增多。霸权主义和强权政治依然存在，局部冲突和热点问题此起彼伏，

---

① 江泽民：《江泽民文选》（第一卷），北京：人民出版社，2006年版，第414页。
② 江泽民：《江泽民文选》（第三卷），北京：人民出版社，2006年版，第297—298页。

全球经济失衡加剧,南北差距拉大,传统安全威胁和非传统安全威胁相互交织,恐怖主义、极端主义危害上升,气候、环境、能源、粮食等全球性问题日益突出。世界和平与发展面临诸多难题和挑战,世界仍然很不安宁。但同时人类也面临着难得的发展机遇,且总的说来,机遇大于挑战,希望多于困难。面对这样的国际形势,以胡锦涛同志为总书记的党中央,在继承和发展党的第三代中央领导集体关于时代问题基本战略思想的基础上,对新世纪新阶段的时代特征作出了两个基本判断:一是"当今世界正在发生前所未有的历史性变革"[①]"我们所处的时代,是一个充满机遇和挑战的时代"[②]"综观全局,二十一世纪头二十年,对我国来说,是一个必须紧紧抓住并且可以大有作为的重要战略机遇期"[③]。二是"国与国的联系日益紧密,相互依存不断加深,形成了利益交融、休戚与共的局面"[④]"在人类漫长的发展史上,各国人民的命运从未像今天这样紧密相连、休戚与共"[⑤]"当代中国同世界的关系发生了历史性变化,中国的前途命运日益紧密地同世界的前途命运联系在一起"[⑥]。当代中国正在发生广泛而深刻的变革,中国在国际政治经济舞台上的地位越来越重要,日益受到国际社会的关注,同时国际社会对中国的猜忌和疑虑也不断增多。因而,中国国内工作与对外工作已变得密不可分。以胡锦涛同志为总书记的党中央,基于对国际形势、时代特征以及中国与世界关系的新的判断和认识,紧紧把握21世纪以来的国际形势发展以及中国与外部世界关系的历史性新

---

① 胡锦涛:《胡锦涛文选》(第二卷),北京:人民出版社,2016年版,第444页。
② 胡锦涛:《全面推进中美建设性合作关系》,载《人民日报》,2006年4月22日,第1版。
③ 中共中央文献研究室编:《十六大以来重要文献选编》(上),北京:中央文献出版社,2005年版,第14页。
④ 胡锦涛:《深化互利合作 促进共同发展》,载《人民日报》,2006年4月21日,第1版。
⑤ 中共中央文献研究室编:《十六大以来重要文献选编》(中),北京:中央文献出版社,2006年版,第998页。
⑥ 中共中央文献研究室编:《十七大以来重要文献选编》(上),北京:中央文献出版社,2005年版,第36页。

变化,高度重视外交战略的总体运筹和长远谋划,把国内执政理念与外交理念相衔接,提出了一系列富有时代特色和中国印记的政党外交新论述,促进了政党外交理论和实践的新发展,深化和拓展了对政党外交规律的认识。

(一) 政党外交必须统筹国内国际两个大局

2003年胡锦涛提出科学发展观,中共十七大将科学发展观写入党章。科学发展观是做好政党外交具有重要意义的指导思想。在科学发展观的指导下,政党外交重视和强调科学谋划能力、主动塑造能力,实现了对外交往方式的现代化、对外交往机制的系统化。政党外交不断统筹国内国外两个大局,注意将自身工作放到党和国家工作大局中来认识、放到中国与世界关系的发展变化中来把握、放到国家总体外交的战略部署中来谋划,使得政党外交能够审时度势、内外兼顾、因势利导、趋利避害,不断提高对外交往能力。要紧紧抓住21世纪头20年的重要战略机遇期,推进现代化建设,必须统筹国内国际两个大局。不论是国内工作还是对外工作,都必须坚持用宽广的眼界观察世界,提高科学判断国际形势和进行战略思维的水平,深刻认识国内大局和国际大局、内政和外交的紧密联系。通盘考虑国内和国际形势,将国内工作与对外工作相结合,历来是中共制定正确路线方针政策的重要方法。新世纪新阶段,以胡锦涛同志为总书记的党中央在深入分析时代特征、认真总结治国经验、准确认识发展方位的基础上,明确提出了统筹国内国际两个大局的重大战略思想。2003年10月召开的中共十六届三中全会提出了"统筹国内发展和对外开放"的要求。2004年8月,胡锦涛在第十次驻外使节会议上强调,要"从国际和国内两个大局着眼,科学制定外交工作的方针政策和战略策略"[①]。2004年9月召开的中共十六届四中全会强调,要"坚持用宽广的眼界观察世界,

---

① 《第十次驻外使节会议在京举行》,载《人民日报》,2004年8月30日,第1版。

提高科学判断国际形势和进行战略思维的水平。深刻认识国内大局和国际大局、内政和外交的紧密联系"①。2006年8月，胡锦涛在中央外事工作会议上第一次提出了"坚持统筹国内国际两个大局"，强调："外事工作必须坚持以经济建设为中心，紧密结合国内工作大局，在统筹国内国际两个大局中加以推进。要紧紧围绕党和国家的中心任务，把国内发展与对外开放统一起来，更加注重从国际国内形势的相互联系中把握发展方向，更加注重从国际国内条件的相互转化中用好发展机遇，更加注重从国际国内资源的优势互补中创造发展条件，更加注重从国际国内因素的综合作用中掌握发展全局。"②在中共十七大上，将"统筹国内国际两个大局"列为党的重大战略思想，将"五个统筹"发展为"十个统筹"，③ 其中就包括"统筹国内国际两个大局"，从而从更广阔视野拓展了"统筹兼顾"的要求，进一步丰富了科学发展观的内涵。胡锦涛同志将统筹兼顾作为科学发展观的根本方法，在中共十七大报告中指出，"必须坚持统筹兼顾""统筹国内国际两个大局，树立世界眼光，加强战略思维，善于从国际形势发展变化中把握发展机遇、应对风险挑战，营造良好国际环境"。④统筹国内国际两个大局，是在政党外交中贯彻落实科学发展观的显著标志，标志着中共自觉地把国内发展与对外开放相统一，把国内执政理念与外交理念相衔接，加强战略谋划和整体运筹，不断提高推动科学发展能力。

（二）坚持走和平发展道路，推动建设和谐世界

进入21世纪以后，以胡锦涛同志为总书记的党中央顺应时代潮

---

① 中共中央文献研究室编：《十六大以来重要文献选编》（中），北京：中央文献出版社，2006年版，第288页。
② 《中央外事工作会议在京举行》，载《人民日报》，2006年8月24日，第1版。
③ 中共十六届三中全会提出了"五个统筹"的思想，即统筹城乡发展、统筹区域发展、统筹经济社会发展、统筹人与自然和谐发展、统筹国内发展和对外开放。中共十七大在"五个统筹"的基础上，进一步提出要统筹中央和地方关系，统筹个人利益和集体利益、局部利益和整体利益、当前利益和长远利益，统筹国内国际两个大局。
④ 中共中央文献研究室编：《十七大以来重要文献选编》（上），北京：中央文献出版社，2011年版，第13页。

流,统筹国内国际两个大局,提出高举和平、发展、合作的旗帜,坚持走和平发展道路,与世界各国推动建立持久和平、共同繁荣的和谐世界的新理念,进一步明确了21世纪我国政党外交的目标任务。2004年4月,胡锦涛在博鳌亚洲论坛上发表演讲时首次公开提出:"中国将坚持和平发展的道路,高举和平、发展、合作的旗帜。"①中共十七大报告宣告:"中国将始终不渝走和平发展道路。"②并将这一方针写进党章。坚持和平发展道路,向世界宣示了我国将如何实现发展和振兴,揭示了我们党对国家发展道路与战略的选择。2006年8月,胡锦涛在中央外事工作会议上对中国为什么走和平发展道路进行了深刻的阐释,指出:"坚持走和平发展道路,是中国特色社会主义的本质要求,是我国独立自主的和平外交政策的应有之义,符合我们党和国家一贯坚持的对外大政方针,符合我国人民的根本利益,符合中华民族爱好和平的历史文化传统,符合人类进步的时代潮流。"③走和平发展道路,就是要"始终不渝地把自身的发展与人类共同进步联系在一起,既充分利用世界和平发展带来的机遇发展自己,又以自身的发展更好地维护世界和平、促进共同发展"④,就是要"把中国国内发展与对外开放统一起来""对内坚持和谐发展,对外坚持和平发展"⑤。

坚持走和平发展道路,不仅仅是为了中国的和平与发展,也是为了世界的和平与发展。2005年4月,胡锦涛在雅加达亚非峰会上首次提出"和谐世界"概念,强调:"要发扬亚非会议求同存异的优良传统,倡导开放包容精神,尊重文明、宗教、价值观的多样性,尊重各国选择社会制度和发展模式的自主权,推动不同文明友好相处、平等

---

① 胡锦涛:《中国的发展,亚洲的机遇》,载《人民日报》,2004年4月25日,第1版。
② 中共中央文献研究室编:《十七大以来重要文献选编》(上),北京:中央文献出版社,2011年版,第36页。
③ 《中央外事工作会议在京举行》,载《人民日报》,2006年8月24日,第1版。
④ 中共中央文献研究室编:《十六大以来重要文献选编》(中),北京:中央文献出版社,2006年版,第998页。
⑤ 《中国的和平发展道路》,http://www.gov.cn/xwfb/2005-12/22/content_133974.htm。

对话、发展繁荣,共同构建一个和谐世界。"① 2005年9月,胡锦涛在联合国成立60周年首脑会议上向全世界发出了"建设一个持久和平、共同繁荣的和谐世界"②的重大倡议。2007年10月,中共十七大把"努力推动建设持久和平、共同繁荣的和谐世界"写进了党章。推动建设和谐世界,向世界宣示了中国将致力于建设什么样的世界、什么样的国际秩序,揭示了我们党的国际秩序主张与行为准则。坚持和平发展道路是推动建设和谐世界的基础和前提;推动建设和谐世界是坚持和平发展道路的必然要求。中国坚持两者的有机统一,既做爱国主义者,也做国际主义者。③ 在中共十七大报告中,胡锦涛以宽广深邃的战略眼光和互利共赢的时代思维来审视中国与世界的关系,对和谐世界的内涵作了全面阐释,从政治、经济、文化、安全、环保等方面指出了构建和谐世界的现实途径。

建设和谐世界的理念,对"把一个什么样的世界带到21世纪"这个世纪之问作出了响亮的回答,同时也回应了国际社会对中国崛起过程中发展走向的种种疑虑和猜测,对形形色色的"中国威胁论""中国崩溃论"作出了有力的回答。走和平发展道路和建设和谐世界的理念是对中国传统和谐思想的继承和弘扬,超越了西方的传统国家关系和国际秩序理论;同时也是对政党外交目标的进一步提升,表明了中国共产党"顺应时代潮流和人民愿望,妥善应对各种矛盾和挑战,为世界开太平,为各国创繁荣,推动人类社会更好地向前发展"④的崇高使命和广大胸怀。

政党外交对促进建设持久和平、共同繁荣的和谐世界将发挥重要作用。政党外交从过去一般的来出访转向更为深入的对话和交流,增

---

① 胡锦涛:《与时俱进,继往开来,构筑亚非新型战略伙伴关系》,载《人民日报》,2005年4月23日。
② 中共中央文献研究室编:《十六大以来重要文献选编》(中),北京:中央文献出版社,2006年版,第998页。
③ 戴秉国:《坚持走和平发展道路》,载《人民日报》,2010月12月13日,第6版。
④ 胡锦涛:《促进中东和平 建设和谐世界》,载《人民日报》,2006年4月24日,第1版。

进不同文明和发展模式的相互理解和认知,促进以和平的方式解决争端;增进以协调、共同参与的方式应对全球性热点问题,实现世界的可持续和平稳发展。胡锦涛在 2009 年 5 月会见社会党国际主席帕潘德里欧等外方代表时指出,"中国共产党重视发展同社会党国际及其成员党的良好关系,愿加强对话,增进了解,扩大合作,为应对各种全球性挑战,推动建设持久和平、共同繁荣的世界而不懈努力。"① 胡锦涛在亚洲政党国际会议上还指出:"中国将始终坚持同亚洲各国在政治上平等互信、经济上互利共赢、文化上交流借鉴、安全上对话协作,努力推动实现亚洲的持续和平与共同繁荣。""中国的发展离不开亚洲,亚洲的繁荣也需要中国。""中国共产党愿意同亚洲各国政党加强交流和合作,携手共创亚洲振兴的新局面。"②

(三) 通过党的对外信息传播工作,积极树立党的良好国际形象

政党外交是我们党了解世界、走向世界和影响世界的重要平台,通过政党外交,推动中国共产党及中国特色社会主义的信息传播,是增强党和国家软实力的重要渠道。通过政党外交,向世界宣传介绍中共,让国际社会深入了解中共的历史和现状,向世界充分展示中共的执政理念、执政成就,说明中共在中国和平、发展和国家稳定中的核心地位,说明中共的领导是中国、中华民族未来发展的不可或缺因素,从而更好地展示中共作为社会主义大国执政党的良好国际形象,不断提升党和国家的软实力。

2008 年肇始的国际金融危机,将世界各国之间的互相依存关系和国内国际两方面的紧密联系突出地展现在世人面前,"中国道路""中国模式"成为世界热议的话题。世界在关注中国的同时也越来越把目

---

① 《胡锦涛会见社会党国际主席帕潘德里欧等外方代表》,新华社北京 2009 年 5 月 15 日电。
② 《胡锦涛会见出席第三届亚洲政党国际会议来宾和代表并举行欢迎宴会》,载《光明日报》,2004 年 9 月 4 日,第 1 版。

光集中到中国共产党的身上。我们党的国际影响日益扩大，国际形象不断提升，同时面临的国际舆论也更加错综复杂，外界对我们党误解、诋毁和攻击的现象时有出现。党的国际形象不仅事关党的国际认同和接受度，而且事关国家的形象以及我和平发展的外部环境大局。因此，树立中国共产党的良好国际形象越来越重要。在这种形势下，如何树立党的良好国际形象，是政党外交面临的重大课题。以胡锦涛同志为总书记的党中央提出要积极开展对外宣介，致力于树立党的良好国际形象。

2003年7月，在全国防治非典工作会议上，胡锦涛提出，"要密切关注国际社会对我国改革发展稳定问题的反应，妥善应对国际社会的有关关切，积极做好化解不利因素的工作，努力争取国际社会的理解和支持，牢牢把握对外工作的主动权。要加强和改进对外宣传，进一步提高工作成效，增进国际社会对我国各方面情况的了解，努力营造良好的国际舆论环境。"[①] 此后，胡锦涛等中央领导同志多次强调，必须把加强对外宣传作为关系国家发展全局的战略性任务抓紧抓好，营造客观友善、于我有利的国际舆论环境。对外宣传成为政党外交的一项重要内容。胡锦涛等中央领导同志还多次就对外宣传的内容、形式和方法等作出指示。如在对外宣传的内容上，全面客观地向世界介绍中国共产党领导下中国的发展状况、及时准确地宣传党和国家的方针政策和对国际事务的主张、积极开展国际舆论斗争等；在对外宣传的形式上，提出建立积极参与政党多边外交、健全党和政府新闻发布工作机制、加强公共外交和人文外交、积极开展党的对外信息传播等；在对外宣传的方法上，则强调坚持"以正面宣传为主、以事实为主、以我为主"的方针，并进一步提出要"打好主动仗，掌握主动权，增

---

① 中共中央文献研究室编：《十六大以来重要文献选编》（上），北京：中央文献出版社，2005年版，第403页。

强对外宣传的针对性、有效性和亲和力、说服力"①"积极构建现代传播体系,进一步提高国内国际传播能力"②。这些都为新时期做好对外宣传工作,营造良好的国际舆论环境指明了方向。

为了更好地树立我党良好的国际形象,我们党在推进中国对外开放的同时,也加大了自身对外开放的力度,积极回应国际社会对我党的关切,综合运用各种方法途径加强党的对外信息传播、做好增信释疑工作。一方面,努力构建党的对外信息传播的立体平台。党的各级领导干部和党的各级组织、各个部门广泛参与政党外交工作,直接与外国政党政要交流对话,宣传党的主张、展示党的形象,形成了党的对外信息传播的强大合力。另一方面,努力探索党的对外信息传播的新渠道。积极稳步推进党务信息公开,通过政党高层论坛、国际研讨会、新闻发布会、背景吹风会、党的机关开放日、组织专家赴国外宣讲交流、拍摄对外宣传片等新的方法,将塑造党的国际形象渗透到政党外交的方方面面。中共十六大以来,我们党在开展政党外交中致力于维护和提升党的良好国际形象,取得了不少成功的经验。通过不断加强自身建设和积极开展对外信息传播工作,中国共产党进一步树立起了立党为公、执政为民和民主、进步、开放、创新的良好国际形象。

六、习近平有关党的对外工作的重要论述是马克思主义中国化的最新成果

中共十八大以来,习近平总书记牢牢把握中国和世界发展大势,在针对对外工作进行了一系列重大理论和实践创新的基础上,形成了新时代中国特色社会主义外交思想。习近平外交思想以"十个坚持"为总体框架和核心要义,明确了新时代我国对外工作的历史使命、总目标和必须坚持的一系列方针原则,深刻揭示了新时代中国特色大国

---

① 中共中央文献研究室编:《十六大以来重要文献选编》(中),北京:中央文献出版社,2006年版,第244页。
② 《纪念中国电视事业诞生暨中央电视台建台50周年大会在京举行》,载《人民日报》,2008年12月21日,第1版。

外交的本质要求、内在规律和前进方向。习近平外交思想是习近平新时代中国特色社会主义思想的重要组成部分，是马克思主义基本原理同中国特色大国外交实践相结合的重大理论结晶。[①] 习近平关于党的对外工作的重要论述，是习近平外交思想的重要组成部分，是做好新时代政党外交工作的根本遵循和行动指南。

（一）坚持以正确的历史观、大局观、角色观准确把握党的对外工作的时代背景

"放眼世界，我们面对的是百年未有之大变局。"[②] 习近平总书记多次阐述过百年未有之大变局的内涵，并以"三个前所未有"，即"新兴市场国家和发展中国家的崛起速度之快前所未有，新一轮科技革命和产业变革带来的新陈代谢和激烈竞争前所未有，全球治理体系与国际形势变化的不适应、不对称前所未有"[③]，深刻揭示出这一大变局的发展趋势。

当今世界格局在变，发展格局在变，世界处于百年未有之大变局，这是以习近平同志为核心的党中央坚持以正确的历史观、大局观、角色观来观察当今世界，在深入把握人类社会发展规律、社会主义建设规律、共产党执政规律的基础上作出的重大政治判断，深刻揭示了世界新的时代特征，是我们在新时代开展政党外交的重要科学依据。今天，中国日益走近世界舞台的中央，中国共产党日益走进世界政党舞台的中心。当今中国综合国力发展之快、世界影响之大同样百年未有。在百年未有之大变局中，我们开展政党外交，应坚持以正确的历史观、大局观、角色观，分析当今世界发展大势，明晰中国在当今世界中的角色和地位，统筹国际国内两个大局，不断推进政党外交更上一层楼。

---

① 杨洁篪：《以习近平外交思想为指导 深入推进新时代对外工作》，载《求是》，2018年第15期，第4页。
② 《习近平接见二〇一七年度驻外使节工作会议与会使节并发表重要讲话》，载《人民日报》，2017年12月29日，第1版。
③ 习近平：《坚持可持续发展 共创繁荣美好世界》，载《人民日报》，2019年6月8日，第1版。

（二）紧扣世界发展大势，对新时代党的对外工作的目标和宗旨提出新要求

改革开放以来，政党外交作为国家总体外交的重要组成部分，一直奉行服从并服务于国家的发展和外交战略，通过党际关系促进国家关系的发展，为我国社会主义制度的巩固和发展、为国内建设争取良好国际环境的宗旨。2011年1月，时任中共中央政治局常委的习近平在纪念党的对外工作90年暨中联部建部60年大会上，对进一步做好党的对外工作提出明确要求。第一，紧密结合深入贯彻落实科学发展观的要求推进党的对外工作，注重科学谋划、宏观布局、统筹兼顾，增强党的对外工作的协调性、科学性和实效性。第二，紧密结合统筹国内国际两个大局的要求推进党的对外工作，自觉把党的对外工作放到党和国家工作大局中来认识，放到中国与世界关系的发展变化中来把握，放到国家总体外交的战略部署中来谋划，处理好内政和外交的辩证关系。第三，紧密结合加强和改进新形势下党的建设要求推进党的对外工作，加强对外国政党治党治国经验的比较研究，冷静观察、深入思考世界政党兴衰成败的经验教训，深化对共产党执政规律的认识。第四，紧密结合提升党的国际形象的要求推进党的对外工作，广泛介绍我们党以人为本的执政理念，展示我们党的执政成就，表明我们党维护世界和平、促进共同发展的真诚愿望，增进国际社会对我们党的了解、尊重和认同。[①]

中共十八大以来，习近平总书记在科学判断我国外部环境和准确把握国家改革发展稳定全局的基础上明确新形势下对外工作战略目标，强调："我国对外工作要坚持以新时代中国特色社会主义外交思想为指导，统筹国内国际两个大局，牢牢把握服务民族复兴、促进人类进步这条主线，推动构建人类命运共同体，坚定维护国家主权、安全、发

[①]《习近平在纪念党的对外工作九十年暨中联部建部六十年大会上强调：党的对外工作要继往开来再创辉煌》，载《人民日报》，2011年1月18日，第1版。

展利益,积极参与引领全球治理体系改革,打造更加完善的全球伙伴关系网络,努力开创中国特色大国外交新局面,为全面建成小康社会、进而全面建设社会主义现代化强国创造有利条件、作出应有贡献。"① 坚持中国共产党领导,坚持中国特色社会主义,是对外工作最根本的一条。党的对外工作既要为实现"两个一百年"奋斗目标服务,也要为坚持党的领导、巩固党的执政地位服务。

全面维护我国核心和重大利益,是党的对外工作的根本出发点和落脚点。同时,维护世界和平、促进共同发展也是我国对外工作的出发点和落脚点,我国长期坚持独立自主的和平外交政策,坚持和平发展道路,始终是世界和平的建设者、全球发展的贡献者、国际秩序的维护者。习近平总书记指出:"中国外交政策的宗旨是维护世界和平、促进共同发展。"② 中国愿扩大同各国的利益交汇点,推动构建以合作共赢为核心的新型国际关系,推动形成人类命运共同体和利益共同体。2017年12月,中国共产党与世界政党高层对话会在北京举行,习近平总书记在主旨讲话中强调:"我们应凝聚不同民族、不同信仰、不同文化、不同地域人民的共识,共襄构建人类命运共同体的伟业。"③

和平需要相互尊重,发展需要合作共赢。坚持以相互尊重、合作共赢为原则走和平发展道路,推动构建以合作共赢为核心的新型国际关系,推动形成人类命运共同体和利益共同体,这是新时代赋予对外工作的历史使命,也是中国外交包括政党外交必须长期坚持的基本方针。坚持以维护世界和平、促进共同发展为宗旨推动构建人类命运共同体,这是新时代对外工作的总目标。政党外交从党和国家工作全局出发,既要服务于党的事业的总体目标,也要服务于国家总体外交的实际需要。在具体实践中,政党外交要充分发挥自身优势和特色,既

---

① 习近平:《习近平谈治国理政》(第三卷),北京:外文出版社,2020年版,第426页。
② 《习近平在庆祝中国共产党成立95周年大会上的讲话》,载《人民日报》,2016年7月2日,第2版。
③ 《习近平在中国共产党与世界政党高层对话会上的主旨讲话》,载《人民日报》,2017年12月2日,第2版。

同国家总体外交相辅相成、相得益彰，也要兼顾党的特点和属性，在党言党、在党为党，为不断推进中国特色社会主义伟大事业和党的建设新的伟大工程争取有利外部环境。习近平提出的关于构建人类命运共同体的主张、关于"一带一路"建设的倡议等，以及关于党的对外工作宗旨和任务的阐述等，为我们做好新时期政党外交工作指明了前进方向。

（三）全面总结党的对外工作的主要原则

中共十八大以来，以习近平同志为核心的党中央积极推进外交理论和实践创新，取得重大成果。习近平在2014年11月召开的中央外事工作会议上的讲话中指出："党的十八大以来，党中央统筹国内国际两个大局，在保持外交大政方针连续性和稳定性的基础上，主动谋划，努力进取，对外工作取得显著成绩。我们着眼于新形势新任务，积极推动对外工作理论和实践创新，注重阐述中国梦的世界意义，丰富和平发展战略思想，强调建立以合作共赢为核心的新型国际关系，提出和贯彻正确义利观，倡导共同、综合、合作、可持续的安全观，推动构建新型大国关系，提出和践行亲诚惠容的周边外交理念、真实亲诚的对非工作方针。"① 在这次外事工作会上，习近平还强调："中国必须有自己特色的大国外交。我们要在总结实践经验的基础上，丰富和发展对外工作理念，使我国对外工作有鲜明的中国特色、中国风格、中国气派。"② 2018年6月22日至23日，中央外事工作会议召开，习近平总书记发表重要讲话。习近平总书记从中国革命、建设、改革的历史脉络中，揭示了我国对外工作发展演变的客观规律，总结了我国对外工作必须牢牢坚持的主要原则，为新时代我国对外工作提供了根本遵循和行动指南。杨洁篪在《求是》杂志发表署名文章，深刻阐述了习近平外交思想的内涵，认为其总体框架和核心要义是"十个坚

---

① 习近平：《习近平谈治国理政》（第二卷），北京：外文出版社，2017年版，第441页。
② 同①，第443页。

持"：一是坚持以维护党中央权威为统领加强党对对外工作的集中统一领导。这是做好对外工作的根本保证。二是坚持以实现中华民族伟大复兴为使命推进中国特色大国外交。这是新时代赋予对外工作的历史使命。三是坚持以维护世界和平、促进共同发展为宗旨推动构建人类命运共同体。这是新时代对外工作的总目标。四是坚持以中国特色社会主义为根本增强战略自信。这是新时代对外工作必须遵循的根本要求。五是坚持以共商共建共享为原则推动"一带一路"建设。这是我国今后相当长时期对外开放和对外合作的管总规划，也是人类命运共同体理念的重要实践平台。六是坚持以相互尊重、合作共赢为基础走和平发展道路。这是中国外交必须长期坚持的基本原则。七是坚持以深化外交布局为依托打造全球伙伴关系。这是新时代中国外交的重要内涵。八是坚持以公平正义为理念引领全球治理体系改革。这是新时代中国外交的重要努力方向。九是坚持以国家核心利益为底线维护国家主权、安全、发展利益。这是对外工作的出发点和落脚点。十是坚持以对外工作优良传统和时代特征相结合为方向塑造中国外交独特风范。这是中国外交的精神标识。① 以上十条原则，为新时代政党外交工作提供了根本遵循。

第一，坚持以维护党中央权威为统领加强党对对外工作的集中统一领导。坚持中国共产党领导，坚持中国特色社会主义，对我国对外工作来说，是管根本的一条，也是做好政党外交工作的根本保证。办好中国的事情，关键在党。习近平总书记强调，"外交是国家意志的集中体现，必须坚持外交大权在党中央。要增强政治意识、大局意识、核心意识、看齐意识，坚决维护党中央权威和集中统一领导，自觉在思想上政治上行动上同党中央保持高度一致，确保令行禁止、步调统一。对外工作是一个系统工程，政党、政府、人大、政协、军队、地方、民间等要强化统筹协调，各有侧重，相互配合，形成党总揽全局、

---

① 杨洁篪：《深入学习贯彻党的十九大精神 奋力开拓新时代中国特色大国外交新局面》，载《求是》，2017年第23期，第2页。

协调各方的对外工作大协同局面，确保党中央对外方针政策和战略部署落到实处。"① 政党外交始终与党的事业、与党和国家的中心任务紧密联系在一起，要始终把维护我们党的执政地位和国家政权安全作为最重要的政治任务，放到各项工作的首要位置。

第二，坚持以新型政党关系推动构建新型国际关系。从中国共产党成立之日起，经过近百年发展，中国与世界的关系迎来了从量变到质变的关键时期，"需要一种什么样的中国与世界关系以及如何构建这种关系"这一重大历史课题已摆在我们面前。在 2017 年 11 月 30 日至 12 月 3 日在北京举行的中国共产党与世界政党高层对话会上，习近平总书记发表了题为《携手建设更加美好的世界》的主旨讲话，提出"不同国家的政党应该增进互信、加强沟通、密切协作，探索在新型国际关系的基础上建立求同存异、相互尊重、互学互鉴的新型政党关系，搭建多种形式、多种层次的国际政党交流合作网络，汇聚构建人类命运共同体的强大力量"②。习近平总书记关于建立新型政党关系的倡议，是在继承独立自主、完全平等、互相尊重、互不干涉内部事务党际关系四项原则基础上，根据新时代新要求，对政党外交思想进行重大创新，把中国共产党党际关系理论提升到了崭新的高度。建立新型政党关系的主张不仅展现了中国共产党的大党气派和大国大党领导人的远见卓识，而且具有深刻的理论内涵和鲜明的时代特色，是中国共产党新时代党际关系的理论逻辑和新时代政党外交的实践逻辑的延伸展开。世界各国政党由于受到不同的文化传统、民族历史、政治制度、地理环境等影响，必然会产生不同的价值观念、意识形态、组织形态、行为方式等，不可避免地存在着差异和斗争。求同存异就是要求政党间超越文化、民族、理念、信仰和地域等方面的差异和分歧，努力寻求各国利益的最大公约数，克服困难，携手合作，解决当今世界共同面临的治理赤字、信任赤字、和平赤字、发展赤字等问题，构建人类

---

① 习近平：《习近平谈治国理政》（第三卷），北京：外文出版社，2020 年版，第 429 页。
② 同①，第 435 页。

命运共同体，共建美好世界。相互尊重就是尊重各国政党的主体地位，坚持政党无论大小都一律平等，互不干涉内部事务，尊重各国政党的自主选择，尊重各国的历史选择和人民期待，尊重彼此的利益和关切，尊重彼此的社会制度和发展道路的选择。互学互鉴就是通过政党之间的政治对话与思想交流，在求同存异、相互尊重的基础上加深了解，互相学习，扩大共识，取长补短，共同寻求全球问题解决之道。习近平主席在上合组织青岛峰会上阐述文明交流互鉴思想，呼吁"要树立平等、互鉴、对话、包容的文明观"①。2014年3月，习近平主席在联合国教科文组织总部发表演讲时说，"文明因交流而多彩，文明因互鉴而丰富"②。2015年9月，习近平主席在第七十届联合国大会一般性辩论发表的讲话中指出："文明之间要对话，不要排斥；要交流，不要取代。人类历史就是一幅不同文明相互交流、互鉴、融合的宏伟画卷。"③ 文明交流互鉴，是推动人类文明进步和世界和平发展的重要动力。政党在国家政治生活中发挥着重要作用，也是推动人类文明进步的重要力量。在建立新型政党关系的过程中，求同存异是基础，相互尊重是关键，互学互鉴是目的，三者相辅相成、有机统一，共同致力于构建人类命运共同体，建设更加美好世界。建立新型政党关系倡议进一步丰富了推动构建新型国际关系、推动构建人类命运共同体的基本方略，是习近平新时代中国特色社会主义思想的又一次与时俱进的理论创新。通过党际渠道推动构建新型政党关系，搭建多种形式、多个层次的国际政党交流合作网络，夯实国家间关系的政治基础，有利于促进国家间关系的健康、稳定、可持续发展，推动建设相互尊重、公平正义、合作共赢的新型国际关系。这是政党外交服务国家总体外交的基本着力点。

---

① 习近平：《习近平谈治国理政》（第三卷），北京：外文出版社，2020年版，第441页。
② 《习近平在联合国教科文组织总部的演讲》，载《人民日报》，2014年3月28日，第3版。
③ 习近平：《习近平谈治国理政》（第二卷），北京：外文出版社，2017年版，第524页。

第三,坚持以共商共建共享为原则推动共建"一带一路"。共建"一带一路"倡议秉持共商共建共享原则,"源于中国,但机会和成果属于世界"①。共建"一带一路"顺应了全球治理体系变革的内在要求,彰显了同舟共济、权责共担的命运共同体意识,是我们推动构建人类命运共同体的重要实践平台。推动共建"一带一路",要遵循平等,追求互利,充分尊重各国差异,坚持具体问题具体分析,共同探讨符合各国国情的合作模式;加强经济、金融、贸易、投资等领域宏观政策协调,实现优势互补,协同并进;不断增强各参与方的获得感,寻找与沿线和世界各国更多利益交汇点,以实实在在的合作成果,充分调动各方面积极性。中国"将继续推动'一带一路'建设,坚持共商共建共享,打造国际合作新平台,增添共同发展新动力,使'一带一路'惠及更多国家和人民"②。习近平总书记在中国共产党与世界政党领导人峰会上指出:"中国共产党愿同各国政党加强沟通,共同引导经济全球化朝着更加开放、包容、普惠、平衡、共赢的方向发展。我们愿同国际社会加强高质量共建'一带一路'合作,共同为促进全球互联互通做增量,让更多国家、更多民众共享发展成果。"③

第四,坚持以践行大国大党使命担当,推动构建人类命运共同体。习近平总书记自2013年首次提出"人类命运共同体"以来,先后在100多个重要场合阐述了这一倡议,尤其是在2017年瑞士达沃斯论坛和中国共产党与世界政党高层对话会上的演讲中,提出以人民为中心,建设持久和平、普遍安全、共同繁荣、开放包容、清洁美丽世界的宏伟愿景,全面系统论述了构建人类命运共同体理念。习近平总书记提出的构建人类命运共同体重要战略思想,是站在中华民族伟大复兴和人类文明发展进步的战略高度,在新的历史条件下审视当今世界发展

---

① 习近平:《习近平谈治国理政》(第三卷),北京:外文出版社,2020年版,第196页。
② 《习近平集体会见博鳌亚洲论坛现任和候任理事》,载《人民日报》,2018年4月12日,第1版。
③ 习近平:《加强政党合作 共谋人民幸福——在中国共产党与世界政党领导人峰会上的主旨讲话》,载《人民日报》,2021年7月7日,第1版。

趋势和面临的多重挑战，为促进世界和平发展而提出的中国理念、中国方案，彰显了我们党的天下情怀和崇高追求，明确回答了人类社会应该向何处去这一世界命题，为世界描绘了一个美好未来。中国共产党是世界上最大的政党，大就要有大的样子。中国共产党的政党外交将践行大国大党的使命担当，努力为推动构建人类命运共同体铺平道路，为维护世界和平安宁、促进世界共同发展、推动世界文明交流互鉴上作出更大贡献。推动构建人类命运共同体是中国外交的长远目标，也是引领世界发展的新理念。习近平总书记在中国共产党与世界政党领导人峰会上指出："中国共产党愿同各国政党交流互鉴现代化建设经验，共同丰富走向现代化的路径，更好为本国人民和世界各国人民谋幸福。"①

第五，坚持以相互尊重、合作共赢为基础走和平发展道路。习近平强调："中国共产党所做的一切，就是为中国人民谋幸福、为中华民族谋复兴、为人类谋和平与发展。"② 为实现这一长远目标，中国将继续坚定不移走和平发展道路，奉行互利共赢开放战略，推动建设相互尊重、公平正义、合作共赢的新型国际关系；将推进大国协调和合作，同周边国家发展睦邻友好关系，更加积极参与全球治理，更加有效同各国携手应对挑战；将把自己前途命运同世界人民前途命运紧密联系在一起，不仅为中国人民谋幸福，也要为人类进步事业而奋斗，进一步扩展合作格局，推动构建人类命运共同体，建设一个持久和平、普遍安全、共同繁荣、开放包容、清洁美丽的世界。③ 习近平总书记指出，"中国共产党人和中国人民完全有信心为人类对更好社会制度的探

---

① 习近平：《加强政党合作 共谋人民幸福——在中国共产党与世界政党领导人峰会上的主旨讲话》，载《人民日报》，2021年7月7日，第1版。
② 习近平：《习近平谈治国理政》（第三卷），北京：外文出版社，2020年版，第436页。
③ 《习近平集体会见博鳌亚洲论坛现任和候任理事》，载《人民日报》，2018年4月12日，第1版。

索提供中国方案。"① "我们不输入外国模式，也不输出中国模式，不会要求别国复制中国的做法。"② "中国改革开放40年经验的一个重要启示就是：中国发展离不开世界，世界发展也需要中国。中国通过改革开放实现自身发展，创造了中国奇迹，同时又通过自身发展为世界进步贡献力量。"③

第六，坚持以深化外交布局为依托打造全球伙伴关系。习近平总书记反复强调，坚持独立自主的和平外交政策，始终不渝走和平发展道路，始终不渝奉行互利共赢的开放战略，这是我们根据自身国情和根本利益作出的战略抉择。要以推进大国协调与合作构建总体稳定、均衡发展的大国关系框架，按照亲诚惠容理念和与邻为善、以邻为伴周边外交方针加强同周边国家睦邻友好关系，积极做好多边外交工作，不断深化和完善外交布局。我们要弘扬优良传统，打造全方位、多层次、立体化的全球伙伴关系网络，形成遍布全球的"朋友圈"。当今，中国共产党全面推进中国特色大国外交，形成政党外交、政府外交、民间外交、公共外交等有机结合的全方位、多层次、立体化外交布局。通过政党、政府、人大政协、民间、媒体等不同层面的交往交流，阐释中国内外政策背后的优秀传统文化内涵，不仅加深外国人对中国人类命运共同体理念及"和平、发展、合作、共赢"外交理念的理解认同，而且为发展同各国人民的友谊与合作打下坚实的情感基础。作为中国共产党工作的一条重要战线，政党外交按照国家总体外交布局，在新形势下更加突出对外"政治引领"的特色和优势，成效显著。当前，中国共产党同世界上160多个国家和地区的560多个政党和政治

---

① 《习近平在庆祝中国共产党成立95周年大会上的讲话》，载《人民日报》，2016年7月2日，第2版。
② 习近平：《习近平谈治国理政》（第三卷），北京：外文出版社，2020年版，第436页。
③ 《习近平集体会见博鳌亚洲论坛现任和候任理事》，载《人民日报》，2018年4月12日，第1版。

组织保持着经常性联系,①"朋友圈"不断扩大。

第七,坚持以公平正义为理念引领全球治理体系改革。现行国际体系和国际秩序的核心理念是多边主义。多边主义践行得好一点,人类面临的共同问题就会解决得好一点。国际规则应该是世界各国共同认可的规则,而不应由少数人来制定。国家间的合作应该以服务全人类为宗旨,而不应以"小集团政治"谋求世界霸权。中国虽然取得巨大发展成就,但仍然是发展中国家。既要"坚持我国的发展道路、社会制度、文化传统、价值观念",又要践行正确义利观,"坚持国家不分大小、强弱、贫富都是国际社会平等成员,坚持世界的命运必须由各国人民共同掌握,维护国际公平正义,特别是要为广大发展中国家说话"。②切实加强同发展中国家的团结合作,把我国发展与广大发展中国家共同发展紧密联系起来,推动全球治理体系改革,建立新型国际秩序。共同反对以多边主义之名行单边主义之实的各种行为,共同反对霸权主义和强权政治。坚决维护联合国宪章宗旨和原则,倡导国际上的事大家商量着办,推动国际秩序和国际体系朝着更加公正合理的方向发展。正如习近平总书记所说:"中国永远是发展中国家大家庭的一员,将坚定不移致力于提高发展中国家在国际治理体系中的代表性和发言权。中国永远不称霸、不搞扩张、不谋求势力范围。中国共产党将同各国政党一道,通过政党间协商合作促进国家间协调合作,在全球治理中更好发挥政党应有的作用。"③

第八,坚持以对外工作优良传统和时代特征相结合,彰显政党外交独特风范。政党外交说到底就是做政治工作。中国共产党在百年风雨历程中,始终重视做人的工作,始终重视"政治引领"外交。中共

---

① 《在庆祝中国共产党成立100周年活动新闻中心中外记者见面会上,中联部副部长郭业洲回答记者问》,http://www.xinhuanet.com/politics/qzjd100yzb2/wzsl.htm。
② 习近平:《习近平谈治国理政》(第二卷),北京:外文出版社,2017年版,第443页。
③ 习近平:《加强政党合作 共谋人民幸福——在中国共产党与世界政党领导人峰会上的主旨讲话》,载《人民日报》,2021年7月7日,第1版。

十八大以来，在以习近平同志为核心的党中央的正确领导下，政党外交从高层的"神秘"交流扩大到面向媒体、智库和广大民众的"接地气"传播，从主要宣传中国对外工作方针政策扩展到全面介绍中国共产党执政理念和政策主张，从为改革开放争取同情、理解和支持转向全面展示中国道路自信、理论自信、制度自信和文化自信，"政治引领"特色越来越突出，作用越来越明显。国际金融危机后，国际社会对中国和中国共产党的认识发生了历史性变化。变化了的形势要求中国加强软实力建设，对外讲好中国故事，向世界展现一个真实、立体、全面的中国。作为开展政党外交的重要职能部门，中联部用活用足自身优势，将讲好中国故事寓于政党交往活动中，注重用国际通用的话语和外国受众能够接受、易于接受、乐于接受的方式向国际社会讲述中国故事。与此同时，政党外交还要配合国家总体外交，突出自身优势，做好人的工作，扩大中国的"朋友圈"。进入新时代，政党外交展现出与时俱进、奋发有为、开拓进取的崭新风貌，形成了一整套行之有效的战略思想和策略方法，围绕"讲好中国故事"和"提供中国方案"来展开"政治引领"，成为新形势下中国政党外交工作的重要内容。进入新时代，习近平总书记对新形势下我国对外工作提出了新要求，强调要形成鲜明中国特色、中国风格、中国气派的大国外交。政党外交立足"中国价值观"，寻求人类利益共同点，释放善意，从而更好地做好人的工作，增进政治互信，为促进国际热点问题和双边关系中的难点问题的解决提供便捷渠道，也为中华民族伟大复兴争取有利的舆情民意，营造良好的外部环境。面对复杂多变的国际形势和乱象纷呈的世界，我们应以习近平总书记提出的构建新型国际关系、打造人类命运共同体等重大对外战略思想为指导，充分发挥政党外交优势，"同世界各国政党加强往来，分享治党治国经验，开展文明交流对话，增进彼此战略信任，同世界各国人民一道，推动构建人类命运共同体，携手建设更加美好的世界!"①

七、对党际关系理论创新的规律性认识

中国共产党作为一贯重视理论武装和勇于进行理论创新的政党,坚持从中国国情出发,强调要将马克思列宁主义与中国国情结合起来,开辟了一条中国特色社会主义道路,也积累了独立自主处理党际关系的丰富经验。在当今世界百年未有之大变局和中华民族伟大复兴的历史关头,我们要认真总结发展党际关系的历史经验,密切关注和把握世界格局的变化及特点,切实加强战略谋划和运筹,围绕党的中心任务找准服务国家总体外交的切入点和着力点,努力拓展政党外交工作的广度和深度,不断实现党际关系理论创新。

(一)马克思主义政党发展党际关系的指导思想要适应历史条件的变化而不断调整

"时代是思想之母,实践是理论之源。"发展党际关系的指导思想是与一定的时代背景和历史条件相联系的,在一定时期是相对稳定的,但不是凝固不变的,它要接受实践的检验,并随实践的发展而发展,始终根据时代变化和任务变化而与时俱进。中国共产党作为马克思主义的无产阶级政党,坚持以马克思主义作为党的指导思想,所以,我们党发展党际关系的指导思想也是马克思主义,或者说,马克思主义党际关系理论是马克思主义政党开展政党外交的指导思想。马克思、恩格斯历来强调无产阶级事业的国际性,将无产阶级国际主义作为发展党际关系的根本方针原则。既然是根本原则,就应当长期稳定起作用,必须长期遵循不能轻易改变,不能因某一时一事而被否定。然而,马克思主义不是教条,在时代主题转换、历史条件和客观形势变化了的情况下,马克思主义必须有新的发展。马克思、恩格斯在《共产党

---

① 《习近平在中国共产党与世界政党高层对话会上的主旨讲话》,载《人民日报》,2017年12月2日,第2版。

宣言》的序言中就指出，"这些原理的实际运用""随时随地都要以当时的历史条件为转移"。①

在19世纪中叶，马克思、恩格斯曾预言"共产主义革命将不是仅仅一个国家的革命，而是将在一切文明国家里，至少在英国、美国、法国、德国同时发生的革命"②，但列宁从俄国实际出发，根据20世纪初帝国主义阶段的矛盾分析，突破了马克思、恩格斯的"同时发生"论断，提出了社会主义革命可以在帝国主义链条的薄弱环节、在一国单独取得胜利的预言。列宁领导俄国十月革命取得了胜利，开创了落后国家先于发达国家取得革命胜利的先例。列宁同马克思、恩格斯一样很重视"国际主义"，特别强调要坚定、坚决地支援"世界革命"。但是列宁对"国际主义"的理解以及如何实施对外援助，从来没有采取"绝对化"的态度。革命胜利初期，列宁寄希望于世界革命的到来，以便能支援苏维埃政权，于是采取了支援"世界革命"的对外战略。但世界革命并未到来，在此情况下，列宁改而采取与资本主义世界"和平共处"的政策，强调"和平共处"也是社会主义国家生存的需要，指出"我们的目的只有一个，就是要在资本主义包围中利用资本家对利润的贪婪和托拉斯与托拉斯之间的敌对关系，为社会主义共和国的生存创造条件。社会主义共和国不同世界发生联系是不能生存下去的，在目前情况下应当把自己的生存同资本主义的关系联系起来。"③ 在支援世界革命的问题上，列宁不赞成"强行推动革命"，主张"我们在国际政策上要尽可能地机动灵活"④ 以及"援助的方式应

---

① 中共中央马克思恩格斯列宁斯大林著作编译局编：《马克思恩格斯选集》（第一卷），北京：人民出版社，2012年版，第376页。
② 同①，第306页。
③ 中共中央马克思恩格斯列宁斯大林著作编译局译：《列宁全集》（第四十一卷），北京：人民出版社，1986年版，第167页。
④ 中共中央马克思恩格斯列宁斯大林著作编译局编：《列宁选集》（第四卷），北京：人民出版社，1995年版，第119页。

该量力而定"①。

在"和平与发展"成为时代主题的历史条件下,世界社会主义的发展不再是"危机和战争引起革命"的传统思路,也不能靠"无产阶级的国际联合",而是要靠社会主义搞成功的实例来证明社会主义优于资本主义,从而赢得世界人民的拥护。邓小平早就强调,"到下个世纪中叶,我们可以达到中等发达国家的水平。这不但是给占世界总人口四分之三的第三世界走出了一条路,更重要的是向人类表明,社会主义是必由之路,社会主义优于资本主义。"②这就对发展党际关系提出了新的时代要求,使其必然要发生一系列根本性改变。改革开放后,随着党际关系由"支持革命"转向为国内经济建设服务,逐渐淡化了"国际主义"的提法,但从未正式表示"否定"与"放弃"。虽然中共十四大通过的《党章》删除了"无产阶级国际主义"的提法,但这是针对这个概念被歪曲、被滥用所造成的不良后果而为之,并不等于我们不要"国际主义",虽然党的文件中不提"无产阶级国际主义"了,但"国际主义"精神并没有消失,不存在的只是过去形式上的国际性,即强调统一和一致的"兄弟关系"式的国际性;当今的国际性是互利共赢的合作伙伴关系式的国际性,是探索建立求同存异、相互尊重、互学互鉴的新型政党关系,搭建国际政党合作网络和交流平台的国际性。马克思主义是不断发展的理论,决定了发展党际关系的指导思想和根本原则要想经得起历史和实践检验,就要实事求是、一切从实际出发,根据新的世情国情党情不断调整、不断创新,这个过程是永无止境的。

(二) 党际关系理论随着我国政党外交实践发展不断创新

政党外交是指主权国家合法政党的对外交往活动,是国家总体外

---

① 中共中央马克思恩格斯列宁斯大林著作编译局编:《列宁选集》(第三卷),北京:人民出版社,1995年版,第423页。
② 邓小平:《邓小平文选》(第三卷),北京:人民出版社,1993年版,第224、225页。

交的重要组成部分。新中国成立后，中国共产党成为执政党，大党大国的地位增加了党开展政党外交的优势，执政党的对外交往已成为新中国对外关系的一个重要组成部分。我们党在对外交往中，积极倡导和平共处五项原则，致力于同各国开展友好合作，在实践中形成一系列重大外交政策主张和战略思想，赢得国际社会的广泛理解和支持，使和平发展的道路越走越宽广。在我国，政党外交与政府外交有相同的目标和任务，也有不同的特点，政府外交主要是做事，处理国与国之间的事务，而政党外交主要是做人的工作，促进政党政要之间的沟通交流，交往面宽泛。做政党政要和人的工作，是政党外交的一大特色，有助于为国家外交打牢政治基础。

在我党党纲及其他重要文件中，外交上的和平共处五项原则和党际关系四项原则基本上是一起阐述的，反映出党和国家在对外关系理论逻辑上的一致性。按照四项原则发展同各国政党的关系，是对按照五项原则发展同世界各国关系逻辑的展开，目的就是在国际事务中，坚持独立自主的和平外交政策，维护我国的独立和主权，反对霸权主义和强权政治，维护世界和平，促进人类进步，努力为我国改革开放和现代化建设争取有利的国际环境。政党外交的工作对象、工作方式和政府外交并不相同，但在服从和服务于国家利益这个大目标上是一致的。在这个大目标下，两者相互配合、相互补充，在总体外交中可以说发挥某种"第二轨道"的作用。当今中国与世界的关系正站在新历史起点上，国际力量消长对比加快，全球性问题越来越突出，各国人民前途命运相互关联前所未有。在这种背景下，中国高举和平、发展、合作、共赢的旗帜，恪守维护世界和平、促进共同发展的外交政策宗旨，坚定不移地在和平共处五项原则基础上发展同各国的友好合作，推动建设相互尊重、公平正义、合作共赢的新型国际关系。

新时代中国外交的新变化给政党外交提出了新任务、新要求，习近平总书记关于建立新型政党关系的理念，是对新中国成立以来外交大政方针和优良传统的继承和发展，是指导新形势下政党外交的行动指南。政党在国家政治生活中发挥着重要作用，也是推动人类文明进步的重要力量。虽然各国国情各异，政党大小不一，但彼此之间多开展交流，有利于吸取不同政治模式的精华，推进世界的和平与发展。大道之行，天下为公。政党外交重在政治对话与思想交流，在求同存异、相互尊重的基础上加深理解，共同寻求解决全球问题之道。在构建人类命运共同体的过程中，党的对外工作将继续坚定奉行独立自主的和平外交政策和党际关系四项原则，充分尊重各国人民自主选择发展道路的权利，积极开展同各国政党交流合作；充分发挥自身优势，通过交往、交流、交心，探索在新型国际关系的基础上建立求同存异、相互尊重、互学互鉴的新型政党关系，搭建多种形式、多种层次的国际政党交流合作网络，汇聚构建人类命运共同体的强大力量。

（三）党际关系理论是党的领导人的思想结晶

中国共产党一经成立，就把实现共产主义作为党的最高理想和最终目标，始终将推动本国发展同人类进步事业联系在一起。以毛泽东同志为主要代表的中国共产党人在革命战争年代就表现出宽广的世界眼光，深刻认识到中国革命是世界革命的一部分，积极开展同外国友好政党和进步人士的交往活动，努力争取广泛的国际同情与支持。新中国成立以来，毛泽东、周恩来、刘少奇、邓小平、江泽民、胡锦涛、习近平等党的领导人积极倡导独立自主的和平外交政策和党际交往原则，致力于同各国政府和政党开展友好合作，始终将自身发展寓于世界各国共同发展之中，赢得了国际社会的广泛理解和支持，使中国和平发展道路越走越宽广。

我党领导人在政党外交实践中提出了许多重要的思想原则，对政党外交具有重要指导意义。毛泽东对苏共奉行的大国、大党主义做法进行了长期的斗争，始终强调在国际共运中，各国共产党是兄弟关系，不是父子关系，各党不管历史是长是短、力量是大是小，彼此之间一律平等。毛泽东特别强调独立自主原则对各共产党人的重要性，认为只有走自己的路，才能取得革命的胜利。在政党外交问题上，毛泽东强调既要珍视自身的自主权利，也要尊重别国党的独立自主的选择，不能强加于人。邓小平长期主管政党外交工作，在总结历史经验教训的基础上，提出了独立自主、完全平等、互相尊重、互不干涉内部事务的党际交往原则，亲自指导我们党恢复了与一些国家共产党的关系，建立了同一些国家的社会党和民族主义政党的联系，为开创新时期政党外交新局面作出了突出贡献。江泽民、胡锦涛在任党的总书记期间，亲自指导和参与了许多重大外交活动，强调我们党积极开展政党外交的出发点和落脚点，就是为国内改革开放和现代化建设争取稳定和平的外部环境和尽可能多的外部资源；提出政党外交要紧紧抓住发展这一执政兴国的第一要务，统筹国际国内两个大局；要求把经济因素注入党际交往，积极参与政党多边外交，加强公共外交和人文外交，开展党的对外信息传播，树立党的良好国际形象。在政党外交中，党的领导人还以中国共产党名义率团出访欧洲、亚洲、非洲、拉丁美洲和大洋洲等许多国家，取得显著效果。党的高层交往丰富了政党外交内容，拓宽了政党外交渠道，开辟了政党外交的新领域。

当前，世界处于大发展大变革大调整时期，治理赤字、信任赤字、和平赤字、发展赤字是摆在全人类面前的严峻挑战，需要通过构建人类命运共同体的实践来寻找最大公约数和共同价值，增进各国相互理解和共识。习近平勇立时代潮头，以社会主义大国领导人的气度，指出中国始终是世界和平的建设者、全球发展的贡献者、国际秩序的维护者，强调中国人是讲爱国主义的，同时也是具有国际视野和国际胸怀的；中国在国际和地区事务中主持公道，伸张正义，在力所能及范围内积极承担更多国际责任和义务，同世界各国一道维护人类良知和国际公理，推动构建人类命运共同体。人类命运共同体理念作为习近平新时代中国特色社会主义理论的重要组成部分，是对马克思主义人民理论、毛泽东"三个世界"理论、邓小平关于和平发展及建立国际政治经济新秩序思想的继承和创新性发展，是对中国优秀传统文化和中国特色大国外交理论体系的丰富和发展,有着鲜明的时代性、极强的包容性和高度的概括性,是中国外交实践的经验总结。"人类命运共同体"作为中国在国际舞台上高扬的一面旗帜,将指引中国外交和政党外交不断前进、再铸辉煌。

第三章　服务于党和国家中心工作及总体外交战略

中国共产党是中华人民共和国的执政党，维护中国的安全利益、经济利益和政治利益等国家利益，贯穿于整个政党外交过程的始终。作为执政党，党的利益与国家利益完全统一，党际关系与国家关系高度一致，开展党际关系与发展国家关系有共同的目标和任务，都要围绕"和平与发展"这一主题，为中国改革开放和社会主义现代化建设服务。坚持以实现中华民族伟大复兴为使命推进中国特色大国外交，这是新时代赋予对外工作的历史使命。政党外交要发挥形式灵活、内容多样的独特优势，在促进国家关系的建立与发展中发挥更大的作用。

一、政党外交与党的奋斗目标、中心工作、国家外交战略的一致性

中国共产党作为世界最大的执政党，政党外交是国家总体外交的重要组成部分。政党外交服从并服务于党的中心工作和国家外交战略，目标是致力于为中国人民谋幸福、为中华民族谋复兴、为世界谋大同。

（一）反对侵略和战争，维护世界和平与稳定

中国在近代历史上饱受外国列强的凌辱，帝国主义给中国人民带

来了深重灾难。中国人民渴望和平、珍爱和平。中国共产党在确定政党外交的目标和宗旨时，注意分析国际形势和时代特点，从中国外交和党的任务需要出发，在不同时期确立了不同的交往目标，在多种交往目标中又有不同的重点。但反对侵略和战争、维护世界和平与稳定是中共在开展政党外交中始终坚持的一个重要目标和牢固不变的宗旨。在革命与战争年代，中共与共产国际、苏联共产党以及世界其他进步力量进行交往，就是为了夺取中国革命和世界反法西斯战争的胜利，赢得中国国内和整个世界的和平。我们党通过各种渠道开展对外工作，争取国际上的进步力量和有识之士对中国革命的同情和支持，推动建立国内和国际的反帝反封建统一战线。尽管当时我们党力量有限，但仍从道义上或物质上支持被压迫人民反对帝国主义和殖民主义的斗争。第二次世界大战爆发后，我党勇敢地站在反抗日本帝国主义侵略中国的斗争前线，与世界进步力量团结奋战，为世界反法西斯斗争的胜利作出了卓越贡献。

新中国成立初期，世界社会主义阵营与资本主义阵营严重对立，军事对抗不断加剧，战争阴影挥之不去，严重威胁世界和平。面对严峻的国际形势，毛泽东明确把反对帝国主义侵略、维护世界和平作为新中国外交的主要任务，指出我们要"团结全国人民，争取一切国际朋友的支援，为了建设一个伟大的社会主义国家而奋斗，为了保卫国际和平和发展人类进步事业而奋斗"①。1953年12月31日，周恩来接见印度谈判代表团时，首次系统地提出"和平共处五项原则"，即互相尊重主权和领土完整、互不侵犯、互不干涉内政、平等互利、和平共处。1954年4月，中印双方经过谈判达成《通商和交通协定》，"和平共处五项原则"首次以文字形式见诸国际条约。1954年6月，周恩来应邀访问印度和缅甸，发表了中印、中缅两国总理联合声明，宣布以和平共处五项原则作为指导中印、中缅关系的基本准则。在1955年4

---

① 中共中央文献研究室编：《毛泽东文集》（第六卷），北京：人民出版社，1999年版，第350页。

月万隆亚非会议上,和平共处五项原则被确定为处理各国关系的基本原则,之后广泛地体现于国际关系中。和平共处五项原则虽然主要是针对处理国家关系,但对中共处理党际关系也具有直接指导意义。1957年,中共代表团在出席莫斯科共产党和工人党会议时,与其他一些党共同努力,推动会议通过了《和平宣言》。20世纪六七十年代,毛泽东等中共领导人在会见外国政党访华代表团和率中共代表团出访时,都将制止战争和维护世界和平作为会谈的重要内容。中共还多次在中国各地组织反对战争、维护世界和平的群众集会。

革命战争年代,我们党将反对战争、反对侵略作为政党外交的重要目标,主要是由当时国际形势的特点决定的,同时也反映了广大亚非拉国家共产党和其他左翼政党迫切希望得到中共支持的愿望。中国支援朝鲜人民抗击美国侵略的战争、支持越南人民反抗法国殖民统治和美国侵略的正义战争,是应朝鲜劳动党和越南共产党的要求而进行的,其目的是反抗美帝国主义发动的侵略战争,维护地区和世界和平。中国支持朝鲜人民和印度支那三国人民的抗美救国斗争,迫使美国签署朝鲜停战协定,恢复印度支那地区的和平。支援亚非拉人民反帝反殖斗争赢得了许多国家共产党和左翼力量对中共的尊重,提高了中共的国际威望,也为人类进步事业作出了应有的贡献。

20世纪70年代末以来,国际形势发生重大变化,世界多极化趋势开始显现,维护和平和促进发展成为世界的两大主题。在新的形势下,中共一如既往地将维护世界和平作为开展政党外交的重要目标。邓小平强调说:"中国对外政策的目标是争取和平。在争取和平的前提下,一心一意搞现代化建设,发展自己的国家。"[1] 以及"反对霸权主义、维护世界和平是我们的真实政策,是我们对外政策的纲领。"[2] 邓小平还把维护世界和平与加快经济建设、争取实现包括台湾在内的祖国统一列为中国人民在20世纪80年代的三大任务。

---

[1] 邓小平:《邓小平文选》(第三卷),北京:人民出版社,1993年版,第56页。
[2] 邓小平:《邓小平文选》(第二卷),北京:人民出版社,1994年版,第417页。

进入21世纪,国际局势总体稳定,但个别地区仍不安宁,局部战争时而发生,热点问题此起彼伏。胡锦涛牢牢把握21世纪以来国际形势发展以及中国与外部世界关系的历史性变化,提出了走和平发展道路、推动建设和谐世界的新理念,强调:"要坚持和平崛起的发展道路和独立自主的和平外交政策,坚持维护世界和平、促进共同发展的宗旨,坚持在和平共处五项原则的基础上同各国友好相处,在平等互利的基础上积极开展同各国的交流和合作,在国际舞台上高举和平、发展、合作的旗帜,为人类和平与发展的崇高事业作出贡献。"[①] 我们党在处理对外关系中秉承和平发展理念和公平正义原则,利用政党外交渠道对有关各方做了大量劝和促谈工作,为维护世界和平与地区稳定发挥了积极作用。国际金融危机后,世界经济处在深度调整中,恐怖主义、极端主义、分裂主义等非传统安全威胁突出。同时,世界总体保持着和平与发展的势头,促和平、谋合作、求稳定的力量不断增大,习近平总书记提出的构建以合作共赢为核心的新型国际关系、打造人类命运共同体的思想,顺应时代潮流,集中反映了世界各国人民要和平、求发展的共同心愿。

(二) 服务民族复兴,促进人类进步

实现中华民族独立和中国人民解放是近代中国主要任务,中国共产党就是为了实现中国人民幸福和中华民族复兴而诞生的,或者说中国共产党的诞生,是中华民族在追求复兴的道路上不断觉醒的必然产物,是中国人民救亡图存斗争的必然结果。中国共产党一经成立,就把马克思主义写在自己的旗帜上,把实现共产主义作为最高理想和最终目标,义无反顾肩负起实现中华民族伟大复兴的历史使命,把我们党实现中华民族伟大复兴的民族国家历史使命与共产主义的世界历史远大使命有机统一起来。中共一大发表的党的纲领中提出:"革命军队

---

① 《胡锦涛在中共中央政治局第十次集体学习上的讲话》,载《人民日报》,2004年2月23日,第1版。

必须与无产阶级一起推翻资本家阶级的政权，必须援助工人阶级，直到社会阶级区分消除的时候""直至阶级斗争结束为止，即直到社会的阶级区分消灭为止，承认无产阶级专政"等等，把消灭阶级剥削和压迫，建立无产阶级政权作为新生的中国共产党的目标任务。中共二大明确提出了党的最低纲领：党在民主革命阶段要"消除内乱，打倒军阀，建设国内和平；推翻国际帝国主义的压迫，达到中华民族完全独立；统一中国为真正的民主共和国"，最高纲领为"渐次达到共产主义"。对于无产阶级政党的历史使命，马克思、恩格斯明确指出：共产党人不屑于隐瞒自己的观点和意图，而是公开宣布"我们的目的是要建立社会主义制度"和"实现共产主义"。他们站在人民的立场探求人类自由解放的道路，以科学的理论为建立没有压迫、没有剥削、人人平等、人人自由的理想社会指明了方向。中国共产党初心和使命与马克思主义为人类求解放的远大目标、与共产主义理想具有高度一致性。

在新时代坚持中国共产党人的初心和奋斗目标，应深刻认识实现共产主义是由一个一个阶段性目标逐步达成的历史过程，必须坚持把共产主义远大理想同中国特色社会主义共同理想统一起来、把人类发展进步的目标与中国"两个一百年"奋斗目标结合起来，坚定中国特色社会主义道路自信、理论自信、制度自信、文化自信，坚守共产党人的理想信念。习近平总书记指出："当前和今后一个时期，我国对外工作要贯彻落实总体国家安全观，增强全国人民对中国特色社会主义的道路自信、理论自信、制度自信，维护国家长治久安。要争取世界各国对中国梦的理解和支持，中国梦是和平、发展、合作、共赢的梦，我们追求的是中国人民的福祉，也是各国人民共同的福祉。"[①] 党的对外工作是党的事业的一条重要战线，服务中华民族复兴和世界和平发展进步，也是党的对外工作的初心使命，是必须长期坚持的目标任务。

---

① 习近平：《习近平谈治国理政》（第二卷），北京：外文出版社，2017年版，第443—444页。

坚持贯彻以人民为中心的外交理念，做好新时代政党外交，将中国发展同世界发展更好结合起来，为实现"两个一百年"奋斗目标和中华民族伟大复兴的中国梦，营造良好外部环境，争取更多理解支持。

（三）促进国家关系发展

目前，世界绝大多数国家都有不同类型的政党，这些政党是国家内政外交的主导力量，在各国政治生活中占有重要地位，政党演变更迭、分化组合能引起国际政治的连锁反应。各国政党都注重利用自身地位与影响，着力推动党际交流与合作，积极开展政党外交，在国际政治舞台上发挥了独特作用。在全球问题突出、国际关系行为主体增多的情况下，政党外交不仅可行，而且十分必要，是政府外交的重要补充。

新中国成立后，中国共产党成为执政党，大党大国的地位增加了政党外交的优势，政党外交已成为新中国对外关系的一个重要组成部分。政党外交的对象虽然主要是各国政党，不处理国家间的具体事务，但通过与外国政党的交流与沟通，能够为建立、发展和巩固国家间关系发挥促进作用。由于我们党成立后与外国共产党，特别是苏联及东欧国家的共产党保持了友好交往，因此新中国能依托这种党际关系迅速与苏联及东欧社会主义国家建交。中国与苏联等社会主义国家的关系实质上是这些执政共产党之间关系的扩大和延伸。20世纪60年代前后，我党一度与外国90多个共产党或工人党建立联系并进行友好交往。政党外交在国家总体外交中发挥了很大作用，对新中国打破西方国家的政治孤立、经济封锁和军事威胁具有重要意义，对当时的世界和平和民族解放运动也产生了积极的影响。

新中国成立初期，毛泽东等中共领导人虽然在理论上开始区别党际关系与国家关系，但由于当时国际形势的制约和外交任务的需要，在实践中还难以真正将二者区别开来。改革开放后，我们党总结了政党外交活动和处理与社会主义国家关系的经验教训，明确提出要把党际关系与国家关系区别开来,党际关系不能包办或代替国家关系,更不能凌驾于国家关系之上,干扰国家关系的正常发展;政党外交要配合国家总体外交,必须而且也能够服从和服务于国家利益。开展党际关系与发展国家关系,都要围绕和平与发展这一主题,为中国改革开放和社会主义现代化建设服务;政党外交要发挥形式灵活、内容多样的独特优势,在促进国家关系的建立与发展中发挥更大的作用。1997年,中共十五大进一步明确了中共开展政党外交的目的是促进国家关系的发展。维护国家利益和促进国家关系发展成为中共开展政党外交的根本出发点和落脚点。2001年,江泽民在庆祝中国共产党成立80周年大会上的讲话中说,中国共产党同世界各国政党、政治组织广泛交往,"促进人民之间的友谊和国家关系的发展"①。2004年9月,中共中央作出的关于加强党的执政能力建设的决定也指出,要"加强和改进党的对外交往工作,加强民间外交,更好地为发展国家关系服务"②。胡锦涛在2004年9月举行的第三届亚洲政党国际会议上的演讲中指出,中国将"诚心诚意地同各国发展全面合作关系,诚心诚意地同各政党发展有利于促进国家关系和人民友好的政党交往关系"③。2012年11月,中共十八大政治报告进一步强调,"我们将开展同各国政党和政治组织的友好往来""夯实国家关系发展社会基础。"④

政党外交对推动国家关系发展的特殊作用主要体现在以下两方面。一是高层交往直接促进国家关系发展。我党领导人始终重视同外国政党的高层交往,亲自参与了许多政党外交活动,会见了来自各国的政党领袖,并分别应邀访问了许多国家。通过政党高层交往,能更好地

---

① 江泽民:《江泽民文选》(第三卷),北京:人民出版社,2006年版,第297—298页。
② 《中共中央关于加强党的执政能力建设的决定》,载《人民日报》,2004年9月27日,第1版。
③ 《胡锦涛在为来京出席第三届亚洲政党国际会议的各国来宾和代表举行的欢迎宴会上的致词》,载《人民日报》,2004年9月4日,第1版。
④ 《胡锦涛在中国共产党第十八次全国代表大会上的报告》,新华社北京2012年11月17日电。

从政治高度和战略全局把握党和国家关系方向，为国家关系的全面发展营造良好的政治环境。如 2000 年 12 月，中、越两党总书记通过多次会晤，发表了《关于新世纪全面合作的联合声明》，共同确定了面向 21 世纪两国关系发展的框架，有力地推动了两国陆地边界和北部湾海域划分等问题合理解决。二是政党外交可为建立国家关系做好铺垫和积累工作。政党外交是国家总体外交的重要组成部分，在没有国家关系的情况下，政党外交可为建立外交关系发挥特殊作用，如中国与南非、以色列、玻利维亚等国建交，很大程度上得力于政党外交，通过做这些国家主要政党的工作，奠定了建交的政治和民意基础；在拉美、非洲等地区，针对台湾"银弹外交"活动，中共积极发挥政党外交优势，利用各种场合和机会，向一些执政党和重要政党领导人宣传我立场主张，阐明利害，遏制了台湾向这些地区渗透的势头，维护了国家整体利益。

总之，我们党在开展政党外交时，始终将促进中国与世界各国关系的发展和中国人民与世界各国人民的友谊作为重要目标，把维护国家利益和促进国家关系发展作为出发点和落脚点；但同时注意不用党际关系去包办和代替国家关系，不干扰国家关系的正常发展。改革开放以来的中共政党外交实践，为促进中国与世界各国关系的发展、增进彼此间的友谊与合作发挥了积极作用。

（四）为社会主义建设和改革开放争取有利的国际环境

政党外交作为党的事业的一条重要战线，一直伴随着中国革命、建设和改革开放进程而不断发展壮大。在党的历届领导人的参与和指导下，政党外交突出重点、体现特色、讲求实效，充分发挥做人的工作的优势，深化与各国各类政党的友好交流和合作，结交了一批"知华""友华"力量，不仅为党和国家事业的发展、为社会主义建设和改革开放争取了有利的国际环境，也为人类社会进步事业的发展作出了重要的贡献。

新中国成立后，美国和西方一些反华势力，以及周边一些反华反共势力对新中国实行打压封锁政策，企图将新中国扼死在摇篮中。为了打破新中国面临的政治孤立、军事封锁和经济制裁，巩固新生的人民共和国，争取确实可行的国际支持和支援，我党不得不实行对苏联"一边倒"的对外政策。当时采取的一个重大外交行动就是毛泽东于1949年12月至1950年2月对苏联进行了访问，中苏双方缔结了《中苏友好同盟互助条约》，确定了中苏两国关系新的政治基础，获得了苏联对新中国的经济援助。

20世纪80年代初，随着改革开放的全面启动和对外政策的调整，为中国的改革开放和社会主义现代化建设服务、为中国经济建设争取有利的国际环境，成为新时期政党外交的主要目标。1982年，中共十二大在提出党际关系四项原则的同时，明确了新时期政党外交的根本任务是为改革开放和社会主义现代化建设争取一个有利的国际环境。1992年，中共十四大对党章进行了修改，党章总纲部分专门增写了这样一句话："中国共产党主张积极发展对外关系，努力为我国的改革开放和现代化建设争取有利的国际环境。"在这一时期，世界人民要和平、谋稳定、求合作、促发展的呼声日益高涨，各国的执政党或非执政党都希望有一个和平的国际环境发展自己的国家。特别是对广大发展中国家的政党而言，面临的摆脱贫困、发展经济的任务更为艰巨，更渴望有一个和平稳定的国际环境。因此，我们党将争取有利的国际环境作为政党外交的重要目标之一，与绝大多数外国政党的意愿相契合，不仅符合中国的利益，也符合时代潮流。政党外交作为总体外交的重要组成部分，必须贯彻落实我党对外工作的重大部署和战略决策，必须服务于党和国家的中心工作，为改革开放争取有利的国际环境、为延续和维护难得的重要战略机遇期服务。根据东欧剧变、苏联解体后的国际国内形势，我们党积极稳妥地开展对各类政党特别是执政党的工作，在多党制浪潮席卷苏联、东欧及亚非拉地区的形势下，我们党坚持党际关系四项原则，同苏联、东欧地区以及非洲国家新建立的政党建立了关系，迅速扭转了东欧剧变、苏联解体及西方"制裁"对我国外交的消极影响。

进入 21 世纪，特别是国际金融危机后，国际社会对中国和中国共产党的认识发生了历史性变化，愿意同我党全面深入交往的外国政党和组织越来越多。中共十八大以来，习近平总书记在科学判断我国外部环境和准确把握国家改革发展稳定全局的基础上明确指出，中国外交要高举和平、发展、合作、共赢的旗帜，统筹国内国际两个大局，统筹发展安全两件大事，牢牢把握坚持和平发展、促进民族复兴这条主线，维护国家主权、安全、发展利益，为和平发展营造更加有利的国际环境，维护和延长我国发展的重要战略机遇期，为实现"两个一百年"奋斗目标、实现中华民族伟大复兴的中国梦提供有力保障。

首先，巩固和发展与周边国家政党的关系，创造睦邻友好、和平稳定与安全的周边环境。周边环境是关乎我生存和发展的重要外围空间和屏障，也是美对我实施遏制战略和我化解美遏制的战略地带。利用我与周边国家业已存在的良好的政党关系，进一步推动国家关系的稳定健康发展，是 21 世纪初政党外交面临的重要任务。然而，我国周边环境复杂，既有发达的资本主义国家，也有发展中的社会主义国家；既有对我友好的国家，也有对我存有一些疑虑的国家；既有在历史上与我发生冲突的国家，也有目前与我仍有领土争议的国家。根据不同国家、不同情况，突出重点，有针对性地开展政党外交工作。对越、老、朝等社会主义国家的政党工作，重点放在加强社会主义理论与实践及党建理论等方面的交流与借鉴上，以利于各自有本国特色社会主义的建设和世界社会主义事业的发展。对日本的政党工作，利用日本执政党和重要政党内部分化调整、各种政治力量对我党有所需求和期待的有利时机，多层次、多角度、全方位地深化对日政党关系，确保 21 世纪中日友好的主流不变。坚持不以意识形态论亲疏、不干涉别国内部事务和以国家利益为最高原则，逐步、有序、有选择地发展与周边国家主要政党的关系，推进与南亚国家、东南亚国家执政党、参政党、处于合法地位的共产党等主要政党的高层往来，充实交往内容，深化睦邻互信伙伴关系。

其次，发展中国家是我外交布局的战略依托，加强同亚非拉广大发展中国家政党的交流与合作是政党外交基本立足点。中国与许多发展中国家有着相似的历史遭遇，与民族主义政党的意识形态分歧较少，在反对霸权主义、新干涉主义方面有着较多的共同语言。21世纪初，我党已同发展中国家的各类政党建立了友好合作关系，这是政党外交赖以拓展的坚实基础。

再次，随着欧洲一体化建设的不断深化和扩大，欧盟在国际政治、经济、金融和安全领域中的地位和作用将持续上升，成为世界多极化进程中的一个积极因素。在较长时间里，欧盟与我国仍是政治上相互借重、经济上相互补充的重要伙伴，但中欧关系易受国际形势波动、意识形态纷争的影响。政党外交在意识形态领域具有较大的活动余地，可以发挥特殊的作用。加强对欧美国家政党的工作，探索新的交往方式和渠道，正确处理意识形态因素，通过深入的意见交换和开诚布公的对话化解矛盾、缩小分歧。在开展对社会党国际等政党国际组织的工作中，要继续本着"超越意识形态的差异，谋求相互了解与合作"的精神，积极探索发展多边党际关系的新途径。

最后，围绕讲好中国故事来展开政治引领，以中国梦为主线，不断开拓创新，从政党高层的"神秘"交流，转变为同时面向媒体、智库和广大民众的互动交流。通过积极主动、长期扎实的对外交往，将中国价值理念的历史优势和时代特色转化为现实的影响力和吸引力，促使外国政要和精英从认同中国的政治社会制度，再到认同中国共产党的执政能力和领导方式，从而提升我政治影响力、舆论竞争力、形象亲和力和道义感召力。通过对外讲好中国故事，提升党和国家形象，为我国实现中华民族伟大复兴的中国梦争取良好舆论氛围和安全环境。

二、新中国成立至改革开放前政党外交主要目标是巩固新生政权、打开新中国外交局面、支持世界革命

1949年10月1日，中华人民共和国成立，中国共产党成为执政党，开展政党外交已成为新中国对外关系的一个重要组成部分。我们党的执政地位拓展了政党外交优势，对推动国家关系的发展起到了积极的作用。从新中国成立至20世纪70年代"文化大革命"结束这段时间，政党外交坚持以马克思列宁主义和无产阶级国际主义为基础，同社会主义国家执政党、各国共产党建立和发展关系，支援世界革命，反帝反修，在国家外交的总体战略和框架内开展政党外交。

（一）以苏划线"一边倒"

新中国成立后，在外交方面需要解决的一个基本问题就是：中国人民能否彻底扫除一个多世纪以来，由于帝国主义、殖民主义的侵略而带给中国的屈辱的外交，以崭新的面貌登上国际舞台，屹立于世界民族之林。为此，新中国成立之初采取了三大外交方针：一是"另起炉灶"，即新中国不会承认和继承南京国民党政权的外交关系，与外国的国家关系要在新的基础上经过谈判重新建立。二是"打扫干净屋子再请客"，即与外国（主要是资本主义国家）建立外交关系的时机和条件，就是在清除了帝国主义国家在中国的特权和影响之后。"只要一天它们不改变敌视的态度，我们就一天不给帝国主义国家在中国以合法的地位。"① 三是"一边倒"，即倒向社会主义阵营一边。毛泽东指出："我们在国际上是属于以苏联为首的反帝国主义战线一方面的，真正的友谊的援助只能向这一方面去找，而不能向帝国主义战线一方面去找。"②"在国际上，我们要团结全世界一切可以团结的力量，首先

---

① 毛泽东：《毛泽东选集》（第四卷），北京：人民出版社，1991年版，第1435页。
② 同①，第1475页。

是团结苏联,团结兄弟党、兄弟国家和人民"①,即:加强与苏联和其他社会主义国家的合作,注意同各国共产党和工人党的联系。由于这些国家的执政党都是共产党,与我们党意识形态相同,有着天然的亲近感;在党中央的领导下,我国很快同苏联和亚、欧十多个人民民主国家建立了外交关系。根据党中央确立的这三大外交战略方针,我党开始了对外工作,通过积极有效的独立自主的对外交往活动,维护新生的人民共和国的安全。

新中国成立后,中国共产党的第一次重大外交行动就是中共中央主席、中央人民政府主席毛泽东率中国党政高级代表团于1949年12月访问苏联。1949年12月16日,在经过10天长途跋涉到达莫斯科的当天晚上,毛泽东拜会了苏联共产党中央总书记、部长会议主席斯大林,双方在是否废除1945年8月的《中苏友好同盟条约》、另订新约的问题上有不同意见。在第二次会谈时,斯大林只谈了越南、日本、印度等一些亚洲国家兄弟党的情况,未谈及条约问题。②经过与斯大林三次会谈,最终于1950年2月14日,中苏两国政府签署了《中苏友好同盟互助条约》(以下简称"中苏条约"),双方保证以友好合作的精神,并遵照平等、互利、互相尊重国家主权与领土完整及不干涉对方内政的原则,发展与巩固中苏两国之间的经济与文化关系,给予彼此一切可能的经济援助,并进行必要的经济合作。双方还共同签署了《关于中国长春铁路、旅顺口及大连的协定》以及《关于苏联贷款给中华人民共和国的协定》。中苏条约确定了两国关系的新的政治基础,维护了中国的国家安全,促成了苏联对中国的经济援助,帮助了中国的经济恢复。毛泽东对中苏条约有过很精辟、很现实的解读:我们虽然取得了胜利,但国外还有帝国主义,国内也还很困难,在这种情况

---

① 中共中央文献研究室编:《毛泽东文集》(第七卷),北京:人民出版社,1999年版,第88页。
② 蔡武主编:《中国共产党对外工作大事记(1949.10—1999.12)》(上册),北京:当代世界出版社,2001年版,第5页。

下，我们需要朋友，我们同苏联的关系，我们同苏联的友谊，应该在一种法律上，就是说在条约上，把它固定下来，建立同盟关系。帝国主义者如果准备打我们的时候，我们就请了个好帮手。①新中国的国家安全和经济建设显然是中共签订中苏条约的最主要的考量。"使中苏两大国家的友谊用法律形式固定下来，使得我们有了一个可靠的同盟国，这样就便利我们放手进行国内的建设工作和共同对付可能的帝国主义侵略，争取世界和平"②，这正是签署中苏条约最现实的意义。中苏条约是新中国成立初期最重要的外交成果，也是中苏两党关系的新起点。中苏两党亲密关系，对吸引各国共产党、工人党及世界和平进步力量对新中国的支持产生了重要影响。

1954年新中国成立五周年时，蒙古国、朝鲜、越南、苏联、捷克斯洛伐克、匈牙利、罗马尼亚、保加利亚、阿尔巴尼亚、波兰、民主德国等11个社会主义国家的党政代表团应邀前来参加国庆活动。毛泽东、刘少奇、周恩来、朱德等分别会见各国代表团。20世纪50年代，虽然只有30多个国家同中国建立了外交关系，但同我们党建立了联系的外国共产党和工人党有80多个，同时我们党也同近百个国家开展了民间友好交往。1956年中共八大召开，来自56个国家的共产党、工人党代表团到会祝贺。

在"一边倒"形势下，政党外交大多是强调无产阶级国际主义，将援助国外共产党特别是东南亚国家共产党作为首要任务。1950年1月30日，印度支那共产党中央主席胡志明到达北京，中共中央书记处书记刘少奇、朱德等热情接见（其间毛泽东出访苏联），在听取了胡志明所提的有关请求后，中共中央决定派军事和政治顾问团赴越，帮助越共组织抗法战争和经济建设。中国军事顾问团直接参加前线指挥，

---

① 中华人民共和国、中共中央文献研究室编：《毛泽东外交文选》，北京：中央文献出版社、世界知识出版社，1994年版，第132页。
② 《中央人民政府委员会第六次会议 批准中苏条约及协定》，载《人民日报》，1950年4月13日，第1版。

中国提供了全部军事物资，帮助越南取得了奠边府战役的胜利，迫使法国坐到了谈判桌前。1950年10月，中共中央主席毛泽东收到朝鲜劳动党中央委员长金日成请求中国出兵援助朝鲜作战的急电，中共中央政治局决定用中国人民志愿军名义派一部分军队到朝鲜境内和美国及李承晚的军队作战，援助朝鲜人民。经过近三年的激烈战争，美国不得不与中朝方面签订了停战协议。

中国革命的胜利极大地鼓舞了许多殖民地、半殖民地国家的人民和共产党，他们把中国共产党视为学习的榜样，因而真诚地希望加强与中国共产党的联系，渴望得到中国共产党的支持和帮助。中国共产党国际威望大为提高，国际影响不断扩大。以苏联为首的社会主义阵营和国际共产主义运动，希望已经取得胜利的中国共产党能更多地支援殖民地、半殖民地国家的人民和共产党。中国共产党同社会主义国家及其他国家共产党和进步力量广泛建立了友好关系，通过政党外交，贯彻党对东亚民族革命运动的方针政策和策略主张，联络与支持亚洲革命力量，组织在中国召开亚洲职工代表会、亚洲青年代表会、亚洲妇女代表会，有力地促进新中国外交工作迅速打开局面。政党外交对打破帝国主义的孤立封锁、巩固新生的人民民主政权、建立有利的外交格局、扩大新中国的国际影响等方面发挥了重要作用，对当时的世界和平和民族解放运动也产生了积极的影响。

在这一过程中，首先，党际关系与国家关系相得益彰，政党外交成为新中国外交的重要内容。许多外国政党和政党组织很看重、很珍惜与中共的关系，普遍认为，只与中国政府有外交关系，而不与中国的执政党——中共发展关系，则国家关系是不完整、不完全的。"共产党的问题不是一个国家的问题，而是一个世界性的问题"[①]，国际主义是政党外交的一个重要原则。其次，政党外交具有鲜明的意识形态色彩。在这期间，中国共产党主要是和意识形态相同的共产党、工人党

---

① 中华人民共和国外交部、中共中央文献研究室编：《毛泽东外交文选》，北京：中央文献出版社、世界知识出版社，1994年版，第187页。

建立党的关系,① 以意识形态作为划分相互关系远近亲疏的标准,这就导致同一些亚非拉国家的共产党往来的时候,却与这些国家的执政党搞不好关系,从而影响了同这些国家的关系。再次,政党外交的内容主要集中于政治领域,停留在发展政治关系和礼节性交往的层面上,工作形式主要是政党政要的高层往来,目的在于相互了解、增进友谊。此时的中国外交主要就是政党外交通过政党外交促进国家关系的发展。

(二) 支援"世界革命"

按照无产阶级国际主义原则及苏联领导人的要求,取得了革命胜利和执政地位的中国共产党,把传授自身革命的实践经验和道路选择,作为支援亚洲各国人民和共产党开展争取民族解放斗争的主要内容,把支援亚洲各国人民和共产党开展争取民族解放和独立的斗争,看成是自己义不容辞的国际主义义务,坚持无产阶级国际主义无疑成为我党对外交往的基本原则。在新中国成立前夕即1949年2月,斯大林派苏共中央政治局委员、苏联部长会议第一副主席米高扬直接赴当时中共中央的所在地西柏坡,同毛泽东、刘少奇、周恩来等中共中央领导人进行了交流,了解中国革命即将胜利的形势与中共的想法,对中苏两党关系进行了很好的沟通。1949年6月,刘少奇率领中共代表团访问苏联,主要是为了同斯大林讨论建立新中国的有关问题。在谈及中共地位和影响时,斯大林对刘少奇说:你们应该懂得你们所处地位的重要性,你们所负的历史使命是空前未有的重大。在国际革命运动中,中苏两家都应承担些义务,而且应该有某种分工,就是说要分工合作。希望中国今后多担负些对殖民地、半殖民地、附属国家的民族民主革命运动方面的帮助,因为中国革命本身和革命经验会对他们产生较大的影响,会被他们参考和吸取。苏联在这方面起不到像中国这样的影

---

① 本书编写组:《历史瞬间的回溯——中国共产党对外交往纪实》,北京:当代世界出版社,1997年版,第1页。

响和作用，这个道理是明显的，犹如中国难以像苏联那样在欧洲产生影响一样。因此，为了国际革命的利益，咱们两家来个分工，你们多做东方和殖民地、半殖民地国家的工作，在这方面多多发挥你们的作用和影响。我们对西方多承担些义务，多做些工作。总而言之，这是我们义不容辞的国际义务。①从当时的国际共运的现实情况和世界革命的需要出发，中国共产党接受了斯大林的建议，把多做东方殖民地、半殖民地国家的工作，纳入了党的对外工作的任务范围。②1950年3月14日，刘少奇为中共中央起草了关于这一问题的党内指示："我们在革命胜利以后，用一切可能的方法去援助亚洲各被压迫民族中的共产党和人民争取他们的解放，乃是中国共产党和中国人民义不容辞的国际责任，也是在国际范围内巩固中国革命胜利的最重要方法之一。"③1956年，毛泽东在中共八大开幕词中指出："亚洲、非洲和拉丁美洲各国的民族独立解放运动，以及世界上一切国家的和平运动和正义斗争，我们都必须给以积极的支持。"④为此，政党外交的一个基本内容就是支持各国人民、各兄弟党开展争取民族独立和民族解放的斗争，通过推动反帝、反殖、反霸斗争，延缓或制止战争的爆发，通过革命争取和平。

20世纪60年代，国际关系出现了一些新的变化，亚非拉地区争取民族独立、反帝反封建斗争风起云涌，"人民要革命、国家要独立、民族要解放"成为世界政治形势的主流，亚非拉国家反对帝国主义和殖民主义、争取和维护民族独立的运动出现了高潮。毛泽东在20世纪60年代初提出了"两个中间地带"的问题，即：在当时的国际政治格局

---

① 李海文：《在历史巨人身边：师哲回忆录》，北京：中央文献出版社，1991年版，第412页。
② 王家瑞主编：《中国共产党对外交往90年》，北京：当代世界出版社，2013年版，第29页。
③ 中共中央文献研究室编：《刘少奇年谱》（下卷），北京：中央文献出版社，1996年版，第245页。
④ 中共中央文献研究室编：《毛泽东文集》（第七卷），北京：人民出版社，1999年版，第116页。

中，除了社会主义阵营之外，还有不少国家不同程度地存在反对美国控制的倾向，亚非拉国家是第一个中间地带，欧洲、加拿大、大洋洲以及日本，是第二个中间地带。这一时期，"中国是世界革命的根据地"，支援亚非拉国家反对帝国主义、争取和维护民族独立及支援越南人民抗美救国战争是我国对外工作的一项重要任务。从1965年起，美国侵略越南的战争进一步升级，美军在越南南方登陆，直接参战。中国一再向美国提出警告，表明中国援越的决心。1966年7月22日，刘少奇代表中国党和政府发表声明：七亿中国人民是越南人民的坚强后盾，辽阔的中国土地是越南人民的可靠后方；中国人民准备承担最大的民族牺牲，坚决支持越南人民抗美救国战争。中国先后派出防空、铁道、工程、后勤等共32万军人赴越，与越南人民并肩战斗。中国还为越南提供了大量的武器装备、资金和生活物资。①

这一时期，中国党和国家领导人刘少奇、周恩来等多次率团出访亚非各国，以实际行动支持了独立不久的亚洲、非洲国家。1963年年底，周恩来成功出访非洲14国，与这些国家执政党和重要政党广泛接触。1974年2月，毛泽东首次全面提出了划分三个世界的观点，即：美国、苏联是第一世界；日本、欧洲、加拿大是第二世界；中国和广大的亚非拉国家是第三世界。这个战略判断是我们党的对外工作的重要依据，对于反对霸权主义和战争威胁，维护中国国家安全具有重要意义，也提高了中国在第三世界国家中的威望。在这一战略思想指导下，政党外交致力于支援第三世界人民革命，建立一条包含美国在内的国际反（苏）霸统一战线，遏制苏联对我国国家安全的威胁。

（三）反对苏联大国大党主义

从20世纪50年代中期开始，主导世界格局的美苏关系出现了一些变化，即从二战后双方紧张关系不断升级转为紧张与缓和轮流交替，

---

① 当代中国研究所：《新中国70年》，北京：当代中国出版社，2019年版，第121页。

同时，社会主义阵营和资本主义阵营各自的内部矛盾不断暴露，在苏联同其他社会主义国家之间，在美国同其他资本主义国家之间，都出现了不同程度的控制与反控制的斗争。1956年2月，苏共召开第二十次代表大会，苏共中央第一书记赫鲁晓夫作了题为《关于个人崇拜及其后果》的"秘密报告"。"秘密报告"的有关内容被披露出来后，在社会主义阵营和国际共产主义运动内部引起了巨大的震动，在广大人民群众中造成了不同程度的思想混乱。西方国家趁机掀起世界性的反共反社会主义浪潮，给国际共产主义运动带来极大困难。中共中央非常重视赫鲁晓夫的"秘密报告"，多次召开政治局、书记处会议，研究苏共二十大及其影响，中苏两党在如何评价斯大林的问题上出现分歧。1956年4月5日，《人民日报》发表经毛泽东审阅和修改并由中央政治局扩大会议讨论通过的编辑部文章《关于无产阶级专政的历史经验》，对斯大林的功绩作了充分肯定，对苏共二十大反对个人崇拜给予积极评价，又对斯大林后期的错误进行了分析。通过苏联出现的问题，中国得出"以苏为鉴"的启示。毛泽东指出，"马列主义的普遍真理与中国革命具体实际相结合，这是唯物论；二者是对立的统一，也就是辩证法。为什么硬搬，就是不讲辩证法。苏联有苏联的一套办法。苏联经验是一个侧面，中国实践又是一个侧面，这是对立的统一。苏联的经验只能择其善者而从之，其不善者不从之。把苏联的经验孤立起来，不看中国实际，就不是择其善者而从之。"[1]中共八大确定的路线及外交政策充分体现了"以苏为鉴"，要求在处理党际关系和国际事务中，坚持和平共处政策和独立自主原则，加强各国无产阶级的国际主义团结；在同一切外国和外国人民的交往中，采取真正平等对待的态度，坚决反对大国主义。[2]

---

[1] 中共中央文献研究室编：《毛泽东文集》（第七卷），北京：人民出版社，1999年版，第366页。
[2] 中共中央文献研究室编：《建国以来重要文献选编》（第九册），北京：中央文献出版社，1994年版，第352、353页。

长期以来，在国际共产主义运动中没有建立起在大党与小党之间、执政的与在野的共产党之间的正常的、平等的、互帮互学的、相互信赖的关系。在社会主义阵营内，苏共以老子党自居，要求各国无产阶级政党无条件接受和服从苏共的指示，肆意推行大国沙文主义政策，粗暴干涉别国内政。这些都严重破坏了社会主义阵营内部的团结，也与中国共产党所奉行的独立自主、和平共处的党际关系原则相冲突。1956年发生的波匈事件，加深了各国共产党之间的思想分歧，社会主义阵营内部的团结受到挑战。中共中央为调解苏联与东欧国家的关系做了大量而及时的工作，也对苏联过去在处理社会主义国家和兄弟党的关系问题上所犯的大国主义、大党主义错误，给予了批评。中共领导人毛泽东、刘少奇、周恩来、邓小平等在会见外国政党代表团时，重点介绍我党对于国际共产主义运动和苏共二十大的看法，强调兄弟党之间必须要有兄弟间的平等关系，而不应是父子关系。对我们的兄弟党，不管它大小，也不管它执政与否，都应该一律平等对待。坚持以老子党对儿子党的态度，是不能容许的。1957年11月，毛泽东应邀参加十月革命40周年庆祝活动并出席在莫斯科召开的世界共产党和工人党代表会议。在会上，毛泽东就国际形势发表了重要讲话，提出"东风压倒西风"等著名论断，以一个好汉三个帮、红花也要绿叶扶的比喻，对苏共和赫鲁晓夫本人表现出的大党大国主义提出了婉转的批评。在谈到各党团结问题时，毛泽东说，"我提议同志之间有隔阂要开谈判。……也就是说，在不损伤马克思列宁主义的原则下，接受人家一些可以接受的意见，放弃自己一些可以放弃的意见。"① 毛泽东这次出访，对维护当时12个社会主义国家之间和国际共产主义运动内部的团结作出了巨大的贡献。② 我们党通过一系列有理、有利、有节的斗

---

① 中共中央文献研究室编：《毛泽东文集》（第七卷），北京：人民出版社，1999年版，第331—332页。
② 叶自成、李红杰主编：《中国大外交折冲樽俎60年》，北京：当代世界出版社，2009年版，第209页。

争，顶住了苏共的全方位打压和排挤，维护了党的独立和尊严，维护了国家主权。

但在此时，中苏双方明显地感到在一系列有关国际共产主义运动的重大理论和实践问题上，存在着不同程度的分歧。除对斯大林的不同评价外，最主要的是中共不同意苏共过分强调某些资本主义国家可以"和平过渡"到社会主义的提法，也不同意苏共把"和平共处"说成是社会主义国家对外政策的总路线。这些分歧导致中苏两党、两国关系逐渐破裂。1958年，苏联领导人赫鲁晓夫相继提出了关于中苏共建长波电台和建立共同舰队等要求，遭到中国方面的拒绝。随后，赫鲁晓夫对中国炮击金门、马祖的行动心怀不满，担心这种行动发展下去会引起美苏冲突。上述事件的出现，表明中苏之间的矛盾已经涉及关系中国主权的重大敏感问题。1959年6月下旬，苏联以正与美国等西方国家谈判关于禁止试验核武器协议为由，中断向中国提供原子弹样品的有关技术资料等项目。9月8日，苏共中央致函中共中央，对中国政府在中印边境冲突中所采取的方针提出异议。这一系列事件，在中苏两党、两国之间造成明显的裂痕，中苏两党分歧逐步公开，两国关系也迅速恶化。1960年4月在纪念列宁诞辰90周年之际，中共党刊《红旗》杂志发表了《列宁主义万岁》《沿着伟大列宁的道路前进》《在列宁的革命旗帜下团结起来》三篇文章，集中阐明了中国共产党关于时代、战争与和平、无产阶级专政、反对现代修正主义等一系列重大问题的观点，点名批判南斯拉夫"现代修正主义"，实际是对赫鲁晓夫的一系列观点进行不指名的批驳。1960年6月，赫鲁晓夫在布加勒斯特社会主义国家共产党和工人党代表团会议的发言中，猛烈攻击中国共产党，由此拉开了1963—1964年中苏间公开而全面的大论战。由于中苏两党思想分歧严重，中苏双方无法通过论战达成谅解，导致支持中苏双方的国家和政党之间的对立情绪越来越激烈，甚至关系恶化并出现军事对抗，留下了不少后遗症。1966年3月，中国方面正式拒绝苏联方面的邀请，没有派代表团出席苏共二十三大。这是中苏关系史上的一个转折点。两党关系由此断绝。两国关系虽然没有正式断交，但也已走到彻底破裂的最后边缘。

由于苏共以大党主义、大国主义态度对待中共，并把这些争执同国家利益联系起来，因此，中苏论战的发生不是偶然的，是苏共的大党主义、大国主义与中共的独立自主方针的矛盾以及两国之间控制与反控制斗争的必然表现，正如邓小平在1989年5月会见戈尔巴乔夫时说的，"这不是指意识形态争论的那些问题，这方面现在我们也不认为自己当时说的都是对的。真正的实质问题是不平等，中国人感到受屈辱。"① 中苏论战加速了社会主义阵营及国际共产主义运动的分裂，使一些国家共产党遭受严重损失。赫鲁晓夫在给各国共产党和工人党的公开信中，给中共扣上了"教条主义""拒绝和平共处""希望战争""制造紧张局势""'左倾'冒险主义"等大帽子，给一些国家的共产党和进步力量带来了极大的思想混乱。随着论战公开化，苏联共产党利用其"领导"地位，率先纠集一些"兄弟党"对中共发起围攻，先后有40多个国家的党加入对中共的攻击中来，实际上造成统一的社会主义阵营的解体。当然，论战双方在指导思想上都存在不少错误和不当之处。大论战对中国共产党关于国际形势的判断和社会主义的认识也产生了较大影响，进而又影响到对国内形势的判断。邓小平在谈到中苏论战时评价说："多年来，存在一个对马克思主义、社会主义的理解问题。从一九五七年第一次莫斯科会谈，到六十年代前半期，中苏两党展开了激烈的争论。""经过二十多年的实践，回过头来看，双方都讲了许多空话。马克思去世以后一百多年，究竟发生了什么变化，在变化的条件下，如何认识和发展马克思主义，没有搞清楚。"② 在论战和反思过程中，不少政党不再唯苏共和苏联马首是瞻，开始把马克思主义普遍原理与各国实际相结合，独立思考，探索自己的路，力求自主地解决自身的问题。

---

① 邓小平：《邓小平文选》（第三卷），北京：人民出版社，1993年版，第294—295页。
② 同①，第291页。

（四）"支左反修"

20世纪60年代，中苏关系恶化，社会主义阵营出现分裂，中国面临着来自苏联和美国两个超级大国的战略威胁，特别是来自苏联的威胁与日俱增。中苏两党中断关系后，我们党在指导思想上走向"左倾"。1966年8月，中共八届十一中全会提出：当前正处在世界革命的一个新时代，帝国主义走向全面崩溃，社会主义走向全世界胜利；无产阶级国际主义是我国对外政策的最高指导原则。1969年4月，中共九大报告引用列宁的话指出"帝国主义战争是绝对不可避免的"；提出"战争引起革命""革命制止战争"；并将打倒帝、修、反写入九大党章。政党外交由此步入"服从革命""支左反修"的轨道。

1966年5月，"文化大革命"正式开始，康生接替邓小平领导政党外交工作。20世纪60年代，国际共运论战后世界上出现了从"老党"分裂出来或新建的共产党、工人党及马列主义小组等，一般称之为"新党"。成立的马列组织都是小党，全世界有60多个，但不是分布在60多个国家，有的国家里有不止一个。"文化大革命"期间，政党外交的对象基本上是只同这些所谓观点相同的新成立的马列组织，频频邀请并高规格接待这些党访华，毛泽东、周恩来往往出面会见，康生等中共中央政治局常委亲自去机场迎送。"文化大革命"期间，康生把国内"文化大革命"的做法推广到政党外交中，将我们党开展政党外交的方针确定为"支左反修"，极"左"达到了最高峰。康生认为，"文化大革命"是人类历史上最深刻的革命，其经验对于所有的马列主义政党都具有普遍意义。在接见外国共产党访华代表团时，康生总是千篇一律地介绍中国革命经验和"文化大革命"情况，并将他们对"文化大革命"的态度，作为判定其是否革命的标准。鼓吹任何国家、在任何情况下，都应该仿效中国，走农村包围城市、武装夺取政权的"井冈山道路"，否则就被视为修正主义政党、国际共运之敌。康生还强行对外宣传毛泽东思想和"文化大革命"，鼓动外国党照搬中国的做法，把毛泽东思想绝对化并强加于人。要求各国共产党对中国"文化大革命"的每一个动态、每一项"最高指示"，都要写文章、发声明、甚至致电祝贺。"顺我者昌、逆我者亡"，凡是对中国的"文化大革命"跟得紧、调子高的，即被认为是马列主义政党，就对其进行支持和帮助，否则就批评斗争，甚至中断关系。由于受到康生推行全面"支左反修"的极"左"思想的干扰，这个时期政党外交受到很大冲击，"左"的错误不断，特别是以自己的实践经验和理论来判断别国的内部事务和别国党政策的是非问题，对一些党的性质做出了不切实际的定论，并加以批判，乃至对一些社会主义国家基于本国实际推行的经济改革政策也加以批判，从而使政党外交的空间大为缩小，交往对象显著减少。对许多涉外事件，不问事实真相，无限上纲，动辄抗议，甚至轻率地主张断交，使我国同48个建交或半建交国家中的近30个国家先后发生了外交纷争。到"文化大革命"结束之前，全世界89个共产党和工人党中，有78个先后与我党中断了关系。[①] 中共只与110多个支持中国观点的极"左"组织建立联系，其中最受欢迎和重视的是新西兰共产党、从老党分裂出来的澳大利亚共产党（马列）、巴西共产党，以及新涌现出的马列主义小组织。

三、20世纪70年代末到中共十八大之前，政党外交服务于党和国家中心工作

中共十一届三中全会之后，随着党和国家工作重心的转移，政党外交的目标转变成为改革开放和经济建设创造良好的国际环境，主要任务是通过发展同各国政党关系，服务国家总体外交。一方面，政党外交注意把握时代发展脉搏，紧紧围绕党和国家中心任务，主动配合国家经济发展战略，在党的对外活动中注入经济因素，以政带经，以经促政，为国内建设服务。另一方面，通过党际关系的发展推动国家

---

① 《光辉的历程 宝贵的经验——新中国成立60年来党的建设主要成就与经验研讨会论文集》，北京：中央文献出版社，2010年版，第509页。

关系的发展，通过政党外交来促进和配合国家的总体外交，形成了全方位、多渠道、宽领域、深层次的政党外交新格局。

（一）立足和平与发展，调整政党外交方针政策

首先，对于时代特征的认识，从原来的"革命与战争"转变为"和平与发展"。20世纪70年代中期以前的较长一段时期内，我们对战争形势的估计是，世界大战的危险依然存在，甚至认为世界大战的危险迫在眉睫。中共十一届三中全会后，邓小平在全面深入分析世界上的各种矛盾及其相互关系的基础上明确指出，在较长时间内不发生大规模的世界战争是有可能的，维护世界和平是有希望的。邓小平紧紧抓住国际社会面临的最本质最核心的问题，适时而鲜明地提出了和平与发展是当今世界两大主题的科学判断。实现四个现代化、搞好改革开放，在国内需要有安定团结的政治局面，在国际上需要一个和平环境。"我们不在乎别人说我们什么，真正在乎的是有一个好的环境来发展自己。"[①] 1985年6月，邓小平在中央军委扩大会议上讲话时说：粉碎"四人帮"后，我们对国际形势的判断和我们的对外政策有两个转变：第一个转变是，改变了"战争不可避免，而且迫在眉睫"的观点。第二个转变是，改变了过去"一条线"的战略，即"针对苏联霸权主义的威胁，我们搞了'一条线'的战略，就是从日本到欧洲一直到美国这样的'一条线'。"[②] 邓小平对国际总体形势的科学判断，解决了长期困扰人们思想的对战争形势估计的问题，为我们集中精力进行现代化建设提供了极其重要的科学依据。同时，我们也调整改变了过去"一条线""一大片"战略，全面改善和发展了我国同各大国的关系，有利于中国利用和平国际环境加速发展自己，对于维护世界和地区的和平与稳定也发挥了重要作用。政党外交工作除了继续推动政治上的友好往来之外，也积极开展经济技术合作交流。

[①] 邓小平：《邓小平文选》（第三卷），北京：人民出版社，1993年版，第360页。
[②] 同①，第126—127页。

其次，改变了以意识形态划线的交往方针，明确了党际关系要以国家利益为最高准则，遵循服务并服从于国家关系的原则；倡导求同存异的精神，确立了与不同性质、不同价值取向和不同政治观点的政党交往的原则。邓小平在总结以往社会主义国家相互关系的经验教训和我国对外工作的历史经验教训的基础上，调整了过去曾以社会制度和意识形态划线的做法，提出从国家战略利益出发处理国与国之间关系的新主张。1978年11月，邓小平指出："就中国来说，把党和党的关系同国家之间的关系区别开来，使这样的问题不影响我们发展国家间的友好关系。"① 1989年10月，邓小平在会见美国前总统尼克松时说："考虑国与国之间的关系主要应该从国家自身的战略利益出发。……不去计较社会制度和意识形态的差别。"② 自20世纪70年代末起，本着不纠缠历史旧账，立足向前看、谋求合作的原则，我们党逐步与苏联共产党以及包括南共联盟在内的东欧一些国家中曾经被我们称为"修正主义"政党的一些老党恢复了联系，同时与非洲、拉美和亚洲国家的民族民主政党建立了关系。1977年8月，南斯拉夫领导人铁托以总统身份访问中国。邓小平指示有关部门在党的关系上不要缩手缩脚，要敢于并善于打破两党关系的僵局。在会谈中，双方表示，过去的事情算了，一切向前看。铁托访华后，李一氓、于光远和乔石率团赴南考察，肯定了南是社会主义国家，中南两党关系实现了正常化，进而推动了两国关系的良性发展。1989年10月，邓小平会见美国前总统尼克松时意味深长地说："考虑国与国之间的关系主要应该从国家自身的战略利益出发。着眼于自身长远的战略利益，同时也尊重对方的利益，而不去计较历史的恩怨，不去计较社会制度和意识形态的差别，并且国家不分大小强弱都相互尊重，平等相待。这样，什么问题都可以妥善解决。用这样的思想来处理国家关系，没有战略勇气

---

① 中共中央文献研究室编：《邓小平年谱（一九七五—一九九七）》（上），北京：中央文献出版社，2004年版，第422页。

② 邓小平：《邓小平文选》（第三卷），北京：人民出版社，1993年版，第330页。

是不行的。""我们都是以自己的国家利益为最高准则来谈问题和处理问题的。在这样的大问题上，我们都是现实的，尊重对方的，胸襟开阔的。"① 实践证明，国家利益已经成为处理国际关系的最高准则，这是对和平共处五项原则的延伸和发展。中国对于一切国际事务和国际问题，都从中国人民和世界人民的根本利益出发，根据事情本身的是非曲直，独立自主地决定自己的态度和政策。国家的主权、国家的安全要始终放在第一位。真正说起来，中国要维护自己国家的利益、主权和领土完整，中国同样认为，社会主义国家不能侵犯别国的利益、主权和领土。按照党际关系四项原则，我们党开始恢复同所谓"修正主义"党的各国共产党恢复关系。1980年4月，西方国家最大的共产党意大利共产党总书记贝林格访华，紧接着其他共产党领导人也访华，恢复了双方党的关系。胡耀邦在同他们会谈中提出了各国共产党相互关系应建立在独立自主、完全平等、互相尊重、互不干涉内部事务四项原则基础上。之后党际关系四项原则被写入中共十二大党章，后来又扩大为适合于同其他各类政党的关系。中共十二大报告指出："我们马克思列宁主义者相信共产主义最后一定会在全世界实现，但是革命决不能输出，它只能是各国人民自己选择的结果。正是基于这样的认识，我们始终坚持和平共处五项原则。"② 这是中共第一次明确表示"不输出革命"。

（二）从国家利益出发，发展同各国各类政党关系

中国共产党是马克思主义政党，在改革开放前很长一段时间基本上只同各国共产党往来，极少同社会党、保守主义政党等与我意识形态信仰不同的政党交往。

社会党类型的党在各国有较大的影响和号召力，拥有党员近千万、

---

① 邓小平：《邓小平文选》（第三卷），北京：人民出版社，1993年版，第330页。
② 中共中央文献研究室编：《十二大以来重要文献》（上），北京：人民出版社，1986年版，第34页。

上亿选民,其中不乏执政党和参政党。一些社会党曾先后以不同的方式要求同中共建立某种联系,但中共均以只同马列主义政党、而非社会党和民族主义政党建立正式关系为由予以婉拒。从 20 世纪 80 年代初开始,本着"超越意识形态差异、谋求相互了解与合作"的精神,我们党同欧洲国家社会党、社会民主党、工党及其国际组织相继建立了联系。1981 年 2 月,应胡耀邦邀请,密特朗率法国社会党代表团访华。1984 年 5 月,联邦德国社民党主席、"社会党国际"主席勃兰特访华。到 1989 年,我们同 40 多个社会党有不同方式的联系。为促进我们同西方发达国家关系的健康、稳定发展,从 20 世纪 80 年代中期开始,我们党积极探索同西欧国家中传统的中右翼政党开展接触与交往,如基督教民主党、人民党。1989 年政治风波后,西方国家政党对我指责最为厉害,一度与我断绝往来,但在中央的领导下,通过艰苦努力,我们不但在较短时间内恢复了党际交往,而且使交往的内容和形式更加丰富多彩。我党高层领导人及许多省部级领导经常率团出访西方发达国家,广泛接触各类政党。通过代表团互访、交换资料、参加党报节、举办专题研讨会等形式,保持与西欧共产党的适度交往。围绕经济全球化、世界多极化、社会发展模式、政党建设等重大问题,与发达国家左右翼主流政党的高层人士进行友好接触和深入交流,与欧洲议会五大党团建立了联系。

中共同亚、非、拉民族主义政党建立联系是从 1978 年开始的,这一年中联部接待了八个撒哈拉以南非洲国家的执政党代表团。当时非洲的大多数国家实行一党制,加强党的联系,有利于国家关系的稳定发展和巩固。1979 年 12 月,中联部副部长吴学谦突破"以苏划线"的框框,率中共代表团访问了十个撒哈拉以南非洲国家。从苏丹社会主义联盟开始,我们同绝大多数西亚包括土耳其、阿拉伯国家在内的执政党和参政党建立了联系。从 20 世纪 80 年代中期开始,中共同南亚、东南亚国家的各类政党开展交往,同印度、孟加拉国、斯里兰卡、巴基斯坦、泰国、缅甸等国的执政党和主要反对党建立了联系。1985

年1月，中联部部长钱李仁率团参加印度国大党（英）建党100周年活动；随后国大党（英）、印共（马）、印共和全印前进同盟派出重要代表团访华，促进了印中关系的改善。1988年，印总理拉吉夫·甘地访华前，中共主动邀请国大党（英）等四个主要政党访华，为印总理的成功访问和两国关系的修复做了铺垫。1990年7月初，我们抓住印国大党（英）总书记之一阿扎德访朝的机会，邀请他顺访中国，江泽民总书记会见了他。这是江泽民同志担任总书记后会见的第一个外国贵宾。1998年，中共通过政党工作为中印关系走出印核试导致的两国关系困境，产生了重要影响。2000年，中共代表团正式访问印尼和泰国；2001年，菲律宾最大反对党力量——全国基督教民主联盟执行主席访华，中共与东南亚国家政党关系全面打开。中共与南亚、东南亚政党的关系对促进中国与这些国家关系的稳定、保持中国在该地区的影响起到了积极作用。中共在20世纪80年代对拉美政党外交中，特别重视做未建交国家的政党工作，同拉美多数执政党和重要的非执政党都建立了良好的关系，在我国同玻利维亚、尼加拉瓜、乌拉圭的建交过程中，政党外交都起了促进作用。同发展中国家政党交往的层次日益提高，交流内容不断充实。不少国家希望通过政党交往渠道进行人员培训，学习借鉴中共治党治国经验。

（三）服务国家总体外交，做好重点国家政党工作

世纪之交，党中央坚持科学发展观，高度重视外交战略的总体运筹和长远谋划，要求外事工作坚持统筹国内国际两个大局、坚持走和平发展道路、坚持推动建设和谐世界，把国内执政理念与外交理念相衔接，体现了以国家发展战略为基石、国内战略和外交战略协调统一的发展思路。政党外交在总体外交战略思想的指导下，注重发挥做社会主义国家执政党、各国特别是西方和新兴大国主流政党、各种政治背景的智囊、团体、组织、媒体的工作的优势，突出重点，讲求实效，深化与各国各类政党的友好交流和合作，拓宽工作渠道广交朋友，创

新工作方式深交朋友，积累了对华友好和保持国家关系长远发展的深厚资源。

在与欧洲共产党、社会党和亚非拉共产党、民族主义政党恢复或建立联系的同时，我们党着手同社会主义国家共产党恢复关系。1986年10月至1988年5月，民主德国、波兰、保加利亚、匈牙利、捷克五国党的总书记应邀访华。1987年中国党政代表团访问了五国。1988年、1989年、1991年先后同古巴、蒙古国、越南共产党恢复了关系。中共调整同东南亚国家共产党关系，有力推动了国家关系发展。1990年，印尼和新加坡分别同我国复交或建交，中国同东南亚邻国睦邻友好关系得到加强。东欧剧变、苏联解体后，该地区政党格局突变，不但政党数目激增，而且性质、前景变幻不定，给政党外交工作带来了相当大的困难。经过周密的调研，我党积极而又慎重地与该地区的各类政党进行接触，逐步同新老政党建立和开展了多种形式的联系与交流。譬如，着眼于增强中俄战略协作伙伴关系的政治基础，中共有选择、有步骤地与俄罗斯左、中、右几个主要政党开展了正常交往。我党与东欧、中欧各国的主要政党的交往也呈现出良好的发展势头，交往范围逐步从更名换"性"的社会党、新建共产党扩大到其他中左翼政党及对华友好的中右翼政党，与包括前南地区的整个东欧、中欧地区的34多个政党建立了关系或联系。另外，与中亚、外高加索和独联体其他国家政党的交往也有新的进展。

20世纪80年代末90年代初，面对东欧剧变、苏联解体，世界社会主义陷入低潮的严峻形势，中共继续按照独立自主、完全平等、互相尊重、互不干涉内部事务的原则，进一步深化与越南、朝鲜、老挝和古巴社会主义国家执政党的高层交往，增进相互了解和合作，促进国家关系的发展。越、朝、老是中国重要邻邦，又是社会主义国家，发展与这些国家的关系对稳定我周边环境、发展世界社会主义事业具有特别意义。1991年中越两党两国实现关系正常化后，两国在各个领域的交往与合作不断发展。1999年2月，两党总书记共同确定了"长期稳定、面向未来、睦邻友好、全面合作"的方针,为中越关系在21世纪的发展指明了方向。2000年5月和2001年1月,金正日两次访华。2001年9月,江泽民时隔11年再次访朝。中朝两党两国恢复高层互访,凸显出我对朝鲜半岛事务的独特影响力。中老关系自20世纪90年代以来顺利发展,两党两国领导人互访频繁,双方在各领域的相互信赖和支持不断加深。2000年11月,两党领导人共同确立了发展中老面向21世纪的"长期稳定、睦邻友好、彼此信赖、全面合作"关系的方针,为中老关系在21世纪的发展奠定了坚定基础。古巴与我相隔万里,但两党两国高层交往持续不断。2001年4月,江泽民访问古巴。2003年2月,菲德尔·卡斯特罗访华。中古领导人互访,将两党两国关系推上一个新台阶。我与越、朝、老、古四国党际关系是我与该四国国家关系的政治基石。在这类党际交往活动中,探讨党建和社会主义问题、交流治党治国经验达到了空前的广度和深度,双边关系中的一些实际问题也逐渐得到解决。

随着世界多极化和经济全球化的发展,政党国际组织的地位和作用呈不断上升之势。从20世纪80年代中期起,中共开始与社会党国际进行接触和交往。经过多年坚持不懈的努力,中共不仅同由140多个政党组成的社会党国际的交往有了发展,而且同集中了世界各国同类型政党的基民党国际等保持接触。先后邀请社会党国际、欧洲民主联盟、欧洲议会几大党团访华,并派代表参加社会党、基民党国际代表大会和圣保罗论坛、亚洲政党国际会议等多种政党多边会议和国际论坛活动。政党多边交往进一步拓展了中共对外工作的空间,提高了中国对国际事务的参与程度,增强了中共在国际舞台上的声音。

日本是中国重要邻国,中共与日本主要政党都保持良好关系,对促进中日关系的稳定发展具有重要作用。1989年政治风波后,在西方国家对中国"制裁"的情况下,1990年4月,作为执政党的日本自民党率先表示愿与中共交换意见,并呼吁尽快改善对华关系。中共通过政党渠道积极做日方工作,促使日本带头解除对华"制裁"。1999年,在中断关系多年后,中共与日本共产党恢复了关系。世纪之交,韩国政党重组加快,政党格局时有变化,但中共能适时与韩国主要政党建立和开展交往,促进了中国与韩国的国家关系不断发展。

四、中共十八大以来政党外交进一步寓于国家总体外交之中

中共十八大以来,我们党的对外工作坚持以人为本、外交为民的宗旨,坚定不移把发展作为党执政兴国的第一要务,主动为实现我党"两个一百年"奋斗目标和构建人类命运共同体服务,政党外交取得新突破。同时,政党外交能力不断提高,对中国特色政党外交规律的研究和把握进一步深化。政党外交在积极树立中国共产党良好的国际形象,推动国家关系全面、稳定、健康发展等方面都发挥了重要作用。

(一)政党外交面对百年大变局

"世界正处于大发展大变革大调整时期,和平与发展仍然是时代主题。世界多极化、经济全球化、社会信息化、文化多样化深入发展。"① 以人工智能为代表的"第四次工业革命"如火如荼,大国竞争与博弈不断加剧,全球经济治理体系快速变革,全球治理体系和国际秩序变革加速推进,新兴市场国家和发展中国家快速崛起。中国与世界的关系发生着前所未有的深刻变化,国际力量对比更趋均衡,进入新时代的中国深刻改变着世界,世界也深刻影响着中国,世界各国人民的命运从未像今天这样紧紧相连。随着全球化浪潮的汹涌席卷,世界政治经济形势加速演变,全球性问题泛滥成灾,不稳定不确定性突出,霸权主义、强权政治依然存在,传统安全和非传统安全问题复杂交织,国内问题外溢成为国际问题,世界各国政党置身其中,政党活动方式的国际化趋势日益增强,各国政党的交流和合作日益频密、空前活跃、愈加丰富,政党外交面临诸多新形势、新情况、新挑战。面

---

① 本书编写组编:《中国共产党第十九次全国代表大会文件汇编》,北京:人民出版社,2017年11月,第47页。

对百年未有之大变局，习近平总书记从顶层设计到深耕细作，引领中国特色大国外交不断前行，在纷繁世事中维护中国发展的良好外部环境，在国际变局中贡献中国方案、中国主张，不断提升中国国际影响力、感召力、塑造力，取得全方位、开创性的历史成就，开启了新时代中国政党外交新篇章。

中国共产党是世界上最大的执政党。"大"不仅体现在党员人数上，更体现在责任与担当上。中国共产党始终将本国发展同人类进步事业联系在一起，"为中国人民谋幸福、为中华民族谋复兴、为人类谋和平与发展"是其初心和使命。毛泽东在新中国成立后就明确提出，"中国应当对于人类有较大贡献"。邓小平同志在改革开放之初也明确指出，"把中国的事情办好，就是对人类的贡献"。习近平总书记在中共十九大报告中明确指出："中国共产党是为中国人民谋幸福的政党，也是为人类进步事业而奋斗的政党。中国共产党始终把为人类作出新的更大的贡献作为自己的使命。"推动构建人类命运共同体体现了中国共产党人的历史自觉、国际视野和世界关怀，说明中国共产党从成立之初就把中国人民的幸福与世界人民的幸福紧紧联系在一起。推动建设相互尊重、公平正义、合作共赢的新型国际关系，积极构建人类命运共同体的思想，是习近平外交思想的核心内容，具有重大的理论意义和实践意义，无疑是新时代中国开展对外交往必须遵循的重要准则。

当今中国与世界的关系正站在新历史起点上。中共十八大以来，习近平总书记立足中国和平发展大局，深刻洞察和把握共产党执政规律、社会主义建设规律、人类社会发展规律，围绕中国改革发展稳定、内政外交国防、治党治国治军发表了一系列重要讲话，逐步形成了完整系统的治国理政新理念、新思想、新战略。习近平总书记在纪念中国共产党成立95周年大会上的重要讲话中系统阐述了始终不渝走和平发展道路，推动构建以合作共赢为核心的新型国际关系等重要论断。2017年1月，习近平主席在联合国日内瓦总部发表了题为《共同构建人类命运共同体》的主旨演讲，强调要坚决摒弃冷战思维和强权政治，努力构建人类命运共同体,实现共赢共享。习近平总书记在中共十九大报告中对构建人类命运共同体提出了基本要求:要相互尊重、平等协商,坚决摒弃冷战思维和强权政治,走对话而不对抗、结伴而不结盟的国与国交往新路。要坚持以对话解决争端、以协商化解分歧,统筹应对传统和非传统安全威胁,反对一切形式的恐怖主义。要同舟共济,促进贸易和投资自由化便利化,推动经济全球化朝着更加开放、包容、普惠、平衡、共赢的方向发展。要尊重世界文明多样性,以文明交流超越文明隔阂、文明互鉴超越文明冲突、文明共存超越文明优越。要坚持环境友好,合作应对气候变化,保护好人类赖以生存的地球家园。① 人类命运共同体理念充分汲取人类文明优秀成果,通过不同文明交流互鉴,把各国国情差异性和文明多样性转化成为促进互补发展、互利共赢的源头活水。构建人类命运共同体顺应世界发展潮流,契合各国人民共同期盼。它超越了国别、党派和制度的异同,汇聚起各国人民对和平、发展、繁荣向往的最大公约数,蕴含着人类共同价值追求,对各国、各地区、各民族、各文明共生共存具有普遍借鉴意义,得到国际社会越来越广泛的认同和支持。

(二) 深化政党交流与合作

经过40余年改革开放,中国特色社会主义获得了巨大成功,赢得了国际社会的普遍赞赏。许多国家政党希望中国和中国共产党继续发挥大国大党作用,期待超越意识形态差异,更多开展同中国共产党的交流与合作。许多外国政党政要表示,要分享中共执政经验,学习中国发展模式。一些左翼政党看好中国特色社会主义发展前景,期待中共能为世界社会主义运动不断推进,为世界和平与发展作出新的重大贡献。

---

① 《决胜全面建成小康社会 夺取新时代中国特色社会主义伟大胜利——在中国共产党第十九次全国代表大会上的报告》,http://cpc.people.com.cn/19th/n1/2017/1027/c4143 95 - 29613458.html。

政党交往不是拉帮结派搞对抗，政党对话不是搞"小圈子"谋私利。中国共产党始终将本国发展同人类进步事业联系在一起，无论任何时候，中共政党外交都不追求狭隘的目标，而是从促进人类和平、发展与进步的角度出发，在争取和维护自身利益的同时，充分考虑交往对象的需求，奉行互利共赢的理念，争取利己利他的效果，充分体现了爱国主义与国际主义的高度统一。中国始终是世界和平的建设者、全球发展的贡献者、国际秩序的维护者。

新时代我国政党外交坚持中国特色社会主义的道路、制度和核心价值，坚决反对把自己的意志强加于人，反对干涉别国内政，反对以强凌弱，不会也不可能搞零和博弈和丛林法则那一套做法。中国共产党在对外交往中仍坚持独立自主、完全平等、相互尊重、互不干涉内部事务的原则，不输入外国模式，也不输出中国模式，不会要求别国复制中国的做法，中国共产党通过对话交流，凝聚不同民族、不同信仰、不同文化、不同地域人民的共识，不断推动政党间加强相互认知，谋求合作共赢，共襄构建人类命运共同体伟业，积极推动同各国政党建立新型政党关系。

（三）中共十八大以来政党外交新进展

第一，与周边国家政党交往更加务实。中共十八大以来，按照习近平总书记关于加强同周边国家在各个领域、各个层次友好交往和务实合作的要求，中共加强同周边国家政党、政治组织和非政府组织的交往，有针对性地开展工作，特别是注重加强同执政党的政治互信，加强在经贸、安全、人文交流等各领域的务实合作，着力推动建立中国与周边国家命运共同体。

中越执政党的高层交往和相互交流推动了两国间一些实质性问题的解决。中共同老挝人民革命党开展全方位、多层次、机制化对话交流，交往内涵日益丰富，两党最高领导人保持年度会晤，两党理论研讨交流不断深化，两党对口部门交往频繁。

中共与日本各政党进行坦诚交流与沟通，成为改善中日关系的重要推动力，对于消除误解、增进互信及促进两国友好力量的壮大发挥了重要作用。进入 21 世纪以来，中共与日本主要政党多次举行中日执政党交流机制会议，就促进中日关系、引领民意舆论、推进中日战略互惠关系、携手共促世界经济复苏等重大问题进行务实讨论，为两国关系改善发展发挥积极作用。自 2009 年日本自民、公明两党成为在野党，中日执政党交流机制中断六年后，中共与日本联合执政的自民党、公明党重启中日执政党交流机制，于 2015 年 12 月在北京举行了中日执政党交流机制第五次会议，与会代表围绕"加强政策沟通、扩大互利合作"进行了专题讨论，力求找到走出中日关系僵局的路径。2016 年至 2019 年，中共通过中日执政党交流机制平台，深化对日本主要政党的高层交往，促进了中日关系改善和发展。

2013 年 9 月和 10 月，习近平主席出访中亚和东南亚国家期间，先后提出了共建"丝绸之路经济带"和"21 世纪海上丝绸之路"的重大倡议。习近平表示，"一带一路"建设植根于丝绸之路的历史土壤，重点面向亚欧非大陆，同时向所有朋友开放。不论来自亚洲、欧洲，还是非洲、美洲，都是"一带一路"建设国际合作的伙伴。"一带一路"倡议自提出以来，得到了 100 多个国家特别是周边国家的积极支持和参与，"一带一路"成为中共加强与周边国家政党交往的重点话题，有力推进中国与东南亚、南亚、中亚等国家政党友好合作关系向前发展。中共同柬埔寨、缅甸、菲律宾、马来西亚、泰国、印度尼西亚等东南亚国家主要政党的关系不断深化，对话层次不断提高，合作领域不断拓宽，共识互信不断增加。

近年，中共重视发展与缅甸政党关系，与缅甸全国民主联盟、巩固与发展党交往密切。2015 年缅甸大选前，不少西方媒体炒作民盟上台后，中缅关系会因为中国前些年与军政府的合作而破裂，但民盟领导人昂山素季是一个智慧务实的政治家，重视与中共发展关系。2015 年 6 月，昂山素季应中共邀请率团访华，习近平总书记会见，两党领导人就缅甸政权更替后的中缅关系进行深入交流，增进相互了解，推动两国关系平稳发展。民盟在缅甸大选后成为执政党，仍保持与中共高层交往互动。缅甸巩发党下台后，中共也不因此与其疏远关系。2016年12月，缅甸巩发党主席吴丹泰率代表团访华，受到高规格接待。2017年8月，中联部部长宋涛率中共代表团访问缅甸，民盟、巩发党等各方领导人均热情接见，中缅政党交往不仅没有因政党更替而冷淡，反而进入了新阶段。

中国与菲律宾两国隔海相望，近年双边关系经历了从低谷到改善的转圜。2016年5月，菲律宾民主人民力量主席杜特尔特参选总统获胜，该党成为执政党。该党虽是菲律宾年轻政党，但与中共保持联系，执政后联系更加频繁。2017年1月，民主力量党副主席、政府能源部长阿方索·库西率领民力党代表团访华，表达了民主力量党愿与中共正式建立友好交流与合作关系的愿望，并表示愿共同协商解决有关分歧。2017年2月，宋涛率领中共代表团访问菲律宾，与民主力量党就深化两党关系进行深入交流。在党主席和总统杜特尔特的见证下，宋涛与民主力量党总裁、参议长皮门特尔共同签署了中国共产党与菲律宾民力党交流合作备忘录。双方目标清晰且一致：两国执政党要通过深化交流、加强合作，引领中菲关系不断迈向新台阶。

柬埔寨人民党在党主席洪森的领导下长期执政，近些年来中柬执政党交往不断加强，对两国关系全面稳定发展起到关键作用。中共与印度、巴基斯坦、斯里兰卡、孟加拉国、尼泊尔等南亚各国主要政党的关系也不断扩大和深入，推动了中国与南亚各国关系的发展。2015年斯里兰卡统一国民党再次执政后，与中共交往进一步深化。2016年3月，统一国民党主席萨马拉维克勒马访华。同年4月，该党领袖、斯里兰卡总理维克拉马辛哈应邀访华。此后，中共也派代表团访问斯里兰卡，两党交往密切。中国共产党同这些国家主要政党的友好关系，已成为中国与东南亚、南亚国家政治关系中不可分割的组成部分。

第二，与西亚北非地区政党的交往全面深化。2011年后，受"阿拉伯之春"的影响，西亚北非相继发生社会动荡，一些国家政党格局出现重大变化。面对新形势、新变化，中共从维护地区和平与稳定、促进中国与地区国家关系发展的目标出发，积极开展与西亚北非国家政党、政治组织和民间组织的交往，与新兴的政党和政治组织进行接触，交往范围不断扩大，交往对象逐渐增多，不断增进相互了解和政治互信，推动国家间关系发展。同时，中国共产党还与该地区无政党国家的政府机构、组织和团体开展交往，推动了与地区所有国家关系的发展。加强与苏丹、阿尔及利亚、以色列、巴勒斯坦等国主要政党的交流合作，不断巩固传统关系。深化与苏丹、南苏丹等国执政党机制化交往，利用政党交往平台，推动国家间务实合作。根据政党格局变化，积极做好与埃及、突尼斯、摩洛哥、黎巴嫩等国伊斯兰政党工作，促进其对中共政策主张的了解，增加对中国友好感情。针对地区主要政党对通过政党外交渠道促进经贸务实合作的关切，加强与土耳其、伊朗、伊拉克、也门、塞浦路斯、毛里塔尼亚等国的主要政党或政治组织之间往来交流，促进了中国与该地区国家友好合作的发展。中共还多次应邀派代表出席该地区国家一些政党的党代表大会或年会，并相互派代表参加对方举行的各类研讨会，利用多边场合加强与该地区政党的交流。在2016年中阿开启外交关系60周年之际，中共与阿拉伯国家友好政党举行了中阿政党对话会，与代各党代表一致认为，要加强政党交往，强化政策沟通，深化理念交流，推进务实合作，推动构建中阿命运共同体。中国共产党还充分发挥政党交往的优势，借派团出访和接待该地区政党代表团访华之机，与对方深入交流对国际和地区形势的看法，探讨和平解决争端或冲突的途径，对相关各方多做工作，积极促谈劝和，对缓和地区紧张局势和维护地区和平发挥作用。

第三，与非洲地区政党的交流与合作更加密切。中国与广大非洲国家有着传统友谊，加强与包括非洲国家在内的广大发展中国家的团结与合作，是中国外交坚定不移的战略选择。面对经济全球化和世界多极化的发展趋势，广大非洲国家在日益激烈的综合国力竞争中寻找生存和发展道路，中国作为世界上最大的发展中国家被寄予厚望，探讨应对方式、分享发展经验、促进全面合作成为中非党际交流的重要内容。中共着眼于加强同非洲国家的友谊、团结与合作，积极同非洲国家民族民主政党开展交流，交往层次日益提高，交流内容不断充实，交往方式更加多样，交流的质量进一步提高，促使中非政党关系不断焕发出新的生机和活力。

中共在与非洲政党交往中始终奉行不论大党小党完全平等的原则，致力于与非洲各类政党发展友好关系。中非党际关系已成为中非政治关系的有机组成部分。中共十八大以来，习近平总书记非常重视对非洲的交往，中央和地方领导同志每年都会率领中共代表团访问非洲国家，通过政党外交渠道不断推动中非新型战略伙伴关系的发展。非洲国家高层领导人以党的名义来华访问也日渐增多。南非、莫桑比克、纳米比亚、津巴布韦、坦桑尼亚、赞比亚、刚果（金）、埃塞俄比亚等许多国家执政党领导人应中共邀请接连率党政代表团访华。中共代表团在访问非洲时还经常安排企业家、经贸团随行，许多非洲政党领导人也利用访华之机主动要求与中国有关部门和企业接触，商谈经贸合作事宜。这些访问进一步巩固了中非间的传统友谊，增强了政治互信，为中非友好合作注入新的活力，为建立和发展中非新型战略伙伴关系奠定了坚实基础。以党际交往渠道推动经贸合作，以经贸合作丰富党际交往内涵，既切合了非洲国家执政党的诉求，又有利于中国对非经贸合作，实现了互利共赢的效果。

中共通过安排专题考察和举办研修班等形式深化对非洲的政党外交工作。其中既有中层干部研修班，也有高层干部研修班，还有由某个专门领域干部组成的非洲多国研讨考察团。非洲许多国家的政党干部单独或联合组团来华访问考察。与中共就执政党建设、国家治理、农业发展等课题进行深入交流研讨，并到中国一些地区实地考察。中共也派出由专家组成的交流小组，赴非洲国家介绍中国基本情况，学习了解非洲政党和国家的发展经验。政党干部交流是中非政党合作的一大亮点，这种有的放矢的研讨考察使双方受益。近年来，中共与非洲政党的多边交往增多，各种论坛纷纷成立并定期举行，许多非洲国家执政党和国内主要政党共同参与治国理政经验交流，中非党际交往格局朝着机制化方向发展。与这些党保持密切交往是中非通过政党渠道加强务实合作的又一有力举措，充分体现了中国共产党通过政党外交积极与外国政党开展双边与多边合作，从而共同推进建设持久和平、共同繁荣的和谐世界的决心和努力。

第四，与拉美地区政党交往日趋活跃。随着中国与拉丁美洲国家关系的快速稳步发展，中共与拉美地区政党的交往空前活跃，交往内涵不断丰富和深化。截至2015年12月，中共与拉美33个国家和地区的90多个执政党、参政党和其他重要政党保持着各种形式的友好往来。[①] 此外，中共还与社会党国际拉美和加勒比委员会、美洲基督教民主组织、拉美政党常设大会、圣保罗论坛等拉美地区政党多边组织建立并保持着较为密切的联系。1990年圣保罗论坛成立后的历届会议，中共均派观察员出席，利用这一平台广泛开展同拉美中左翼政党的接触与交往。中共在与拉美地区政党的交往中，除就共同关切的国际和地区问题、两党两国关系等问题交换意见外，还特别加强了治党理政经验的交流，探索适合各自国情的发展道路。中共和拉美政党的密切交往，不仅有力地促进了中拉党际关系和国家关系的发展，而且促成了一大批经贸、文化等合作项目的签订。政党交往效果日益明显，极大地推动了中拉各领域的交流与合作。

中国与古巴同为社会主义国家，中国共产党与古巴共产党在国家建设和发展领域面临相似任务。多年来，两党关系密切，高层往来不断增多，双方重视在执政党建设和社会主义建设方面的经验交流，推动解决双边关系中一些实质性问题，不断丰富友好交往的内容和形式，

---

① 《创新、发展、合作与未来——专访：中联部副部长周力介绍中拉政党论坛首次会议》，http://cpc.people.com.cn/n/2015/1207/c164113-27896142.html。

不断巩固传统友谊。

中共积极开展与巴西、阿根廷、墨西哥、委内瑞拉、智利、秘鲁、哥伦比亚、厄瓜多尔等国家的政党交往工作，为稳定和深化中国与这些国家的双边关系发挥了积极作用。中共还充分发挥政党外交的优势，和一些未与中国建立外交关系的拉美国家合法政党开展交往，加强做重要政治人物的工作，为中国与这些未建交国最终建立正常的国家关系奠定良好的政治和感情基础。

第五，与俄罗斯、东欧、中亚主要政党的交往快速发展。中共与俄罗斯各主要政党联系密切，与统一俄罗斯党、俄罗斯联邦共产党、公正俄罗斯党、俄罗斯自由民主党保持经常性交往，并派代表团互访或联合举办研讨会。一系列友好交流与合作扩大了中俄全面战略协作伙伴关系的政治基础。中共十八大以来，中国共产党与俄罗斯统一俄罗斯党的友好合作快速发展。两党以机制化交往为依托，着力丰富交往内涵、创新交往形式，力求以党际合作推动国家关系迈向更高水平。中俄执政党对话机制是中国共产党与统一俄罗斯党为就共同关心的国际地区形势、两党两国关系和执政党自身建设等宏观性、战略性问题进行高级别对话而设立的一种定期交流方式，对丰富中俄战略协作伙伴关系内涵，巩固双边政治互信和宏观把握协调两党合作具有重要意义。

中共与中东欧和巴尔干地区各国主要政党的交往呈现出良好的发展势头，其中与罗马尼亚、捷克、波兰、匈牙利、斯洛伐克、保加利亚、塞尔维亚、克罗地亚等国的主要政党均建立了联系。中共与乌克兰、摩尔多瓦以及外高加索地区主要政党的联系也日益密切。由于历史原因，中东欧国家政党曾对过去本国共产党执政的政治制度不满，对中国政治制度也有疑义，通过政党外交有针对性地做工作，改善了这些党对中国的看法，同时政党外交也为中国同这一地区的经贸合作起到牵线搭桥的作用，政党外交日益成为维护和促进中国与中东欧地区国家关系发展的重要力量。近年来，中共同中东欧国家政党交往实现机制化，发展势头良好。

中亚五国是中国的近邻，中共与中亚五国的主要政党均建立了不同形式的联系，其中与哈萨克斯坦"阿玛纳特"党、土库曼斯坦民主党、塔吉克斯坦人民民主党的交往已实现机制化，为加强中国与中亚国家的睦邻友好发挥了积极作用。

第六，与欧美发达国家主要政党的交往形式更加丰富。随着中国在国际上的影响日益增强，发达国家的各类政党越来越愿意认识和了解中国共产党，与中共交流和往来的积极性和主动性与日俱增。中共本着"超越分歧与差异，寻求理解与合作"的方针，以开明开放、平等对话、互利合作的建设性态度同西欧、北欧、大洋洲、北美等发达地区的各类政党广泛往来，努力寻求共同点和利益汇合点，取得了显著效果。中共与发达国家政党发展关系，已成为中国与发达国家之间交流合作的重要渠道。

中共与发达国家政党的交往方式灵活多样，除正式派团互访外，还有出席党代会，举办理论研讨会、对话会，组织专题考察等多种形式。双方在交流中，注重就共同关心的问题深入交换看法，既相互介绍各自国内的政治经济形势，也交流对世界和平与发展、世界多极化、经济全球化、大国关系等重大国际问题的看法；既交流治党治国经验，也就民主、人权等敏感问题进行坦诚对话；既谈互利合作，也不回避差异和分歧。这种坦诚交流有利于增进了解、达成谅解、开展合作、增进友谊。

在促进与大国双边关系发展的过程中，中共更加注重政党外交的积极作用，与发达国家主要政党的对话交往正在积极推进。中共同英国三大政党的机制化交往正在加强，与德国的两大政党——基民盟和社民党也建立了定期的政党对话机制。中共与澳大利亚工党签署了党际交往机制谅解备忘录，实现了与澳大利亚工党交往的机制化。中美政党继续开展高层对话，就中美关系中的根本性、长期性、战略性问题坦诚深入交换意见，丰富了中国与美国政界打交道、做工作的形式和内容。

(四) 新时代政党外交的主要特点

第一，立足中华优秀传统文化和中国特色社会主义核心价值观，充分发挥政党外交的政治引领作用，推动构建人类命运共同体。

中国共产党在新时代开展政党外交的目的，就是通过交往、交流、交心，向世界提供中国智慧和中国方案，引导各国政党、政要和政治组织等理解、尊重、认同中国共产党的价值理念和方针政策，通过政党交往和扎实工作，为国家关系长期、稳定、健康发展提供重要的政治保证。中国共产党对外大力弘扬讲仁爱、重民本、守诚信、崇正义、尚和合、求大同的中华优秀传统文化，利用中欧文明对话会等平台，积极阐释习近平总书记关于人类文明交流互鉴的重要思想，倡导中国特色的文明观，从文化层面提升党的影响力和国家软实力。

国之交在于民相亲，民相亲在于心相通。2000多年前，中国古代思想家孔子就说："益者三友，友直、友谅、友多闻。"中国共产党在政党外交中，始终注重从中华民族传统文化和社会主义核心价值观两个维度的结合点上，做好党和国家形象的大文章。在各类双边、地区、多边活动中，积极回应外界关切，重点宣介"中国梦"、"两个一百年"奋斗目标、"五位一体"总体布局和"四个全面"战略布局等国内发展战略，以及中国坚持和平发展、加强全球治理、推动构建以合作共赢为核心的新型国际关系、打造人类命运共同体等重大方针政策和倡议主张，有针对性地传播中国方案、讲好中国故事，展示党和国家良好形象，增进外界对华了解和认知。近年来，中共充分发挥政党外交交往面广、程度深的优势，举办一系列国际和地区论坛、研讨会、政党交流及对外宣讲等活动，引导国际社会正确认识党的思想主张，取得积极效果。在政党外交活动中，注重做好习近平新时代中国特色社会主义思想的对外宣介工作。中共十九届四中全会闭幕后，党的各有关部门都在第一时间面向各国驻华使节举办吹风会，深入地方面向国外政党和智库学者举办宣介会,并按中央统一部署组织十余批对外宣介团向世界主要国家和地区介绍四中全会情况。① 在政党外交中,特别重视向来自各国的政党领导人和代表宣介这一思想的深刻内涵、时代价值和世界意义。

将人类命运共同体理念付诸政党外交实践,首先见之于中国共产党同周边国家和非洲国家政党交往活动中。中共十八大以来,习近平担任总书记和国家主席后的首次出访目的地是俄罗斯和非洲国家。2013年3月23日,习近平主席在俄罗斯莫斯科国际关系学院首次向世界提出人类命运共同体理念。"这个世界,各国相互联系、相互依存的程度空前加深,人类生活在同一个地球村里,生活在历史和现实交汇的同一个时空里,越来越成为你中有我、我中有你的命运共同体。"② 在出访前接受媒体采访时,习近平强调:"中俄互为最主要、最重要的战略协作伙伴,两国关系在各自外交全局和对外政策中都占据优先地位。我就任国家主席后即出访友好邻邦俄罗斯,体现了中方对中俄关系的高度重视,也体现了中俄全面战略协作伙伴关系的高水平和特殊性。""中非同属发展中国家,有着广泛共同利益。近年来,中非关系在传统友好的基础上得到长足发展。中国在致力于自身发展的同时,一直为非洲和平与发展提供力所能及的帮助,在国际事务中为非洲国家说话。中非合作带动了非洲国际地位的提高,并推动国际社会加大对非关注和投入。今后,无论国际风云如何变幻,中国都会一如既往做非洲和平稳定、繁荣发展、联合自强、平等参与国际事务的支持者和促进者。"③ 2013年秋,习近平主席在出访哈萨克斯坦和印度尼西亚期间先后提出建设"丝绸之路经济带"和"21世纪海上丝绸之路"重大倡议。"一带一路"倡议在历史厚土中孕育成长,在合作

---

① 《服务民族复兴,促进人类进步》,载《人民日报》,2019年12月25日,第3版。
② 《顺应时代前进潮流 促进世界和平发展——在莫斯科国际关系学院的演讲》,http://www.gov.cn/ldhd/2013-03/24/content_2360829.htm。
③ 《习近平接受金砖国家媒体联合采访》,新华社北京2013年3月19日电。

共赢中生根发芽,成为中国致力于构建人类命运共同体的伟大实践。习近平主席出席博鳌亚洲论坛2015年年会开幕式时提出了"通过迈向亚洲命运共同体,推动建设人类命运共同体"的倡议。命运共同体同"亲、诚、惠、容"的周边外交理念相融相通,使周边睦邻友好合作结出累累硕果。2015年联合国成立70周年系列峰会上,习近平主席提出五点重要倡议,形成打造人类命运共同体的总布局和总路径,为国际关系发展带来新气象。2017年1月,在联合国日内瓦总部,习近平主席鉴往知来,倡导建设持久和平、普遍安全、共同繁荣、开放包容和清洁美丽的世界,赋予构建人类命运共同体理念更为丰富深刻的内涵。习近平对人类社会发展潮流的前瞻性思考,赢得与会人士广泛赞誉。

人类命运共同体思想已经成为中国在国际舞台上高扬的一面旗帜,是中国共产党通过政党外交渠道对世界进行政治引领的重要遵循。中共十八大以来,中共政党外交注重利用不同平台机制,同各国执政党和主要政党交流治国理政经验,深化合作,积极宣介中国发展成就和经验,传播中国发展理念,贡献中国方案,全面展示中国共产党立党为公、执政为民和民主、进步、开放、创新的良好形象。通过开展媒体智库交流、同非政府组织进行交流对话等方式,以民心相通为基础增加对外感召力,努力凝聚各国各类政党和社会各界对华共识。通过支持鼓励国内民间组织"走出去",开展各类交流对话,配合一些重大合作项目实施配套的公益项目,帮助重大项目周边基层民众改善民生、实现发展等,夯实双边合作的社会和民意基础,增进国际社会对党的了解、尊重和认同。举办"中国-中东欧政党对话会"等活动,引导各方认识到,中国共产党的理论和实践探索具有世界意义,要不忘初心走符合国情的发展道路。利用中欧文明对话会等平台,积极阐释习近平总书记关于人类文明交流互鉴的重要思想,倡导中国特色的文明观,从文化层面提升党的影响力和国家软实力。构建命运共同体,心系全世界。全方位、多渠道、宽领域、深层次的政党外交格局日益完善发展,中国共产党在国际上的"朋友圈"不断壮大,为促进和深化中国与世界各国友好关系发展作出贡献。

第二,大力推进政党外交机制化和多边政党交往。中共十八大以来,政党外交工作顺应中国对外关系大发展的新形势,不断探索政党外交新机制、拓展新领域,在政党交往机制化和多边政党交往领域都有创新发展。

中共依托亚洲政党国际会议这一机制,积极参与亚洲地区多边政党交往活动,同时为该组织的发展作出了重要贡献。在"一带一路"倡议启动实施、亚洲和丝路沿线国家政党高度关注"一带一路"倡议背景下,应亚洲政党国际会议常委会请求,2015年10月在北京成功承办了主题为"重塑丝绸之路,促进共同发展"的亚洲政党丝绸之路专题会议,共有来自中国在内的30余个国家60多个政党和政党组织的300多名代表与会,习近平总书记会见了部分与会代表并介绍了中国推进"一带一路"建设实施情况。这次专题会议通过了《北京倡议》,最大限度凝聚了沿线国家政党合作共识,推动"一带一路"建设持续快速发展。为进一步丰富党际交往内涵,近年来,中共以全球或地区性重大多边外交机制为依托,配合国家外交重大议程,举办了"金砖+"政党对话及金砖国家政党、智库和民间社会组织论坛,上海合作组织政党论坛等多边政党交往活动。通过多边政党交往,进一步拓展了政党外交活动空间,对中国争取和平稳定的周边环境发挥了特殊作用。

中共与欧洲、非洲等地区的政党交往也步入机制化轨道。2010年首届中欧政党高层论坛成功举办后,中欧政党均主张促进论坛机制化,中共与欧洲政党的交往关系由此进入新阶段。近年,中欧政党高层论坛规模扩大,欧洲议会的社会党、人民党等党团积极参加论坛,中欧政党领导人均出席了论坛的有关活动。中东欧许多国家如乌克兰、摩尔多瓦、罗马尼亚等虽国内党派纷争不断,但在加强对华合作上却有"超级共识",许多政党领导人都表示愿在"一带一路"框架下深化双方合作，并提出许多通过党际渠道推动企业及地方务实合作的具体构想。在罗马尼亚举行的"2017中国-中东欧政党对话会"，将地方合作、企业合作列入对话主题。在与非洲政党进行机制化交往时，注重加大注入经济文化因素，搭建经贸合作平台。非洲近20个国家的党政领导人受邀参加首届中非农业合作论坛，中共与非洲国家执政党就加强农业合作进行深入探讨，帮助、支持非洲解决粮食安全问题，促进当地发展。

中俄执政党对话机制会议和中俄政党论坛是中国共产党与俄罗斯统一俄罗斯党机制化交往的重要内容。中俄执政党对话机制会议是两国执政党就两党两国关系、执政党自身建设和国际地区形势等重大问题进行深入交流的平台。中共政党论坛是中俄"国家年"活动机制化项目之一，旨在推动两国地方和企业交流。中共与俄罗斯统一俄罗斯党的交往，一直得到两国领导人的高度重视、关心和亲自参与。2009年6月，两党正式启动中俄执政党对话机制并在京举行第一次会议，时任中共中央政治局常委、国家副主席习近平会见统俄党代表团并出席两党合作协议签字仪式。2012年12月，中俄执政党对话机制第三次会议在京举行，习近平总书记会见统俄党代表团。2015年年底，第五次对话机制会议和第四届中俄政党论坛在京举行，习近平总书记、普京总统和统俄党主席、政府总理梅德韦杰夫分别致信祝贺。中俄执政党对话机制会议和中俄政党论坛两大活动紧扣中央关切和两国关系中的重点发展方向，特别是"丝绸之路经济带"建设和欧亚经济联盟建设对接合作，既务虚也务实，既谈国际地区形势、两党两国关系和执政党自身建设等宏观性、战略性问题，也谈双方具体领域的合作。如在"党的建设与国家发展道路""群众路线与新形势下党的现代化建设""党的执政能力与国家治理体系现代化"等中俄执政党对话机制会议议题上，双方交流热烈。统一俄罗斯党领导人给予高度评价，认为中方介绍的经验和做法"信息量大、富有针对性且着实管用"，为该党加强自身建设提供了借鉴。中俄政党论坛则广邀两国地方和企业界代表，共商推动地方合作由毗邻地区向腹地延伸，以实际行动为"一带""一盟"建设对接合作搭建有效平台，为落实两国元首战略共识发挥了执政党应有作用。①

在当前经济全球化和世界多极化背景下，政党组织国际化趋势进一步发展，多边政党交往明显增多。政党组织经常就国际性和地区性政治、经济、社会、安全等问题进行协商讨论，并发挥着越来越重要的作用。中共积极适应这一政党发展的新形势，加强了与政党国际组织和地区性组织的交流，积极参与并组织多边政党交往。实践证明，多边政党交往具有独特优势，取得了积极效果。通过多边政党交往，进一步拓展了中共对外交往的空间，提高了中国对国际事务的参与程度，增强了中国在国际舞台上的声音，对加深中共与各类国际和地区政党组织的理解与合作、维护世界的和平稳定与发展发挥了积极作用。

第三，形成了立体化工作格局。由于我国经济持续发展，市场前景广阔，许多外国政党在与中共交往时希望增加经济交流的内容。因此，中共在政党外交中就经济发展道路与战略、经济建设经验与教训、经济管理体制运行及改革、中国与交往国具体经贸合作项目等方面的情况，与外国政党进行广泛交流，互相借鉴。

过去党和党之间的对话主要以政治层面为主，交流治国理政经验，现在则在政党外交中注入多元务实合作因素，通过政党交往的渠道和平台推动经济发展、文化交流、人文沟通。中共十八大以来，习近平总书记多次对党的对外工作作出重要指示，强调从政党到民众，从智库到媒体都是党的对外工作对象，希望中联部着力营造政党外交、公共外交和民间外交有机结合的工作新格局，为国家关系保持长期稳定发展打下坚实基础。按照习近平总书记的要求，党在对外交往中进一步扩大交往对象，与外国非政府组织、媒体、智库等非国家行为体开展交往，民间外交已成为党的对外工作新的增长点，公共外交也在有

---

① 《新形势下中国共产党对外交往空间广阔》，http://cpc.people.com.cn/n1/2016/0930/c407472-28752587.html。

序展开。同时，大力支持国内各个省、市、区以及中国的民间组织、企业与国外进行人文和经济交流，不断夯实国家关系的基础，增进中国人民与各国人民的友谊与合作。

为配合我国"一带一路"倡议和一系列重大外交议程，在政党外交中注重务实合作，加大"以经促政、政经结合"力度，努力寻找服务国内经济社会发展和满足外国政党开展经贸合作愿望的结合点，除为国内外企业界开展经贸合作牵线搭桥外，特别注重将政治访问与经贸合作结合起来，重视发挥政党高层交往对推动双边经贸合作的作用，促进许多合作项目成功落实。在政党外交中，通过在国内外举办各种经贸论坛、经贸洽谈会和展览等大型活动，积极搭建平台，为外国政党推荐的企业在华发展和中国企业"走出去"创造机会。中央高层领导出访时，经常有经济界和企业界人士同行，直接为中国与外国企业合作创造机会，为中国企业家和经济界人士学习借鉴外国发展经验提供条件。

中共十八大以来，政党外交形式灵活、途径多样，除高层互访、论坛对话外，注重以"中国热""中共热"为契机，力求全面准确讲好中国故事，传播中共理念。紧紧围绕实现"两个一百年"奋斗目标和中华民族伟大复兴中国梦，不定期派出中共宣讲交流团赴亚非拉和欧洲许多国家，专题宣介党的重大方针政策和行动举措，与政界、商界、学界、智库、媒体等跨界交流。就"一带一路"建设、中国经济发展走向等外界普遍关心的问题进行互动交流，共同探讨双方合作的新机遇和好前景。2017年6月，中联部在福建福州主办金砖国家政党、智库和民间社会组织论坛。论坛在全球安全治理、金融治理、投资贸易治理、网络空间治理、气候治理、扶贫发展等涉及自身利益的重大治理话题上，加强沟通，深化交流，凝聚共识，不断推出"政党方案"。通过加强沟通交流，凝聚各方共识、汲取各界智慧，推动深化金砖国家合作，为2017年9月举行的金砖国家领导人厦门会晤建言献策，同时也主动为国内经济社会发展服务，促进地方党际交往及经贸、旅游和文化交流活动。

为讲好中国故事，中共还在各省市举办宣介会，向外国来华考察团和驻华机构介绍各地在地方治理、扶贫脱贫、高新产业发展等方面的成功做法。党的对外工作积极配合国家重大外交议程，用活用足政党外交优势，将"讲好中国故事"寓于政党交往活动中，注重用国际通用的话语和外国受众能够接受、易于接受、乐于接受的方式向国际社会讲述中国故事，创设并成功举办多场"中国共产党的故事——习近平新时代中国特色社会主义思想在地方的实践"专题宣介会。为使更多外国人了解中国共产党，充分发挥政党外交的"政治引领"作用，中共引导外国政党、智库等代表团深入边远地区和基层单位实地考察，负责对外工作的职能部门邀请外宾参加"走进党中央部门""走进党支部"等活动，同中央和地方各级领导及基层党员座谈，并安排他们参观厂矿企业等，了解中国国有、民营企业的党建工作和经营情况。如2017年4月，乌拉圭执政党广泛阵线主席哈维尔·米兰达率团赴云南省怒江傈僳族自治州调研中国精准扶贫实践。通过实地考察，展现中共以人民为中心的发展思想，坚持发展为了人民、发展依靠人民、发展成果由人民共享，在经济发展基础上不断增强人民群众的获得感，使他们明白这是中国共产党赢得群众拥戴的关键。"办好中国的事情，关键在党。"多年来，党在对外交往中十分注重研究和借鉴别国党在经济建设、发展战略等方面的经验教训，适时安排高级领导干部出国考察访问，进行研讨交流。不仅学到了好的经验，而且开阔了视野，提高了干部队伍素质。目前，中国共产党已同世界上160多个国家的600多个政党和政治组织建立了不同形式的联系和交往，形成了以各国执政党、参政党、合法在野党以及未建交国政党和政党国际组织为对象的全方位、多渠道、宽领域、深层次的政党外交格局。

五、政党外交促进国家关系发展的主要经验

新中国成立 70 多年来，政党外交始终注重把握时代发展的脉搏，紧紧围绕党和国家中心任务开展工作，始终服务并着力维护国家利益，不仅为中国现代化建设和"两个一百年"奋斗目标创造良好国际环境，促进国家关系不断发展，而且为提高党的执政能力、树立良好国际形象、巩固和发展中国特色社会主义制度提供智力支持，在全面服务党和国家根本利益方面取得了可喜的成效，积累了许多宝贵经验。

（一）政党外交必须始终坚持国家利益至上的大局意识

对于中国共产党来说，要正确处理党与党、国家与国家之间的关系，很重要的一点是正确认识并处理国际共产主义运动中的国际主义与爱国主义的关系。在政党外交工作中，要以国家利益为最高准则。党的对外工作服从和服务于国家整体利益，在强调国家利益时，更多地强调经济利益、发展利益、安全利益、政治利益，而不是刻意突出意识形态特征。邓小平在讲到国际主义时说："我们现在还很穷，在无产阶级国际主义义务方面，还不可能做得很多，贡献还很小。到实现了四个现代化，国民经济发展了，我们对人类特别是第三世界的贡献可能会多一点。"[1]政党外交必须牢牢服从和服务于党和国家工作大局，始终坚持在大局下思考、在大局下行动，致力于促进国家关系的健康、稳定、全面的发展。在不同历史时期，党和国家的工作重点会有所不同。

新中国成立之初，政党外交服从于维护国家主权、巩固崭新的社会主义国家制度这一工作，积极同以苏联为首的社会主义国家发展关系，争取更多的国际支持。进入改革开放时期，国家间综合国力竞争日趋激烈，经济因素在国际关系中的地位急剧上升，发展经济、提高

---

[1] 邓小平：《邓小平文选》（第二卷），北京：人民出版社，1994 年版，第 112 页。

国际竞争能力成为各国执政党的重要任务。中国共产党总结政党外交工作的经验教训，进一步厘清党际关系与国家关系的联系与区别，顺应和平发展与经济全球化的时代趋势，及时转移工作重点，以经济建设为中心，将发展作为执政兴国的第一要务。政党外交从为国家社会主义现代化建设服务的目标出发，在党际交往中及时注入经济因素，使经济交往成为政党外交中一个重要而全新的内容。针对历史上曾出现的党际关系干扰国家关系的情况，邓小平多次强调，要把党同党的关系与国家之间的关系区分开来，使党与党之间的问题不影响国家之间的关系。在考虑国与国、党与党之间的关系时，应当着眼于自身长远的战略利益，从国家和人民的战略利益出发，同时也尊重对方的利益。更多服务于国家经济利益和安全利益，是改革开放时期政党外交的主要任务和优先选项。

随着综合国力竞争日趋激烈，发展模式和制度优势成为各国竞争的重要内容。党的对外工作紧紧围绕党和国家中心任务展开，根据中央的战略部署找准切入点，体现时代性、把握规律性、富于创造性，着力推动在工作布局、体制机制、内容和方式方法上的创新。中共十八大以来，以习近平同志为核心的党中央洞察国际大势，把握时代脉搏，在保持对外大政方针稳定性和连续性的基础上，积极推进政党外交理论和实践创新，把坚持党的领导和中国特色社会主义制度、提升党的国际形象、增强国家软实力纳入政党外交视野。习近平总书记在中共十九大上提出中国特色社会主义进入新时代的判断，强调中国共产党领导是中国特色社会主义最本质的特征。这表明，坚持以维护党中央权威为统领加强党对对外工作的集中统一领导，坚持以中国特色社会主义为根本增强战略自信，是新时代中国外交的最大优势和根本保障。①

习近平同志是党中央的核心、全党的核心，习近平外交思想是

---

① 《新时代我国对外工作的根本遵循和行动指南》，http://theory.people.com.cn/n1/2018/0823/c40531-30245511.html。

习近平新时代中国特色社会主义思想的重要组成部分，是新时代我国对外工作的根本遵循和行动指南。近年来，政党外交积极配合国家重大外交部署，如在习近平主席出访越南、朝鲜、老挝、古巴等社会主义国家，出席二十国集团领导人杭州峰会、金砖国家领导人厦门会晤、"一带一路"国际合作高峰论坛等重大外交活动中，积极举办配套会议和活动，发出强有力的政党声音，产生广泛国际影响。

（二）政党外交必须突出高层交往促进国家关系发展的优势

在新中国成立初期，党主要同社会主义国家执政党发展关系，推动新中国同各社会主义国家关系的全面发展。每遇这些国家的党庆节日、领导人寿辰等时间节点，毛泽东、刘少奇等中央领导人都及时发电庆贺。作为中国特色政党外交的核心和主体，邓小平、江泽民、胡锦涛等中央领导同志在政党外交的重大问题上直接领导，亲自参与。中国共产党始终重视高层交往，党的领导人参与了许多党的对外交往活动，会见了来自各国的政党领袖，并分别应邀访问了许多国家。邓小平同志不仅在总结历史的基础上提出了新型党际关系思想，而且亲自指导党恢复与一些国家共产党的关系。江泽民同志提出了党的对外工作跨世纪发展的指导方针，为政党外交发展指明了方向。胡锦涛同志曾多次率党的代表团出访或会见到访的外国政党代表团，集中展现了中国共产党求真务实、开拓创新，致力于世界和平与发展、推动区域交流与合作的良好形象。

随着中国特色社会主义进入新时代，中国日益走近国际舞台中央，国际社会广泛聚焦中国共产党。习近平总书记以兼济天下的情怀，重情讲义的品格、风尘仆仆的脚步、不辞辛劳的奔忙，遍访五大洲近百个国家。2014年7月，习近平以中共中央总书记、国家主席双重身份访问古巴，看望了病中的卡斯特罗。2017年11月12—14日，中共十九大闭幕不久，习近平以中共中央总书记、国家主席的双重身份首访政治理念相通、发展道路相似的社会主义邻邦越南和老挝，向世界发出了推进全面战略合作伙伴关系、共同推动社会主义事业发展的明确信号。2019年，习近平首次以中共中央总书记、国家主席双重身份访问朝鲜；2020年1月访问缅甸，会见缅甸全国民主联盟主席昂山素季和缅甸其他政党领导人。其他中央领导同志指导并参与政党外交活动，与外国政党领导人深入交流治国理政经验。政党外交树立核心意识，突出政党高层交往，以战略性对话沟通为抓手，突出重点，全力保障和服务好习近平总书记同外国政党领导人的高层往来和重要活动，用活用足政党高层交往的推动作用，力争在支持和配合总体外交、增进政治互信、引导国家关系发展、促进双边关系难点和国际热点问题解决、服务国内经济社会发展等方面发挥独特作用。

（三）政党外交必须以深入做人的工作为根本

政党外交的一个重要特点就是它的思想性和政策性比较强，政党交往并不直接处理政府间的具体事务，主要侧重政策思想上的交流与沟通。中国共产党同世界上其他政党一样，都具有自己的阶级属性，都带有一定的意识形态色彩。在政党外交中，意识形态方面的交锋是不可避免的。冷战结束后，两种不同制度、不同意识形态的较量仍然存在，且领域扩展、方式多样，斗争形势更加复杂。在这种情况下，党的领导人利用政党外交政治性强、思想交流活跃、着眼长远、方式灵活、非官非民等特点，积极宣传中国内外政策，释疑解惑，增进了解，扩大合作。中共领导人与国外政党领导人交往时既谈政治，又谈经济；既就加强双边关系、扩大多领域合作进行磋商，又谈国际关系，就治国理政交流经验。形式多样，不拘一格，目的只有一个，就是要抓住"关键少数"，以"重点国家"和"重点人物"为主要对象，有针对性地做工作，着力将"人际关系"扩展为党际关系和国家关系，密切同这些党和国家的友好合作关系。对那些纠缠意识形态不放、恶意攻击的人进行有利、有理、有节的斗争，旗帜鲜明地坚持马克思主义和社会主义基本制度，维护中国政治安全和国家根本利益。

做人的工作历来是党的对外工作的优势。习近平总书记强调,要在国际上广交朋友、广结善缘,要以诚感人、以心暖人、以情动人。要突出特色、发挥优势,着力做好国际社会的思想政治工作,通过理直气壮讲好中国共产党治国理政的故事,增进国际社会的理解和认同,增进政治互信,为党和国家对外关系的发展服务。党在对外交往过程中,重视发展同各国执政党、参政党和其他重要在野党的联系,尤其重视加强与外国政党的高层交往。在交往形式上不拘一格,多种多样,有高层互访,也有民间交流。通过各种形式的联系与交往,架起理解与信任的桥梁,促使世界认识中国、了解中国,由此推动和促进中国同各国友好合作关系的发展。在交往内容上,利用政党交往的优势,大力宣介人类命运共同体重要理念,致力于促进与各国政党和人民之间的了解与友谊,促进国家关系的发展,推动世界和平发展与人类进步。

当前,在习近平新时代中国特色社会主义思想和中国特色大国外交理论指引下,中共"愿同包括共产党在内的世界各国政党和政治组织一道,加强对话、深化交流、开展合作,为推动构建人类命运共同体、建设更加美好的世界贡献智慧和力量"①。

(四)必须发挥政党外交的政治引领作用

中国共产党是中国革命和建设事业的领导核心,中国共产党的核心和领导地位决定了政党外交具有权威性、连续性和稳定性特点。政党外交之所以具有权威性,能发挥政治引领作用,是因为通过政党高层交往,领导人之间交流、交心,向世界提供中国智慧和中国方案,引导各国政党、政要和政治组织等理解、尊重、认同党的价值理念和方针政策,能更好地从政治高度和战略全局把握党和国家关系方向,为国家关系的全面发展营造良好的政治环境,引导世界进步力量同中

---

① 《习近平向各国共产党赴华参加纪念马克思诞辰200周年专题研讨会致贺信》,新华社北京2018年5月28日电。

国一道推进世界和平发展与人类文明进步事业。

面对人类向何处去、世界往哪里走等重大历史命题,习近平总书记创造性地提出构建以合作共赢为核心的新型国际关系、打造人类命运共同体等重大理念,有力引领了国际关系发展方向。人类命运共同体理念已经成为中国在国际舞台上高扬的一面旗帜,是中国共产党通过党际交往渠道对世界进行政治引领的重要遵循。在新时代,党的对外工作充分发挥交往面广、程度深的优势,通过一系列国际和地区论坛、研讨会、政党交流、对外宣讲等活动,从政策制定和舆论源头引导各界对华认知,引导国际社会正确认识中共的思想主张,助推难点热点问题解决,促进国家关系发展。近年来,中国共产党将全球治理和"一带一路"建设作为政党外交引领的重点。做好中国共产党与世界政党高层对话会后续工作,推动中国共产党与世界政党高层对话会机制化,使之成为具有广泛代表性和国际影响的高端政治对话平台,成为政党外交推动构建人类命运共同体的主枢纽,推动中国共产党与世界的关系实现从"积极参与"到"主动引领"的历史性跨越。①

新时代、新形势、新任务要求我们通过政党外交推动国家关系健康稳定发展,为此必须坚持不懈地向国际社会讲好中国共产党的故事,特别是宣介好习近平新时代中国特色社会主义思想这一理解新时代中国的"金钥匙",用好这一理论武器加强对国际社会的政治引领,进一步增强党的国际影响力、感召力和塑造力,为实现中华民族伟大复兴争取更多理解者和支持者。为履行好这一神圣职责,我们已建起多种形式、多种层次的国际政党交流合作网络,建立了中国共产党与世界政党高层对话会、万寿论坛、"一带一路"智库合作联盟等交流对话平台以及中美、中俄、中英、中非、中阿、中拉和金砖政党对话等不同形式的交往机制,一个全方位、多渠道、宽领域、深层次的政党外交格局和国际政党交流合作网络已经形成,政党外交服务党和国家中心

---

① 《汇聚起构建人类命运共同体的政党智慧与力量》,http://theory.people.com.cn/n1/2018/0305/c40531-29847454.html?from=singlemessage。

工作的地位更加突出，政治引领作用成效更加显著，各种交流平台和机制已成为促进中国对外关系发展的重要途径和向国际社会展示党的形象的重要窗口。

第四章　始终坚持和遵循党际关系四项原则

新中国成立以来,政党外交之所以能够实现历史性开拓和跨越式发展,关键在于不断探索和发展指导党际关系的基本准则。作为跨越国界的关系范畴,政党外交就其主体而言,具有鲜明的多样性和复杂性,包括大党与小党、老党与新党、强大国家党与弱小国家党、"兄弟党"与非"兄弟党"、执政党与非执政党、政党与政党联盟、同质与异质政党等等,这就要求党与党交往必须要有经得起历史和实践检验的规范准则,正如毛泽东在谈到这个问题时所说,党和党之间"相互关系应有准则"[①]。在这方面,中国共产党坚持以马克思主义党际关系理论为指导,在总结自身处理政党外交的历史实践和国际共产主义运动中政党外交经验教训,并汲取其他国家共产党关于党际关系一些思想主张的基础上,结合世情、国情、党情以及党和国家历史方位的变化,提出了"独立自主、完全平等、互相尊重、互不干涉内部事务"的党际关系四项原则。这四项原则既是对历史经验的深刻总结,也是党致力于构建新型的政党间关系、不断与时俱进的结果,具有深厚的历史积淀,又蕴含着强大的时代张力,是中国共产党党际关系理论的重要组成部分,具有恒久的指导意义。

---

① 吴冷西:《十年论战:1956—1966 中苏关系回忆录》(下),北京:中央文献出版社,1999 年版,第 662 页。

一、党际关系四项原则是马克思主义经典作家有关论述的必然要求

(一) 马克思、恩格斯对独立自主平等协商原则的阐述

纵观马克思主义党际关系理论，马克思、恩格斯在建立无产阶级政党、指导无产阶级解放斗争的过程中，基于"全世界无产者，联合起来"的根本要求，特别是在19世纪60年代随着第一国际和各民族国家无产阶级政党普遍建立，以及在此基础上成立第二国际的过程中，马克思、恩格斯就无产阶级政党的国际联合予以高度关注，一方面特别阐述无产阶级政党国际联合的重要性，要求无产阶级政党在共同反对国际资产阶级的斗争中，必须进行紧密的国际团结互助，并把团结作为"国际的一个基本原则"，认为"如果我们能够在一切国家的一切工人中间牢牢地巩固这个富有生气的原则，我们就一定会达到我们所向往的伟大目标"[①]；另一方面，围绕无产阶级政党如何才能真正实现国际团结给予全面阐释，实际上涉及了国际共运中各国无产阶级政党"独立自主""平等协商"等党际关系准则中最核心、最根本的内容。

早在1848年，马克思、恩格斯就在《共产党宣言》中指出："无产阶级反对资产阶级的斗争首先是一国范围内的斗争。每一个国家的无产阶级当然首先应该打倒本国的资产阶级。"[②] 这实际上就赋予了各国无产阶级政党在组织上、行动上的独立组织的权利。任何一个国家的无产阶级要进行反对本国资产阶级的斗争，只有这个国家的无产阶级政党才最了解本国情况、才最有资格、最有经验，独立组织地进行组织和行动。1864年"国际工人协会"（第一国际）成立，经马克思修订协会章程规定："加入国际协会的工人团体，在彼此结成亲密合作

[①] 中共中央马克思恩格斯列宁斯大林著作编译局译：《马克思恩格斯全集》（第十八卷），北京：人民出版社，1964年版，第180页。

[②] 中共中央马克思恩格斯列宁斯大林著作编译局编：《马克思恩格斯选集》（第一卷），北京：人民出版社，2012年版，第412页。

的永久联盟的同时，完全保存自己原有的组织。"① 第一国际不仅确定了各国工人政党团体在组织上的独立自主的权利，而且也赋予了各成员在思想上和行动上独立自主的权利。协会组织条例规定："每一个支部均有权根据当地条件和本国法律的特点制定自己的地方性章程和条例。"② 同时，协会还"允许每个支部在不违背协会总方向的情况下自由制定它的理论纲领"③。理论上的独立自主是组织上行动上独立自主的必然要求。第一国际解散后，随着各民族国家社会主义政党的普遍建立以及1889年第二国际的成立，马克思、恩格斯更加强调各国工人政党根据本国情况，独立自主地采取行动的重要性。1893年，恩格斯在第二国际苏黎世大会上指出："每一个国家的无产阶级得到机会以独立自主的形式组织起来。这一点实现了，因而现在国际要比从前强大得多了。"④ 同年，恩格斯致拉法格信，再次阐述了无产阶级国际联合与独立自主的辩证关系，把独立自主看成是第二国际得以强大、无产阶级政党国际团结互助得以实现的前提条件，是无产阶级国际团结的题中之义。

如果说独立自主是无产阶级政党国际团结的根本前提，那么平等协商则是这种团结得以实现的又一十分重要的条件（也是独立自主的必然要求），可以说，没有平等就没有团结合作。1882年，恩格斯在致考茨基的信中明确指出，"只有在平等者之间才有可能进行国际合作。"⑤ 而要真正做到各政党之间不论大小一律平等，就必须在合作时

---

① 中共中央马克思恩格斯列宁斯大林著作编译局编：《马克思恩格斯选集》（第三卷），北京：人民出版社，2012年版，第174页。
② 中共中央马克思恩格斯列宁斯大林著作编译局译：《马克思恩格斯全集》（第四十四卷），北京：人民出版社，1982年版，第582页。
③ 中共中央马克思恩格斯列宁斯大林著作编译局译：《马克思恩格斯全集》（第十八卷），北京：人民出版社，1964年版，第15页。
④ 中共中央马克思恩格斯列宁斯大林著作编译局译：《马克思恩格斯全集》（第二十二卷），北京：人民出版社，1965年版，第479—480页。
⑤ 中共中央马克思恩格斯列宁斯大林著作编译局编：《马克思恩格斯文集》（第十卷），北京：人民出版社，2009年版，第472页。

坚持协商而非命令的原则。1894年，恩格斯在致信拉法格指出，"任何一次国际行动，都必须就其实质和形式事先进行协商。我认为，如果某一个国家公开提出倡议，然后要别的国家跟着它走，这种作法是不能容忍的。"并告诫说："千万不要事先不同别人商量就独自公开提出倡议，这样就把事情搞坏了。"① 坚持平等协商原则，还必须要反对国际联合中的大党主义和强权意志，反对国际共产主义运动和国际工人运动中的"中心论"。在恩格斯看来，一定时期内一些国家的党领导本国工人运动处于先进和前列，对于国际无产阶级的解放斗争贡献巨大，这些国家被认为是运动的"中心"，但并不等于这些国家的党因此拥有特权，被赋予国际共运中"领导党"的地位。在1848年欧洲革命和1871年巴黎公社起义中，法国工人阶级都作出了突出贡献，并极大推动了欧洲的工人运动和国际共产主义运动，致使法国一些领导人产生了法国负有解放欧洲乃至解放世界使命的骄傲。对此，恩格斯给予了严厉的批评，1882年，他在致考茨基的信中，把一些法国党领导人的心态比喻为"领导运动的长子权利"，斥之为"法国的沙文主义"。② 1893年，恩格斯致信，明确告诫保尔·拉法格等领导人"现在你们应当注意，不要摆出一付想要对其他国家的社会主义者发号施令的架势"③。这一时期，德国社民党作为世界上第一个民族国家范围内建立的社会主义政党，也曾经出现过法国一些领导人那样的心态，同样受到恩格斯的严厉批评。

---

① 中共中央马克思恩格斯列宁斯大林著作编译局译：《马克思恩格斯全集》（第三十九卷），北京：人民出版社，1974年版，第185—186、187页。
② 中共中央马克思恩格斯列宁斯大林著作编译局编：《马克思恩格斯文集》（第十卷），北京：人民出版社，2009年版，第472页。
③ 中共中央马克思恩格斯列宁斯大林著作编译局译：《马克思恩格斯全集》（第三十七卷），北京：人民出版社，1971年版，第157页。

（二）列宁党际关系思想中独立自主原则的时代性和局限性

1895年，恩格斯去世后，第二国际出现修正主义，国际无产阶级政党发生分裂，以列宁为代表的俄国社会民主党左派（后称"布尔什维克派"）坚持马克思主义革命理论，继承和发展马克思主义建党原则，在领导十月革命、建立世界上第一个社会主义国家的过程中，建立了俄国共产党，又在各国共产党的基础上成立了有"世界共产党"之称的共产国际（第三国际）。列宁之所以成立共产国际，并把它定位为世界共产党，一是认为第二国际修正主义已经彻底背叛了无产阶级革命事业，必须与之彻底决裂；二是认为第二国际那种自由联合的松散组织形式已经不能适应世界无产阶级革命的需要，必须建立高度集中统一领导的世界共产党。1919年3月，以俄共为主导的共产国际宣告成立。俄共民主集中制的组织原则和集中统一的领导体制也成为各国共产党建党的根本遵循。同时，各国共产党都被要求作为共产国际一个支部加入其中。在这种情况下，各国共产党的国际联合中，如何处理相互关系，特别是如何处理与共产国际、苏共的关系，独立自主等原则是否仍然适用于新的历史条件的党际关系，成为新的重大课题。对此，列宁给予了肯定回答，并赋予了新的时代内涵。

作为马克思恩格斯革命事业的继承者，列宁既是苏联党和国家的缔造者、领导者，也是国际共产主义运动的领袖与导师，一方面把民主集中制和集中统一领导作为共产国际体制下各国党与共产国际关系的根本要求，把上级与下级、领导与被领导、命令与服从作为党际关系中的基本关系；另一方面也十分重视各党独立自主的权利。1920年，列宁在起草的"加入共产国际的条件"中明确指出，"共产国际及其执行委员会在一切工作中，当然必须考虑各党斗争和活动的种种不同的条件。"[①] 列宁也反对布尔什维克党以国际共运"领导党"自

---

① 中共中央马克思恩格斯列宁斯大林著作编译局译：《列宁全集》（第三十九卷），北京：人民出版社，2017年版，第206页。

居，他在俄共（布）八大上，告诫俄共（布）"决不要从莫斯科发号施令"①，强调应当允许和尊重各国党独立自主地探索本国革命道路的权力。他在《共产主义运动中的"左"派幼稚病》中指出，俄国革命的某些基本特点具有国际意义，但不能认为俄国革命的所有经验都具有国际意义，他以西欧各国为例指出："由于落后的俄国同先进的西欧各国有巨大的差别，西欧各国的无产阶级革命同我国的革命将很少有相似之处。"②他一方面强调共产国际作为世界无产阶级革命指导中心的重要性，另一方面又特别指出，只要各个民族、各个国家之间差异还存在，在运用苏维埃政权和无产阶级专政的革命原则时，就要尊重这种差别，"必须查明、弄清、找到、揣摩出和把握住民族的特点和特征"③。1922年共产国际四大上，列宁在谈到共产国际三大通过的关于各国共产党组织结构和工作方法的决议时指出，这个决议"几乎全是俄国味""完全是根据俄国条件写出来的"，这样完全无视各国党的差异，"是犯了一个很大的错误"。④ 显然，列宁关于党际关系中独立自主的原则，不仅涉及各国党在组织上的独立自治，而且也提出了允许和尊重各国党独立自主探索革命道路的问题。

与马克思、恩格斯所阐述的党际关系中独立自主原则相比，列宁的思想无疑具有鲜明的时代性和差异性。如前所述，无论是马恩还是列宁，独立自主作为处理党际关系的基本原则，都是以无产阶级国际联合为前提的，首先涉及的是如何处理各国工人团体、政党组织与第一国际、第二国际、共产国际的关系。由于第一国际、第二国际被马克思、恩格斯定位为各国工人团体、政党组织的"自由联合""自愿联

---

① 中共中央马克思恩格斯列宁斯大林著作编译局译：《列宁全集》（第三十六卷），北京：人民出版社，2017年版，第147页。
② 中共中央马克思恩格斯列宁斯大林著作编译局译：《列宁全集》（第三十九卷），北京：人民出版社，1984年版，第1页。
③ 中共中央马克思恩格斯列宁斯大林著作编译局编：《列宁专题文集 论无产阶级政党》，北京：人民出版社，2009年版，第257页。
④ 中共中央马克思恩格斯列宁斯大林著作编译局译：《列宁全集》（第四十三卷），北京：人民出版社，2017年版，第290页。

合"，因而其成员都有比较大的自由度，这种情况下的独立自主原则不是抽象的，而是具体的、现实的；而共产国际则被列宁定位为"世界共产党"，在高度集中统一领导体制之下，作为国际下属支部的各国党，与共产国际本质上是下级与上级的关系，这种情况下，列宁所阐述的独立自主原则与马恩时代相比，在内涵上是有明显差异的，必然要受到相应的制约。尤其重要的是，在马恩时代，还没有一个无产阶级政党夺取政权，因此，各国党的政治地位并没有特别的悬殊；而列宁时期，由于俄共领导十月革命取得胜利，建立了世界上第一个社会主义国家苏联，因而俄共在各国共产党中就是一个超级大党，并以其丰富的斗争经验和思想理论，事实上成为共产国际和各国党的主导力量和"领导党"，苏联事实上成为国际共运和世界革命的"中心"。这种情况下，按照马恩的思想，为保证独立自主，就应当突出强调党与党之间的平等协商，而列宁在这方面的论述反而不多，在实践中甚至还有共产国际对各党权利的不平等设定（例如投票权）和对各党内部事务的实际干预。① 各党之间平等地位不能得到保障，独立自主原则不可避免地大打折扣而黯然失色。到了斯大林时期，在苏共大党主义、大国主义的泛滥下，所谓党际关系中独立自主、平等协商原则，更是荡然无存。尽管如此，列宁毕竟开启了探索无产阶级政党夺取政权时代党际关系准则的新篇章，所提出的独立自主思想仍然具有历史的开拓性。

二、党际关系四项原则是中国共产党不断探索的必然结果

（一）新中国成立前中国共产党对独立自主原则的探索和坚持

从前面的回顾考察可见，在马克思主义党际关系发展史中，独立自主作为无产阶级政党国际联合中的根本原则是需要在实际斗争中不断探索的重大问题，特别是在共产国际时期，对于各国党（共产国际下属支部）来说，既要服从共产国际领导，又要争取独立自主，无疑

---

① 朱建田：《马克思主义党际关系理论研究》，北京：人民出版社，2017年版，第146页。

是十分复杂的理论实践问题，需要各国党具有丰富的斗争经验和强大的能力，特别是要具有敢于抵制共产国际的错误指挥，尤其是抵制苏共借共产国际实行大党主义、大国主义的勇气。要有这样的经验、能力和勇气，对于任何党都不是一朝一夕之功。1921年中国共产党成立之初的一段时期，面对十分复杂的形势和特殊国情，中共主要遵从共产国际的指示开展中国革命。但是由于共产国际并不了解中国革命实际，同时也不重视中国同志的意见，很容易犯"左"的或"右"的错误。1927年大革命的失败就是由于共产国际粗暴指挥和当时党的领导人的右倾机会主义错误导致的。毛泽东后来曾说："看来共产国际在1927年提供给中国共产党的不是什么'意见'，而是干脆发的命令，中国共产党显然甚至无权不接受。"① 大革命失败后，土地革命战争得以兴起。由于共产国际代表的错误指挥和王明"左"倾教条主义的错误，导致了第五次反"围剿"战争的失败。在此过程中，以毛泽东同志为主要代表的中国共产党人在总结历史经验教训的基础上，开始独立自主地探索符合中国实际的革命道路。1930年，毛泽东撰写《反对本本主义》一文，提出"中国革命斗争的胜利要靠中国同志了解中国情况"②。特别是遵义会议批判了王明"左"倾教条主义和共产国际代表的错误，冲破了把共产国际决议和苏共经验神圣化的束缚。毛泽东后来说："真正懂得独立自主是从遵义会议开始的。"③ 抗日战争时期，独立自主上升为指导中国革命的基本原则。在此期间，毛泽东撰写了《实践论》《矛盾论》等著作，为独立自主领导中国革命，特别是农村包围城市理论，奠定了哲学基础。《实践论》特别强调实践的重要性，指出："真理的标准只能是社会的实践。"④《矛盾论》指出："唯物辩

---

① 埃德加·斯诺著，董乐山译：《西行漫记》（原名《红星照耀中国》），北京：生活·读书·新知三联书店，1979年版，第139页。
② 毛泽东：《毛泽东选集》（第一卷），北京：人民出版社，1991年版，第115页。
③ 中共中央文献研究室编：《毛泽东文集》（第八卷），北京：人民出版社，1999年版，第339页。
④ 毛泽东：《毛泽东选集》（第一卷），北京：人民出版社，1991年版，第284页。

证法认为外因是变化的条件，内因是变化的根据，外因通过内因而起作用。"① 因此，中国革命必须由中国共产党领导、依靠中国人民自身的智慧和力量，而不是主要依赖外部力量。1942年的延安整风既是中国共产党的一场思想解放运动，也是一场彻底否定把共产国际决议和苏联经验神圣化的教条主义的斗争，更加确立了独立自主的思想原则。1945年，毛泽东思想被确立为中国共产党指导思想，独立自主进一步上升为毛泽东思想活的灵魂，并成为中国革命胜利的基本经验之一。

由此看来，新中国成立之前，中国共产党关于独立自主的思想主张主要起源于同共产国际的交往，发端于对共产国际错误指挥的抵制，很大程度上是对同共产国际及苏共交往中经验教训的深刻总结。需要指出的是，由于共产国际按规定享有对各国党（共产国际下属支部）的领导权，因此中共对共产国际错误指挥的抵制在本质上是"下级"根据客观实际对"上级"错误的修正。可以说，包括中共在内的各国党与共产国际的关系并不是一般意义上的党际关系；中共这一时期关于独立自主的思想原则也不是基于一般意义上普遍存在的党际关系问题而提出的，是处理与共产国际关系并抵制共产国际错误的产物，更是马克思主义与中国实际相结合这一思想方法的产物。尽管如此，这一时期独立自主思想原则毕竟涉及处理党际关系基本原则的核心问题，成为新中国成立后中国共产党全面探索如何处理党际关系问题的理论准备、实践基础和逻辑起点。

（二）新中国成立到20世纪70年代末中国共产党对党际关系基本原则的探索

1949年10月1日，中华人民共和国成立，中国共产党作为东方大国的执政党登上了历史舞台，并以"一边倒"的姿态，倒向了以苏联为首的社会主义阵营。如何处理同苏共及各国党的关系，成为中国共产党面临的重大课题。如前所述，共产国际时期，包括中共在内的各

---

① 毛泽东：《毛泽东选集》（第一卷），北京：人民出版社，1991年版，第302页。

国党的交往对象主要是作为"上级"的共产国际和事实上的"领导党"苏共,与此之外各国党之间互动往来并不多。二战后,随着东欧人民民主国家的成立,以苏联为首的社会主义阵营应然成型。共产国际解散后,苏共和苏联虽然仍然是事实上的"领导党"和国际共运的"中心",但社会主义国家已经不再是苏联一家,而是发展到包括中国在内的15个国家,出现一批执政的共产党和大批非执政的共产党的分野,各个政党之间的差异性、多样性更加显著。这种情况下,执政的党与非执政的党、大(国)党与小(国)党、老党与新党如何和谐往来,以什么样的准则规范协调党与党之间的关系,无疑是关系到社会主义阵营团结巩固和国际共产主义运动发展的大问题,更是关系到中共如何开展党的对外工作、布局外交国际战略的大问题。作为社会主义阵营中仅次于苏共的大党,作为革命时期敢于抵制共产国际错误、独立自主地探索中国革命道路并取得伟大成功的党,中国共产党担负着义不容辞的责任。综观从新中国成立到20世纪70年代末的政党外交,中国共产党秉持马克思主义党际关系基本观点,根据国际共运的历史和现实,从自身历史经验出发,提出了一系列思想主张,其中的主线主题就是始终以反对大党主义、大国主义为基本出发点,主张各兄弟党之间一律平等、互相尊重、独立自主、互不干涉内部事务,但在极"左"思潮影响下也走过一段弯路,有极其深刻的历史教训。

　　大党主义、大国主义作为国际共产主义运动中的一种现象,主要是指以苏共为代表的大党,经常以"老子党"的地位把自己的意志强加于人,要求其他党听从自己的指挥,对其他党内部事务肆意干涉。苏共的大党主义、大国主义对中国革命和国际共运都造成了很大伤害。对此,中共始终是反对的,并引以为戒。新中国成立之初,中国共产党即派出顾问团支援越南的反法斗争,毛泽东指示时任中联部部长王稼祥修改《顾问守则》,应加"尊重越南民族独立及越南人民的风俗习惯，拥护越南劳动党及越南党与人民的领袖胡志明同志"①。1953年8月，顾问团应邀协助越南劳动党制定党章，关于越南党的指导思想，毛泽东在电报中明确指示"以马克思列宁主义与越南革命实际相结合"作为表述内容，并删除原稿中的"毛泽东思想"。② 1956年，毛泽东在中共八大开幕词中指出："我们决不可有傲慢的大国主义的态度，决不应当由于革命的胜利和在建设上有了一些成绩而自高自大。国无论大小，都各有长处和短处。"③ 1959年2月13日，毛泽东就"对外关系中切实纠正傲慢现象"作出几条批示："坚决反对极端错误的与党的路线水火不容的大国沙文主义，坚持无产阶级国际主义"；部分同志"拿我们的框子去衡量别人，片面地夸大兄弟国家工作中的缺点""过去有些同志对朝鲜同志看缺点较多，看成绩较少，犯了片面看问题的错误。"④ 紧接着，2月16日，中共中央发出指示，针对对外关系中一些对兄弟国家高傲自大的现象，强调"必须坚决、彻底、干净、全部地消灭大国主义"⑤。

针对苏共的大党主义、大国主义，无论是在双边关系还是多边场合，中共都坚决抵制和反对。新中国成立后，毛泽东访问苏联，由于"斯大林看不起中国，不把中国看成是一个兄弟的国家，而是以老子自居"⑥，因而在具体安排上十分怠慢，并试图以1945年同国民党政府签订的条约为基础同新中国谈判中苏条约，对此毛泽东"大发脾气"以示抗议，最后苏方才同意签订平等的新条约及其他合作协议。1956年

---

① 中共中央文献研究室编：《建国以来毛泽东文稿》（第四册），北京：中央文献出版社，1990年版，第240页。
② 同①，第304页。
③ 中共中央文献研究室编：《建国以来重要文献选编》（第九册），北京：中央文献出版社，1994年版，第36页。
④ 中共中央文献研究室编：《建国以来毛泽东文稿》（第八册），北京：中央文献出版社，1993年版，第42—43页。
⑤ 中央档案馆、中共中央文献研究室编：《中共中央文件选集（1949.10—1966.5）》（第三十册），北京：人民出版社，2013年版，第224页。
⑥ 吴冷西：《十年论战：1956—1966中苏关系回忆录》（下），北京：中央文献出版社，1999年版，第850—851页。

10月,毛泽东针对苏联在处理"波兹南事件"中准备动用军队等不当做法明确指出:苏波关系不是老子与儿子的关系,是两个国家、两个共产党之间的关系。按道理,两党之间的关系是平等的。苏波关系搞得这样紧张,我看是苏联大国沙文主义造成的。他要动用军队,是严重的大国沙文主义。① 因此,中共在应邀进行调解的过程中,敢于主持公道,首先就苏联大国沙文主义进行了批评,并警告赫鲁晓夫:如果苏联出兵,我们将支持波兰反对你们,并公开声明谴责你们武装干涉波兰。② 在调解中,中共坚持苏波双方进行充分协商,使关系得以恢复正常。1958年后,苏共的大党主义在中苏关系中又表现出来,先后发生"长波电台""联合舰队"事件;1959年6月,苏联单方面中断向中国提供原子弹样品和生产原子弹的技术资料;1960年7月,苏联政府突然决定撤走援华苏联专家,撕毁两国签订的600项合同,使中国蒙受重大损失。对此,邓小平在中苏两党会谈中指出:"中国共产党永远不会接受父子党父子国的关系。你们撤退专家使我们受到了损失,给我们造成了困难。中国人民准备吞下这个损失,决心用自己双手的劳动来弥补这个损失,建设自己的国家。"③ 1960年11月,有81党参加的世界共产党工人党大会在莫斯科召开,其间,中共与苏共进行会谈,坚持在会议宣言中写上在国际共运中"协商一致"原则,而不是苏共主张的实行"少数服从多数"原则。④ 另外,这一时期,中共出于维护社会主义阵营团结的愿望,提出"以苏为首"的主张,但毛泽东就此进行阐述时,特别强调兄弟党之间平等地位,认为"以苏为首"与党际平等是相统一的,"这种为首的地位,同兄弟党一律平等的原则并不矛盾。这并不意味着苏共有权支配其他兄弟党,而仅仅意味着苏

---

① 吴冷西:《十年论战:1956—1966中苏关系回忆录》(上),北京:中央文献出版社,1999年版,第35—36页。
② 同①,第39页。
③ 王家瑞主编:《中国共产党对外交往90年》,北京:当代世界出版社,2013年版,第59页。
④ 同③,第60页。

共负有更大的责任和义务"。①

1963年9月到1964年7月，中苏两党围绕国际共产主义运动一系列重大问题发生公开论战。其间，中共发表了九篇评论阐述观点，并对苏共进行批驳，其中一个十分重要的方面就是反对和批驳苏共的大党主义和大国沙文主义。毛泽东一针见血地指出，大论战之所以发生，"最根本的问题，就是赫鲁晓夫、苏联领导集团的大国沙文主义、大俄罗斯主义"，并历数大国沙文主义对中国的侵害。② 1964年2月，中共中央发表《苏共领导是当代最大的分裂主义者》（以下简称"《七评》"），集中阐明了兄弟党关系的基本准则，矛头直指苏共大党主义。文中指出，"所谓兄弟党，不论大党小党，新党老党，掌握政权的党或者没有掌握政权的党，都是独立自主、一律平等的"③"各个兄弟党之间的关系，是各自保持独立而又互相联合的关系，在这里既没有少数服从多数的关系，更没有下级服从上级的关系。对于兄弟党共同有关的问题，只能根据协商的原则，经过讨论，达成一致的协议"。④苏共领导"无视兄弟党的独立和平等的地位，硬要在国际共产主义运动中确立封建家长制的统治，把兄弟党关系变成'父子党'关系。赫鲁晓夫一而再、再而三地把兄弟党比做'不懂事的小孩子'，把自己封作'母亲'""苏共领导根本不把兄弟党协商一致的原则放在眼里，从来就习惯于独断专行，发号施令。"⑤

但实事求是地讲，在中苏大论战中，特别是"九评"社论中，中国党也有不少过激言论，特别是"文化大革命"初期，在"支左反修"的极"左"思潮冲击下，党的对外工作中一度出现把毛泽东思想

---

① 《关于国际共产主义运动总路线的论战》，北京：人民出版社，1965年版，第313页。
② 吴冷西：《十年论战：1956—1966中苏关系回忆录》（下），北京：中央文献出版社，1999年版，第850页。
③ 同①，第310页。
④ 同①，第316页。
⑤ 同①，第299—300页。

绝对化，要外国党脱离本国实际完全接受毛泽东思想的一切观点主张这种强人所难的做法。针对这种情况，毛泽东也有纠正，于1968年3月27日批示："以后不要在任何对外文件和文章中提出所谓毛泽东思想，作自我吹嘘，强加于人。"1970年12月6日，毛泽东再次批示中联部："对于一切外国人，不要求他们承认中国人的思想，只要求他们承认马列主义的普遍真理与该国革命的具体实践相结合。这是一个基本原则，我已说了多遍了。"① 这在实际上重申了兄弟党之间互相尊重、不强加于人的原则。1971年，周恩来同某国党政领导人会谈时明确提出："党不分大小，应该在马列主义原则基础上完全平等，独立自主，互相尊重，决不许可干涉各个党的内部事务。"② 1972年7月16日，周恩来会见日本社会党副委员长佐佐木更三，当佐佐木谈到亚洲形势要以中国为中心时，周恩来纠正说："以中国为中心，我不同意，拿中国作'中心'，是错误的。亚洲太平洋地区所有国家应该不分大小，一律平等。"③20世纪70年代初开始，中联部耿飚等同志根据党中央的指示，就如何打开党的对外工作局面进行研究，提出要批判"左"的思想，确定党际关系的原则，在广泛讨论的基础上，初步拟定了"独立自主"等几条原则。1974年8月，耿飚在同一个外国党代表团谈话时说，要确立正确的党际关系，"必须严格遵守完全平等、独立自主、相互尊重、互不干涉内部事务的原则"。④

由此可见，新中国成立以来以毛泽东同志为主要代表的中国共产党人，以反对苏共大党主义、大国主义为出发点，全面阐述了党际关系基本准则，即完全平等、互相尊重、独立自主、互不干涉内部事务，

---

① 王家瑞主编：《中国共产党对外交往90年》，北京：当代世界出版社，2013年版，第93页。
② 邱治家、叶晓林：《周恩来与党际关系四项原则》，载《当代世界》，1998年第3期，第11—12页。
③ 中共中央文献研究室编：《周恩来年谱（1949—1976）》（下卷），北京：中央文献出版社，1997年版，第537页。
④ 吴兴唐：《中共党际关系"四项原则"的由来》，载《中国新闻周刊》，2012年第24期，第85页。

为20世纪70年代末正式概括总结党际关系四项原则奠定了全面基础。必须指出的是，这一时期所阐述的党际关系原则，是针对所谓"中心论""为首论"为基本前提的，包括以苏联为首、以中苏为首、以中国为首三种情况（具体情况将在后文论及）。从国际共运和党际关系实践看，不管是一个中心还是两个中心，是以苏联为首还是以中国为首，只要有"中心""为首"的角色存在，完全平等、互相尊重等党际关系原则必然要大打折扣，使这些准则不能得到彻底遵循，并最终损害有关国家的国家利益。

（三）20世纪70年代末以后党际关系四项原则的概括总结及其发展

20世纪70年代末，以邓小平同志为核心的党的第二代中央领导集体审时度势，就时代变化和国际局势作出了和平与发展成为时代主题的判断，在总结过去党的对外工作经验教训的基础上，对党的对外工作方针政策进行了调整，围绕建立新型党际关系问题，完整提出了党际关系基本原则，并赋予其新的内涵和特点。

1979年3月，中共与意大利共产党在罗马举行了内部会晤。中共代表、中联部副部长吴学谦说："我们一贯主张，各党关系应当是完全平等、独立自主、互相尊重、互相支持、互不干涉内政。"① 1980年5月，邓小平就处理与兄弟党关系的问题与中央负责同志谈话。邓小平指出："一个党评论外国兄弟党的是非，往往根据的是已有的公式或者某些定型的方案，事实证明这是行不通的。各国的情况千差万别，人民的觉悟有高有低，国内阶级关系的状况、阶级力量的对比又很不一样，用固定的公式去硬套怎么行呢？""各国党的国内方针、路线是对还是错，应该由本国党和本国人民去判断。最了解那个国家情况的，毕竟还是本国的同志。""总之，各国的事情，一定要尊重各国的党、各国的人民，由他们自己去寻找道路，去探索，去解决问题，不能由

---

① 吴兴唐：《中共党际关系"四项原则"的由来》，载《中国新闻周刊》，2012年第24期，第86页。

别的党充当老子党，去发号施令。我们反对人家对我们发号施令，我们也决不能对人家发号施令。"① 这是对新时期党际关系原则基本内涵的阐述。1980年12月14日，胡耀邦在会见希腊共产党（国内派）代表团时首先完整提出党际关系"四项原则"的概念："各国共产党的相互关系一定要建立在独立自主、互相尊重、完全平等、互不干涉内部事务的基础上。"②

在对党际关系基本原则的探索中，于1982年9月召开的中共十二大具有标志性意义。这次大会在阐述同外国共产党关系时明确提出，"坚持在马克思主义的基础上，按照独立自主、完全平等、互相尊重、互不干涉内部事务的原则，发展同各国共产党和其他工人阶级政党的关系"③。党际关系四项原则第一次被写进党的政治报告，并且其适用范围扩大到共产党之外的"其他工人阶级政党"。在世界社会主义和工人运动中，除共产党代表工人阶级之外，还有社会党、工党等，也被认为是工人阶级政党。过去谈论党际关系基本原则时，一般都局限于被称为"兄弟党"的共产党之间。中共十二大第一次把"其他工人阶级政党"纳入党际关系范畴，并同样适用于党际关系四项原则，无疑是一大突破。1984年5月，联邦德国社民党主席勃兰特访华期间，胡耀邦提出党和党之间"超越意识形态的差异"，这显然是以党际关系四项原则为基础和前提的。

1987年，中共十三大报告在总结中共十一届三中全会以来党的一系列科学理论观点时，阐述了"关于按照独立自主、完全平等、互相尊重、互不干涉内部事务的原则，发展同外国共产党和其他政党的关

---

① 邓小平：《邓小平文选》（第二卷），北京：人民出版社，1994年版，第318—319页。
② 蔡武主编：《中国共产党对外工作大事记（1949.10—1999.12）》，北京：当代世界出版社，2001年版，第444页。
③ 中共中央文献研究室编：《十一届三中全会以来党的历次全国代表大会中央全会重要文件选编》（上），北京：中央文献出版社，1997年版，第266页。

系的观点"①，把党际关系四项原则适用范围进一步扩大到除共产党之外的"其他政党"，即所有政党。1997年，中共十五大在阐述对外政策时进一步指出，"要坚持在独立自主、完全平等、互相尊重、互不干涉内部事务原则的基础上，同一切愿与我党交往的各国政党发展新型的党际交流和合作关系，促进国家关系的发展。"② 这里，党际关系四项原则的适用范围被直接表达为"一切愿与我党交往的各国政党"，且不再将共产党单列，所体现的就是不以意识形态划线的要求。2002年11月，中共十六大报告把"政治组织"正式纳入党的交往范畴，党际关系四项原则的适用范围进一步扩大。

由此可见，20世纪70年代末以来，党际关系四项原则被正式确定为党际关系基本原则，并经历了适用范围不断扩大的过程，最后发展到适用于一切政党和政治组织，党际关系四项原则被赋予新的时代内涵。同时，这一时期所阐述的党际关系四项原则是以国际共运去"中心"化为基础的，中共对新型党际关系的探索本身就是去"中心"的过程。1986年11月，邓小平在会见日本首相中曾根康弘时指出："我们认为国际共产主义运动没有中心，不可能有中心。我们也不赞成搞什么'大家庭'，独立自主才真正体现了马克思主义。"③ 20世纪80年代末90年代初，随着东欧剧变、苏联解体，国际共运陷入低潮，一些发展中国家的政党希望中国当头以抵御西方世界，西方社会也有人把"世界共产主义运动的新中心"等头衔强加给中国。对此，邓小平告诫全党："我们千万不要当头，这是一个根本国策。这个头我们当不起，自己力量也不够。当了绝无好处，许多主动都失掉了。"④ 去"中心"，去"为首"，不当头，是这一时期党际关系基本原则的又一显著特征和

---

① 中共中央文献研究室编：《十一届三中全会以来党的历次全国代表大会中央全会重要文件选编》（上），北京：中央文献出版社，1997年版，第491页。
② 中共中央文献研究室编：《十一届三中全会以来党的历次全国代表大会中央全会重要文件选编》（下），北京：中央文献出版社，1997年版，第449—450页。
③ 邓小平：《邓小平文选》（第三卷），北京：人民出版社，1993年版，第191页。
④ 同②，第363页。

新的内涵。

三、党际关系四项原则的普适性、科学性

（一）党际关系四项原则的普适性

党际关系四项原则作为马克思主义党际关系理论的主要组成部分，不仅是中国共产党长期探索和坚持的必然结果，也是国际共产主义运动中各国党共同心声的充分反映，凝结了许多党在党际关系问题上进行探索而付出的艰苦努力，具有广泛的适用性。综观国际共产主义运动史，按照马克思主义普遍原理与各国实际相结合的根本要求，一些国家共产党，特别是欧洲国家共产党，很早就开始探索符合自身实际的革命和建设道路，提出了鲜明而卓越的见解主张，为正确处理社会主义阵营中各党各国之间的关系，提供了十分重要的借鉴启示，构成了党际关系基本准则的重要思想来源。

在欧洲各国共产党中，以铁托为首的南斯拉夫共产主义者联盟被认为是国际共产主义运动中的一支劲旅。1937年，铁托就任南共总书记后即把党的领导机构从苏联迁回南斯拉夫国内，开始扎根于本国群众，独立自主地开展本国革命，并坚决反对等待共产国际、苏共指示的依赖思想，反对用别人的头脑代替自己头脑来思考问题的错误做法，明确主张在财政上也必须依靠国内人民，认为从莫斯科领取津贴会造成有害的结果。[①] 1941年，德国法西斯入侵南斯拉夫，南共领导人民群众同侵略者进行了艰苦卓绝的斗争，并最终取得胜利，建立了人民政权。南共在建立新政权之初，一方面奉行对苏友好政策，学习苏联经验；另一方面始终坚持独立自主，注重从本国实际出发，在政权构成、农业社会主义改造等方面都体现自身特色，在道路模式选择上实行工人自治的社会主义，在国家领土主权、对苏经贸关系等问题上坚决反对苏联大国沙文主义和民族利己主义，最后被苏共判定为"走上

---

① 张玉良等：《党际关系的新发展》，北京：解放军出版社，1989年版，第32页。

了资产阶级民族主义的道路"，于1948年被斯大林开除出"共产党工人党情报局"。1953年斯大林去世后，赫鲁晓夫上台，开始有限度地调整斯大林时期对待一些党的粗暴做法。1955年5月27日，赫鲁晓夫主动率苏联党政代表团访问南斯拉夫，6月2日双方发表政府间的《贝尔格莱德宣言》，强调在彼此关系中以及在同其他国家的关系中均应互相尊重主权、独立、领土完整、平等、和平共处、互不干涉内政、反对侵略和控制他国、发展经济和文化合作等原则，实现两国关系正常化。1956年6月20日，南共联盟与苏共再次就党际关系发表宣言，"认为任何一方都不得有强迫对方接受它的关于社会主义发展道路和形式的见解的任何倾向"，双方的合作"应当以完全自愿和平等、友好批评以及就两党的争执问题进行同志式的交换意见为基础"。① 南共坚持独立自主原则的胜利，对于国际共产主义运动和世界社会主义发展都具有重大影响，正如铁托所说，南斯拉夫共产党人的选择"实际上是我国和世界上整个社会主义继续发展的选择，是其他许多党和各国社会主义国家都面临的选择"②。

在铁托和南共的影响下，东欧其他社会主义国家都试图独立自主地走自己的路，努力挣脱同苏共之间的"脐带"，尤其以罗马尼亚共产党（工人党）为代表。与南斯拉夫不同，二战结束后，罗党是在苏联的支持下逐步掌握罗马尼亚政权并建立社会主义制度的，因此，直到20世纪60年代初，罗马尼亚与其他东欧社会主义国家一样，紧跟苏共步调。1958年，苏联基于多方面因素（主要是认为罗马尼亚地理位置安全和对罗党领导人乔治乌·德治的信任），撤出了自1944年起驻扎在罗马尼亚的苏军，这也是罗党努力争取的结果。20世纪60年代初，罗党与苏共在罗工业化问题上发生重大分歧，罗共主张罗"全面工业化"，苏共强调罗"专业工业化"，实际上是对罗工业化的限制。这

---

① 中国人民大学科学社会主义系编：《国际共产主义运动史文献史料选编》（第五卷），北京：中国人民大学出版社，1986年版，第747—748页。
② 铁托：《铁托选集（1961—1973）》，北京：人民出版社，1982年版，第156页。

时，罗党利用中苏两党矛盾尖锐乃至发生中苏大论战等有利国际形势，公开提出独立自主的外交政策。1964年4月，罗党中央发表《罗马尼亚工人党关于国际共产主义和工人运动的立场的声明》，强调"谁也不能为别的国家或别的党决定是与非。制定、选择或者改变社会主义建设的形式和方式，是每个马克思列宁主义政党的职权，是每个社会主义国家的一种主权""没有也不能有'老子党'和'儿子党'，'上级党'和'下级党'，但是有一个各国共产党和工人党权利平等的大家庭，任何党都没有，也不能占据一种特殊的地位，都不能把它的路线和意见强加给其他党。"① 这既是罗党在中苏论战期间对中共立场的呼应，也是对苏共挤压其独立自主发展空间的抗议和抵制。

如果说南共、罗党代表东欧执政的共产党率先发出了独立自主的呼声，那么意大利共产党等则代表西欧非执政的共产党提出了同样的要求。作为二战后发达资本主义国家最强的共产党，意共很早就开始探索走向社会主义的意大利道路，总书记陶里亚蒂作为国际共产主义运动中著名的政治家、理论家，在二战结束后就意识到，在资本主义议会民主制下，意大利"必须通过一些与苏联所走的道路不同的途径来实现社会主义"，体现了其独立自主探索社会主义道路的理论勇气。1956年6月24日，陶里亚蒂在意共中央的报告中结合国际共运发展的新情况明确表示，苏联的经验已经不再是独一无二的了，苏联的模式也不应该再被当成各国党必须遵循的唯一模式，鲜明提出了国际共运中的"多中心论"思想，认为多中心体系"是符合新局势、符合世界结构的改变和工人运动的结构改变本身的，这种体系也符合各国共产党本身之间的关系的新形式"②。1964年8月，陶里亚蒂在《关于国际工人运动及其团结问题备忘录》中，再一次系统地、全面地阐述了意

---

① 齐世荣：《当代世界史资料选辑》（第一分册），北京：北京师范学院出版社，1990年版，第631—632页。

② 人民出版社编：《批判斯大林问题文集》，北京：人民出版社，1956年版，第71—72页。

共对国际共产主义运动重大问题的立场和主张,重申:"各个党的自主(我们是坚决主张各党自主的)不仅仅是我们运动的内在必要,而且也是在目前的情况下我们发展的一个主要条件""我们将反对再一次建立一个集中化的国际组织的任何建议"。① 这些意见和主张得到西欧各国共产党的广泛响应。

20世纪60年代末以后,独立自主在欧洲各国党中更成为不可阻挡的历史潮流。1968年,苏联以军事手段干涉捷克斯洛伐克内政,遭到欧洲各国党的同声谴责。铁托在声明中指出,"这是对一个社会主义国家主权的侵犯和践踏"。罗马尼亚齐奥塞斯库呼吁"必须永远结束对他国党事务的干涉"。意共发表声明指出,苏共的行为"同每个共产党和每个社会主义国家的独立自主原则是不相容的"②。这种情况下,谋求独立自主成为欧洲各国执政、非执政共产党的一致要求。1976年6月,欧洲29国共产党会议在民主德国首都柏林举行,这次会议打破了以往由苏共一手操办的做法,而是由与会各国共产党共同筹备,并在会议通过的文件中明确写上了党与党之间关系,以每个党独立、平等不受外来干涉以及各自选择走向社会主义的道路为原则。1977年3月,意大利、法国、西班牙三国共产党总书记在马德里会晤,发表联合声明,决心在独立、平等、互不干涉内部事务等原则基础上,建立新型的党际关系,宣告欧洲共产主义的诞生。这些都表明欧洲大多数党开始或已经摆脱苏共的控制,走上了独立自主的发展道路。

除了欧洲各党之外,日本共产党也是亚洲地区为开创新型党际关系作出贡献的重要力量之一。早在1960年,81国共产党和工人党代表在莫斯科举行会议期间,日共代表团就坚决反对苏共是国际共运的"中心""先锋队"等提法,反对一部分党提出的以多数表决通过大会

---

① 《意大利共产党反华言论》(第二集),北京:世界知识出版社,1965年版,第106页。
② 张玉良等:《党际关系的新发展》,北京:解放军出版社,1989年版,第38页。

声明的主张及关于设置国际常任机构的建议等。① 中苏大论战期间，日共表示完全支持中共批判苏共的对美外交路线，同时也表示，"党始终坚持自主的立场，决不采取无原则地追随中国共产党去批判苏联共产党领导的态度。"② 1975 年，日本共产党在同罗共、意共、法共、南共联盟、古共等的交往会谈中"共同确认，独立自主的立场是世界共产主义运动的理所当然的原则""独立自主是无法逆转的趋势"。③

由此，20 世纪 70 年代末 80 年代初中国共产党提出党际关系四项原则，既是对历史经验教训的深刻总结，也是对各国党艰苦探索的充分体认和强烈共鸣。1979 年 3 月，意共在与中共内部会谈时就强调"平等准则""严格尊重各党自主作出的政治判断和决定"，排除以任何形式对各党内部生活进行直接或间接干涉，"主张自由地、负责任地提出看法"和展开"坦率、开诚布公"的讨论，强调分歧不应阻碍合作。④ 1982 年 6 月 7 日，胡耀邦在会见荷兰共产党主席亨克·胡克斯特拉时重申党际关系四项原则。胡耀邦说："我看有几条基本原则，前年与贝林格（意共总书记）、卡里略（西共总书记）都谈过，他们俩也都赞成。"⑤ "如不实行上述原则，将对共运整体不利。"⑥ 1984 年 5 月，胡耀邦对来访的南共联盟中央主席团主席马尔科维奇说："你们和欧洲、亚洲的一些党都是当代开创各国党之间新型关系的先驱者。你们在这方面创造了许多宝贵的新经验，从而对现代国际共产主义运动作出了可贵的贡献。"⑦ 这既是对各国党探索努力的充分肯定，同时也

---

① 日本共产党中央委员会编：《日本共产党的六十年》，北京：人民出版社，1986 年版，第 196 页。
② 同①，第 210 页。
③ 同①，第 426 页。
④ 《中联部四十年 1951—1991》，北京：人民画报出版社，1992 年版，第 378 页。
⑤ 吴兴唐：《中共党际关系"四项原则"的由来》，载《中国新闻周刊》，2012 年第 24 期，第 86 页。
⑥ 蔡武主编：《中国共产党对外工作大事记（1949.10—1999.12）》（下册），北京：当代世界出版社，2001 年版，第 465 页。
⑦ 胡耀邦：《中国独立自主对外政策的实质》，载《人民日报》，1984 年 5 月 19 日，第 2 版。

表明，围绕党际关系四项原则的重要观点多是党的领导人在与世界各国，特别是欧洲共产党领导人会谈交流中提出并阐述，本身就蕴含了党际关系四项原则的广泛适用性。

党际关系四项原则正式提出后，得到了各国各类政党的广泛认同。1993年5月以色列工党代表团访华期间明确表示，"工党赞赏中国共产党提出的党际关系四项原则。认为政党关系应得到发展，而不应受不同社会制度、哲学思想和意识形态的影响。"① 1996年12月，中联部部长李淑铮接受《人民日报》记者年终专访时说："马来西亚国民阵线表示，中共提出的党际关系四项原则和党际交往不以社会制度和意识形态的异同为前提和条件，也符合他们同各国执政党发展党际关系的原则。我党今年应邀参加委内瑞拉基督教社会党建党50周年庆祝活动时，在36个与会的外国政党中，我是唯一的非基民主义政党。该党认为我党对外交往原则符合社会主义和国际公正的主张。"② 1997年5月，尼泊尔共产党（联合马列）中央常委卡纳尔访华期间表示，"完全赞同中国共产党关于党际关系四项原则，强调国际共运不应有一个指挥中心，各国共产党应根据本国的实际确定自己的路线、政策和革命道路"③。1998年2月，韩国自由民主联盟名誉总裁金钟泌访华时表示，"完全同意并尊重中国共产党党际关系四项原则，愿在此基础上同中国共产党正式建立关系"④。3月11日，韩国联合执政党新政治国民会议代总裁赵世衡对到访的中联部副部长李成仁时表示，"新政治国民会议完全同意并赞赏中国党的党际关系原则"⑤。2000年9月，新西兰

---

① 《中国共产党对外工作概况》编委会编：《中国共产党对外工作概况1994》，北京：当代世界出版社，1994年版，第107页。

② 李淑铮：《深化政党交往 推进国家关系》，载《人民日报》，1996年12月20日，第7版。

③ 《中国共产党对外工作概况》编委会编：《中国共产党对外工作概况1998》，北京：当代世界出版社，1999年版，第236页。

④ 《中国共产党对外工作概况》编委会编：《中国共产党对外工作概况1999》，北京：当代世界出版社，2000年版，第79页。

⑤ 同④。

国家党主席斯莱特访华时表示，完全赞同中共提出党际交往原则，认为"只要遵守这四项原则，世界各类政党就可以友好相处，推动国家关系的顺利发展"①。正如江泽民所说："中国改革开放以来，中国共产党在与各国政党交往过程中，提出了独立自主、完全平等、互相尊重、互不干涉内部事务的新型党际关系四项原则，得到了世界各国各类政党的普遍赞同。"②

（二）党际关系四项原则的科学性

党际关系四项原则之所以能够与各国党产生强烈共鸣，除了中共与各国共产党在各自革命与建设实践中谋求独立自主、反对外来干预特别是反对大党主义、大国主义的共同体验之外，根本还在于这一思想原则的科学性、统一性和内在逻辑性。"独立自主、完全平等、互相尊重、互不干涉内部事务"四个方面各有特定内涵，同时又紧密关联，相互支撑，共同构成一个有机整体。因此，从根本上讲，党际关系四项原则的普适性来源于它的科学性。

在党际关系四项原则中居首的独立自主原则是以国际共产主义运动为背景而产生的，是处理各国无产阶级政党间相互关系的根本原则。独立自主首先是作为与无产阶级国际团结相互关联的概念而提出的，即各国无产阶级及其政党要实现国际联合和团结统一，必须首先独立自主地开展国内斗争。胡耀邦同志就此进行解释时指出："没有各国党的独立自主，也就无所谓国际主义。"③ 独立自主是无产阶级国际团结的题中之义，也是无产阶级解放斗争的必由之路；无产阶级国际团结是独立自主原则得以确立的根本理论依据。由此，独立自主在逻辑上

---

① 《中国共产党对外工作概况》编委会编：《中国共产党对外工作概况2001》，北京：当代世界出版社，2002年版，第457页。
② 蔡武主编：《中国共产党对外工作大事记（1949.10—1999.12）》（下册），北京：当代世界出版社，2001年版，第946页。
③ 胡耀邦：《中国独立自主对外政策的实质》，载《人民日报》，1984年5月19日，第2版。

包含以下几层涵义：

第一，各国党领导本国革命和建设事业，首先是自己的事，在依靠自己与争取外援方面，主要立足于依靠自己的力量自力更生，而不是首先眼睛向外，单纯依靠外援或坐等国际条件成熟，国际援助只是辅助性的。正如邓小平所说："中国的事情要按照中国的情况来办，要依靠中国人自己的力量来办。"① 第二，各国党首先对本国和本国人民负责，而不是对某一个外国党或国际中心负责。苏共曾认为，"每个党对本国工人阶级和人民负责同各国劳动人民的相互支持、同对整个国际共产主义运动和工人运动负责是联系在一起的。"② 这一观点显然是为苏共作为国际共运"领导党"和"中心"的地位服务的。第三，在斗争事业的指导方略上，只有本国党才最了解本国的实际情况，才最有发言权，任何党都有权力和资格独立自主地根据本国实际情况运用马克思主义，发展马克思主义，自己选择本国革命、建设发展道路和方式，而不是照搬别党别国的现成模式。第四，在一切外交、国际问题上，各国党依据事情本身的是非曲直决定自己的立场和主张，不依附于任何外国党，不受任何外国党的指示，不为任何"共同利益"和"联合行动"而受制于人，不服从于某个大党大国的外交斗争和政策需要，任何党也不得以同样的理由试图指示和控制他党。第五，在组织管理上，各国党一切内部事务，包括道路选择、方针政策、人事安排，以及如何处理同其他党、其他国家的关系，都应当独立自主地自行处理，反对任何外来干涉和控制。第六，独立自主是一项普遍原则，不是某一个党的专利。中共中央《关于建国以来党的若干历史问题的决议》中指出，"我们坚持独立自主，也尊重别国人民独立自主的权利"③，不是一方面反对别人强加于己，另一方面自己又强加于人。

---

① 邓小平：《邓小平文选》（第三卷），北京：人民出版社，1993年版，第3页。
② 尤·安·克拉辛主编，俞邃等译：《国际共产主义运动》，北京：人民出版社，1986年版，第440页。
③ 中共中央文献编辑委员会：《毛泽东著作选读》（上册），北京：人民出版社，1986年版，第12页。

1980年5月，邓小平在同中央领导同志谈话时指出："我们反对人家对我们发号施令，我们也决不能对人家发号施令。这应该成为一条重要的原则。"① 概而言之，独立自主事关一个党、一个国家的革命建设事业兴衰成败，是各国党存在和发展的基本立足点，是党际关系四项原则中最根本、最核心的原则。

如果说独立自主原则是党际关系四项原则的核心和根本，那么完全平等、互相尊重、互不干涉内部事务则是这一原则的自然延伸，是从不同角度对这一原则的进一步补充和强化。如果只有独立自主而没有其他三项原则，独立自主也不可能真正落实。

完全平等，就是指各国党不论大小、历史长短、执政与否，都一律平等，党与党之间本质上是同志式的平等关系。各个党在马克思主义面前一律平等，都有对马克思主义的解释权，任何党都不能凭借自己的地位垄断这一权力。任何党都不能对别国党指手画脚，发号施令，充当别人的救世主。为此必须坚决反对各种形式的大党主义、大国沙文主义。任何一个党都不得以"老子党"自居，凌驾于别国党之上，不允许把一党主张当作国际共产主义运动的共同纲领，强加于其他党。同时还要反对任何形式的"中心论"，反对赋予任何党以"领导党""领导中心"的地位，否则，就不可能真正做到"完全平等"。

互相尊重，其认识论根源在于任何政党都不可能穷尽对真理的认识，都存在各自认识问题的局限性，也就不可能一直正确，或在所有问题上都正确。每个党都各有自己的优劣长短，各有自己的经验教训，因此必然需要互相借鉴、互相尊重，其中最为重要的是尊重对方的道路选择。邓小平就此曾经指出，"我想有一点最重要，就是任何大党、中党、小党，都要相互尊重对方的选择和经验，对别的党、别的国家的事情不应该随便指手画脚"。② 在谈到欧洲共产主义时，邓小平说："欧洲共产主义是对还是错，也不应该由别人来判断，不应该由别人写

---

① 邓小平：《邓小平文选》（第二卷），北京：人民出版社，1994年版，第319页。
② 邓小平：《邓小平文选》（第三卷），北京：人民出版社，1993年版，第236页。

文章来肯定或者否定，而只能由那里的党、那里的人民，归根到底由他们的实践做出回答。"① 党与党之间出现矛盾时，应当本着求同存异、友好协商的态度，而不是把一方的意见强加给另一方。

互不干涉内部事务，是指各国党都有处理自己一切事物的自主权利，不容许任何外来势力越俎代庖。任何党不得以任何借口，对别国党施加舆论、政治、经济甚至军事方面的压力和影响，把自己的观点和意志强加于人。同时，不干涉内部事务原则还包括不利用党的关系去干涉对方国家的内政，不利用双边党际关系去损害第三方利益。

作为对历史实践和历史经验教训的总结，独立自主、完全平等、互相尊重、互不干涉内部事务的党际关系四项原则各有特定内涵和作用，又紧密关联、相互支撑，共同构成了党际关系基本原则的有机整体。

四、坚持党际关系四项原则的根本要求和基本经验

党际关系四项原则是马克思主义党际关系理论的重大发展，具有恒久的指导意义，需要长期坚持。要始终践行好这些原则，必须坚持做到以下五点，这些既是党际关系四项原则的题中之义和自然延伸，也是坚持这些原则的基本经验。其中第一、第二点可谓坚持四项原则的根本要求与基本前提，第三、第四、第五点则是对政党外交实践的经验总结。

（一）必须坚决反对大党主义、大国主义

如前所述，以独立自主为核心的党际关系四项原则是在国际共产主义运动的历史实践中，针对党与党之间的不平等现象，尤其是针对苏共在处理党际关系问题上的错误做法而提出的。考察苏共关于党际关系的思想理论可以发现，一方面，苏共对于独立自主等原则在理论

---

① 邓小平：《邓小平文选》（第二卷），北京：人民出版社，1994年版，第319页。

上并不排斥,甚至赞同。由苏共中央审订的供各加盟共和国党校和州际高级党校使用的《国际共产主义运动》教材中,共概括了九条关于"共产党相互关系的原则和准则",其中第一、第二条分别是:"所有党都是自主、平等和独立的,严格遵守互不干涉内部事务的原则",各国党"根据本国具体条件在马克思列宁主义原则基础上制定政策"。① 并进一步解释:"各党的独立性排除它们当中任何一个党觊觎霸权主义和在运动中的特殊地位或特权""独立性保证合作是自愿参加的,从而它是持久的。"② 但另一方面,苏共在阐释独立自主时又引入了"民族性"与"阶级性","民族的尺度"与"阶级的尺度"等概念,试图以无产阶级政党之间国际合作的阶级性,否定各党基于国内斗争的民族性,称"若把各党的独立性仅仅归结为民族方面的问题,那就错了"③,进而把独立自主归结为各党"对国际共产主义运动的共同事业和对共产主义队伍的团结的高度责任感"④。这就在实际上否定了独立自主等原则,至少使这些原则大打折扣。

苏共之所以在处理党际关系问题上不能真正坚持独立自主等原则,而是把这些原则作为幌子,根本在于其骨子里的大党主义和大国沙文主义。苏共党际关系理论虽然也有关于独立自主等原则的阐述,但从来不提反对大党主义和大国沙文主义。纵观国际共运史以及苏共党际关系史,苏共往往打着所谓"共同阶级利益""国际团结合作""无产阶级国际主义""反对狭隘民族主义"等旗号,依仗自己独特地位和强大势力,对兄弟党的事妄加评论、指手画脚,垄断对马克思主义的解释权,通过舆论、组织、经济乃至军事等手段,干涉他党他国内部事务,甚至以武力进行干涉。在大党主义、大国主义的支配和影响下,独立自主等原则在苏共处理同兄弟党关系时名存实亡。

---

① 尤·安·克拉辛主编,俞邃等译:《国际共产主义运动》,北京:人民出版社,1986年版,第440页。
② 同①,第442页。
③ 同①,第443页。
④ 同①,第446页。

中国共产党既是独立自主等原则的坚定倡导者、捍卫者，也是苏共大党主义、大国主义的受害者和坚决抵制者，之所以能够坚定地坚持独立自主等原则，根本就在于坚决地反对大党主义和大国主义，其中既包括对苏共错误的戒拒，也是对自身作为大党的警醒、自省。1962年4月7日，中共中央致信苏共中央指出，"苏联是大国，中国也是大国。无疑的，我们都应该把列宁关于反对大国沙文主义的遗训铭记在心。"① 1964年3月，邓小平在会见柬埔寨代表团时指出："要犯大国沙文主义的错误，我们也有点资格，我们是个落后国家，表面上看起来还像个大国。""如果我们真有大国沙文主义，你们就应该反对。"② 1980年5月，邓小平在反思党际关系历史时说："我们在处理党与党之间的关系时，总的来说是清醒的。但是回过头看看，我们过去也并不都是对的。"③ 对此，胡耀邦讲得更明确："过去我们在处理与别国党的关系方面也有过缺点和错误，特别是片面地根据自己的经验和实践来论断和评价别国党的是非，对某些党曾经造成不利的后果。"④ 这里主要是指20世纪60年代初到20世纪70年代末，由于"左"的思想干扰，中国共产党在处理同一些党（比如日共、意共、南共联盟等）关系问题上，也出现过把自己的意见和思想主张强加于人的现象，实际上也犯了大党主义的错误。但总的来说，中共始终对大党主义和大国沙文主义保持警戒。1974年2月22日，毛泽东会见赞比亚总统卡翁达，谈到反对大国沙文主义。当卡翁达赞扬中国援赞工程人员时，毛泽东说："我们是共产党啊，应该好一点！我们的人也犯了一些错误呢。要教育。共产党内也有大国沙文主义。有一些人看不

---

① 中央档案馆、中共中央文献研究室编：《中共中央文件选集（1949.10—1966.5）》（第三十九册），北京：人民出版社，2013年版，第262页。
② 中共中央文献研究室编：《邓小平文集（一九四九—一九七四）》（下卷），北京：人民出版社，2014年版，第197页。
③ 邓小平：《邓小平文选》（第二卷），北京：人民出版社，1994年版，第319页。
④ 胡耀邦：《中国独立自主对外政策的实质》，载《人民日报》，1984年5月19日，第2版。

起第三世界一些国家的人民,所以应该教育。我委托你教育中国的工程人员,还有尼雷尔总统,也应该这样做。在你们那里工作的,世界上的人做了坏事,不管哪个国家的都应该教育、处分或者把他们赶回去。不然那些人就把尾巴翘到天上。"①

(二)在国际共运中慎用"中心论"

所谓"中心论",特指国际共产主义运动中,特定的党,尤其是大党以其领导本国革命的卓越成就和对国际共运的划时代贡献,在一定历史时期往往被赋予特别的地位,即所谓国际共运或世界革命的"中心"。19世纪40年代,马克思主义诞生在西欧,揭开了国际共产主义运动和国际工人运动的帷幕。在此过程中,先后建立了第一、第二国际,而马克思的故乡德国因此被称为世界革命的"中心",德国社民党也因此享有世界社会主义运动"龙头"的地位。进入20世纪,在列宁主义指导下,俄国取得十月革命的胜利,并成为世界上第一个社会主义国家。在这种情况下,俄国接替德国成为世界革命新的"中心",共产国际成为整个国际共运的指挥中心。1943年共产国际解散后,随着一批社会主义国家的出现,形成了以苏联为首的社会主义阵营,苏共成为事实上的主导力量。但是,不同于共产国际按照章程享有的指挥中心的地位,苏共这种事实上的"中心"既需要苏共自身的承认和接受,更需要各国党的认可和加持。

如前所述,新中国成立后,中国共产党作出"一边倒"的外交决策,全面倒向以苏联为首的社会主义阵营。出于坚定地维护社会主义阵营团结的愿望,中国共产党从一开始就提出了"以苏为首"的主张,特别是在1957年莫斯科会议期间,毛泽东就明确提出"以苏为首",认为"我们社会主义阵营总得有个头,第一个社会主义国家是苏联,最强大的共产党是苏联,最强大的社会主义国家还是苏联,由它当这

---

① 中共中央文献研究室编:《建国以来毛泽东文稿》(第十三册),北京:中央文献出版社,1998年版,第381页。

个头是很自然的"①"没有中心,譬如说没有苏联共产党,那么就会变成无政府主义。"② 赫鲁晓夫也曾提出"以中苏为首",毛泽东说:"在为首这个问题上,我们不能跟你们平起平坐,我们还差得远"。最后赫鲁晓夫接受了"以苏为首"的提法。③ 在中共的坚持下,"莫斯科会议指出了苏联作为社会主义国家的团结中心的作用",会后《人民日报》又发表社论,强调"加强以苏联为首的社会主义阵营的团结,加强以苏联共产党为中心的国际共产主义运动的团结",等等。④ 1959年1月,苏共二十一大召开前夕,苏共以"以苏为首"的提法会给资本主义国家的党造成困难为由,提出取消这个提法,并为此征求中共意见。对此,率团出席苏共二十一大的周恩来明确表示不赞成,认为"社会主义阵营要有一个头,以苏联为首,这是自觉的,莫斯科会议文件也写进去了,这个武器不能取消,否则就等于把刀子交给敌人,让他们搞我们"⑤。取消"以苏为首"提法一事最后不了了之。

与此同时,苏共也很重视发挥中共在社会主义阵营中的作用。早在1949年6月刘少奇率中共代表团访问苏联期间,斯大林就说过,为了国际革命的利益,咱们两家来个分工,你们多做东方和殖民地、半殖民地国家的工作,在这方面多多发挥你们的作用和影响。我们对西方多承担些义务,多做些工作。⑥ 斯大林去世后,赫鲁晓夫、伏罗希洛夫等苏联领导人在不同场合都提过"以中苏为首"。⑦ 1957年5月伏罗希洛夫访华期间,毛泽东谈到中国对外政策时说,中国作为一个亚洲

---

① 阎明复:《阎明复回忆录》(一),北京:人民出版社,2015年版,第413页。
② 同①,第423页。
③ 吴冷西:《十年论战:1956—1966中苏关系回忆录》(上),北京:中央文献出版社,1999年版,第131页。
④ 《共产党和工人党莫斯科会议宣言(1957年11月)》,北京:人民出版社,1960年版,第32—33页。
⑤ 同①,第522—523页。
⑥ 师哲回忆,李海文整理:《在历史巨人身边 师哲回忆录》,北京:中央文献出版社,1991年版,第412页。
⑦ 同①,第283页。

大国，首先感兴趣的是亚洲事务。毛泽东提到1949年同斯大林的一次谈话，当时取得了一定共识，那就是中国主要把自己的注意力集中在亚洲问题上。① 1958年8月1日，赫鲁晓夫访华时再次谈到国际共运中的中苏分工问题，他对毛泽东说："如果分工，我们只能多考虑考虑欧洲的事情，你们可以多考虑考虑亚洲的事情。"② 毛泽东以不干涉别党事务为由予以婉拒。

1964年2月4日，中共发表《苏共领导是当代最大的分裂主义者》中指出：苏共领导走上了修正主义和分裂主义的道路以后，他们也就丧失了在国际共产主义运动中'为首'的地位。③ 这表明中共正式放弃"以苏为首"的提法，否定了苏联的中心地位。1967年11月6日，《人民日报》等联合发表纪念十月革命50周年的署名文章，正式向世界宣布"世界革命的中心已经转移到中国"。尽管后来毛泽东、周恩来等在不同场合多次为"中国中心论""以中国为首"降温，但这一时期，尤其是"文化大革命"期间，中国实际上自我充当了"中心""为首"的角色。

由此可见，"中心""为首"是20世纪70年代末之前国际共产主义运动的基本特点和党际关系的基本格局。1957年莫斯科会议期间，毛泽东等在同其他党领导人的交流中反复强调，以苏联为中心不等于苏共与其他党的关系是父子党的关系，并不等于苏联说了算，各党之间是完全平等的。④ 但从国际共运和党际关系实践看，只要有"中心""为首"的角色存在，完全平等、互相尊重等党际关系原则必然要大打折扣。从根本上讲，"中心论"实际上赋予了处于"中心"地位的大党、大国以某种特殊权利，使其很容易利用这种身份，打着某种旗号

---

① 阎明复：《阎明复回忆录》（一），北京：人民出版社，2015年版，第354页。
② 同①，第505页。
③ 《关于国际共产主义运动总路线的论战》，北京：人民出版社，1965年版，第314页。
④ 吴冷西：《十年论战：1956—1966中苏关系回忆录》（上），北京：中央文献出版社，1999年版，第76、102页。

对其他党发号施令。正因如此，1957年莫斯科会议期间，在讨论中共提出的"以苏为首"时，"有些兄弟党就反对，波兰反对，南斯拉夫反对，意大利也反对，还有其他党虽然没有提出反对，但心里也是不赞成的，对我们的提法不表示态度。"①

同时，实践表明，这种"为首"的地位不仅使党际关系中的独立自主等原则大打折扣，而且还容易造成党际关系与国家关系的失衡，即过早过多地承担国际责任会对国内建设和人民生活造成负面影响。正因如此，20世纪80年代，邓小平在总结历史经验教训基础上，反复强调国际共运中不搞"大家庭"，不搞"中心""为首"，明确中国不"出头"、不"扛旗"。1998年7月21日，江泽民会见日共委员长不破哲三时说："各国共产党人可以在平等和互相尊重的基础上进行交流和探讨"，明确表示党际关系中"不存在'中心'"。② 因此，中共坚持党际关系四项原则，在国际共产主义运动理论和实践中，慎用"中心论""为首论"。

（三）始终做到真诚热情谦逊

中国共产党作为全世界数一数二的大党，作为党际关系四项原则的倡导者，在对外关系实践中必须始终做到真诚、热情、谦逊。1956年，刘少奇在中共八大政治报告中指出，"对待任何兄弟党，都必须采取热情的和谦虚的态度，必须坚决反对任何大国主义和资产阶级民族主义的危险倾向。"③ 中共八大期间，毛泽东对南共联盟代表团表示："我们有对不起你们的地方。过去听了情报局的意见，我们虽然没有参加情报局，但对它很难不支持。……你们承认我们，我们没有反对，

---

① 吴冷西：《十年论战：1956—1966 中苏关系回忆录》（上），北京：中央文献出版社，1999年版，第132页。

② 蔡武主编：《中国共产党对外工作大事记1949.10—1999.12》（下册），北京：当代世界出版社，2001年版，第941页。

③ 中共中央文献研究室编：《建国以来重要文献选编》（第九册），北京：中央文献出版社，1994年版，第117页。

当然也不应该反对，也没有理由反对。那时有一个原因，就是苏联朋友不愿意我们和你们建交。既然独立，为什么要听他们的话？那时苏联提出这样的意见，我们不同意也很不利。"① 这种真诚态度使南共联盟代表团很受感动。根据日本共产党党史记录：1959年3月，日本共产党访华期间，毛泽东在谈到日共五〇年问题②时坦率地承认，当时中共对日本问题采取的态度有错误，并积极主动地表示，当时对日共曾采取过干涉其内部事务的措施，关于《五一年纲领》问题，尽管主要由斯大林发挥了领导作用，但中共也附和了他们，这一点是不正确的。后来，日共领导人宫本显治回忆说："当时，我们把五〇年问题当作日本共产党本身的问题加以解决，避免公开涉及同外国党的关系，苏联共产党对这个问题完全装聋作哑，相形之下，中国共产党领导人则能够坦率地表示反省。当时我们很感动，认为这是令人钦佩的态度。"③ 这种坦诚的态度，是一种对兄弟党的充分尊重。这种尊重也体现在1963—1964年中苏大论战期间处理党际关系的具体实践中。

1963年3月30日，苏共中央致信中共中央，提出国际共产主义运动总路线问题，并阐明对总路线的一系列观点，希望以此作为中苏两党会谈的基础。对于这个事关国际共运方向的重大问题，中共中央十分重视，就如何答复进行反复研究讨论，其中关键环节就是征求兄弟党意见。5月17日，中共中央将给苏共来信拟就的复信稿报毛泽东审阅，次日毛泽东指示先征求在北京的外国党同志和一些外国专家的意见。这样先后征求了缅甸党、马来西亚党、泰国党等东南亚国家党的负责人以及艾德勒等美国共产党党员的意见，并专门请朝鲜党、越南党派代表团来中国，征求他们的意见。5月29日，毛泽东在会见金日成时说："请你们提意见，看看草稿行不行，需要大改还是小改。"

---

① 中华人民共和国外交部、中共中央文献研究室编：《毛泽东外交文选》，北京：中央文献出版社、世界知识出版社，1994年版，第251—252页。
② 日本共产党中央委员会：《日本共产党的六十年》，北京：人民出版社，1986年版，第142—153页。
③ 同②，第179页。

"这封复信不是作为一个共同文件提出来,而是中国党的建议,由我们党负责,错了打我们的屁股。"还说:"本来还应该征求阿尔巴尼亚同志的意见,因为相隔万里,来往不便,只好作罢。""印尼党和日本党是资本主义国家的大党,可惜也不能征求他们的意见了。"① 6月4日,毛泽东会见越南党代表团,在谈到越南同志提出的全民党、全民国家的经济基础问题时说:"这是个原则问题。我们没有触及,你们越南同志看出来了,这很好。"② 1964年2月《七评》发表后,中央考虑如何回复1963年11月29日苏共中央来信。为此,中共中央再次向各兄弟党征求意见。2月9日,邓小平率代表团访问越南,任务之一就是征求越南党意见。访问期间,邓小平说,凡是能够接触到的亚洲党、欧洲党、大洋洲的党,以至美洲的党,都想征求他们的意见。③ 征求意见作为一种工作方法,容易使不同党达成共识、减少分歧,同时也表达了对其他党的充分尊重和真诚态度。

(四) 妥善处理同小党的关系

作为大党,中共处理党际关系的对象主要是比自己小的政党,如何处理好同小党的关系,无疑应当受到特别重视。

一是要敢于在国际场合为小党小国主持公道,伸张正义。1960年莫斯科会议期间,刘少奇针对苏共攻击阿尔巴尼亚党"忘恩负义"一事对赫鲁晓夫说,你们是大党、大国,应该有大党大国的肚量,不计较小兄弟这点那点缺点,希望你们以大局为重,不要整阿尔巴尼亚。④ 并对波兰党在苏共欺凌阿尔巴尼亚党问题上的不当行为表示愤慨,刘少奇对波党领导人哥穆尔卡说,苏联采取那样霸道、那样蛮不

---

① 吴冷西:《十年论战:1956—1966中苏关系回忆录》(下),北京:中央文献出版社,1999年版,第568、570页。
② 同①,第574页。
③ 同①,第667页。
④ 吴冷西:《十年论战:1956—1966中苏关系回忆录》(上),北京:中央文献出版社,1999年版,第416页。

讲理的做法欺负一个小党，在内部搞颠覆活动，你们一点也不说话。相对而言，你们是大党，阿尔巴尼亚是小党，你们应该有大党的风度。对苏联搞大党主义的那种做法你们有体会，你们应该帮阿尔巴尼亚说些公道话。这种坚持立场、主持公道的做法赢得了其他兄弟党的敬佩。

二是坚持奉行大小政党一律平等的原则。1991年12月19日至20日，中联部副部长李淑铮在中国驻意使馆先后会见圣马力诺天主教民主党总书记P. M. 梅尼古齐、圣马力诺社会党主管国际事务的副书记F. 斯托尔菲等。梅尼古齐对中国共产党奉行大小政党一律平等的原则表示赞赏。斯托尔菲强调，圣马力诺社会党很愿意同中国这样一个大国大党的代表就重大国际问题交换意见。①

三是对小党除了讲政治上的平等，在交往中做到热情周到也容易产生突出的政治效果。2004年9月3日至5日，第三届亚洲政党国际会议在北京举行。中共中央对这次会议十分重视，决定给予最高规格。3日下午五时三十分，胡锦涛总书记在人民大会堂与各代表团团长分别握手、照相并全体合影，然后举行晚宴。也门全国大会党副总书记阿斯巴希一行因航班延误不能准时抵达，按常规流程不能参加胡锦涛的接见。也门是最早承认新中国的阿拉伯国家之一，全国大会党作为也门执政党一直对华友好。错过上述活动，无疑十分遗憾。这时，负责接待的中联部同志减少接待环节，想尽办法帮助代表团在晚宴期间赶到，阿斯巴希受到胡锦涛接见并合影留念。阿斯巴希后来说："我们虽然来得最晚，但却是最幸运的。我不仅见到了胡锦涛总书记，还同他握手、照相，并亲口转达了萨利赫总统的亲切问候。我感到十分荣幸。这张照片是也中友谊的最好象征！我将永远引以为豪！"②

四是坚持原则，反对小党的沙文主义。毛泽东曾讲："大国有沙文

---

① 《中国共产党对外工作概况》编委会编：《中国共产党对外工作概况1992—1993》，北京：当代世界出版社，1993年版，第162—163页。
② 周云霞：《迟到的会见，深刻的感受——亚洲政党国际会议中的一段友好佳话》，载《当代世界》，2004年第11期，第21—23页。

主义，小国也有沙文主义。大国有大国主义，小国对比自己小的国家也有大国主义。"① 小国的沙文主义在国际共运中也是常见的。比如，20世纪70年代末越南党对当时老挝党、柬埔寨党推行了沙文主义和地区霸权主义，最后发展到武装入侵柬埔寨，对老挝进行军事控制，引发地区形势的不稳定。

（五）善于运用党际关系四项原则维护自身利益

在实践中运用党际关系四项原则必须根据不同的情况，将原则性与灵活性相结合，以维护国家利益。进入20世纪90年代，国际共产主义运动遭受挫折。在这种情况下，西方国家一些政党，包括一些过去与中共友好往来的政党，在不了解真相的情况下，利用国际大气候对中国进行谴责，干涉中国内政。关键时刻，中国共产党以党际关系四项原则为武器作坚决斗争，特别是有针对性地强调互相尊重和互不干涉内部事务原则的重要性。

1989年12月28日，江泽民在会见苏共中央国际部代表团时指出："在国与国之间我们坚持和平共处五项原则，在党与党之间我们坚持党际关系四项原则。我们决不输出革命，但也不允许别人干涉我们内政，扭转我们的社会主义发展方向。"② 1991年7月，中联部部长朱良接受新华社记者采访，针对西方一些政党和政治势力的肆意干涉，特别强调，"党际关系四项原则的核心是互不干涉内部事务。我党既不干涉别国党的内部事务，不利用党的关系去干涉别国内政和党的内部事务，同时也不允许别国党干涉我国内政和我党的内部事务""历史经验证明，遵循党际关系四项原则，政党与政党之间的关系就能健康发展；违反这四项原则就会在相互关系中出现障碍""任何一个政党都不应以

---

① 吴冷西：《十年论战：1956—1966中苏关系回忆录》（上），北京：中央文献出版社，1999年版，第68页。
② 蔡武主编：《中国共产党对外工作大事记1949.10—1999.12》（下册），北京：当代世界出版社，2001年版，第678页。

自己的意识形态和价值观念的标准去指责或攻击意识形态与自己不同的政党。否则，就会损害相互间正常关系的发展。"① 1992年7月，中共中央政治局常委宋平在会见意大利左翼民主党代表团时强调，党和党之间应"尊重事实，恪守党际关系四项原则，特别是完全平等、互不干涉内部事务的原则"②。1998年7月20日，胡锦涛在会见日共中央政治局委员长不破哲三时特别强调"互相尊重"。江泽民指出，"这是党际关系中最核心的内容"③。以上这些，都是中共针对20世纪90年代初以来国际社会，特别是西方一些政党试图干涉中国内政的有力回应，也是对党际关系四项原则在新时期的坚持和灵活运用。

总之，在实践中坚持好、发展好党际关系四项原则，一方面必须坚决反对大党主义、大国主义，充分认识"中心""为首"论的负面影响。另一方面，要始终做到热情真诚谦逊，妥善处理好同小党的关系，坚持原则性与灵活性的统一。中共十九大报告指出，"中国无论发展到什么程度，永远不称霸，永远不搞扩张。"④ 中国正日益走近世界舞台中央，反对大党主义、大国主义，对于破解"国强必霸"的西方逻辑，具有重要意义。反对大党主义、去"中心（为首）"，既是四项原则的题中之义和自然延伸，也是坚持四项原则的根本要求和基本前提。

2013年10月，习近平总书记在周边外交座谈会上提出"亲、诚、惠、容"的周边外交理念，为新时代践行党际关系四项原则提供了新的指导方针。2013年12月26日，习近平总书记在纪念毛泽东同志诞辰120周年座谈会上的讲话中指出："我们要根据事情本身的是非曲直

---

① 《中国共产党对外工作概况》编委会编：《中国共产党对外工作概况1992—1993》，北京：当代世界出版社，1993年版，第59页。
② 同①，第412页。
③ 蔡武主编：《中国共产党对外工作大事记1949.10—1999.12》（下册），北京：当代世界出版社，2001年版，第940页。
④ 习近平：《决胜全面建成小康社会 夺取新时代中国特色社会主义伟大胜利》，北京：人民出版社单行本，2017年版，第59页。

决定自己的立场和政策,秉持公道,伸张正义,尊重各国人民自主选择发展道路的权利,绝不把自己的意志强加于人,也绝不允许任何人把他们的意志强加于中国人民。"① 2016年7月1日,习近平总书记在庆祝中国共产党成立95周年大会上重申:"中国共产党将在独立自主、完全平等、相互尊重、互不干涉内部事务原则的基础上,同各国各地区政党和政治组织发展交流合作,促进国家关系发展。"②

五、新时代坚持新型政党关系指导原则

2017年11月30日至12月3日,在首次举办的中国共产党与世界政党高层对话会上,习近平总书记提出,不同国家的政党应该增进互信、加强沟通、密切协作,探索在新型国际关系的基础上建立求同存异、相互尊重、互学互鉴的新型政党关系。新型政党关系是中国共产党适应形势发展提出的在交往中应恪守和秉持的基本理念、原则和策略,适应世界上各个国家的各类政党(包括执政党、参政党、合法在野党、未建交国各类政党)及政党国际组织促进国家关系发展、构建人类命运共同体的需要。习近平总书记关于建立新型政党关系的倡议是在继承中国共产党党际关系四项原则的基础上,根据新时代新要求,把中国共产党党际关系理论提升到的崭新高度,这无疑是政党外交思想的重大创新。

"求同存异"是周恩来于20世纪50年代在印尼万隆召开的第一次亚非会议上正式提出的。周恩来指出,"我们的会议应该求同而存异""在亚非国家中是存在有不同的思想意识和社会制度的,但这并不妨碍我们求同和团结"。③ 此后,求同存异成为中国外交的一个重要政治主

---

① 中共中央文献研究室编:《十八大以来重要文献选编》(上),北京:中央文献出版社,2014年版,第700页。
② 习近平:《习近平谈治国理政》(第二卷),北京:外文出版社,2017年版,第42—43页。
③ 中华人民共和国外交部、中共中央文献研究室编:《周恩来外交文选》,北京:中央文献出版社,1990年版,第121—122页。

张，也成为外交实践的重要方针。现在我们仍坚持求同存异，超越政党间在文化、民族、理念、信仰和地域等方面的差异和分歧，克服困难，携手合作，减少"异"的摩擦，以扩大"同"的内涵，努力寻求各国政党的最大公约数。

构建人类命运共同体需要世界各国政党普遍参与，要着力增强引领全球治理体系变革、提升推动构建人类命运共同体的政党能力，秉持共商、共建、共享的原则，对接发展战略，凝聚政党共识，引导各个政党顺应时代发展潮流，把自身发展同国家、民族、人类的发展紧密结合在一起，推动各国政党做持久和平的引领者、共同发展的推动者和文明交流互鉴的维护者，共襄共建人类命运共同体的伟业。

相互尊重就是尊重各国政党的主体地位，坚持政党无论大小一律平等，互不干涉内部事务，尊重彼此的利益和关切，尊重彼此社会制度和发展道路的选择。在政党交往中，只有尊重各国政党和人民独立自主地选择自己的社会制度，探索自己的发展道路，坚持自己的价值观念，解决自身存在的问题，才能保持良好的党际关系，这对于任何大党、中党和小党都是十分重要的。[1]

互学互鉴就是通过政党之间的政治对话与思想交流，在求同存异、相互尊重的基础上加深了解，互相学习，扩大共识，取长补短，共同寻求全球问题解决之道。"政党在国家政治生活中发挥着重要作用，也是推动人类文明进步的重要力量。"[2] 深化各国政党之间的交流合作和理念互鉴，能够汇聚起构建人类命运共同体的强大力量。中国共产党主张通过深化自身改革发展实践，进一步探索人类社会发展规律，同各国政党分享执政的成功经验，而不是把自己的意志和观点强加于人。多年来，我们党在政党外交中积极构建相互尊重基础上的交流对话机制，建立多种形式、多种层次的国际政党交流合作网络，通过举办各

---

[1] 邓小平：《邓小平文选》（第三卷），北京：人民出版社，1993年版，第236页。
[2] 习近平：《习近平外交演讲集》（第二卷），北京：中央文献出版社，2022年版，第85页。

类形式的高层论坛、学术研讨及人员往来等活动,搭建多种形式的政党交流平台。

建立新型政党关系的主张不仅展现了中国共产党的大党气派和大国大党领导人的远见卓识,而且具有深刻的理论内涵和鲜明的时代特色,是中国共产党新型党际关系理论逻辑和新时代中国外交实践逻辑的延伸展开。① 其中,求同存异是基础,相互尊重是关键,互学互鉴是目的,三者相辅相成、有机统一,共同致力于构建人类命运共同体,建设更加美好世界,成为处理政党关系的指导原则和行动指南。②

---

① 柴尚金:《新中国"新型政党关系"的理论逻辑与实践逻辑》,载《理论与评论》,2019年第5期,第5—9页。
② 宋涛:《建立新型政党关系 建设更加美好世界》,载《当代世界》,2018年第1期,第1页。

第五章　处理好意识形态与超越意识形态的关系

意识形态是政党的灵魂，既是政党自身建设发展的根本遵循，也是执掌国家政权的政党指引国家发展的方向引领。对于执政党而言，由于意识形态与国家利益等国家发展中的核心关联范畴属于不同性质的概念，于是就产生了如何处理意识形态与关联范畴之间关系的问题，在党的对外工作方面更是如此。新中国成立70多年来，中国共产党根据政党外交是党的一条重要战线、国家总体外交的重要组成和中国特色大国外交的重要体现的三重定位，以服务于党的事业总体目标和国家总体外交的实际需要为根本出发点，在坚持意识形态目标与维护国家利益、发展党际关系与促进国家关系等重大问题上，进行了持之以恒地艰苦探索。归结起来，就是在党的对外工作中，必须要处理好意识形态坚持与超越的辩证统一关系。综观新中国成立以来党的对外工作，中国共产党在这一关系问题上积累了丰富的历史经验。

一、政党意识形态和超越意识形态问题的逻辑呈现

（一）意识形态是政党灵魂

在科学、宗教和意识形态这三大人类思想意识中，意识形态作为一个特定范畴，自18世纪末产生即被广泛讨论和使用，"成为最复杂、

最可争辩的政治概念之一"①。但是，不管如何复杂，意识形态实际上就是以信仰为基础的认知体系，是服务于特定阶级的系统化思想理论。作为一种认知体系和思想理论，意识形态力量要转变成物质力量，必须要有诸如阶级、政党之类的物质载体。马克思指出："批判的武器当然不能代替武器的批判，物质力量只能用物质力量来摧毁；但是理论一经掌握群众，也会变成物质力量。"② 同时，特定阶级要实现自身的政治社会目标，也需要特定意识形态作精神指引。就无产阶级解放斗争而言，必须要有科学思想的引领。正如列宁指出，"没有革命理论，就不会有坚强的社会党"③"没有革命的理论，就不会有革命的运动。"④ 显然，意识形态与特定阶级之间存在天然的互嵌关系，即相互之间存在着互为基础、互为前提的紧密关联。马克思在阐述无产阶级解放斗争时指出，"这个解放（人类解放）的头脑是哲学，它的心脏是无产阶级。""哲学把无产阶级当做自己的物质武器，同样，无产阶级也把哲学当做自己的精神武器。"⑤ 列宁指出，"社会主义者的学说不同工人斗争相结合，就只是一种空想，一种善良的愿望，对实际生活不会发生影响；而工人运动则只会陷于零散状态，不会有政治意义，也不会得到当时先进科学的指导。"⑥

在阶级社会，意识形态的物质载体由特定阶级充当。自人类进入现代政治文明以来，阶级通常由政党来代表，政党领导一定阶级夺取政权成为国家统治者，把政党的思想意识上升为国家意识形态。因此，在现代政治中，阶级、政党、国家都可以充当意识形态的载体，而政

---

① Michael Freeden, *Ideologies and Political Theory*, Oxford: Clarendon Press, 1996, p. 13.
② 中共中央马克思恩格斯列宁斯大林著作编译局编：《马克思恩格斯选集》（第一卷），北京：人民出版社，2012年版，第9页。
③ 中共中央马克思恩格斯列宁斯大林著作编译局译：《列宁全集》（第四卷），北京：人民出版社，1984年版，第161页。
④ 中共中央马克思恩格斯列宁斯大林著作编译局译：《列宁全集》（第六卷），北京：人民出版社，1984年版，第23页。
⑤ 同②，第16页。
⑥ 同③，第213页。

党则是最主要的意识形态载体。政党意识形态即阶级意识形态，当政党领导本阶级夺取政权成为执政党，政党意识形态就上升为国家意识形态，马克思所谓"一个阶级是社会上占统治地位的物质力量，同时也是社会上占统治地位的精神力量"[①]，讲的就是这个意思。

政党与意识形态的互嵌关系，不仅反映了意识形态的一般要求，也反映了政党产生发展的必然要求。任何政党的产生发展都必须以一定意识形态和意识形态认同为前提。大而言之，政党是人类意识形态发展到资本主义时代的产物。进入资本主义时代后，人类意识形态的显著特征和根本原则就是主权在民、平等自由。政党就是在这样的背景下诞生的。小而言之，任何政党的出现都是某种意识形态得到特定阶级、阶层或集团精英代表的认同，并准备将这种意识形态所包含的价值付诸实践的结果；同时，意识形态变化可以导致政党的分裂甚至消亡。此为其一。其二，意识形态是政党的一面旗帜，具有动员、联系、整合其阶级群众基础的功能，是政党形成一种思想文化的基础，从而达到凝聚力量、团结群众的目的。政党之间最根本的竞争是意识形态的竞争，哪个政党所信奉的意识形态及其政纲为较多人所认同，哪个政党在竞争中就占优势。意识形态是政党获得力量的根本所在，也是他们进行斗争的重要战场和思想武器。总之，意识形态犹如政党的灵魂，任何政党都信奉一种意识形态，或者以一种意识形态为基础。

（二）意识形态的本质属性及其基本特征

与人类其他思想意识形式相比，意识形态具有十分鲜明的特征。其中最突出的是意识形态的阶级性。在马克思、恩格斯的论述中，"意识形态"一词一开始因作为与资产阶级统治思想等同的意义使用而被赋予了贬义。正如马克思、恩格斯在《德意志意识形态》一书中所说："资产者的假仁假义的虚伪的意识形态用歪曲的形式把自己的特殊利益

---

① 中共中央马克思恩格斯列宁斯大林著作编译局编：《马克思恩格斯选集》（第一卷），北京：人民出版社，2012年版，第178页。

冒充为普遍的利益……"①1893年，恩格斯在致弗·梅林的信中写道："意识形态是由所谓的思想家有意识地、但是以虚假的意识完成的过程。推动他行动的真正动力始终是他所不知道的，否则这就不是意识形态的过程了。"② 概言之，意识形态"是特定的社会阶级为了最大限度地维护自己的阶级利益而扭曲真实的现实关系的结果，是'利令智昏'的真实写照"③。马克思、恩格斯之所以赋予意识形态以贬义，根本在于意识形态为作为统治阶级的资产阶级作辩护。列宁根据时代特征和理论实践需要发展了马克思关于意识形态的思想，不再笼统地把意识形态看作为统治阶级辩护的观念体系。列宁指出："任何意识形态都是受历史条件制约的，可是，任何科学的意识形态（例如不同于宗教的意识形态）都和客观真理、绝对自然相符合，这是无条件的。"④ 显然，意识形态可以而且应该分为科学的和非科学的，任何科学的意识形态都与客观真理相符合；意识形态既不必然是虚假意识，也不必然与科学对立。资产阶级意识形态和宗教意识形态之所以是"虚假的"和"非科学的"，不在于他们是"意识形态"，而在于他们是"资产阶级的"和"宗教的"。意识形态科学与否，全看它服务于谁，是什么性质。由此可见，从马克思到列宁，尽管他们论述意识形态的出发点、侧重点不尽相同，但都突出了意识形态的阶级属性。阶级性是意识形态最显著的特征。

按照《布莱克维尔政治学百科全书》的解释：意识形态是具有符号意义的信仰观点的表达形式，它以表现、解释和评价现实世界的方法来形成、动员、指导、组织和证明一定行为模式和方式，并否定其

---

① 中共中央马克思恩格斯列宁斯大林著作编译局译：《马克思恩格斯全集》（第三卷），北京：人民出版社，1960年版，第195页。
② 中共中央马克思恩格斯列宁斯大林著作编译局译：《马克思恩格斯全集》（第三十九卷），北京：人民出版社，1974年版，第94—95页。
③ 斯拉沃热·齐泽克著，季广茂译：《意识形态的崇高客体》，北京：中央编译出版社，2002年版，第12—13页。
④ 中共中央马克思恩格斯列宁斯大林著作编译局译：《列宁全集》（第十八卷），北京：人民出版社，2017年版，第137页。

他的一些行为模式和方式。① 根据马克思主义经典作家和西方学者的有关论述，意识形态虽然内涵复杂，但可以把它简单地理解为特定阶级以信仰为基础，用以评判现实世界和进行政治动员的具有一定稳定性的观念体系。这表明意识形态具有主观性、排他性、现实性和象征性，它们是阶级性的自然延伸和具体体现。

主观性指的是意识形态作为一种以信仰为基础的观念体系，反映的是主观与客观的相互关系，是人的大脑基于对客观世界的研究考察而形成的主观认知系统。无论是马克思主义，还是资产阶级意识形态，都是如此。但二者的不同在于，作为无产阶级解放的思想理论，马克思主义准确地揭示了客观世界的规律和人类社会发展规律，其主观性正确地反映了客观性；而资产阶级意识形态基于对资产阶级统治地位进行辩护的需要，往往不能准确地反映客观现实，是对客观世界颠倒歪曲的反映。意识形态的主观性不仅表现在主观与客观的相互关系上，还表现在意识形态的信众方面。一般来说，特定群体信仰某种意识形态倡导的价值主张，往往是基于心灵满足的需要或利益的驱使，带有信仰和不必解释的先定价值信条的成分。

排他性指的是意识形态往往能够在理论上和逻辑上自圆其说而不同意识形态间相互排拒、相互否定的特性。马克思主义和资产阶级意识形态都是如此，二者之间相互排拒、根本对立。不同的是，马克思主义是在批判汲取人类社会思想文明成果基础上形成的，具有开放和与时俱进的特征；而资产阶级意识形态则往往自我标榜唯一正确，宣称"普世价值"，对其他思想信仰进行否定和攻击。

现实性是指意识形态与其他意识形式相比，具有强烈的现实利益性和实践目的性。意识形态作为以信仰为基础的观念体系，其中心支柱即现实社会阶级、政党的政治及经济利益。阶级、政党为了实现自

---

① 戴维·米勒、韦农·波格丹诺主编，邓正来等译：《布莱克维尔政治学百科全书》，北京：中国政法大学出版社，1992年版，第345页。

己的利益，以意识形态为武器，开展广泛的社会实践，诸如革命、罢工、政治运动、评判现实等。从意识形态信众角度看，人们之所以站在特定意识形态旗帜之下，一般是为了追求自身利益或谋求境遇的改善。其他意识形态如宗教，虽也关注现实利益问题，但其目的是把人们引向另外一个抽象的世界。

象征性是指意识形态代表的观点信仰有时具有符号意义。客观世界发展变化，意识形态作为主观反映客观的认知体系，必然会产生其思想观点甚至原则主张不符合客观现实要求的情况，但又不能轻易放弃，于是被虚置和符号化，成为具有象征意义的目标理念。

另外，意识形态常常包含道义和情感的规范和诉求，往往把世界上的事物分为善恶、美丑、光明与黑暗、自由与奴役、进步与反动、民主与独裁，这常常在深层次上影响着人们的判断和行为。

（三）意识形态超越问题的逻辑呈现和基本旨意

如何处理好意识形态相对稳定性与客观世界变化性之间的关系，是政党普遍面临的问题。一方面，政党必须把意识形态作为内外活动的基本出发点，始终体现意识形态的价值取向。以意识形态中的思想理念为引领实现阶级利益、政党利益和其他利益，是意识形态作为政党核心和灵魂的题中之义和必然要求。另一方面，政党必须善于处理意识形态实践中的问题，根据客观实际对意识形态观念体系中的原则主张、思想观点，或重新解释，或搁置超越。如何既坚持意识形态又超越意识形态，何时坚持，何时超越，是政党必须处理好的经常性问题。对于无产阶级政党来说，这一问题主要包括两个层面：一是指在国内革命和建设实践中，既要坚持意识形态的基本原则，又能够适时调整、与时俱进；二是指在党的对外工作中要处理好意识形态与国家利益的关系问题。

最早涉及意识形态与国家利益关系问题的是 17 世纪法国路易十三王朝。1624—1642 年，黎塞留任法国首相，同时也是罗马天主教红衣主教。1618年，欧洲爆发由神圣罗马帝国（哈布斯堡王朝）皇帝斐迪南二世挑起的天主教反对新教的宗教战争，试图阻止宗教改革，恢复罗马教会的一统。这场战争一直持续到1648年，大多数欧洲国家卷入其中，史称"三十年战争"。从宗教信仰上讲，信奉天主教的法国在这场战争中理应支持神圣罗马帝国，但黎塞留根据当时欧洲形势，认为法国处于哈布斯堡王朝势力的包围中，若支持斐迪南二世，将使法国陷入更加危险的境地。因此，黎塞留说服法国国王支持新教一方，并向神圣罗马帝国宣战。在黎塞留看来，身为法国首相，最高原则就是国家利益至上，任何宗教道德都要置于这一原则之下；最高的道德标准不是宗教，而是追求国家利益。① 这场战争以哈布斯堡王朝战败并签订《威斯特伐利亚和约》告终，法国也因此成为欧洲霸主。国家利益至上原则开始成为欧洲外交的指导方针。黎塞留打破意识形态（宗教）束缚，将意识形态与国家利益相分离。国家利益与意识形态关系的讨论因此成为近现代外交国际关系理论与实践中的恒久话题。

黎塞留的国家利益至上原则是将国家利益看作与意识形态相对立的概念，代表了国家主权、安全、霸权等现实层面的国家具体利益。此后，国家利益至上成为外交国际关系实践的重要指向。1830—1865年任英国首相的帕麦斯顿勋爵认为，"国家之间没有永久的朋友，也没有永久的敌人，只有永恒的利益。"② 1886—1902年任英国首相的索尔兹伯里侯爵认为，国家之间唯一永久的纽带就是不存在任何利益冲突。显然，他们所谈的国家利益实际上都是不包含意识形态的、狭义上的国家利益。在17世纪现代国家制度形成以前，宗教这种意识形态作为中世纪至高无上的统治力量，遮蔽压倒了现实的国家利益。黎塞留等人的思想认识和实践活动是对这一情况的挑战，具有明显的时代性。

---

① 亨利·基辛格：《大外交》，海口：海南出版社，2012年版，第44—52页。
② Henry John Temple, "Speech to the House of Commons (1 March 1848)", https://hansard.parliament.uk/commons/1848-03-01/debates/2221a5d7-21f5-49c5-a64a-cc333b61d517/TreatyOfAdrianople%E2%80%94ChargesAgainstViscountPalmerston#122.

第二次世界大战后，世界形成社会主义和资本主义两大阵营，英美国家挑起以意识形态对立为特征的冷战，意识形态成为许多国家国际战略与外交工作的决定因素。反映在西方国际关系理论中，表现为无论是现实主义还是自由主义学派，一般都把意识形态看作国家利益的构成要素之一。美国学者伊沃·杜查希克把国家利益归纳为五个方面，第二项便是"信仰系统"（其他几项为：国家有形体的保存、政治制度的稳定、经济系统繁荣、领土完整）。① 20 世纪 80 年代末 90 年代初发生的东欧剧变、苏联解体被认为是西方在意识形态上的巨大胜利。在这种情况下，以约瑟夫·奈为代表的美国新自由主义学派更是直接宣称对国家利益进行"重新界定"，毫不掩饰地指称"国家利益可以包括人权和民主这类价值观……美国人民显然认为他们的利益包括某些价值观以及在国外推进这些价值观……民主国家对国家利益的定义不承认以道义为基础的对外政策和以利益为基础的对外政策之间的区别"②。显然，对外推行自己的价值观，推广自己的意识形态，就是美国国家利益所在，是美国"软实力"的体现。

由此可见，作为意识形态的关联范畴，国家利益与意识形态既对立又统一，关键在于对国家利益的定义是广义还是狭义。从最能体现国家本质属性的要求看，国家利益可以分为两个方面：一是反映国家生存发展要求的利益，诸如国家主权安全、领土完整及国民生存发展最直接的物质和精神文化需求等现实具体利益，即摩根索所说国家生存的"最低限度要求"③。二是体现统治阶级意志和利益的诉求，即意识形态内容及相应的制度安排。根据马克思主义国家观，国家是阶级统治的工具，具有鲜明的阶级性，意识形态是国家工具性和阶级性的

---

① 刘金质、梁守德、杨淮生主编：《国际政治大辞典》，北京：中国社会科学出版社，1994 年版，第 83 页。
② Joseph S. Nye, "Redefining the National Interest", *Foreign Affairs*, July–August 1999, Vol. 78, No. 4, pp. 23–25.
③ 汉斯·摩根索：《政治学的困境》，北京：中国人民公安大学出版社，1990 年版，第 3、65 页。

集中体现。"任何一个时代的统治思想始终都不过是统治阶级的思想。"① 意识形态代表了统治阶级的思想意识。在这里，国家的阶级性与意识形态的阶级性是完全一致的。因此，广义上的国家利益既包括国家生存发展的现实具体利益，也包括与意识形态紧密关联的阶级利益。前者具有全民性，后者反映了国家利益的本质属性。从广义上解释国家利益，反映了马克思主义国家利益观，也符合中外学界在这一问题上的一般认知。一般意义上，国家是意识形态物质载体，意识形态是国家的核心灵魂，二者相交相融，把意识形态与国家利益分离，以完全去意识形态化的思维认识国家利益，是难以置信的。国家利益应当是一个包含意识形态内容、具有充分张力和弹性的概念。

但是，意识形态与国家利益毕竟属于不同范畴，具有不同特性。国家利益由于具有直接关系国家生存发展的一面，物质性、具体性、现实性特征更加突出。意识形态作为以信仰为基础的认知体系，往往具有精神性、抽象性、主观性。因此，当作为本质属性的统治阶级意识形态诉求融入国家利益之中时，意识形态与国家利益具有一致性、统一性；当意识形态的长远信仰目标与现实国家利益产生矛盾时，意识形态与国家利益存在差异性、对立性甚至冲突性。这是包括无产阶级执政党在内的任何统治阶级都必须面对的根本性问题。

与其他政党不同，无产阶级政党的政治实践从一开始就面临着国际联合和独立自主的关系问题，这正是无产阶级执政党在意识形态与国家利益关系问题上的逻辑起点和面临的根本差异。一方面，马克思主义以无产阶级和全人类的解放为崇高使命和奋斗目标，基于资本统治国际性，提出了"全世界无产者，联合起来"和"工人无祖国"的根本主张，要求全世界无产阶级及其政党本着"全世界无产阶级是一家"的精神联合起来，在全世界进行反对资产阶级和资本主义国家的

---

① 中共中央马克思恩格斯列宁斯大林著作编译局编：《马克思恩格斯选集》（第一卷），北京：人民出版社，2012年版，第420页。

革命斗争。国际性可谓马克思主义意识形态和各国无产阶级政党政治实践最显著的特征。另一方面,马克思主义经典作家在阐述无产阶级国际联合时,又特别强调各国无产阶级及其政党在政治上、组织上的独立性,从来不否认无产阶级解放斗争的民族性、国家性。1848年《共产党宣言》就指出,"无产阶级反对资产阶级的斗争首先是一国范围内的斗争。"① 1866年,马克思就已明确提出了"民族特性"概念,并对信仰蒲鲁东的人否定民族特性的观点进行了严肃批评,说他们宣布"民族特性是无稽之谈"的行为"简直太可笑了"②。1887年,恩格斯谈到由德国移民组成的美国社会主义工人党时,明确提出"它必须完全脱掉外国服装,它必须成为彻底美国化的党"③的观点。马克思、恩格斯的阐述可谓将独立自主看作无产阶级国际联合的题中之义和实践无产阶级国际联合的必由之路。

由上,自然而然地产生了无产阶级政党如何处理国际联合与民族国家独立的关系问题,产生了无产阶级解放斗争如何处理阶级利益与国家民族利益的关系问题,特别是当无产阶级政党夺取政权成为执政党后,如何在对外关系中处理意识形态与国家利益的关系,成为其面临的重大课题。

这一课题不仅在起源上具有特殊性,在内涵上也与资本主义国家存在很大不同。由于马克思主义以国际联合作为无产阶级解放斗争的逻辑起点,因此,国际性可谓无产阶级政党的"天然属性"。这一属性又被强意识形态这一无产阶级政党的基本特征所强化。所谓强意识形态政党,即无产阶级政党在政治实践中把同资产阶级的思想斗争放在特别突出的位置,正如列宁所说:"无产阶级的党是一个自由的联盟,

---

① 中共中央马克思恩格斯列宁斯大林著作编译局编:《马克思恩格斯选集》(第一卷),北京:人民出版社,2012年版,第412页。

② 中共中央马克思恩格斯列宁斯大林著作编译局译:《马克思恩格斯全集》(第三十一卷),北京:人民出版社,2012年版,第224页。

③ 中共中央马克思恩格斯列宁斯大林著作编译局编:《马克思恩格斯选集》(第四卷),北京:人民出版社,2012年版,第276页。

建立这个党就是为了同资产阶级'思想'（应读作：意识形态）作斗争，为了捍卫和实现一种明确的世界观，即马克思主义的世界观。"① 这一属性表现在对外关系中，就是无产阶级执政党"以意识形态划线"，突出意识形态的阶级性、纯洁性，把支援其他国家无产阶级和相互团结合作作为总基调。意识形态的显著地位必然使国家利益受到掩盖和遮蔽，意识形态与国家利益二者之间差异错位甚至对立冲突也就在所难免，现实国家利益受到损害的可能性大大增加。这种情况发展到一定程度，执政党必然进行相应调整，从突出意识形态到强调现实国家利益，从以意识形态引领国家间关系到以国家利益为发展国家关系的基本出发点，这就形成了对意识形态的超越。从"以意识形态划线"到"超越意识形态"，是许多无产阶级执政党对外政策经历过的转型。中国共产党正是其中的典型代表。

20世纪70年代末以前，中国共产党处理意识形态问题的总基调是"以意识形态划线"；"文化大革命"时期进一步体现为"以我划线"；20世纪70年代末，党的对外工作方针调整，"超越意识形态"成为对外交往中处理意识形态问题的基本准则。下面首先就中国共产党在政党外交中处理意识形态问题的历史演变进行梳理，为总结历史经验教训铺陈奠基。

二、20世纪70年代末以前的"以意识形态划线"

考察20世纪70年代末以前中国共产党的意识形态实践活动，坚持"以意识形态划线"，既是作为无产阶级执政党的必然要求，也是新中国成立后中国共产党基于国际环境作出的必然选择。1946年3月，英国首相丘吉尔在美国发表反共反苏的"铁幕演说"，掀起了资本主义阵营针对社会主义阵营的"冷战"。从此，两大阵营对立斗争成为时代主要特征。"以意识形态划线"为特征的两大阵营对垒成为世界政治的

---

① 中共中央马克思恩格斯列宁斯大林著作编译局译：《列宁全集》（第十九卷），北京：人民出版社，1984年版，第309页。

基本格局和国际政治斗争的主要色调，以及各国制定外交国际战略的重要依据和出发点。正是在这种背景下，1949年6月新中国成立前夕，毛泽东阐述"一边倒"外交方针时指出："中国人不是倒向帝国主义一边，就是倒向社会主义一边，绝无例外。骑墙是不行的，第三条道路是没有的。"① 1949年12月15日，周恩来在中国人民外交学会成立大会上作《关于外交政策的报告》，提出"外交阵线：两个营垒"的重要命题。② 1961年1月，中共八届九中全会进一步作出"我们的时代，是两个对立的社会体系斗争的时代"的主题判断。③ 鲜明的意识形态色彩、泾渭分明的阵营指向，成为这一时期中国外交基本特征和党的对外工作基本取向，意识形态标准成为这一时期政党外交的主要依据。综观20世纪70年代末以前对外关系中"以意识形态划线"的实践活动，主要有以下三个方面。

（一）明确划清意识形态方面的三条界线

1960年9月10日，中共中央在致苏共中央的信中明确提出，"我们的一切言论和行动，都必须绝对忠诚于马克思列宁主义的根本原理和莫斯科宣言的原则，并以此作为判断是非的准则"，并特别强调，"对于共产党人说来，分清敌我界限，分清是非界限，是最为重要的。"④ 主要划清以下三条界线。

第一，明确谁是敌人，划清敌我界线，强调社会主义阵营团结对敌。1956年，《人民日报》发表《再论无产阶级的历史经验》一文，针对当时苏共关于社会主义与资本主义之间的"三和路线"明确指出，

---

① 毛泽东：《毛泽东选集》（第四卷），北京：人民出版社，1991年版，第1473页。
② 中共中央文献研究室、中央档案馆编：《建国以来周恩来文稿》（第一册），北京：中央文献出版社，2008年版，第666页。
③ 中央档案馆、中共中央文献研究室编：《中共中央文件选集1949.10—1966.5》（第三十六册），北京：人民出版社，2013年版，第54页。
④ 中央档案馆、中共中央文献研究室编：《中共中央文件选集1949.10—1966.5》（第三十五册），北京：人民出版社，2013年版，第28—29页。

"否认世界范围的阶级斗争,不分敌我的人,决不是共产主义者,决不是列宁主义者。"① 1961年中共八届九中全会指出,"现代帝国主义的主要国家——美国,作为最大的国际剥削者,世界宪兵,世界反动势力和现代殖民主义的主要堡垒,现代侵略和战争的主要力量,是全世界人民的主要敌人。"② 这既是对冷战后世界格局的基本判断,也是新中国成立后对美外交斗争实践的主要观点。因此,中国共产党要团结社会主义阵营,与各国共产党一道,反对以美国为首的资本主义阵营,这是中国共产党的战略目标,也是各国共产党的"总利益"③。在反对以美国为首的资本主义阵营的斗争中,各国共产党、社会主义阵营必须首先团结起来。"团结对敌是各国共产党人的最高利益"④ "社会主义阵营的团结和国际共产主义运动的团结,是各国人民争取世界和平、民族解放、民主和社会主义的斗争取得胜利的最重要保证。"⑤ "不管是为了哪一党的利益,还是为了各兄弟党的共同利益;不管是为了今天的利益,还是为了长远的利益,我们都没有任何理由不团结起来。"⑥ 社会主义阵营的这种团结"是由共同理想和共同事业联系起来的,是在对共同敌人的共同斗争中发展和巩固起来的,是以马克思列宁主义和无产阶级国际主义原则为基础的"⑦,突出了马克思主义意识形态在团结社会主义阵营中的纽带作用。

第二,划清是非界线,坚决反对修正主义,捍卫马克思主义的纯洁性。在这一时期,如果说同以美国及一些西方国家间的关系是意识形态上的敌我关系的话,那么反对修正主义、正确对待马克思主义,

---

① 何春超:《国际关系史资料选编(1945—1980)》,北京:法律出版社,1987年版,第323页。
② 中央档案馆、中共中央文献研究室编:《中共中央文件选集1949.10—1966.5》(第三十六册),北京:人民出版社,2013年版,第55页。
③ 中央档案馆、中共中央文献研究室编:《中共中央文件选集1949.10—1966.5》(第三十九册),北京:人民出版社,2013年版,第253页。
④ 同③,第265页。
⑤ 同②,第57页。
⑥ 同③,第266页。
⑦ 同③,第57页。

则是意识形态方面的重大是非问题。纵观新中国成立到20世纪70年代末中国共产党的意识形态实践，反对修正主义几乎是贯穿始终的一条主线，开始是反对南斯拉夫修正主义，后来是在反对南修的同时，重点反对苏联修正主义和追随苏共的其他大大小小政党的修正主义。这是这一时期"以意识形态划线"的必然结果，是捍卫马克思主义意识形态纯洁性的必然要求。1961年，中共八届九中全会指出，"伟大的马克思列宁主义学说，是社会主义阵营的团结和国际共产主义运动的团结的不可动摇的思想基础。为了保卫马克思列宁主义的纯洁性，创造性地运用和发展马克思列宁主义，必须坚决反对作为资产阶级思想反映的、背离马克思列宁主义的修正主义，特别是南斯拉夫修正主义。现代修正主义仍然是国际共产主义运动的主要危险。"[1] 当时认为，修正主义本质上是与马克思主义格格不入的资产阶级思想，因此必须要划清同修正主义的界线。

第三，在政党外交中，总体上是与共产党发展党际关系，划清与其他类型政党的界线。新中国成立后，中国共产党在发展与各国共产党关系的同时，也同其他各类政党有着广泛接触，主要是一些资本主义国家左翼政党和亚非拉民族主义政党，如英国工党、日本社会党和公明党、澳大利亚工党、意大利社会党、联邦德国基民盟、印度国大党、缅甸联邦反法西斯人民自由同盟、智利激进党和社会党、南非非洲人国民大会、肯尼亚非洲民族联盟等。但一般都是通过中国人民对外友好协会、外交学会、中日友协等具有民间性质的机构向这些政党发出邀请，表明中共与这些党的接触往来只限于民间层面，不具有官方党际交往性质。实际上，因为中国始终坚定支持这些国家的民族独立解放运动，因此，上述往来政党中的一些亚非拉民族主义政党对中共和中国十分友好，非常希望与中共进行正式党际往来，建立党际关系，但中共始终予以婉拒。20世纪70年代末之前，日本社会党在许多

---

[1] 中央档案馆、中共中央文献研究室编：《中共中央文件选集1949.10—1966.5》（第三十六册），北京：人民出版社，2013年版，第57页。

重大国际政治问题上都坚定支持中国党和政府,尤其坚决支持反对美帝国主义的立场。1959年3月,该党委员长浅沼稻次郎率领团访华期间提出,"美帝国主义是中日两国人民的共同敌人"①,引起强烈反响。即便如此,中共与该党关系仍停留在民间层面,直到1983年9月该党委员长石桥政嗣访华,双方才正式建立党际关系。之所以如此,在中共看来,左翼政党、民族主义政党,对我们再友好,也只是"朋友",而共产党才是"兄弟",是"一家人"。需要指出的是,中联部作为中共负责对外工作的职能部门,在1951年成立的时候,被赋予的职责任务就是"与各国兄弟党联络",主要联络各国共产党特别是东南亚国家共产党。② 20世纪70年代初,周恩来曾对中联部部长耿飚说:"我考虑把一些进行民间外交的部门如对外友协、外交学会等,以及群众团体的外事部门,都归中联部领导。这样,中联部管党的外事和民间外交,外交部管政府外交。不过,这要请示毛主席后才能最后决定……"③ 但这一想法当时未能实现,根本还是"以意识形态划线"的惯性思维造成的。

(二) 在"反修"斗争中突显意识形态的至高地位和斗争性

20世纪70年代末以前,党的对外工作中划清界限的意识形态实践并不是为了"井水不犯河水",而是为了明确敌我友,更好地进行思想意识方面的斗争。意识形态的排他性、对立性、斗争性、攻击性等特点在这一时期得到鲜明体现。1959年5月,中共中央在批转的文件中指出:"我们同西方资本主义、民族主义国家之间存在着意识形态的对立,因此在往来中不可避免地会有各种形式的思想斗争。"④ 上述三条

---

① 中共中央文献研究室编:《毛泽东文集》(第八卷),北京:人民出版社,1999年版,第200页。
② 中共中央文献研究室、中央档案馆编:《建国以来刘少奇文稿》(第三册),北京:中央文献出版社,2005年版,第25页。
③ 耿飚:《耿飚回忆录》,北京:中华书局,2009年版,第496页。
④ 中央档案馆、中共中央文献研究室编:《中共中央文件选集1949.10—1966.5》(第三十一册),北京:人民出版社,2013年版,第149页。

界线实际上就是三条战线、三个方面的斗争。但由于同西方资本主义、帝国主义分属不同阵营,思想理论上的对立泾渭分明,敌我界线十分清晰,因此这方面的斗争反而简单明了;而在民族独立解放运动中,我们对民族主义国家及其政党有斗争,但更有合作,往往以争取为主,① 因而并不是意识形态斗争的主要方向。由于修正主义在本质上是如何正确理解马克思主义的问题,因而反对修正主义被赋予了捍卫马克思主义纯洁性和维护社会主义阵营团结、防止社会主义国家不变颜色的重大意义。因此,"反修"成为这一时期意识形态斗争的主要方向,并呈现出一惯性、尖锐性、刚性的特点。

第一,所谓"一惯性",如前所述,新中国成立到20世纪70年代末,从反对南斯拉夫修正主义到反对苏联修正主义,反对修正主义几乎是贯穿意识形态实践始终的一条主线。尤其是在反对南斯拉夫问题上,这一时期尤其如此。新中国成立后,南斯拉夫即表示外交承认并希望建交,但自1948年南斯拉夫被苏联开除出"共产党工人党情报局",中共为在外交上与苏联保持一致而需要谨慎处理同南斯拉夫的关系。同时,中共对南斯拉夫选择的社会主义自治发展道路不赞同,与南共联盟存在思想理论上的严重分歧。1955年,随着苏南关系正常化,中南关系得到改善并建立外交关系,但影响两党两国关系的意识形态因素并没有消除,这种分歧在5月26—27日邓小平、王稼祥代表中共与南共联盟代表团的会谈中充分体现了出来。会谈中,中方坚持认为南共联盟的思想理论路线是有问题的,"正是由于南斯拉夫在思想路线的许多问题上违背了马列主义原则,才引起情报局的批判。"② 思想理论方面的分歧使两国关系受到干扰。1958年5月,南共联盟七大通过新的党纲,在社会主义道路、两大阵营关系、对马克思主义的理

---

① 中央档案馆、中共中央文献研究室编:《中共中央文件选集1949.10—1966.5》(第三十二册),北京:人民出版社,2013年版,第115页。
② 沈志华主编:《俄罗斯解密档案选编——中苏关系》(第五卷),上海:东方出版中心,2015年版,第421页。

解等方面都提出了自己的主张。对此，中共和苏共都十分不满，一起对南共联盟进行批判，斥之为"现代修正主义"。

1959年，中苏在思想理论上的矛盾分歧日趋突显，中共批判修正主义的矛头重点转向苏共。1965年，中苏两党关系中断，两国关系随即迅速恶化，并在1969年发生边境军事冲突，苏联对中国国家安全构成巨大威胁。这种情况下，中共中央和毛泽东采取"联美抗苏"战略，迅速改善中美关系。尽管如此，中共也未改善与南的关系。

第二，所谓"尖锐性"，就是在反对修正主义斗争和意识形态论战中，存在着思想理论争论的高强度对抗性，当事方往往言辞尖锐激烈，互相攻击，硝烟弥漫。

随着中苏两党关系日趋紧张，在思想意识上的分歧越来越严重，中方特别强调同错误思想进行斗争的坚定性。1959年2月16日，《中共中央关于在对外关系中切实纠正骄傲现象的指示》中谈到同外国党的思想理论分歧，特别强调"在一切根本问题上，必须坚持原则，当仁不让，坚决防止迁就主义的偏向。"[①] 1963年1月6日，《中共中央关于在对外接触中正确宣传反对现代修正主义问题的通知》中谈到反修斗争，明确指出："对于国际共产主义运动中的右派分子……不能再像过去那样'简单表明原则立场，不予纠缠'，而是应该同他们进行针锋相对的斗争，他们扯到哪里，我们就跟到哪里，绝不退让。"[②] 中苏论战发生后，双方都高举维护社会主义大家庭兄弟党团结的旗帜，都表示谈判商讨很重要，但一旦真正谈判，都互不相让，否定对方的一切，难以寻求双方共识和最大公约数。1963年7月，邓小平率中共代表团赴莫斯科与苏共举行会谈，在8日举行的第二次会谈中，邓小平

---

① 中央档案馆、中共中央文献研究室编：《中共中央文件选集1949.10—1966.5》（第三十册），北京：人民出版社，2013年版，第226页。
② 中央档案馆、中共中央文献研究室编：《中共中央文件选集1949.10—1966.5》（第四十二册），北京：人民出版社，2013年版，第100页。

发言近五个小时，系统阐述中苏两党分歧的由来和实质。① 在13日的会谈中，苏共代表团波诺马廖夫针对邓小平的发言进行激烈反驳，火药味十足，诸如："更为糟糕的是，在谴责我国政策长达3个小时的发言中，您狡猾地一字也不提苏共的真正观点和真正行动。您的整个发言全是一派胡言和捏造。"② "您明显地编造谎言"③ "驳倒您所有的虚伪的观点并不费力，尤其是您在苏中关系问题上和我党在世界社会主义体系政策问题上所发表的无数谰言。" "如果您今天编造谎言，我们明天揭穿谎言。"④ 苏方的恼怒和无情表露无遗。

第三，一惯性、尖锐性的特点根本上是由这一时期意识形态斗争的刚性所决定的。对于中共、苏共这两个国际共运中的大党而言，意识形态的争论往往带有对国际共产主义运动方向引领的性质。在中共看来，反对修正主义的斗争是为了捍卫马克思主义的纯洁性，是事关社会主义国家不变颜色和社会主义阵营团结的大问题。而苏共则认为中共犯了教条主义错误，反对教条主义关系到怎么样正确理解马克思主义，也是关系到社会主义阵营团结的大问题。双方都认为自己掌握了马克思主义的真理奥秘。双方的争论本质上是争夺对马克思主义的解释权和在国际共运中的话语权，尤其是对中共来说。一方面，中共确实把反对修正主义看成是保卫社会主义江山永不变色的重大战略，在国际上反修的同时，也在国内开展长期的反修斗争；另一方面，由于历史上苏共大党主义和大国沙文主义对中国造成了伤害，不可避免地造成了中共把这一历史记忆与意识形态斗争的现实联系起来，使争夺国际共运话语权与反对苏共强权霸权相互交织，致使意识形态斗争的刚性特征更加突显。中苏关系恶化后，苏方曾多次伸出橄榄枝，希

---

① 中共中央文献研究室编：《邓小平年谱（一九零四—一九七四）》（下），北京：中央文献出版社，2009年版，第1763页。
② 沈志华主编：《俄罗斯解密档案选编——中苏关系》（第十卷），上海：东方出版中心，2015年版，第158页。
③ 同②，第159页。
④ 同②，第160页。

望恢复关系，但中方提出条件，都是要求苏方承认错误。1965年2月11日，毛泽东会见柯西金及苏联代表团，谈到中苏公开论战及召开各国共产党会议等问题。毛泽东说："你们要我们参加什么会，你们得取消前年七月十四日攻击我们的公开信，去年二月的那个报告、那个决议。只要说这些是错误的，因此取消，那末我们就合拢了。"① 1974年4月4日，毛泽东主持召开政治局会议讨论邓小平率团出席联大特别会议可能与苏联接触的问题。邓小平说："我们就是讲主席那两条：第一要撤兵，……第二是承认错误。"毛泽东说："公开承认错误，他不能干，因为他承认错误，他就输了理了。"②

（三）极"左"思潮影响下的"以我划线"

如果说"以意识形态划线"是冷战背景下基于两大阵营对垒格局的外交国际战略在党际关系上的体现，具有鲜明的时代性，因而也具有一定的合理性，那么在极"左"思潮影响下，"以意识形态划线"进一步发展为"以我划线"，使党的对外工作受到很大影响。

如前所述，在那个年代，"以意识形态划线"最重要的是划清与修正主义的界线，坚决反对大小修正主义。那么究竟什么是修正主义？一般而言，修正主义主要指国际共产主义运动中那些被认为放弃或背离了马克思主义根本原则但仍然打着马克思主义旗号的思想理论主张。因此，判断一种思想主张是否是修正主义，首先有一个如何理解、阐释马克思主义的问题，即马克思主义思想理论中哪些是根本的，哪些是非根本的。理解和阐释作为主观活动，是各国党都有的权利，而大党老党因对国际共运的贡献大、经验丰富，往往会拥有更大的话语权。纵观中共反修斗争史，无论是批判南斯拉夫修正主义，还是把苏共认

---

① 中共中央文献研究室编：《毛泽东年谱（一九四九—一九七六）》（第五卷），北京：中央文献出版社，2013年版，第478页。
② 中共中央文献研究室编：《毛泽东年谱（一九四九—一九七六）》（第六卷），北京：中央文献出版社，2013年版，第527页。

定为最大的修正主义,都完全是中共基于自己对马克思主义的理解、以自己的经验为出发点的结果。因此,就反修斗争而言,"以我划线"一开始就内嵌于"以意识形态划线"之中。不同的是,在"以意识形态划线"的背景之下,中共无论是批南修还是反苏修,都始终高举维护社会主义阵营团结的大旗,这个阵营包括苏联及其他追随苏共但不赞同中共观点的执政和非执政共产党。这时的反修斗争和意识形态论战,实际上是社会主义阵营内部的思想斗争,也就是说,"以意识形态划线"以社会主义阵营团结为前提。1965年,中苏两党关系彻底破裂,社会主义阵营严重分裂,中国国内极"左"思潮泛滥。在这种情况下,"以意识形态划线"演变为"以我划线",自然就具有了必然性和逻辑性。

"以我划线",即以是否赞同中国党的思想理论(毛泽东思想),是否支持"文化大革命"作为判断是否是马列主义党的标准。对一些不同意中共观点主张的党,称之为"修字号"党,分为大修、小修、半修,或划清界限,或断绝往来;相反,对于那些赞同中共观点主张的党,中共不仅给予道义上的赞赏,而且予以大量的物资援助。

20世纪70年代末以前,以"以意识形态划线"为显著特征的意识形态实践活动概括起来主要有两个方面,一是"划线",划清三条界线,特别是划清与修正主义的界线;二是"意识形态挂帅",把意识形态标准作为党的对外工作的根本出发点,通过"划线""挂帅",意识形态的斗争性、排他性等特点鲜明。针对这一情况,1970年9月18日,周恩来在外交部的谈话中指出,"不要以为只有中国才行,就我们一家,眼里没有别人,光中国就把世界革命包办了,怎么包办得了呢?在外事部门,还要继续批判极左思潮。"[①] 1971年6月4日,周恩来谈到外交外事工作时指出,毛主席的方针就是不要强加于人,不要以我

---

① 中共中央文献研究室编:《周恩来年谱(1949—1976)》(下卷),北京:中央文献出版社,1997年版,第395页。

为核心,自以为左,藐视一切,瞧不起人家。①"以意识形态划线"总体上是以社会主义阵营的团结为前提的,而"以我划线"则是在社会主义阵营分裂后在极"左"思潮影响下出现的。但无论是"以意识形态划线"还是"以我划线",都是在冷战时代两大阵营尖锐对立的情况下中共在政党外交实践中作出的意识形态战略选择。随着两大阵营对立缓和、国际格局变化,特别是时代主题转变,意识形态问题必然出现新的选择。

三、20 世纪 70 年代末以后的"超越意识形态"

20 世纪 70 年代末,虽然冷战尚未结束,但随着国际局势缓和、中美关系改善,过去的意识形态路线已不合时宜。中国共产党在总结历史经验教训的基础上,调整党的对外工作方针政策,确立了"超越意识形态"基本准则,特别是在中共十八大以后,以习近平同志为核心的党中央进一步提出对外工作新思想、新要求、新举措,赋予了"超越意识形态"以新的内涵。

(一)"超越意识形态"准则确立的三大步骤

首先,恢复同南共联盟及其他过去被批为修正主义党的关系。1977 年 8 月,南共联盟主席、南斯拉夫总统铁托应邀访华,两党领导人本着"一切向前看"的精神,作出了恢复两党关系的决定。两党改善关系是中方首先采取主动的。同年 10 月 17 日,邓小平在会见外宾时谈到恢复同南的关系,邓小平表示:"同南斯拉夫党的关系,是毛主席生前就考虑好了的。"又说:"这次我们主动提出恢复两党关系。我们知道,南斯拉夫同志有这个愿望,但不好提出,怕遭到拒绝。"②

---

① 中共中央文献研究室编:《周恩来年谱(1949—1976)》(下卷),北京:中央文献出版社,1997 年版,第 461 页。
② 中共中央文献研究室编:《邓小平年谱(一九七五—一九九七)》(上),北京:中央文献出版社,2004 年版,第 223 页。

1980年11月7日，邓小平会见南斯拉夫联邦执委会主席韦·久拉诺维奇时指出："过去我们有分歧，铁托同志来时，我们把问题都谈清楚了。我们在这方面是有很大责任的。当然，也并不是说南斯拉夫过去一切都对，但是这件事已经了结了。"① 由于南共联盟是第一个被中国共产党称为"现代修正主义"的党，与其恢复党际关系是党的对外工作方针政策开始调整的重要标志，也是确立"超越意识形态"准则的重要开端。继南共联盟之后，中共同意大利共产党、西班牙共产党、希腊共产党、荷兰共产党、法国共产党、比利时共产党、印度共产党（马）等陆续恢复或建立了党际关系。1984年到1988年出现了与外国共产党恢复发展关系的高潮，包括与苏联控制之下的东欧社会主义国家党的关系逐步得到恢复。这样就在思想上冲破了修正主义的藩篱，确立了党际关系中不搞意识形态论战的原则。

其次，突破不同政党意识形态差异的障碍，发展同民族主义政党及社会党的关系。在中共的理论中，民族主义政党和社会党在本质上都是资产阶级的政党。1964年中苏大论战期间，中共中央曾明确指出："社会党不是社会主义的政党。除了个别的左翼以外，它们是资产阶级政党的一种变形。"② 相较于恢复同各国共产党的关系，发展同民族主义政党和社会党的关系则需要更大的理论勇气。这是"超越意识形态"准则得以确立的关键环节。

1977年12月和1980年7月，中共中央先后批准了中联部和外交部《关于黑非洲等地区一些民族主义国家执政党要求与我建立关系问题的请示》以及中联部《关于对社会党开展工作的请示》，民族主义政党、社会党这些过去从来没有与中共进行正式党际交往的政党，被纳入发展党际关系的范围。1981年2月，法国社会党第一书记密特朗

---

① 中共中央文献研究室编：《邓小平年谱（一九七五—一九九七）》（上），北京：中央文献出版社，2004年版，第689页。
② 《关于国际共产主义运动总路线的论战》，北京：人民出版社，1965年版，第347页。

应邀来访，标志着中共与法国社会党正式建立关系。1984年5月，联邦德国社民党主席维利·勃兰特访华期间，胡耀邦发表讲话："意识形态、社会制度和发展道路，归根到底，应当由各国人民自己来选择，分歧和差异不应当成为谋求这种合作的障碍。……为了共同维护世界和平，我们之间超越意识形态的差异，谋求相互了解与合作，应当成为开拓新的关系的唯一现实的抉择。"[①] 第一次正式提出了"超越意识形态"的思想主张。1989年12月18日至25日，法国社会党全国副书记热拉尔·勒·加尔应邀访华。中共中央政治局常委乔石会见加尔时，对法国社会党和法国政府在1989年政治风波时对中国内政横加干涉表示遗憾，指出"两党意识形态、价值观念的不同不应妨碍双方的正常关系"[②]，再次表达了"超越意识形态"的主张。

最后，跨越对立政党意识形态的鸿沟，发展同资产阶级政党的关系。20世纪80年代中期起，为促进中国同发达国家关系的健康、稳定发展，中国共产党把"超越意识形态"适用范围进一步扩大，积极主动同西方发达国家的资产阶级政党进行多种形式的接触与交往。1988年9月19—27日，应意大利共和党邀请，中共江苏省委副书记孙家正率领中共代表团访问意大利。1993年9月23日至10月2日，中联部副部长李北海应英国工党邀请参加该党年会期间，先后拜会了英国保守党国际部主任古斯里、自民党总书记埃尔森等，重申了此前对保守党的访华邀请。1995年11月23日至12月1日，应法国保卫共和联盟（戴高乐党）邀请，中共中央政治局委员尉健行率领中共代表团访问法国。中共主动作为，在"超越意识形态"上迈出重要步伐。

（二）"超越意识形态"准则的主要内涵及其核心旨意

综上可见，所谓"超越意识形态"，就是在党的对外工作中彻底破

[①] 《超越意识形态的差异谋求相互了解和合作——胡耀邦总书记在欢迎勃兰特主席宴会上的讲话》，载《人民日报》，1984年5月30日，第3版。

[②] 蔡武主编：《中国共产党对外工作大事记（1949.10—1999.12）》（下册），北京：当代世界出版社，2001年版，第677页。

除"以意识形态划线""以我划线"的做法，不再坚持以意识形态标准作为发展对外关系的根本出发点，不搞意识形态争论，与不同思想主张、不同意识形态的政党和国家进行全方位的交流往来。邓小平在谈到党的对外工作时指出，"要重视广泛的国际交往，同什么人都可以打交道，在打交道的过程中趋利避害"①"不要给自己设置障碍，不要孤立于世界之外"②。可以说，"超越意识形态"是在更高境界实现意识形态目标的大战略。主要有以下几层意思：

第一，不搞意识形态争论。主要是指相同意识形态的共产党之间、社会主义国家之间，不因对马列主义理论、意识形态理解不同而进行争论。党与党之间可以进行"同志式"的交流，但不争吵，更不公开论战。一是因为不同党对马列主义理解存在差异是各国党从自身实际出发，把马克思主义与本国具体实践相结合过程中的必然结果。这个问题上的不争论，有助于推进马克思主义在各国的发展。二是把差异分歧放置一边，有助于发展双方的党际关系和国家关系。早在1955年6月30日，毛泽东在会见南斯拉夫首任驻中国大使波波维奇时说："我们要强调共同的地方，至于不同的地方，我们可以展开讨论，但如果不能得到一致的意见，那可以放在一旁，以后再谈，不使它妨碍彼此的关系，这是有好处的。"③ 三是因对马克思主义理解的不同而争论，很容易导致党和党之间不能真正做到互相尊重、完全平等。1984年3月14日，邓小平在谈到同外国党在思想理论上的分歧时指出：还是按照中央已经定下的方针办。政治问题上要维持和发展友好合作的关系。对他们的理论、思想观点，我们不替他们宣传。他们自己宣传什么，主张什么，我们不作评论，不同他们争论，更不要像过去那样

---

① 邓小平：《邓小平文选》（第三卷），北京：人民出版社，1993年版，第260页。
② 同①，第202页。
③ 中共中央文献研究室编：《毛泽东年谱（一九四九——一九七六）》（第二卷），北京：中央文献出版社，2013年版，第393页。

公开地批评他们。是对是错，由他们自己去判断。①

第二，不同意识形态的政党可以开展政党外交。共产党与社会党、民族主义政党、资产阶级政党都可以开展政党外交。20世纪70年代末之前，中共也比较重视同社会民主党等的关系。1957年10月29日，毛泽东同苏联驻华大使尤金谈到社会民主党时说："对社会民主党的工作是一定要做的，要争取社会民主党和它们影响下的工人阶级中的大多数，这样革命才会有希望。和社会民主党建立统一战线，很重要，很必要。"②这里谈与社会民主党的关系，其目的指向不是党际关系，而是统一战线层面上的问题。20世纪70年代末之前，从统一战线的角度，同社会民主党、民族主义政党的接触交往都是通过对外友协等民间机构进行的，不具有官方党际关系性质。意识形态的界线泾渭分明。而"超越意识形态"就是要打破这种界线，全方位发展同各类政党、政党国际组织（如社会党国际）及政党区域合作组织（如拉美政党常设论坛）的关系。

第三，不同社会制度、意识形态国家要和平共处、友好往来。1981年1月4日，邓小平会见美国客人时指出："认为中国政府信奉的意识形态旨在摧毁类似美国这样的政府。这样的观点至少不是八十年代的观点，也不是七十年代的观点，而是恢复了六十年代以前的观点。"③1984年2月15日，李先念主持中央外事工作领导小组会议时指出："在外交工作中，不以美国画线，不以苏联画线，也不要以我画线。一个国家的社会制度的性质，有其客观标准，不能以它们与中国关系好坏来判定。要避免出现以我为中心的现象。"④不让意识形态差

---

① 中共中央文献研究室编：《邓小平年谱（一九七五—一九九七）》（下），北京：中央文献出版社，2004年版，第966页。
② 中共中央文献研究室编：《毛泽东年谱（一九四九—一九七六）》（第三卷），北京：中央文献出版社，2013年版，第231页。
③ 邓小平：《邓小平文选》（第二卷），北京：人民出版社，1994年版，第378页。
④ 《李先念传》编写组、鄂豫边区革命史编辑部编：《李先念年谱》（第六卷），北京：中央文献出版社，2011年版，第229页。

异影响社会主义国家同资本主义国家、民族主义国家的关系,要在和平共处五项原则基础上发展国家关系。1989年10月,邓小平在会见美国前总统尼克松时说:"考虑国与国之间的关系主要应该从国家自身的战略利益出发。着眼于自身长远的战略利益,同时也尊重对方的利益,而不去计较历史的恩怨,不去计较社会制度和意识形态的差别。"①

第四,超越意识形态并不等于放弃意识形态价值理念。一方面,超越意识形态并不回避意识形态、思想理论方面的交流讨论。这种交流不仅表现在与同质共产党就社会主义道路、建设,发展社会主义及国际共运经验教训等进行讨论,也表现在与异质政党的往来中。1981年12月12日,邓小平会见意大利天主教民主党副书记时,不仅谈双方关心的问题、两国关系、梵蒂冈问题,也谈社会主义制度,对马克思主义的理解,等等。② 1984年6月30日,邓小平会见日本客人,在介绍中国情况时,阐述了建设有中国特色的社会主义道路的构想。邓小平指出,马克思主义必须同中国实际相结合,"社会主义必须是切合中国实际的有中国特色的社会主义",并阐述了"贫穷不是社会主义"等重要观点。③ 另一方面,对马克思主义、社会主义信仰的信心始终坚定不移。前述邓小平会见日本客人时强调:"对马克思主义的信仰,是中国革命胜利的一种精神动力……中国搞资本主义不行,必须搞社会主义。"④ 1985年3月25日,邓小平会见美国新闻界"重访中国团"时指出:"从我们制定战略目标起,就把我们的建设叫作社会主义四个现代化。我们经常讲四个现代化,往往容易忽略了主词:社会主义。"⑤ 邓小平在会见外国政党领导人时,始终强调社会主义比资本主

---

① 《中国共产党大事记·1989年》,http://cpc.people.com.cn/GB/64162/64164/4416141.html。
② 中共中央文献研究室编:《邓小平年谱(一九七五—一九九七)》(下),北京:中央文献出版社,2004年版,第790—791页。
③ 邓小平:《邓小平文选》(第三卷),北京:人民出版社,1993年版,第63—64页。
④ 同②,第985—987页。
⑤ 同②,第1035页。

义更具优越性，中国必须坚持走中国特色社会主义道路。

概言之，"超越意识形态"之"超越"，就其核心旨意而言，可概括为"淡化"二字，即党的对外工作中不再坚持意识形态标准，不再把意识形态要求作为开展对外工作的基本尺度。实际上，在20世纪70年代末之前"以意识形态划线"的背景下，无论在党际关系还是国家关系方面，毛泽东都有"超越意识形态"的重要论述，但都是将"以意识形态划线"作为背景，将"以意识形态挂帅"作为根本前提的。

20世纪70年代末之前，以意识形态划线有"划线"和"挂帅"两层涵义，同样地，"超越意识形态"也有两层意思，一是"超越"，二是"淡化"。"挂帅"和"淡化"各为核心旨意。"超越"的根本在于"淡化"，在于取消"挂帅"，由此"划线"也就不存在了。"超越意识形态"这一思想的逻辑结果和根本目的，就是要在党的对外工作中突出国家利益，以服务国内现代化建设，即服务于国家"硬实力"为基本出发点。

（三）中共十八大以后党的对外工作的意识形态导向

中国作为社会主义大国，始终坚持走中国特色社会主义道路，坚持改革开放。经过长期奋斗，中国特色社会主义取得了举世瞩目的伟大成就。党的十八大以来，在以习近平同志为核心的党中央领导下，中国日益走近世界舞台中央。中国特色社会主义道路让西方的"历史终结论"破产，并为既希望走向现代化又要保持民族独立的发展中国家提供了全新的道路选择。

在这种情况下，美国及一些西方敌对势力对中国进行遏制，加强对中国的意识形态斗争，激化意识形态领域的大国博弈。习近平总书记指出："国内外各种敌对势力，总是企图让我们党改旗易帜、改名换姓，其要害就是企图让我们丢掉对马克思主义的信仰，丢掉对社会主义、共产主义的信念。"① 讲话特别强调意识形态工作的极端重要性。为此，一方面要在国内"巩固马克思主义在意识形态领域的指导地位，巩固全党全国人民团结奋斗的共同思想基础"②，另一方面必须坚定"四个自信"，高举中国特色社会主义旗帜，让世界认识并理解习近平新时代中国特色社会主义思想，让世界了解中国共产党的执政理念、执政成就，在国际上树立党的良好形象。宣介思想、塑造形象，成为中共十八大以来党的对外工作的鲜明主题。2019年，中联部部长宋涛表示，始终以党作为自身工作的出发点、落脚点、着力点，在党言党、在党为党、在党兴党，努力走出一条具有鲜明中国特色和中国共产党特色的新时代党的对外交往之路。③

为此，党的对外工作一方面要服务于党的建设，注重就政党自身建设经验进行交流，另一方面要通过各种政党论坛、研讨会、对话会，宣传党的思想理论、方针政策、重大理念，努力深化国际社会对中国特色社会主义新探索、新实践的理解和支持。中共十八大以后，中国共产党继续全方位、多层次发展与各类政党的关系，特别是与包括美国民主党、共和党在内的重要资产阶级政党建立了定期往来机制；搭建了"中国共产党与世界政党高层对话会"等平台；始终坚持把国家利益作为对外工作的基本出发点，主动配合国家重大外交议程，在政党外交中融入经济因素，为中外经贸投资合作牵线搭桥等等。对外工作体现了"超越意识形态"总原则的时代特色。

四、政党外交中处理意识形态问题的经验教训及启示

如果说国际关系学视角下的时代问题往往以"战争与革命""和平与发展"进行概括的话，那么党际关系理论视角下，第二次世界大战

---

① 习近平：《在全国党校工作会议上的讲话》，北京：人民出版社单行本，2016年版，第8页。
② 习近平：《习近平谈治国理政》，北京：外文出版社，2014年版，第153页。
③ 《宋涛：以习近平外交思想为指引 扎实推进新时代党的对外工作》，载《学习时报》，2019年11月11日，第1版。

结束以来的时代特征总体上可以概括为"两制并存,资强社弱",即资本主义与社会主义两种社会制度长期并存,资本主义国家力量总体上强于社会主义国家。这是研究新中国政党外交并总结历史经验时必须把握的前提性问题,是认识评价这一时期党在政党外交中处理意识形态问题的根本出发点。新中国成立以来,意识形态作为关乎党和国家方向引领、价值塑造,具有极大张力和弹性的问题,在政党外交中如何处理,经历了"以意识形态划线"到"以我划线"再到"超越意识形态"的过程。但是不管哪个阶段,中国共产党都始终坚持以理想使命、执政目标为基本出发点,紧扣"两制并存,资强社弱"的时代特征,以尽快增强综合国力和国际影响力为根本任务,积极探索和把握意识形态与国家利益的辩证统一,既积累丰富的经验,也沉淀若干深刻教训,给予新时代党的对外工作以重要启示。

(一)紧扣党的宗旨使命和时代特征,正确处理意识形态价值理念的坚持与超越

如前所述,从新中国成立到20世纪70年代末,以毛泽东同志为核心的党的第一代中央领导集体根据第二次世界大战后以意识形态对立为特征的两极格局和"一边倒"的外交方针,在政党外交中总体上坚持了"以意识形态划线"的总基调。这种"划线"思维不仅是时代的要求,也具有马克思主义理论依据。列宁在谈到资本主义时代意识形态问题时指出:"或者是资产阶级的意识形态,或者是社会主义的意识形态。这里中间的东西是没有的(因为人类没有创造过任何'第三种'意识形态,而且在为阶级矛盾所分裂的社会中,任何时候也不可能有非阶级的或超阶级的意识形态)。因此,对社会主义意识形态的任何轻视和任何脱离,都意味着资产阶级意识形态的加强。"[1] 列宁这一论述既是对一国之内思想意识对立的总结,也是对全球范围内意识形

---

[1] 中共中央马克思恩格斯列宁斯大林著作编译局译:《列宁全集》(第六卷),北京:人民出版社,2013年版,第38页。

态对立的概括，用来说明冷战后的国际社会意识形态斗争情况，再适合不过了。"以意识形态划线"在本质上是划清敌我界限，反对资本主义制度及其意识形态，防止资产阶级价值观的渗透。在"资强社弱"的情况下，毛泽东的主观愿望是为了捍卫党和国家的意识形态安全，这一点应当给予充分肯定。

20世纪70年代末之前，坚持"以意识形态划线"，突出"意识形态挂帅"的根本原因在于这一时期毛泽东把意识形态斗争当作尽快增强综合国力特别是国际影响力的主要倚重。毛泽东对马克思主义、无产阶级思想理论的强大力量充满信心，鲜明地指出："无产阶级是人类历史上最伟大的一个阶级，是思想上、政治上、力量上最强大的一个革命阶级。"① 毛泽东在意识形态问题上的高度自信成为毛泽东治国理政、制定国际战略的思想起点。在重大考验面前，一个物质力量贫弱的国家、政党面对强大对手的压力，在一段时间内诉诸意识形态斗争，通过发挥意识形态的凝聚、动员功能，尽快提升自身能力和对外部世界的影响力，是符合历史发展规律的有效选择。马克思指出："批判的武器当然不能代替武器的批判，物质力量只能用物质力量来摧毁；但是理论一经掌握群众，也会变成物质力量。"② 新中国成立后，中国共产党在毛泽东领导下，坚持以马克思主义、社会主义思想教育人民，推进社会主义建设，迅速改变了中国积贫积弱的面貌；同时，面对冷战国际环境，中国共产党高扬社会主义阵营团结大旗的同时，积极支援世界革命和亚非拉民族独立解放斗争，极大增强了中共和中国在国际共运中的影响力和号召力。

但是，一个国家要长久立足于世界民族之林，必须以经济物质基础为根本保障，其对外方针也必然要为此服务，反映和体现这一要求。

---

① 中共中央文献研究室编：《建国以来毛泽东文稿》（第十三卷），北京：中央文献出版社，1998年版，第31页。

② 中共中央马克思恩格斯列宁斯大林著作编译局编：《马克思恩格斯选集》（第一卷），北京：人民出版社，2012年版，第9页。

第五章　处理好意识形态与超越意识形态的关系

新中国成立后的一段时间，在"左"倾错误思想影响下，特别是在"文化大革命"时期，把意识形态与物质生产对立起来，出现批判"唯生产力论"的怪现象。在这种情况下，政党外交不是以服务于国内物质经济建设为出发点，而是以意识形态本身为标准，特别是"以意识形态划线"发展到"以我划线""唯我独革"，一段时间里为了意识形态上的一些虚妄诉求，不顾国家物质经济力量薄弱的客观实际，承担了超过国家能力的对外援助，致使政党外交遭受挫折，也使国家利益受到损害。

中共十一届三中全会后制定了"一个中心、两个基本点"的社会主义初级阶段基本路线，把以经济建设为中心上升到党和国家工作全局的战略高度。在"两制并存，资强社弱"的情况下，要改变现状，发挥社会主义的优越性，使社会主义赢得相对于资本主义的比较优势，必须大力发展经济，增强综合国力。正如邓小平所说："我国综合国力达到世界前列，社会主义的优越性就真正体现出来了。"[①] 在此基础上，党的对外工作方针政策调整，在提出党际关系四项原则的过程中，正式确立了"超越意识形态"的基本准则。根据这一准则，中国共产党恢复了与过去被认为是修正主义共产党的关系，超越了不与社会党、资产阶级政党发展关系的禁锢。摒弃意识形态至上，不再以意识形态本身作为处理党际关系的依据，而是把服务于国内建设、国家利益以及促进国家关系确立为政党外交的根本出发点。1985年10月22日，中共中央批转中联部《党的对外联络工作拨乱反正、开创新局面的情况和体会》的报告，报告中提出，党的对外联络工作为我国社会主义现代化建设服务。通过党的关系，推动国家关系的发展。党的对外活动中也要注入经济因素，主要是通过党的关系和群众团体的渠道，促进经济合作和技术引进等。[②] 这一报告既是超越意识形态思想的进一步

---

① 邓小平：《邓小平文选》（第三卷），北京：人民出版社，1993年版，第364页。
② 蔡武主编：《中国共产党对外工作大事记（1949.10—1999.12）》（下册），北京：当代世界出版社，2001年版，第545页。

体现，也反映了发展党际关系的根本目的。

"以意识形态划线"和"超越意识形态"作为党处理党际关系中意识形态问题的两个阶段、两种形式，虽然内涵及表现不同，但并不是截然对立的。实际上，在"以意识形态划线""以意识形态挂帅"的背景下，党的领导人在很多问题上仍然体现了务实态度。1973年9月4日，邓小平会见英国工党议员詹金斯时指出："不同社会制度、不同意识形态之间完全可以在五项原则的基础上和平共处。"在邓小平看来，"意识形态的争论就是打笔仗，要笔杆子，不是动真刀真枪。"正因如此，不同社会制度国家是能够和平共处的。在邓小平的思想中，决定国与国之间关系好坏亲疏的，首先是国与国之间的实际问题。在谈到与西欧、美国的关系时，邓小平说："中国同西欧关系的发展比中美关系发展快一些"，中美关系慢一些是"因为台湾问题没有解决"。在谈到中苏关系时，邓小平指出："改善中苏关系，我们的条件很简单，就是意识形态的争论不妨碍两国关系正常化。"[①] 这种务实作风与意识形态的"超越"是完全相通的。

另一方面，20世纪70年代末以后，根据"超越意识形态"的基本准则，中国共产党在政党外交中淡化意识形态问题，对过去一些基于意识形态诉求的政党外交实践进行调整，停止了一些不切实际的对外援助。但这并不意味着党在政党外交中完全排除意识形态因素或完全不顾及基于相同意识形态而建立的友好互助关系。对一些社会主义国家，不是不援助了，而是援助要有度，把握分寸，充分有利于双边关系的发展。1984年9月19日，李先念主持中央外事工作领导小组会议，谈到前不久对罗马尼亚、南斯拉夫的访问及两国情况时说："我们同罗、南的经济合作有困难，但是还得适当照顾。不照顾不行，照顾

---

① 中共中央文献研究室编：《邓小平文集（一九四九—一九七四）》（下卷），北京：人民出版社，2014年版，第313—314页。

多了也不行。"① 对过去兄弟国家，仍然能照顾就照顾。"以意识形态划线"和"超越意识形态"是对立统一的，"划线"中有"超越"，"超越"中有"划线"。

（二）意识形态具有脆弱性，国家利益是维系和发展党际关系和国家关系的决定性因素

在党际关系理论和实践中，意识形态往往是发展关系的逻辑起点和核心问题。意识形态相同的政党（执政党）、国家之间，一般比较容易建立和发展双边关系。意识形态一致或相互认同容易使政党、国家之间产生天然的亲和力、向心力，但国家之间如果没有切实有效并惠及双方的利益关系为基础，单纯的意识形态纽带往往十分脆弱，哪怕是社会主义国家之间也是如此。决定国家关系最终走向的根本要素是国家利益，或者说是意识形态掩盖下的国家利益。

20世纪60年代初，中国共产党与阿尔巴尼亚劳动党关系迅速升温并形成事实上的同盟，根本原因是阿党在中苏大论战中坚定站在中共一边，支持中共先后批判南斯拉夫、苏联修正主义。阿党支持中共的根本原因在于中共批修特别是批南修，符合阿尔巴尼亚国家利益。同时，中共反对苏共全盘否定斯大林，这一点也十分符合阿的利益诉求，因为正是斯大林揭开了国际共运中批南斯拉夫、反铁托的序幕，并于1948年将南斯拉夫开除出"共产党工人党情报局"。这样，中共和阿党就形成了共同反对"现代修正主义"的"最亲密战友"的关系。② 中共称阿尔巴尼亚是"欧洲的社会主义明灯"，阿党则称"毛泽东思想使

---

① 《李先念传》编写组、鄂豫边区革命史编辑部编：《李先念年谱》（第六卷），北京：中央文献出版社，2011年版，第268页。
② 王泰平主编：《中华人民共和国外交史1970—1978》（第三卷），北京：世界知识出版社，1999年版，第258页。

中国成为当今世界马列主义、社会主义和共产主义的明灯"①。阿党在国际共运总路线等一系列中共与苏共论战的问题上给予中共高度赞扬和全面支持。中共因此对阿予以巨大回报,一方面,在政治上给予阿全面支持,不仅支持阿反对南斯拉夫霸权主义的斗争,而且在外交国际斗争特别是国际共运中也与阿方共进退。社会主义国家召开的会议,凡是不邀请阿方的,或者阿方拒绝参加的,中共也一概不参加。另一方面,中共在经济、物质、军事、专家技术人员等方面对阿方予以大量援助,据统计,到1978年中国对阿援助款项总额达100多亿元人民币,先后向阿派遣各方面专家6000多人。②

　　由此可见,对中方来说,中阿之所以形成同盟关系,主要是阿方给予了意识形态支持,以及在中国重返联合国等问题上的政治支持。③对阿方而言,其意识形态掩盖下的国家利益诉求体现在获得中方巨大的经济、国防支持。显然,中阿同盟关系并没有建立在大体对称的国家利益基础上。这种国家利益上的失衡随着中阿关系的推进也越发凸显,阿方不断索取、变本加厉,给中方造成难以承受的负担,甚至给中方现实国家利益带来直接损害。1975年6月,阿派部长会议副主席查尔查尼为首的经济代表团访华商谈援助问题。中方认为,过去对阿援助已经不少,这次阿方要求数量过大,不仅中国力不从心,很难完全满足,也不利于阿自力地发展国民经济,因此要减少一些援助,阿对此"很不理解,很不满意,严重不安"。④需要指出的是,阿方不仅在索取援助等方面要求强硬,而且还有着十分强烈的意识形态诉求。中阿基于意识形态结盟,但并不等于意识形态方面没有矛盾,有矛盾本来也是正常的,但如同中方一样,阿党虽小,却在意识形态问题上有着十分强烈的自我主张,动辄对中方的思想理论及对外政策特别是

---

① 王泰平主编:《中华人民共和国外交史1970—1978》(第三卷),北京:世界知识出版社,1999年版,第259页。
② 同①,第271—272页。
③ 同①,第262页。
④ 同①,第263—264页。

对苏、对美政策提出批评。1969年9月，中苏两国总理在北京机场会晤，阿方认为会晤是"不适宜的，十分有害和相当危险的"①。1972年8月，阿党中央针对中美关系致信中共中央表示，"你们要在北京接待尼克松的决定是不正确的、不受欢迎的。我们不赞成，不支持你们这一决定。"1974年，毛泽东提出"三个世界划分"的理论，阿党领导人坚决反对，认为是"反马列主义的"。1976年毛泽东去世后，阿党对中国粉碎"四人帮"和"三个世界划分"理论的内外政策进行公开批判。②1978年7月，中方照会阿方，果断停止对阿援助。阿方因此发起对中国激烈的意识形态攻击，称"毛泽东思想从来不是马克思列宁主义的"，"中国领导人执行的从来不是马列主义路线"，中国"从来不是社会主义国家"，等等。③ 中阿关系彻底破裂。

中阿关系从形成到破裂的历史进程中，自始至终都以意识形态为主线。双方都试图按照自己对马克思主义的理解、在坚持马克思主义的旗号下去影响、要求对方，这种对自己所理解意识形态的执着，必然使双方的意识形态纽带失去张力和韧性。中阿之间的意识形态关系本身就是十分脆弱的，一旦国家利益出现矛盾，必然出现断裂。中阿关系表面上是意识形态分歧导致决裂，但根本还在于双方没有共同的国家利益基础。

（三）充分认识意识形态作为国家利益有机组成对于发展党际关系、国家关系的重大意义

在发展党际关系与国家关系问题上，国家利益更具有根本性和决定性。只有充分认识到这一点，才能正确认识新中国政党外交中的一些重要问题，才能准确把握历史经验教训。

---

① 王泰平主编：《中华人民共和国外交史1957—1969》（第二卷），北京：世界知识出版社，1998年版，第347页。
② 王泰平主编：《中华人民共和国外交史1970—1978》（第三卷），北京：世界知识出版社，1999年版，第259—260、269—270页。
③ 同②，第274页。

众所周知，在新中国政党外交中，中苏两党两国关系无疑是最重要的双边关系。20世纪五六十年代，中苏关系由结盟蜜月戏剧性地走向矛盾冲突直至决裂。这一现象一直为中外学界所关注，许多学者致力于揭示其中的原因。一些学者着眼于意识形态与国家利益的角度，或强调意识形态分歧，或突出国家利益冲突，或认为意识形态与国家利益共同发挥作用；也有一些学者跳出意识形态与国家利益的思维范式，从系统论、结构主义、政治文化的角度进行探讨，观点不一而足。不过，从总结历史经验教训的角度出发，这一时期中苏关系的戏剧性变化仍然可以从国家利益角度进行解释，得出国家利益是中苏从结盟走向决裂过程中发挥决定性作用的因素这一结论。

首先，中苏之间在最根本的国家战略利益层面上产生冲突。作为社会主义阵营之首，苏共在赫鲁晓夫上台以后，积极谋求与以美国为首的西方国家的战略缓和，以有利于苏联国内建设。苏联为此提出"和平共处、和平竞赛、和平过渡"的"三和"政策。苏共不仅把"三和"作为处理同西方国家间关系的外交方针，而且上升到国际共运"总路线"的高度，作为社会主义阵营的共同要求，并以此为由加强对社会主义阵营各国的控制，把其他兄弟国家纳入自己所设计的轨道，以此作为同美国等进行讨价还价的筹码。对于苏共这一利己主义、大国主义、沙文主义做法，中共不能赞同。特别是新中国成立以后，美国及一些西方敌对势力对中国进行经济全面封锁禁运、政治外交孤立、军事包围，对中国国家安全造成极大威胁。这种情况下，中共可以不反对美苏缓和关系，但不可能接受苏共把"三和"作为社会主义国家的共同要求，更不会以中国的战略利益屈从于苏联的国家战略。这也正是"战争与和平"成为中苏大论战中的重大分歧问题以及中共坚决反对苏共的根本所在。因此，中苏围绕"战争与和平"问题的争论，与其说是意识形态之争，不如说是国家战略利益之争。

中苏两党在"战争与和平"问题上的争论具有鲜明的国家利益属性，而在中共九篇论战檄文中涉及的重要问题，包括斯大林问题、如何看待南斯拉夫的道路、如何看待帝国主义和殖民主义、国际共运中的新老修正主义、无产阶级革命与社会主义社会、暴力革命与议会斗争、"全民党"与"全民国家"、谁造成了国际共运的分裂等，则构成了"国际共产主义运动总路线的论战"主要内容，具有鲜明的意识形态属性。这些争论与其说是原则之争、真理之争，不如说是打嘴仗、放空炮，用邓小平的话说就是"双方都讲了许多空话"①。即便如此，从国家利益角度看，这场论战对于中方也不是没有意义的。中共坚定投入论战的重要原因之一是向苏共大党主义、大国沙文主义进行挑战，向历史上沙俄对中国造成的伤害和屈辱说"不"。近代以来，包括沙俄在内的西方列强一再侵略凌辱中国，给中国人民造成了受屈辱、不平等的深刻记忆。1956年12月8日，毛泽东在会见巴西客人时说："我们见到三个地方的朋友最亲热，就是亚洲、非洲和拉丁美洲，我们感到平等。同西方其他国家的人见面，总感到有些不平等。"1959年5月15日，毛泽东在会见智利政界人士时再次谈到类似的意思。② 对于中方来说，中苏论战在很大程度上具有洗刷历史屈辱、捍卫国家尊严的意义。国家尊严无疑是国家利益的重要组成部分。因此，大论战在坚持国家国际战略、外交方针，洗刷历史屈辱及捍卫国家尊严等方面体现了意识形态与国家利益的交织统一。

大论战也体现了意识形态与国家利益存在一定的对立性。1957年以后，由于中共在波匈事件中发挥了重要的斡旋协调作用，中共与苏共在社会主义阵营中的角色发生了微妙变化，毛泽东及中共的地位显得越来越重要。1958年，毛泽东在"超英赶美"的口号下发动"大跃进"和人民公社化运动，力图找到一条"多快好省建设社会主义的道路"，为其他国家搞社会主义进行示范，但受到苏联和东欧其他社会主

---

① 邓小平：《邓小平文选》（第三卷），北京：人民出版社，1993年版，第291页。
② 中共中央文献研究室编：《毛泽东年谱（一九四九—一九七六）》（第三卷），北京：人民出版社，2013年版，第48页；中共中央文献研究室编：《毛泽东年谱（一九四九—一九七六）》（第四卷），北京：人民出版社，2013年版，第51页。

义国家的冷遇，这成为中苏矛盾的重要源头。大论战中，中共先后批判南斯拉夫修正主义、赫鲁晓夫修正主义，并在马列主义一系列重要理论问题上阐明观点主张，根本上是要维护自己对社会主义、马列主义的理解，并力图使自己的见解主张为各国党所接受，这实质上是争夺在国际共产主义运动中的话语权，而话语权是领导权的前提和重要组成。大论战之后，国际共运和社会主义阵营发生分裂，中共事实上成为国际共运的另一个中心，并承担了超越国力的国际责任，造成了现实国家利益的损害，这体现了意识形态与国家利益的对立。

不过，从意识形态与国家利益的统一性角度看，在社会主义阵营存续的背景下，一个国家拥有在阵营中的话语权、领导权，又何尝不是这个国家国家利益的组成部分。中国在当时部分国家中拥有这样的权利，当然也构成了当时中国的国家利益，是国家利益中上层建筑的内容，而这部分国家利益与现实国家利益之间也是对立统一关系。当意识形态抛离国家利益，使二者关系更多地呈现对立时，表现在国家利益问题上，就是上层建筑层面的国家利益抛离现实国家利益。因此，在树立意识形态是国家利益有机组成部分这样观点的同时，必须充分认识到国家利益存在两个不同层面且二者对立统一，并在实践中正确处理。这正是历史留下的重要启示。

（四）意识形态仍然是社会主义国家维系发展关系的战略纽带

突出国家利益在党际关系和国家关系中的决定性作用，并不否认意识形态对维系社会主义国家间关系的重要性，意识形态对于社会主义国家来说是不可或缺的重要纽带，不能仅仅把意识形态作为双边关系的临时救济手段，必须从战略层面加以重视。冷战结束以后，国际共产主义运动走向低潮，中国共产党在处理政党外交问题上，基于历史经验教训，坚持不"出头"、不"扛旗"，同时十分重视开展同各国共产党特别是社会主义国家政党之间的思想理论交流，在马克思主义、社会主义理论及世界社会主义运动等方面形成更多共识，通过筑牢党际关系基础，进一步夯实国家关系。冷战结束后，中朝关系、中越关系的发展就是这方面的典型。鉴于该问题与本书第六章"正确把握党际关系和国家关系的辩证统一"存在逻辑上的相交相融，在此不再赘述。

总之，新中国成立后，中国共产党在政党外交实践中，始终紧扣宗旨使命和目标任务，在"两制并存，资强社弱"的背景下处理意识形态问题时坚持了原则的坚定性和策略的灵活性，既坚持核心价值理念不动摇，又根据时代条件实现从"以意识形态划线"到"超越意识形态"的变化，在"划线"中体现务实，在"超越"中反映对意识形态价值理念和党际传统友谊的坚持坚守。"划线"和"超越"的对立统一也表现为意识形态与国家利益的对立统一，并最终以意识形态融入国家利益、以国家利益为最根本要素的形式表现出来。历史实践表明，哪怕是在"意识形态挂帅"时期，国家利益也是党际关系、国家关系的决定性因素，意识形态与国家利益始终存在相交相融的汇合点。1960年8月，毛泽东在谈到中苏论战时说："意识形态的争论，可以争个面红耳赤，也可以从长计议，让实践证明谁错谁对。但大国沙文主义非抵抗不可，没有谈判、妥协的余地。"[①] 1980年11月，邓小平在谈到中苏关系时指出："中苏在五十年代就开始了分裂，主要原因是，苏联搞霸权主义，想控制中国。我们不甘心让它控制，它的目的没有达到，因而就反对中国。如果说中苏争论开始的时候主要是意识形态方面的问题，后来就远远超过意识形态了。"[②] 这些都揭示了中苏意识形态争论的实质，阐明了国家利益对于党际关系和国家关系的最终决定作用。因此，20世纪70年代末以后确立"超越意识形态"的政党外交基本准则，把国家利益作为开展政党外交的基本出发点，既

---

① 吴冷西：《十年论战：1956—1966中苏关系回忆录》（上），北京：中央文献出版社，1999年版，第350页。
② 中共中央文献研究室编：《邓小平年谱（一九七五—一九九七）》（上卷），北京：中央文献出版社，2004年版，第691页。

符合意识形态与国家利益相互关系的理论逻辑，也符合新中国政党外交实践的历史逻辑，实际上确立了国家利益至上的原则。当然，国家利益至上不是排斥意识形态，而是把意识形态诉求融入国家利益之中，为此必须要正确处理基于意识形态信仰目标的国家利益与现实国家利益之间的辩证关系。意识形态虽然不再是政党外交的出发点，但仍然是维系社会主义国家关系的战略性纽带，这些都是新中国政党外交意识形态实践提供的重要历史启示。

第六章　准确把握党际关系和国家关系的辩证统一

新中国成立以后，中国共产党根据国际格局和国家安全形势，采取了"一边倒"、倒向以苏联为首的社会主义阵营的外交方针，由此，政党外交成为新中国外交的逻辑起点。在新中国长期外交实践中，政党外交作为国家总体外交的组成部分，始终与政府外交相伴而行。相比而言，政党外交的最大特点在于其主题主线的双重性，即，在开展政党外交的过程中，如何运用党际关系处理好同对象党所在国家之间的关系，这既是新中国政党外交实践的鲜明主题，也是政党外交理论的重大课题。综观新中国成立以来党的对外工作，中国共产党就党际关系和国家关系的处理进行了丰富的探索实践，既有历史经验，也有深刻教训，力图在辩证统一中把握二者的相互关系。

一、党际关系与国家关系相互关联的理论缘起和表现形式

（一）党际关系与国家关系相互关联的理论缘起

在讨论党际关系与国家关系相互关联之前，有必要先就党际关系、国家关系这两个概念作简要说明。党际关系作为政党外交理论的核心概念，在一般的外交国际关系理论中并不常见。在政党外交的语境中，党际关系是指一国之政党与他国政党的交流交往，有别于一国之内党

与党之间的关系。作为起源于国际共产主义运动的概念，党际关系在很长一段时间里主要指各国共产党间的关系（因此又有"兄弟党关系"的称谓）；就中国共产党来说，党际关系，一开始主要是指中共与各国共产党的关系，后来进一步演变为同世界上各类政党关系；党际交往既可以是党务、思想理论（意识形态）方面的交流，也可以但并不必然涉及双边国家关系的内容。一般由党的涉外部门代表党直接与他国政党进行往来；党际交往中虽然也涉及国家利益、国家关系的内容，但往往以政党自身诉求、意识形态为原初出发点和目的，具有鲜明的政党属性。而发展国家关系往往以国家利益为根本出发点，以捍卫国家主权安全、维护国家利益、促进国与国之间关系为主要任务。显然，理论上，党际关系与国家关系在起源、内容、目的任务、运作机制等方面完全不同。尽管如此，国家关系仍是讨论党际关系时始终绕不过去的重要概念，因为任何一个政党开展政党外交都是以自己的国家为依托的，这就必然涉及党际关系与国家关系的相互关联问题。那么这种相互关联在理论上的逻辑关系是怎样产生的呢？

马克思指出："一个国家里在资产阶级各个成员之间虽然存在着竞争和冲突，但资产阶级却总是联合起来并且建立兄弟联盟以反对本国的无产者；同样，各国的资产者虽然在世界市场上互相冲突和竞争，但总是联合起来并且建立兄弟联盟以反对各国的无产者。"[①] 根据马克思主义党际关系理论和无产阶级解放斗争学说，由于资本统治具有国际联合性，因此各国无产阶级要反对资产阶级，进行解放斗争，实现共产主义，也必须联合起来。亦如恩格斯所说，无产阶级"应当以各国工人的兄弟联盟来对抗各国资产者的兄弟联盟"[②]。各国无产阶级政党成立后，无产阶级解放斗争的国际联合自然就表现为各国无产阶级政党之间的联合。但同时，马克思、恩格斯指出："无产阶级反对资产

---

① 中共中央马克思恩格斯列宁斯大林著作编译局编：《马克思恩格斯选集》（第一卷），北京：人民出版社，2012年版，第313页。

② 同①，第316页。

阶级的斗争首先是一国范围内的斗争。每一个国家的无产阶级当然首先应当打倒本国的资产阶级。"① "无产阶级的国际运动，无论如何只有在独立民族的范围内才有可能。"② 也就是说，无产阶级政党的国际联合是以各国党的国内斗争为前提，各国党首先要独立自主地进行国内斗争，再在此基础上进行国际联合，发展党际关系。于是，独立自主与国际联合、国内斗争与国际斗争的关系问题，就成为各国党发展党际关系的首要问题。

但是，在无产阶级政党还没有夺取政权成为执政党之前，无论是独立自主还是国际联合，都只属于党际关系层面的问题。独立自主是相互党际交往的基本原则，国际联合是党际交往的根本要求和目的，总体上都不涉及无产阶级政党所在国家之间的相互关系，因为无产阶级夺取政权之前，各国政党之间的独立与联合，都是基于"工人无祖国"、各国无产阶级是一家的理念，共同反对各国资产阶级及其国际联盟的统治。在这一过程中，各国党首先根据本国实际情况独立自主决定符合本国实际的路线方针政策，独立自主地开展国内斗争。这种遵从各民族国家实际情况的主张，本身就含有各国党维护自身国家利益的逻辑要求。从这个角度讲，无产阶级政党夺取政权之前发展党际关系，或独立自主，或国际联合，都不排斥维护本国国家利益。但这时的国家利益主要指国家的生存发展利益，比如国家领土主权完整及其他基于自然属性的国家利益等，而不是基于阶级性的国家利益。由于国家关系在本质上是各国统治阶级的相互关系，自然是以具有阶级性的国家利益为基础。因此，在无产阶级夺取政权成为统治阶级之前，不存在一般意义上的党际关系与国家关系的相互关联，只有当国家生存发展等基本国家利益受到严重威胁时，这一情况才可能出现。

---

① 中共中央马克思恩格斯列宁斯大林著作编译局编：《马克思恩格斯文集》（第二卷），北京：人民出版社，2009年版，第43页。
② 中共中央马克思恩格斯列宁斯大林著作编译局编：《马克思恩格斯文集》（第十卷），北京：人民出版社，2009年版，第472页。

但是，当无产阶级政党夺取政权成为执政党后，情况就完全不一样了。一方面，基于无产阶级国际联合的思想，夺取政权的无产阶级政党自然有义务帮助其他国家尚未取得政权的无产阶级，或者与其他国家执政党联合起来推动国际共产主义运动和世界无产阶级的解放斗争，为此必须要承担相应的国际主义义务，甚至作出必要的民族牺牲；另一方面，在世界仍然是以民族国家为基本组成单元的情况下，在一个相当长的历史进程中，不管何种性质的执政党都必须要以捍卫民族国家根本利益为最高职责。因此，执政的无产阶级政党可谓一身二任，既要支援其他国家无产阶级革命和建设，履行国际主义义务，又要切实维护国家利益、民族利益。前者是基于共同价值理念的意识形态诉求，往往是党际关系得以开展的原初主题和出发点；后者则是基于国家利益要求，一般是国家关系得以发展的基础和前提。由此就产生了既相互区别又相互关联的两大问题、两对关系：一是意识形态诉求与国家利益导向的关系问题，二是党际关系与国家关系的相互关联问题。二者之间的关联在于意识形态与党际关系、国家利益与国家关系各自对应，存在逻辑上的重叠和交融。

虽然党际关系以意识形态为原初主题，但无产阶级政党执政以后，在开展政党外交的过程中必然要涉及与对象党所在国家的国家关系；同样，虽然国家关系以国家利益为基础，但发展国家关系的实践中并不是毫不关涉党际关系，尤其是当交往双方都是无产阶级执政党且都是社会主义国家时，这两种情况就更加明显。因此，虽然两对关系、两大问题存在逻辑上的重叠，但二者都是相对独立的两对关系，不能互相替代。这就是党际关系与国家关系相互关联的理论缘起，也是中国共产党政党外交理论与实践的重大课题。

（二）党际关系与国家关系相互关联的主要内涵及关系类型

党际关系与国家关系的相互关联是无产阶级执政党面临的重要课题。二者究竟如何关联，关联到何种程度，取决于执政党在特定时期的国际战略和外交政策，以及对意识形态价值理念和国家利益的认识把握。如果执政党的国际战略和外交政策相对突出意识形态目标而淡化国家利益诉求，或者更加重视基于意识形态目标的国家利益而不是具体的现实国家利益，就必然要求把意识形态目标置于国家现实利益诉求之上，即以意识形态的相同与否作为发展党际关系、国家关系的依据，把党际关系置于国家关系之上。当执政党的国际战略和外交政策以国家利益为导向，相对淡化意识形态诉求，或者更加重视现实国家利益而不是基于长远意识形态目标的国家利益时，就必然要求把国家利益诉求置于意识形态目标之上，把国家利益而不是意识形态本身作为发展党际关系、国家关系的依据，以国家利益作为基本出发点，使党际关系服从和服务于国家关系。

中国共产党发展党际关系的对象复杂多样，因此处理党际关系及其与国家关系的互动关联时所面临的问题也更具代表性。按交往对象的性质划分，党际关系与国家关系主要包括三类互动关联：

一是中共与执政的共产党之间的关系。这一类关系中，政党地位和意识形态具有高度的同一性，因此存在发展党际关系与国家关系的内在动力。在党际关系与国家关系的互动中，党际关系、意识形态在国家关系中往往发挥着十分重要的纽带作用，但是国家利益的客观性、现实性和至高地位使社会主义国家间也时常发生矛盾冲突。因此，社会主义国家之间的党际关系与国家关系具有统一性、复杂性、特殊性和对立性。

二是中共与非执政的共产党和其他左翼政党之间的关系。对于中国共产党来说，处理与资本主义国家非执政共产党的关系在本质上涉及两大问题：其一，中共自身在世界社会主义运动中的角色定位和怎样为国际共运作出贡献；其二，怎样把与资本主义国家共产党的党际关系转化为与这些党所在国之间发展关系的有利因素。两大问题具有对立统一性。

三是中共与其他类型政党之间的关系。由于这些政党特别是资产阶级主流政党在意识形态方面与共产党存在较大差异，甚至是根本对立，因此发展党际关系、交流思想理念等的根本目的在于促进国家关系，在党际关系与国家关系的互动关联上相对比较简单，并不存在党际关系损害国家关系的问题。但要注意处理好执政党和非执政党的关联，特别是在与发展中国家、民族主义国家非执政党发展关系时，要处理好与该国执政党的关系。

综观新中国成立以来政党外交史，对党际关系与国家关系互动关联问题的处理可以分为三个阶段：第一阶段，从新中国成立到20世纪70年代末，党际关系"决定"国家关系，突出党际关系、意识形态在政党外交中的指令导引作用；第二阶段，从20世纪70年代末到2012年中共十八大，党际关系"促进"国家关系，把政党外交作为国家总体外交的组成部分，以国家利益作为发展党际关系的基本出发点；第三阶段，中共十八大以后，党际关系"充实"国家关系，坚持政党外交服务国家总体外交，以国家利益为导向，统筹发挥意识形态的作用，坚持党际关系对国家关系的政治引领。

二、20世纪70年代末以前：党际关系"决定"国家关系

所谓党际关系"决定"国家关系，主要是指从新中国成立到20世纪70年代末之前，中国共产党在开展政党外交的过程中，坚持以无产阶级国际主义为根本指导，把加强同社会主义阵营的团结合作作为责任和义务，[1] 突出党际关系对国家关系的"指令""指挥""先导"，在"文化大革命"时期极"左"思潮影响下，进一步发展为党际关系"凌驾于"国家关系，使国家利益受到损害。所以这里的"决定"，是指令、指挥、先导和凌驾的总称，即党际关系、意识形态对国家关系具有的基础性、前提性作用，党际关系的亲疏决定国家关系的好坏，二者一荣俱荣、一损俱损。综观20世纪70年代末之前的政党外交，

---

[1] 中共中央文献研究室、中央档案馆编：《建国以来刘少奇文稿》（第八册），北京：中央文献出版社，2018年版，第258页。

最能体现这种"决定"作用的，主要有以下三个方面：

（一）社会主义国家之间外交工作性质及运作机制

1949年6月刘少奇率团访苏期间提出，为密切中苏两党关系"相互派遣适当的政治上的负责代表"①的提议。新中国成立后，根据毛泽东给斯大林的信函，中国首任驻苏大使王稼祥不仅是代表国家的大使，也是中国共产党与苏共及斯大林进行联络沟通的代表，同时还是兼管东欧国家一般外交事务的外交部副部长，可谓一身三任。②1957年9月14日，邓小平在会见南斯拉夫联邦执行委员会副主席伏克曼诺维奇时指出："我们兄弟国家大使不应该像资本主义国家大使那样，仅仅办外交，而且还应办一些内交。中南两国互派代表团，不仅仅是形式上的友好，而且应该广泛地交换意见，加强互相之间的了解。"③初步说明了社会主义国家之间派驻大使的不同性质。

1957年11月19日，毛泽东会见苏联外长葛罗米柯，在谈及中苏两国外交部的工作时指出："中苏关系中的重要问题主要是通过两党中央解决的。苏联外交官的主要精力看来需要集中放在同资本主义国家，以及同亚洲、非洲、拉丁美洲国家的关系上。"毛泽东还说："我们给我国外交部提出的任务是扩大同中间地带国家的联系""兄弟国家之间的外交关系原则上不同于兄弟国家同资本主义国家之间的外交关系，因为前一种关系主要是在党与党之间发展的。兄弟国家的外交部在发展和巩固这些关系方面也发挥而且应当发挥一定的作用。"葛罗米柯指出："中国和苏联之间的联系确实具有党的性质，这样做是完全正确

---

① 中共中央文献研究室、中央档案馆编：《建国以来刘少奇文稿》（第一册），北京：中央文献出版社，2005年版，第17页。
② 中共中央文献研究室编：《毛泽东年谱（一九四九——一九七六）》（第一卷），北京：中央文献出版社，2013年版，第24页。
③ 中共中央文献研究室编：《邓小平年谱（一九〇四——一九七四）》（下），北京：中央文献出版社，2009年版，第1390页。

的。"① 1959年11月6日，邓小平会见苏联驻华大使契尔沃年科，邓问契以前是否从事过党的工作，契叙述了以前做过的工作之后补充说："我把驻华大使的使命看成党的工作的继续。"邓小平接着说："对我们来说，这不是外交，而是党的工作。刘晓在莫斯科也不是搞外交，而是做党的工作。尤金在北京对我们来说也不是外交官，他是在从事党的工作。对社会主义国家的外交官来说，主要的不是例行外交公事。"②

上述材料说明这样几点：一是与社会主义国家间的外交不同于与其他国家的关系，其本质是党的工作和党际关系；二是以中苏关系为代表的党际关系要由党中央直接决定；三是社会主义国家的外交部主要负责同资本主义国家的关系，在同社会主义国家发展关系上发挥一定的作用。总之，在社会主义国家相互关系中，党际关系具有决定性。

这种社会主义国家之间的外交特性，根本在于"社会主义大家庭"的基本理念。新中国成立后迅速与苏联及其他东欧社会主义国家建立外交关系，并且是以不经谈判的方式（与非社会主义国家建交都要经过谈判程序，即对方要宣布断绝与国民党当局"外交关系"等），即双方通过函电表示承认和愿意建交即可。之所以如此，根本就在于这些国家都是社会主义制度、共产党执政、意识形态相同的"兄弟"，大家是"一家人"。1956年9月10日，周恩来在关于中共八大政治报告中国际形势部分的修改给胡乔木的信中指出，与兄弟党的关系不宜写在国际关系部分。③ 这显然是"大家庭"理念的充分体现。1959年5月13日，毛泽东会见阿尔巴尼亚劳动党代表团时指出："社会主义国

---

① 沈志华主编：《俄罗斯解密档案选编——中苏关系》（第七卷），上海：东方出版中心，2015年版，第350—351页。
② 沈志华主编：《俄罗斯解密档案选编——中苏关系》（第九卷），上海：东方出版中心，2015年版，第48页。
③ 中共中央文献研究室、中央档案馆编：《建国以来周恩来文稿》（第十三册），北京：中央文献出版社，2018年版，第328页。

家间有党的关系,有政府间的关系,《莫斯科宣言》把我们联系起来。"① 1957年的《莫斯科宣言》制定了党际关系的基本准则,使社会主义阵营中共产党之间、国家之间,更像一家人了。

(二) 党际关系与国家关系相通相融,往往体现为同一过程

在社会主义国家,党不仅是国家大政方针的制定者,也是具体执行者、实践者,党际关系与国家关系高度融合,二者体现为同一过程。社会主义国家的国家领导人一般都是党的最高领导机构成员,党和国家最高领导人经常一身二任,因此社会主义国家之间的往来经常体现为党际关系和国家关系相融合,这是党际关系"决定"国家关系的重要体现。这首先表现在由领导人率领的以党政代表团等为名号的访问团出访。

所谓"党政代表团",顾名思义,既是党的代表团,也是政府代表团,是社会主义国家双边往来中层次最高的互动方式。代表团讨论交流的问题和要完成的任务既涉及党际关系,又涉及国家关系。比如,1957年11月,毛泽东率领中国党政代表团访问苏联,作为中国政府代表团团长,毛泽东参加了庆祝十月革命40周年大会,在各种场合演讲中对苏联内外政策给予充分肯定和积极支持;作为中国党的代表团团长,毛泽东参加了共产党和工人党代表会议并发表演讲,提出并阐述了"以苏为首"和党际关系基本准则等重要主张。

除了党政代表团这种形式外,党代表团更是共产党党际交往中的常见方式,交流内容主要集中在思想理论、意识形态、党务工作等方面。如果双方都是执政党,就两国关系的大方向、大原则进行讨论和定调,也是情理之中的事。1949年6月到8月,新中国成立前夕,刘少奇率中共代表团访问苏联,双方不仅讨论了中苏两党关系中的一系

---

① 中共中央文献研究室编:《毛泽东年谱(一九四九—一九七六)》(第四卷),北京:中央文献出版社,2013年版,第48页。

列重大问题,向斯大林表达了中共愿与苏共发展亲密党际关系的愿望,而且代表中共中央和毛泽东向苏共提出了"一边倒"的新中国外交方针,奠定了新中国对苏国家关系的基石。社会主义国家共产党进行党际交往,必然会经常涉及国家关系的内容,这是党际关系与国家关系融合的体现。

社会主义国家间的政府外交活动同样体现党际关系与国家关系的融合。政府代表团是社会主义国家间除了党政代表团、党代表团之外,又一常见的外交互动形式。1949年12月到1950年2月,毛泽东率中国政府代表团访问苏联,签署了《中苏友好同盟互助条约》等文件。对此,周恩来表示,这一条约的共同基础就是"国际主义与爱国主义"[①],充分体现了党际关系与国家关系的融合。1959年刘少奇担任国家主席后,多次以这一身份同社会主义国家领导人发表以促进国家关系为目的的联合声明。比如,1963年5月访问越南期间和6月会见来访的朝鲜国家领导人时,刘少奇先后同越南国家主席胡志明、朝鲜最高人民会议常任委员会委员长崔庸健发表联合声明。两份联合声明阐明了中越、中朝两党两国共同关心的问题,特别指出国际共产主义运动的主要任务是反对现代修正主义、维护马克思主义纯洁性,阐明社会主义国家应当遵循的外交政策,等等,充分表明国家关系层面的互动体现党际关系的要求。

另外,由于社会主义国家领导人具有党政双重身份,"党代表团"和"政府代表团"往往是可以灵活转换的。1960年11月,中共中央副主席刘少奇先是率党代表团出席在莫斯科举行的81国共产党和工人党代表会议。期间,中苏两党围绕国际共运中的基本路线、基本原则、大会宣言等进行激烈争论,致力于弥合两党关系中的分歧和问题,之

---

① 中共中央文献研究室、中央档案馆编:《建国以来周恩来文稿》(第二册),北京:中央文献出版社,2008年版,第283页。

后又应苏联最高苏维埃邀请，以中国国家主席身份对苏联进行访问。①

（三）对社会主义国家进行慷慨无私的援助

1950年6月27日，毛泽东在接见援越军事顾问团时指出："帮助被压迫民族和国家的解放斗争，这是国际主义的问题，是共产党人的义务。世界上还有许多受压迫、被侵略的国家，他们在帝国主义的铁蹄下，我们不仅仅是同情他们，还要伸出双手去援助他们。"② 根据新中国成立之初与苏共关于国际共运的两党分工，中共应比较多地负责联络帮助亚洲地区兄弟党和国家。从新中国成立到20世纪70年代末，中国共产党面临百废待兴的国家建设重任，但仍然以巨大的真诚和热忱，在政治上、道义上给予兄弟国家、兄弟党以配合、声援和支持，在经济上、物质上给予无私的、慷慨的援助，忠实地履行了国际主义义务。

首先，援助对象以亚洲地区为主，同时兼及社会主义"大家庭"的兄弟国家和兄弟党。1950年3月14日，刘少奇为中共中央起草党内指示："我们在革命胜利以后，用一切可能的方法去援助亚洲各被压迫民族中的共产党和人民，争取他们的解放，乃是中国共产党和中国人民不可推卸的国际责任。"③ 所以从地域范围和援助数量讲，受援者主要是以越南、朝鲜、老挝、蒙古以及东南亚国家共产党为主，以越南、朝鲜最甚。同时，受援对象也包括阿尔巴尼亚、罗马尼亚、匈牙利、民主德国、古巴等东欧及拉美社会主义国家，其中以阿尔巴尼亚为最。1952年匈牙利发生灾荒，中方迅速向其提供了5万吨粮食。④ 1956年

---

① 王泰平主编：《中华人民共和国外交史》（第二卷），北京：世界知识出版社，1998年版，第238—239页。
② 钱江：《秘密征战——中国军事顾问团援越抗法纪实》，成都：四川人民出版社，1999年版，第80—81页。
③ 中共中央文献研究室编：《刘少奇年谱（1898—1969）》（下卷），北京：中央文献出版社，1996年版，第245页。
④ 裴坚章主编：《中华人民共和国外交史（1949—1956）》（第一卷），北京：世界知识出版社，1994年版，第54页。

匈牙利十月事件发生后，中国向匈牙利工农革命政府赠送价值 3000 万卢布的物资。① 1963 年古巴遭遇飓风灾害时，中国提供了价值 7000 万人民币的物资。② 1970 年罗马尼亚遭遇严重水灾，中国向罗无偿提供棉花、大豆、猪肉等价值 5260 万元人民币的民生物资，是对罗援助最多的国家。上述所列只限于直接无偿援助，不包括基于双边协定的无息贷款、紧急供货与"寓援助于贸易"的经济合作等。

其次，援助真正体现慷慨无私、有求必应、真诚平等的国际主义精神。1952 年 9 月 18 日，邓小平就毛泽东关于援助朝鲜问题给外交部的批示，致函毛泽东："已告章汉夫：今后对朝方所提要求，除十分困难者外，都应答应。"③ 1962 年，为了满足朝方建设纺织厂的急需，中国政府决定将刚建成尚未投入使用的邯郸第三、第五纺织厂的全部设备拆往朝鲜。④ 对越南的援助也体现了国际主义精神，使中国在越南抗法斗争中成为"唯一从各方面援助越南的国家"⑤。进入 20 世纪 60 年代，越南抗美斗争除了中国之外，还有苏联东欧国家的援助，因此中方的基本方针是："凡是苏联能供应的，我们应建议请越南向苏联、东欧去要。"⑥ 在大力援助越南的同时，还全力支援阿尔巴尼亚，由于阿没有别的受援来源，因此中国提出，"阿方所提要求，除我们条件办不到的以外，其余的应采取包下来的方针。"⑦ 1960 年 9 月，阿尔巴尼亚在中国经济遭遇困难、粮食严重短缺的情况下索要额外粮食援助。对

---

① 石林主编：《当代中国的对外经济合作》，北京：中国社会科学出版社，1989 年版，第 37 页。
② 王泰平主编：《中华人民共和国外交史（1957—1969）》（第二卷），北京：世界知识出版社，1998 年版，第 494—495 页。
③ 中共中央文献研究室编：《毛泽东年谱（一九四九——一九七六）》（第一卷），北京：中央文献出版社，2013 年版，第 601 页。
④ 同①，第 32 页。
⑤ 李生南：《黄文欢举行盛大招待会纪念越南八月革命胜利四十周年 黄文欢方毅发表讲话》，载《人民日报》，1985 年 8 月 19 日，第 4 版。
⑥ 《李先念传》编写组、鄂豫边区革命史编辑部编：《李先念年谱》（第四卷），北京：中央文献出版社，2011 年版，第 253 页。
⑦ 《李先念传》编写组、鄂豫边区革命史编辑部编：《李先念年谱》（第三卷），北京：中央文献出版社，2011 年版，第 283 页。

第六章 准确把握党际关系和国家关系的辩证统一

此,中共中央同意照数供应,"对阿方的供应,算账是不成的,必须作特殊处理。"①1963年12月5日,李先念就《关于同意意大利代表团商谈转口援助阿尔巴尼亚合成氨厂成套设备问题的请示》作出同意批示。②成套设备中方不能生产,由中方向意大利定购援助阿方,这是"包下来"方针的具体体现。

最后,这一时期给予社会主义国家大量援助,尽管是当时对外政策的需要,但超越了国家实际承受能力,对越、朝、阿的援助都数额巨大。对朝援助,朝鲜战争期间,中国既付出了巨大的生命牺牲,还承受高达100亿美元战争经费,并向朝鲜提供总计达7.29亿人民币的急需物资。③对越援助,从20世纪50年代到1975年越南南方解放,实现国家统一,中国向越南提供的各种援助总额达203.6845亿人民币,其中无息贷款14亿,其他均为无偿援助。④对阿援助,阿是仅次于越南的最大受援国。⑤

上述援助都是在中国经济状况并不好、人民生活还很困难的情况下进行的,超出了国家财政负担。1972年9月14日,李先念在外交部、外经贸部《关于阿尔巴尼亚新的经援要求的请示》上批示:阿尔巴尼亚提出建设要求太大了,谈判起来是一场艰苦的说服工作。⑥ 1975年8月13日,李先念与越南政府经济代表团就越方提出的1976—1980年对越援助清单进行会谈时指出:"你们要求的数量和我们的实际能力差距太大,不能满足你们的要求。"并表示,越南已经获得全部解放,

---

① 《李先念传》编写组、鄂豫边区革命史编辑部编:《李先念年谱》(第三卷),北京:中央文献出版社,2011年版,第256—257页。

② 同①,第660页。

③ 石林主编:《当代中国的对外经济合作》,北京:中国社会科学出版社,1989年版,第24页;包国俊:《抗美援朝战争历史不容歪曲》,载《解放军报》,2000年11月1日,第1版。

④ 王泰平主编:《中华人民共和国外交史(1970—1978)》(第三卷),北京:世界知识出版社,1999年版,第51页。

⑤ 同④,第271—272页。

⑥ 《李先念传》编写组、鄂豫边区革命史编辑部编:《李先念年谱》(第五卷),北京:中央文献出版社,2011年版,第220页。

军事援助就不提供了。①

由此可见，从新中国成立到20世纪70年代末之前，中国共产党以巨大热忱和真诚，忠实履行了无产阶级国际主义义务，在党的对外工作中，以党际关系为先导，以意识形态为引领，以"大家庭""一家人"的理念而不是传统意义上民族国家之间的外交准则，来处理和发展同兄弟党、兄弟国家的关系，对一些社会主义国家给予慷慨无私的大规模援助，对一些国家共产党的国内斗争予以积极支持，把党际关系置于优于国家关系的至高地位，这些在当时的国际政治斗争中具有一定的现实需要，但同时也因这些援助和支持超越国力，脱离实际，留下了深刻的历史教训。

三、20世纪70年代末到中共十八大：党际关系"促进"国家关系

党际关系"促进"国家关系是20世纪70年代末党的对外工作方针调整的必然要求。邓小平很早就提出："我们党在国际方面能否尽到自己应尽的责任，归根到底，首先决定于能否把我们国内的工作搞好。"② 只有搞好国内建设，增强国家综合实力，才能更好地履行国际主义义务。中共十一届三中全会确立了以经济建设为中心、实行改革开放的战略方针，党的对外工作也必须要体现这一要求。1982年，中共十二大报告指出："把爱国主义和国际主义结合起来，从来是我们处理对外关系的根本出发点。"③ 国际主义必须以爱国主义以基础、以国家的综合实力为前提。党的对外工作也必须服务国家经济建设，服务于增强国家综合实力。因此，党际关系"促进"国家关系，就是指党际关系要服从和服务于国家关系，服从服务于国家内政外交，以国家利益而不是意识形态为对外工作的落脚点，以"超越意识形态"为基

---

① 《李先念传》编写组、鄂豫边区革命史编辑部编：《李先念年谱》（第五卷），北京：中央文献出版社，2011年版，第421页。

② 邓小平：《邓小平文选》（第一卷），北京：人民出版社，1994年版，第297页。

③ 中共中央文献研究室编：《十一届三中全会以来党的历次全国代表大会中央全会重要文件选编》，北京：中央文献出版社，1997年版，第260页。

本准则，全方位发展同各类政党的关系，在国家总体外交中发挥重要作用。中共十二大报告在谈到党际关系时指出，"我们党同世界上许多共产党保持着友好的联系。……我们也期望同更多的进步政党和组织建立这种联系。"① 1997年，中共十五大报告更加明确地表示，"同一切愿与我党交往的各国政党发展新型的党际交流和合作关系，促进国家关系的发展。"② "促进国家关系"成为发展党际关系的根本目的。综观20世纪70年代末到中共十八大期间党的对外工作，党际关系"促进"国家关系主要体现在以下几个方面：

（一）放弃"大家庭"观念，使社会主义国家间关系回归正常国家关系

放弃"社会主义大家庭""中心"等观念，使社会主义国家间关系回归正常的国家关系。1974年，毛泽东提出"三个世界"的概念，标志着中国共产党正式放弃了"社会主义阵营""大家庭"等观念。20世纪70年代末以后，随着党的对外工作调整方针政策，与"大家庭"紧密关联的"中心""为首"等观念也成为历史。1982年8月，邓小平会见联合国秘书长德奎利亚尔时说："我们说，头头可不能当，头头一当就坏了。"③ 20世纪80年代末90年代初，东欧剧变、苏联解体，国际共产主义运动进入低潮，一些社会主义国家领导人认为中国是"社会主义中心"，希望中国"出头""扛旗"。1991年10月5日，邓小平会见朝鲜国家主席金日成。谈到国际形势时，邓小平说："在这个过程中，我们主要观察，少露锋芒，沉着应对。"④ 1991年年底，古共中央政治局委员卡洛斯·拉斐尔·罗德里格斯访华期间向江泽民表

---

① 中共中央文献研究室编：《十一届三中全会以来党的历次全国代表大会中央全会重要文件选编》，北京：中央文献出版社，1997年版，第267页。
② 中共中央文献研究室编：《十五大以来重要文献选编》（上），北京：人民出版社，2000年版，第44页。
③ 邓小平：《邓小平文选》（第二卷），北京：人民出版社，1994年版，第416页。
④ 中共中央文献研究室编：《邓小平思想年谱（一九七五—一九九七）》（上），北京：中央文献出版社，1998年，第457页。

示,"中国是社会主义中心,中国有很多值得我们学习。"江泽民明确表示:"我们不是社会主义中心,这不是谦虚。"① 拒绝"当头",韬光养晦,既是中国新时期的外交方针,也是对国际共运历史经验教训的总结,避免因党际关系中的特殊地位承担不必要的责任,以建立新型党际关系,促使社会主义国家间回归正常国家关系。

"社会主义大家庭"理念使社会主义国家之间缺乏一般意义上的国家关系基本准则。20世纪70年代末之前,和平共处五项原则主要用于指导、规范同非社会主义国家的关系。中共八大政治报告指出:"我们在一般的国际关系中,首先在相互关系中,都有相互尊重领土完整和主权、互不侵犯、互不干涉内政、平等互利和和平共处的要求。"② 中共九大报告指出,"我们党和政府的对外政策是一贯的,这就是:在无产阶级国际主义的原则下,发展同社会主义国家之间的友好互助合作关系",在"和平共处五项原则的基础上,争取和社会制度不同的国家和平共处,反对帝国主义的侵略政策和战争政策"。③ 中共十一大报告写道:"我们一贯主张,中苏两国应在和平共处五项原则基础上,保持正常的国家关系。"④ 显然,和平共处五项原则只适用于"一般国际关系"、与不同社会主义制度的国家间的关系,以及被认为是修正主义的苏联之间的关系。而中共十二大报告则明确指出:"和平共处五项原则,适用于我们同包括社会主义国家在内的一切国家的关系。"⑤

---

① 李北海:《相逢一笑泯恩仇——我所经历的中古关系的恢复与重建》,载《当代世界》,2010年第9期,第17页。
② 中共中央文献研究室编:《建国以来重要文献选编》(第九册),北京:中央文献出版社,1994年版,第102页。
③ 《中国共产党第九次全国代表大会上的报告》,http://fuwu.12371.cn/2012/09/24/ARTI1348476364439957_all.shtml。
④ 《十一大上的政治报告》,http://fuwu.12371.cn/2012/09/25/ARTI134854119215383 9_all.shtml。
⑤ 中共中央文献研究室编:《十一届三中全会以来党的历次全国代表大会中央全会重要文件选编》,北京:中央文献出版社,1997年版,第262页。

（二）社会主义国家之间发挥政党外交优良传统和党际渠道独特优势

社会主义国家之间发挥政党外交优良传统和党际渠道独特优势，以党际关系促进国家关系。一是充分发挥高层交往对双方关系的引领作用。20世纪70年代末以来，中国共产党继承了新中国成立后开展政党外交的优良传统，坚持与朝鲜、越南等国党的高层保持经常性往来互访，保持两党、两国关系的热度。就中朝关系而言，从1981年到1992年的十多年间，几乎每年都有双方高层一到两次互访，在关键时期互动会更加频繁。1989年到1992年国际格局深刻变化之际，朝鲜方面仅最高领导人金日成就三次访华，江泽民、李鹏、杨尚昆等中方领导人也先后访问朝鲜。进入21世纪以来，朝鲜最高领导人金正日先后七次访华，胡锦涛、吴邦国、温家宝以及其他政治局常委也曾多次访问朝鲜。在这些活动中往往给予对方超规格礼遇。1987年5月21日，金日成乘专列抵达北京站，中国总理和其他许多领导人及近800名青少年到车站欢迎。[1] 1990年3月，江泽民访朝，近80岁高龄的金日成亲自到机场迎接，朝鲜组织了数十万群众夹道欢迎，队伍长达12公里。[2] 金正日每次来华，中方党的最高领导人都会予以会见，其他政治局常委也一般参与会见，在接待规格上超过美、俄、法、英等大国的国家元首礼遇。1991年11月，为实现中越关系正常化，越共中央总书记杜梅和部长会议主席武文杰应中共中央总书记、国务院总理李鹏要求，一同率越南党政代表团访华，之后两党高层保持互访。通过与朝、越党的高层互访，就国际局势及各自党内、国内事务进行交流，通报情况，关键时期互相支持，引领两国关系发展。

二是以多种形式、多种渠道、多个领域、不同层级的党际交流全面加强双边关系的桥梁纽带。不仅中共中央对外联络部与朝越等国党

---

[1] 张荣典：《紧张的五天》，载《中国记者》，1987年第7期，第15页。
[2] 徐宝康、张金江、顾玉清：《江泽民离京抵达朝鲜访问 金日成主持仪式热烈欢迎》，载《人民日报》，1990年3月15日，第1版。

的对外部、国际部，代表党进行定期不定期的互访交流，地方党组织之间也会进行互访交流。此外，友好代表团、干部代表团、党的工作者代表团会定期进行综合性互访，党的宣传、组织、政法、纪检、党校党报、文教等部门也会围绕宣传教育、干部组织、党的建设等进行专题对口互访交流。2000年年初，越共总书记黎可漂建议两国理论家举行高层次的理论研讨会，得到中方的积极回应。2003年开始，两党开启机制化的理论研讨会，交流理论成果和实践经验，成为中越政党外交的显著特征。

三是给予适当援助。自1986年至1990年，中国连续五年向朝鲜每年提供一定的经济、军事援助。援助到期后，中国又同意1991—1995年继续保持每年同样的援助规模。除了每年的常规援助，对于朝鲜提出的其他额外要求，中国也尽可能满足。1990年金日成访华时提出，由于苏联自1989年起停止供应航空汽油，朝鲜飞行员无法进行军事训练，因此，向中国提出15万吨航空汽油的援助请求，邓小平亲自指示"省一点"给朝鲜，让中国经贸部门协调予以满足。[①] 21世纪头几年，中国政府给予越南两亿元人民币的无偿援助和三亿多美元的低息贷款，帮助越南完善铁路等基础设施，进行企业升级改造，提高企业生产效率。2004年，中国政府赠送1.5亿人民币用于在河内建设中越文化宫。[②]

（三）发展同各类政党的经贸务实合作

不断拓展党际交往对象，发展同各类政党的经贸务实合作，以党际关系促进国家关系。20世纪70年代末以后，中国共产党调整对外工作方针，在恢复和发展同各国共产党关系的同时，全面发展同民族主

[①] 董洁：《朝鲜加入联合国与中朝关系（1989—1991）》，载《华东师范大学学报》（哲学社会科学版），2018年第5期，第95页。

[②] 古小松：《21世纪初的中越关系：走向务实》，载《东南亚纵横》，2005年第1期，第38—39页。

义政党、社会党、资产阶级政党及其他类型政党的关系；并把务实合作同党际关系结合起来。早在1985年10月，中共中央就批转了中联部的报告，提出党的对外活动中也要注入经济因素。进入20世纪90年代，经贸往来成为与包括共产党在内各类政党发展党际关系的重要议题。1995年3月26日至4月9日，巴西共产党经贸代表团访华，中央执行委员、组织书记弗雷塔斯特别强调，"经贸关系是中国共产党和巴西共产党的纽带。"[①] 1993年以来，中联部下属事业单位中国经济联络中心同81个国家和地区的约68个政党、140多家公司和企业建立了业务往来，促成了一些中外合资合作项目和贸易项目。[②] 2007年6月，中央政治局委员张德江率团访问摩洛哥、安哥拉、坦桑尼亚、毛里求斯，以党际关系带动经贸合作，以经贸合作丰富党际关系，随访经贸团签订了十几亿美元的合同。[③] 2012年1月，中共中央政治局委员、中组部部长李源潮率中共代表团赴南非出席非国大百年庆典并访问南非等五国。参加这次访问的有中央部委、国有企业和金融机构的负责同志以及民间组织负责人，涉及政党合作，经济、新闻、卫生合作及民间友好等领域，是一次政党外交、政府外交、公共外交和民间外交相结合的成功实践，也是借助政党高层交往平台，整合政治、经济、文化和民间外交资源，开展立体外交、形成对非外交合力的有益尝试。[④]

政党外交与经贸合作相结合，反映了各类政党的普遍要求。1994年9月，巴拉圭红党应邀访华时明确表示，"此次访华的首要任务是寻

[①] 《中国共产党对外工作概况》编委会编：《中国共产党对外工作概况1996》，北京：当代世界出版社，1996年版，第280—281页。
[②] 《新形势下中国共产党的对外交往》，载《当代世界》，1997年第9期，第5页。
[③] 《中国共产党对外工作概况》编委会编：《中国共产党对外工作概况2008》，北京：当代世界出版社，2009年版，第7页。
[④] 艾平：《双洲记——政党国际交往亲历》，北京：当代世界出版社，2018年版，第140页。

求发展两国经贸合作。"① 1994 年 11 月，波兰社民党在与到访的中联部代表团会谈时明确提出："波中两党之间至少应保持每年有一次接触的机会，希望以党际关系为依托推动国家关系，特别是经贸合作关系的发展，不仅限于一般性友好交往。"② 欧洲一些社会党、工党虽在人权等问题上对中共抱有成见，但也不反对发展经贸关系。1996 年 7 月，荷兰工党议会党团主席瓦拉赫访华期间表示："荷工党不反对与中国发展经贸合作。但也不能只有贸易而没有政治对话，不谈在社会、人权上的差异，要有开诚布公的对话。"③ 2002 年 8 月，中非人民解放运动主席、中非总统帕塔塞会见中共友好代表团时表示："中非与中国的友好关系可以分为三个层面，即国家关系、经贸合作关系和党际关系。其中党际关系如同黏合剂，可使前两层关系更加密切，也是前两层关系的基础所在。"④ 2012 年 5 月，葡萄牙社会党外委会主席马塞多在会见中共青年交流团时表示："社民党高度重视与中国共产党的友好交往，愿进一步深化两党关系，通过党际交流增进相互了解和政治互信，扩大两国经贸合作和相互投资，促进葡中全面战略伙伴关系持续快速发展。"⑤

进入 21 世纪后，中共与各类政党特别是欧洲政党举办的主题丰富的研讨会，围绕全球和中欧关系中的热点问题，如"全球化与国际新秩序""WTO 与中欧经贸关系""中欧关系与未来面临的共同挑战""可持续发展问题"等进行交流探讨。此外，中共还与德国社民党、德国基民盟等举办对话会，与非洲布隆迪、喀麦隆等 11 国政党共同举办

---

① 《中国共产党对外工作概况》编委会编：《中国共产党对外工作概况 1995》，北京：当代世界出版社，1995 年版，第 249 页。
② 同①，第 228 页。
③ 《中国共产党对外工作概况》编委会编：《中国共产党对外工作概况 1997》，北京：当代世界出版社，1997 年版，第 308 页。
④ 《中国共产党对外工作概况》编委会编：《中国共产党对外工作概况 2003》，北京：当代世界出版社，2004 年版，第 289 页。
⑤ 《中国共产党对外工作概况》编委会编：《中国共产党对外工作概况 2013》，北京：当代世界出版社，2014 年版，第 247 页。

了"民族、宗教和扶贫问题——如何在发展中国家建立和谐社会"研讨会;与印度国大党、巴西劳工党也举行了理论研讨会。这些研讨会虚实结合,成为政党外交的重要形式。

在政党外交中进行务实合作,以党际关系促进国家关系,已经成为各国各类政党的普遍共识。1988年印度总理拉·甘地访华前夕,印度国大党(英)、印共(马)、印共和全印前进同盟代表团相继访华。拉·甘地对各政党访华十分重视,认为"中印党际交往为发展两国关系架起了另一座桥梁。"① 2007年11月30日至12月4日,中联部部长王家瑞访问尼泊尔。期间,尼领导人表示,党际交往和民间交流对发展国家关系十分重要,政府经常更迭,政党和人民之间的友谊却将长存。② 2009年7月30—31日,亚洲政党国际会常委会和拉美政党会协调委员会第一次联席会议举行,与会者认为,在亚洲和拉丁美洲两个大陆,政党作为人民意愿的代表者,在确立国家关系方面发挥更大作用的时刻已经到来。③

(四)发挥政党外交的特殊作用,促进国家总体外交

20世纪70年代末全方位开展政党外交,在历史关键时期发挥了重要作用。1989年政治风波后,西方国家联合"制裁"中国。6月20日社会党国际召开第十八次代表大会,拟通过谴责中国、禁止成员党同中国来往的决议,中联部事先得知这一动向,即请有关驻外使馆拜会了九个重要的社会党负责人做工作,并直接打电话请社会党老朋友帮忙,使这次大会没有通过原计划的决议。同年9月底,日本社会党代表团来北京参加国庆,12月法国社会党派全国副书记来华了解情况;1990年,中联部部长朱良应意大利、奥地利社会党邀请往访,11月李

---

① 蒋光化:《访问外国政党纪实》,北京:世界知识出版社,1997年版,第684页。
② 艾平:《双洲记——政党国际交往亲历》,北京:当代世界出版社,2018年版,第203页。
③ 同②,第231页。

淑铮副部长应邀参加西班牙工社党代表大会，西班牙在放松对华"制裁"方面走在了西欧的前面。① 同时积极做日本的工作。1990年7月2日，朱良应日本自民党邀请访问日本，海部俊树首相以自民党总裁的身份对朱良一行表示欢迎。② 1991年8月，海部俊树首相率先访华，对中国打破西方"制裁"发挥了重要作用。

加强对发展中国家，尤其是拉美政党的工作。当时，在东欧剧变、苏联解体的影响下，非洲国家纷纷实行多党制，政党格局大变；同亚洲多数党的关系尚处在起步阶段，也难以顺利走出去。唯独拉美地区，虽然舆论混乱，但情况比较稳定。1989年政治风波发生后，由于党际交往建立的比较信任的关系，拉美重要政党政要的反应比较克制，比如巴西总统科洛尔（国家复兴党）、阿根廷总统梅内姆（正义党主席）、委内瑞拉总统佩雷斯（民主行动党）、厄瓜多尔总统博尔赫、智利总统艾尔文、秘鲁总统加西亚、哥伦比亚总统桑佩尔，他们是中国"全天候朋友"。1993年，江泽民应科洛尔总统邀请访问巴西，"此后，中国党和国家多位领导人出访，都首选拉丁美洲国家，其中党际关系渠道比较畅通是个重要因素"，在帮助中共打破"制裁"方面起了带头作用。③

20世纪80年代末，台湾当局大肆推行"弹性外交"，一些小国先后舍我就台，迫使我不得不更加重视"涉台外交"，通过党际渠道加强对非建交国，尤其是台湾所谓"邦交国"比较集中的中美洲的工作。中共通过各种方式邀请非建交国执政党、非执政党来访，一方面通过经贸合作加强双方联系，如1996年2月27日至3月4日，哥斯达黎加民主力量党国际关系负责人恩里克·萨帕塔·杜阿尔特访华，为推动中哥关系的发展提出建议：一是哥中两国应在文化、科技等领域开

---

① 朱良：《对外工作回忆与思考》，北京：当代世界出版社，2012年版，第12—13页。
② 蔡武主编：《中国共产党对外工作大事记1949.10—1999.12》（下册），北京：当代世界出版社，2001年版，第692页。
③ 李北海：《外交心语》，北京：当代世界出版社，2011年版，第48—49页。

展交流。例如，推动哥斯达黎加大学与北京大学建立校际关系；中国派遣西语教师赴哥任教；派艺术团赴哥演出。二是开展双边贸易合作，为两国建立邦交关系创造条件。① 另一方面，阐明台湾问题的由来和两岸统一的大趋势，以及一个中国原则和坚决反对"台独"的立场，促使这些党认清台湾问题的真相，不在联合国等国际场合支持台湾当局，并在国家关系上作出于我有利的表态。尼加拉瓜桑地诺民族解放阵线1990年在大选中失去政权后，作为非执政党，积极要求发展与中共、中国的关系，批评谴责查莫罗政府与台湾"建交"，认为尼与台湾建立"外交关系"是极不明智的机会主义做法，其一再表示，该党一旦执政，将考虑与中国恢复外交关系。② 以萨尔瓦多法拉本多·马蒂阵线、多米尼加解放党、圣基茨和尼维斯工党等为代表，认识到与中国发展正常国家关系的重要性，赞同中方在台湾问题上的立场主张，希望通过加强党际关系促进国家关系，把早日实现国家关系正常化作为努力目标。③ 以危地马拉、洪都拉斯、巴拿马等国的政党为代表虽然对实现国家关系的正常化并无急切的愿望，但基本赞同中方在台湾问题上的立场主张，也希望通过发展党际关系促进国家关系④。

通过做工作，20世纪90年代以来，先后有巴哈马（1997年5月

---

① 《中国共产党对外工作概况》编委会编：《中国共产党对外工作概况1997》，北京：当代世界出版社，1997年版，第350页。

② 1993年10月、1994年5月、1995年8月、1996年5月、1998年5月尼加拉瓜桑解阵与中共历次互访交流中的桑解阵领导人的谈话表态。参见《中国共产党对外工作概况》编委会编：《中国共产党对外工作概况》1994、1995、1996、1997、1999各卷，北京：当代世界出版社。

③ 1996年11月、1997年7月、1997年12月、1998年6月萨尔瓦多马蒂民族解放阵线与中共历次互访交流中的谈话表态；1997年3月，圣基茨和尼维斯工党访华时的表态；1998年4月多米尼加解放党访华时的表态。参见《中国共产党对外工作概况》编委会编：《中国共产党对外工作概况》1997、1998、1999各卷，北京：当代世界出版社。

④ 1995年7月、1998年2月、1999年5月危地马拉全国革命联盟、民主党与中共历次互访交流中的谈话表态；1994年10月、1997年5月洪都拉斯自由党、国民党人士先后访华时的表态；1995年12月、1996年11月巴拿马民主革命党与中共互访交流中的表态。参见《中国共产党对外工作概况》编委会编：《中国共产党对外工作概况》1995、1996、1997、1999、2000各卷，北京：当代世界出版社。

23日)、圣卢西亚（1997年9月）①、多米尼克（2004年3月23日）、哥斯达黎加（2007年6月1日）与我建交；格林纳达于2005年1月20日与我复交；其他国家虽然尚未与我建交，但在台湾问题上持谨慎态度。比如在台湾当局一再推动的所谓"重返联合国"的闹剧中，拉美一些非建交国不再盲目追随台湾当局要求联大讨论台湾重返联合国的"提案"；1998年支持台湾策划重返"提案"的国家从九个减少到六个（仅格林纳达、尼加拉瓜、萨尔瓦多、圣文森特和格林纳丁斯为提案国，多米尼克和巴拿马为联署国）。2016年蔡英文上台以来，先后有布基纳法索（2016年12月）、巴拿马（2017年6月）、多米尼加（2018年5月）、萨尔瓦多（2018年8月）与中国建交或复交，政党外交都发挥了重要作用。

2010年9月，中日因撞船事件、钓鱼岛、日本外相口出狂言等事件关系恶化。10月29日—30日，日本执政的民主党代理干事长细野豪志访华并与中联部负责人举行工作磋商，就加强两国议员交流、加强执政党沟通达成一致。2016年南海冲裁案发生以后，中联部充分发挥联系各国政党、政治组织的优势，深入做国际社会工作，使120多个国家240多个政党、政治组织公开支持中国在南海问题上的立场，有力配合了总体外交，② 大大提高了政党外交对国家总体外交的贡献率。

总之，从20世纪70年代末到2012年中共十八大以前，党的对外工作以调整与非执政共产党特别是东南亚国家共产党政策为起点，以优先发展国家关系为导向，在处理同社会主义国家关系上，既发挥党际交往优良传统和党际渠道独特优势，又使社会主义国家之间回归正常国家关系。在与各类政党交往中融入经贸因素，开展务实合作，同时发挥政党外交的特殊功能，服务国家总体外交，党际关系促进国家

---

① 2007年5月5日，在台湾当局的拉拢下，圣卢西亚与我断交。
② 《中国共产党对外工作概况》编委会编：《中国共产党对外工作概况2017》，北京：当代世界出版社，2018年版，第1页。

关系得以充分体现。

四、中共十八大以来：党际关系"充实"国家关系

所谓党际关系"充实"国家关系，是中共十八大以后党际关系与国家关系关联的一种新境界。中共十八大以来，在习近平总书记关于党的对外工作重要论述指引下，党的对外工作作为国家总体外交的重要组成部分，充分发挥党际渠道独特优势，以党际关系推动、发展、引领国家关系，使国家关系和总体外交在内涵和途径方式上都得到进一步充实、丰富、拓展。综观中共十八大以来的实践，党际关系对国家关系和总体外交的"充实"，在多方面得以体现，尤其是首先表现在对国际社会的思想认知引领上，主要包括社会主义国家之间以共同理想信仰为基础的战略引领、以构建人类命运共同体为指引的对各国各类政党的方向引领，以及以增强国际社会对中国制度理解尊重为主要任务的认知引领。

（一）以共同信仰和高层互动，加强对社会主义国家关系战略引领

其一，社会主义国家之间，加强党际关系和意识形态纽带，突显共同的理想信仰，保持高层频繁互动，推进党际关系对国家关系的战略引领。就中越关系而言，2014年1月中越建交64年之际，习近平同越共中央总书记阮富仲通电话时指出："越南是中国周边重要社会主义邻邦。中越都坚持共产党领导，政治制度相同、理想信念相通、发展道路相近。"[①] 2015年2月，习近平同阮富仲通电话祝贺中越建交65周年，指出"中越两党、两国和两国人民相互支持、相互帮助，坚持党的领导和社会主义道路，成为具有战略意义的命运共同体。"[②] 11

[①] 《中国共产党对外工作概况》编委会编：《中国共产党对外工作概况2015》，北京：当代世界出版社，2016年版，第98页。

[②] 《中国共产党对外工作概况》编委会编：《中国共产党对外工作概况2016》，北京：当代世界出版社，2017年版，第119页。

月，习近平访问越南，在与越南国家主席张晋创会谈时指出："我突出感受到双方都坚定不移坚持共产党领导、坚持走社会主义道路，坚持全面深化改革开放和革新事业。"2017年1月，习近平与到访的阮富仲总书记举行会谈，其间，就进一步发展中越关系提出七点建议，其中第二条是"深化两党合作，促进交流互鉴"，明确指出"两党关系对两国关系具有重要引领作用"①。随即发表的《中越联合公报》强调，"在国际地区局势深刻复杂变化的新的历史条件下，坚持共产党的领导和社会主义道路，是符合两国和两国人民根本利益的正确选择，必须长期坚持、永不动摇。"② 强调双方相同的政治制度、共同的理想信念和发展道路，这是中共十八大以后对社会主义国家党际关系的鲜明特征。

其二，通过高层频繁互动，保持对双边关系的战略引领。2013年6月越南国家主席张晋创访华，2013年10月李克强总理访越，2014年11月习近平主席会见张晋创，2014年12月全国政协主席俞正声访问越南，2015年7月张高丽访问越南，2015年12月越南国会主席阮生雄访华，2016年9月越南总理阮春福访华，2016年11月全国人大常委会委员长张德江访越，2017年5月越南国家主席陈大光访华，2017年9月刘云山访问越南，2018年9月赵乐际访问越南，2019年4月、7月越南总理阮春福、国会主席阮氏金银先后访华，尤其是2015年、2017年两党总书记习近平、阮富仲实现两次历史性互访。双方认为，两党两国高层特别是最高领导人保持经常接触，对推动双边关系发展具有极其重要的战略引领作用，并一致同意将继续通过双边互访、互派特使、热线电话、年度会晤、多边场合会见等形式，保持和加强

---

① 《中国共产党对外工作概况》编委会编：《中国共产党对外工作概况2018》，北京：当代世界出版社，2019年版，第103页。

② 同①，第107页。

高层交往。① 这种高层往来在关键时刻发挥了稳定双边关系的作用。"981"海上钻井平台事件发生以后，越南国内掀起反华浪潮，中越关系遭遇很大挑战。此时，阮富仲总书记特使黎鸿英应邀访华。习近平总书记指出，中越互为近邻，又同是共产党领导的社会主义国家。中越两党高层应该把握大局，保持并加强交往，及时就重大问题深入沟通，坚持从战略高度和长远角度引领中越关系，特别是在关键时候要做出正确的政治决断。经协商，双方达成原则共识，双方同意恪守两党两国领导人达成的重要共识，认真落实《关于指导解决中越海上问题基本原则协议》，不采取使争议复杂化、扩大化的行动，维护中越关系大局以及南海和平稳定。②

其三，两党交流机制化，具有多层次、全方位的特点。两党领导人互访中，先后签署了《中国共产党和越南共产党合作计划（2016—2020年）》《中国共产党和越南共产党干部培训合作计划（2016—2020年）》《中国共产党和越南共产党高级干部培训合作协议（2017—2020年）》。一致强调双方治国理政的经验对于各自党的建设和社会主义事业具有战略意义。③ 根据双方共识和协议，两党中央各部门和地方特别是接壤省（区）党组织间交流合作进一步深化，两党继续轮流举办理论研讨会，越共中央理论委员会定期访华。这些活动加强了两党在思想建设、组织建设、作风建设、制度建设、反腐倡廉建设、深化改革与全面革新、依法治国等治党治国经验的交流，共同提高执政能力和水平。

与老挝、古巴的党际交往，同样特色鲜明。2016年5月，习近平会见到访的老挝人民革命党总书记、国家主席本扬时强调，"中国和老

---

① 《中国共产党对外工作概况》编委会编：《中国共产党对外工作概况2016》，北京：当代世界出版社，2017年版，第139页；《中国共产党对外工作概况》编委会编：《中国共产党对外工作概况2018》，北京：当代世界出版社，2019年版，第108页。

② 《中国共产党对外工作概况》编委会编：《中国共产党对外工作概况2015》，北京：当代世界出版社，2016年版，第100、102页。

③ 同①，第122、125页。

挝同为共产党领导的社会主义国家，理想信念相通，发展道路相近，前途命运相关，这是中老关系发展的重要政治根基。"① 6月，习近平总书记在会见古共中央第一书记劳尔·卡斯特罗特使巴尔德斯时表示："我们同为共产党领导的社会主义国家，志同道合，感情相融。"②

2018年以来，中朝两党高层互动频繁，每当举行朝韩、朝美首脑会晤之前，金正恩都先行访华，同中国领导人进行战略沟通，互相通报国内情况，并围绕重大问题交换意见。2019年6月19日，习近平总书记在对朝鲜进行国事访问前夕，在朝鲜《劳动新闻》等主要媒体发表《传承中朝友谊，续写时代新篇章》文章，指出："两党两国老一辈领导人怀着共同的理想信念和深厚的革命友谊，携手缔造了中朝传统友谊，为我们留下了共同的宝贵财富。"提出"加强战略沟通和交流互鉴，为中朝传统友谊赋予新内涵。发扬高层交往的优良传统和引领作用，规划好中朝关系发展蓝图，把握好中朝关系发展方向。加强各层次沟通和协调，深化党际交流和治国理政经验互鉴，把我们各自党和国家的事业继承好、发展好"等倡议。③ 并就两国关系提出四个结论：第一，坚持共产党领导的社会主义国家是中朝关系的本质属性；第二，共同的理想信念和奋斗目标是中朝关系的前进动力；第三，最高领导人的友谊传承和战略引领是中朝关系的最大优势；第四，地缘相亲和文缘相通是中朝关系的牢固纽带。④ 这四点为中朝战略沟通和交流互鉴提供了方向。

---

① 《中国共产党对外工作概况》编委会编：《中国共产党对外工作概况2017》，北京：当代世界出版社，2018年版，第41页。
② 同①，第278页。
③ 《习近平在朝鲜媒体发表署名文章 传承中朝友谊，续写时代新篇章》，载《人民日报》，2019年6月20日，第1版。
④ 陈向阳：《习主席访朝与新时期中朝关系》，载《领导科学论坛》，2019年第20期，第15页。

（二）以构建人类命运共同体为指引对各国各类政党的方向引领

人类命运共同体是中共十八大以后习近平总书记阐述的关于人类社会发展的重要思想，是新时代中国外交的总目标。"构建人类命运共同体，关键在行动。"① 习近平总书记呼吁国际社会要努力建设持久和平、普遍安全、共同繁荣、开放包容、清洁美丽的世界，并代表中国党和政府倡议建设"丝绸之路经济带"和"21世纪海上丝绸之路"，指出：我提出"一带一路"倡议，就是要实现共赢共享发展，不断朝着人类命运共同体方向迈进。② 发展党际关系，努力使人类命运共同体成为各国政党共同的价值理念，以"一带一路"为抓手，深化政治、安全、经济、文化、生态各方面的务实合作，赋予党际关系引领国家关系以方向指引，使党际关系促进国家关系的内涵更加丰富。这主要有以下几个方面：

第一，作为着眼于全人类发展的重大外交国际战略思想和全球公共产品，人类命运共同体和"一带一路"自2013年相继提出后，即成为党的对外工作的重大主题，在各国政党，特别是周边、亚洲以及重要节点国家政党引起了积极反响。

2013年5月30—31日，由中联部主办、中共陕西省委协办的2013亚洲政党专题会议在西安举行，会议主题是"推动绿色发展，共建美丽亚洲"，来自亚非拉地区33国、60个政党和政党组织的近200名代表和观察员与会，会议通过了《西安倡议》，把人类命运共同体写入其中，明确提出："'后危机时代'的世界经济结构性转型不可避免，发展模式创新刻不容缓。20世纪下半叶以来，国际社会不断思考'增长的极限''人类只有一个地球'等问题，构建'人类命运共同

---

① 习近平：《习近平谈治国理政》（第二卷），北京：外文出版社，2017年版，第541页。
② 同①，第546页；《开辟合作新起点 谋求发展新动力——在"一带一路"国际合作高峰论坛圆桌峰会上的开幕辞》，载《人民日报》，2017年5月16日，第3版。

体'逐步成为全球共识,绿色发展蓬勃兴起。"① 2014年9月,亚洲政党国际会议第八届大会在斯里兰卡首都科伦坡举行,大会以"建设亚洲共同体"为主题,中联部副部长陈凤翔作了题为《坚持亚洲梦想,共创美好未来》的发言,强调亚洲各国应继续坚持共同发展,建设亚洲利益共同体、命运共同体和责任共同体,实现持久和平与繁荣的亚洲梦。②

2014年10月,印度人民党干部考察团访华时表示,印度人民党高度重视与中共的交往,印方支持"一带一路"建设,欢迎中国企业来印投资。③ 同年11月,泰国民主党党主席、前总理阿披实访华时表示,中国倡导的"一带一路"和亚太自贸区建设将为包括泰在内的各国提供重要机遇,泰民主党愿为泰中务实合作作出积极努力。④ 2015年10月,印尼民主斗争党总主席、前总统梅加瓦蒂应邀访华,明确表示愿继承对华友好传统,为"一带一路"建设作出贡献。⑤ 2016年10月,柬埔寨人民党青年干部考察团访华时表示,柬人民党愿同中国党一道,在"一带一路"框架内不断深化两国各领域务实合作。⑥

2017年11月29日至12月1日,中联部主办第三届中非政党理论研讨会,最终形成几点共识,其中之一就是:认为中国与非洲是相互依存、休戚与共的命运共同体,"一带一路"倡议与中非命运共同体理念的提出,必将进一步引领非洲创造美好未来,增进中非人民福祉。⑦

---

① 《中国共产党对外工作概况》编委会编:《中国共产党对外工作概况2014》,北京:当代世界出版社,2015年版,第103页。
② 《中国共产党对外工作概况》编委会编:《中国共产党对外工作概况2015》,北京:当代世界出版社,2016年版,第107页。
③ 同②,第91页。
④ 同②,第77页。
⑤ 《中国共产党对外工作概况》编委会编:《中国共产党对外工作概况2016》,北京:当代世界出版社,2017年版,第114—115页。
⑥ 《中国共产党对外工作概况》编委会编:《中国共产党对外工作概况2017》,北京:当代世界出版社,2018年版,第32—33页。
⑦ 《中国共产党对外工作概况》编委会编:《中国共产党对外工作概况2018》,北京:当代世界出版社,2019年版,第185页。

在与欧洲政党的交流中，人类命运共同体和"一带一路"受到关注重视。2013年4月，由中国共产党主办的第四届"中欧政党高层论坛"在苏州举行，在"谋合作、求共赢：推动中欧关系新飞跃"的主题之下，"如何构筑合作共赢的中欧命运共同体"是为三个议题之一。① 2016年5月，第五届中欧政党高层论坛在北京举行，在"同改革、共发展：中欧合作新机遇"的主题下，设有两个分议题，其中之一为"开放发展：'一带一路'助推中欧互利共赢"。2017年11月30日，英国保守党政策研究中心主任科尔维尔应邀出席"中国共产党与世界政党高层对话会"，参加对话会框架下"引领构建人类命运共同体：政党的角色和责任"分专题会议并发言。②

第二，构建人类命运共同体，周边是首要，首先着眼于同周边国家政党的关系。2013年9月，习近平主席同来访的老挝人民革命党总书记、国家主席朱马里会谈时，首次提出"中老关系不是一般意义的双边关系，而是具有广泛共同利益的命运共同体。"③ 2016年5月，中老发表"联合声明"，第一次阐明中老"是具有战略意义的命运共同体"。④ 2018年5月，老挝人民革命党总书记、国家主席本扬访华期间，两党一致决定启动制定《构建中老命运共同体行动计划》，该《行动计划》于2019年4月30日正式签署。⑤ 2015年11月习近平主席访问越南，与阮富仲会谈时强调："中越山水相连、唇齿相依，中越是具有战略意义的命运共同体。"⑥ 2017年10月30日，习近平总书记

---

① 《中国共产党对外工作概况》编委会编：《中国共产党对外工作概况2014》，北京：当代世界出版社，2015年版，第209—210页。
② 《中国共产党对外工作概况》编委会编：《中国共产党对外工作概况2018》，北京：当代世界出版社，2019年版，第242页。
③ 同①，第36页。
④ 《中国共产党对外工作概况》编委会编：《中国共产党对外工作概况2017》，北京：当代世界出版社，2018年版，第44页。
⑤ 《中国共产党和老挝人民革命党关于构建中老命运共同体行动计划》，载《人民日报》，2019年5月1日，第5版。
⑥ 《中国共产党对外工作概况》编委会编：《中国共产党对外工作概况2016》，北京：当代世界出版社，2017年版，第130页。

对越共总书记特使黄平君表示："中越两党同为社会主义国家执政党，应该从更高角度和更深层次审视中越关系，坚定不移推动构建具有战略意义的命运共同体。"① 2017 年 11 月 10 日至 14 日，习近平主席应邀赴越南岘港出席亚太经合组织（APEC）第二十五次领导人非正式会议，并对越南进行国事访问期间，越共总书记阮富仲欢迎习近平主席提出的构建人类命运共同体主张，认为这充分体现了中国领导人的全球视野和大国情怀。②

2014 年 8 月，李克强总理在会见巴基斯坦人民党代表团时表示，中巴堪称"铁杆朋友"，中方愿深化同巴方战略合作，打造"中巴命运共同体"，加强党际交往，丰富战略合作伙伴关系内涵，推动中巴友好事业深入发展。③ 2015 年 4 月，柬埔寨奉辛比克党代表团访华，李源潮会见时说，中方高度重视中柬关系，愿通过共建"一带一路"，与柬埔寨等周边国家打造利益共同体、命运共同体、责任共同体。④ 2020 年 1 月，习近平主席对缅甸进行国事访问期间，缅甸总统温敏表示，缅方支持习近平主席倡导构建人类命运共同体，愿同中方积极构建缅中命运共同体。国务资政昂山素季表示，缅中胞波之谊历经时代变幻的考验，只有我们才深知其中的深刻含义。缅方将与中方继续同甘共苦，构建缅中命运共同体。缅方也愿同中国和世界各国一道共建人类命运共同体。⑤

第三，"一带一路"作为构建人命运共同体的抓手，与沿线各国建

---

① 《中国共产党对外工作概况》编委会编：《中国共产党对外工作概况 2018》，北京：当代世界出版社，2019 年版，第 116—117 页。

② 杜尚泽：《开启新时代中国特色大国外交新征程——外交部长王毅谈习近平主席出席亚太经合组织第二十五次领导人非正式会议并访问越南、老挝》，载《人民日报》，2017 年 11 月 15 日，第 1 版。

③ 《中国共产党对外工作概况》编委会编：《中国共产党对外工作概况 2015》，北京：当代世界出版社，2016 年版，第 13 页。

④ 《中国共产党对外工作概况》编委会编：《中国共产党对外工作概况 2016》，北京：当代世界出版社，2017 年版，第 32 页。

⑤ 《王毅谈习近平访问缅甸：中缅关系迈入新时代》，http://www.chinanews.com/gn/2020/01-18/9063783.shtml。

设发展计划与合作机制相衔接，拓展党际之间务实合作渠道，夯实了国家关系的基础。"一带一路"沿线国家多有各自的建设发展计划，"一带一路"可以起到直接对接和支撑的作用。2015年5月，中共友好代表团应土耳其正发党的邀请往访，土方即表示土建设横贯土东西铁路设想，即"铁路丝绸之路"，希望能在这方面的合作迈出积极步伐。① 6月，欧洲社会党议会党团主席贾尼·皮泰拉访华时表示，"一带一路"倡议是一个伟大的战略，可以与欧洲的容克投资计划实现很好对接。② 11月，捷克总理、社民党主席索博特卡对到访的中共中央书记处书记、全国政协副主席杜青林表示，捷克将继续发挥自身优势，挖掘更多潜力，成为中东欧16国中推动"16+1合作"和"一带一路"建设的重要引擎。③ 2016年10月"中国－中东欧政党对话会"上，匈方表示匈愿意将其"向东开放"政策与中国"一带一路"倡议相衔接，努力在"16+1"合作中发挥重要作用。匈牙利愿意成为中国企业进入欧洲的桥头堡。匈牙利青民盟主席、总理欧尔班表示，"一带一路"建设把包括中东欧在内的沿线国家连接起来，不仅为匈牙利和中东欧国家带来发展机遇，也符合欧盟整体利益。④

俄罗斯朝野政党积极推进其"欧亚经济联盟"建设计划与"一带一路"对接，开展务实合作。2015年10月，俄罗斯公正俄罗斯党国际部与中联部联合举办了第六届中俄中小企业合作圆桌会议，以"'一带''一盟'战略对接背景下的中俄中小企业合作"为主题，旨在落实两国领导人达成的战略共识，为中俄地方和中小企业合作搭建平台，为两国战略对接合作贡献力量。⑤ 2017年3月，中俄执政党对话机制

---

① 《中国共产党对外工作概况》编委会编：《中国共产党对外工作概况2016》，北京：当代世界出版社，2017年版，第94页。

② 同①，第280页。

③ 同①，第245页。

④ 《中国共产党对外工作概况》编委会编：《中国共产党对外工作概况2017》，北京：当代世界出版社，2018年版，第245页。

⑤ 同①，第229页。

第六次会议和第五届中俄政党论坛焦点之一即"'一带一路'和欧亚经济联盟建设对接合作下的中俄地方合作",旨在发挥两党政治引领作用,推动两国地方和企业务实合作,进一步推动中俄全面战略协作伙伴关系的发展。

2016年9月,哈萨克斯坦"光明道路"党企业家代表团访华,哈方表示,哈方的"光明之路"新经济政策与中方的'一带一路'建设高度契合,"光明道路"党愿与中国共产党一道,落实两国元首共识,推动务实合作,给两国民众带来实在利益。①

第四,呼吁政党在构建人类命运共同体和"一带一路"建设中发挥更大作用。习近平总书记指出,政党和政治家应具有远见卓识和历史担当,在共建"一带一路"的进程中走在前列。②为此,中共与外国政党举行专题会议,突出政党的责任担当。2015年10月,在北京主办的亚洲政党丝绸之路专题会议上,中共中央政治局常委刘云山在主旨演讲中指出:"党际交往是国家关系的重要组成部分,在促进国家关系中发挥着基础性、引领性作用。"各国政党"应在引领国家关系发展、促进和平合作上发挥更为积极的作用"③。

2016年4月,中联部在宁夏银川举办"中国-阿拉伯国家政党对话会",大会以"中阿共建命运共同体——政党使命"为主题。中联部部长宋涛说:"中阿政党应携手引领共同构建战略互信、理念互鉴、经贸共赢、人文相亲、国际协作的中阿关系新格局,努力打造利益交融、休戚与共的中阿命运共同体。"埃及前总理伊萨姆·沙拉夫表示:"双方政党、政治家、政治力量应进一步加强政治引领和政策沟通,共同

---

① 《中国共产党对外工作概况》编委会编:《中国共产党对外工作概况2017》,北京:当代世界出版社,2018年版,第21页。
② 《中国共产党对外工作概况》编委会编:《中国共产党对外工作概况2016》,北京:当代世界出版社,2017年版,第150页。
③ 同②,第154页。

打造阿中命运共同体,一道推动实现新型全球化和'世界梦'。"①

2016年10月,"中国-中东欧政党对话会"在匈牙利布达佩斯举行,主题为"'一带一路'建设和'16+1合作':政党的责任和作用"。刘云山在演讲中表示,此次对话会体现了政党的使命担当,对于加强中国与中东欧国家合作、促进共同繁荣发展,具有重要意义。促进"一带一路"建设和"16+1合作",也是中国共产党和中东欧国家政党的共同责任。②

2017年11月,中联部主办的第三届中非政党理论研讨会以"构建中非命运共同体:政党的使命和作用"为主题,认为作为各自国家的政策源头和治国理政主体,中非政党应进一步加强各领域的交流与合作,在中非命运共同体构建中发挥更加显著的政治引领作用。③

2015年6月,欧洲社会党议会党团主席贾尼·皮泰拉访华时强调党际关系的重要性,表示希望通过签订党际关系协议加强与中国共产党的机制化交往,通过党际渠道推动欧中全面战略伙伴关系发展。欧中是"一带一路"的两端,双方应加强政策沟通和战略合作。如果欧洲经贸领域出现摩擦,中国企业在欧洲投资遇到障碍或限制,我们非常愿意通过党际渠道发挥建设性作用,推动有关问题解决。④

(三) 以增强对中国道路理论制度理解支持为主要任务的认知引领

深化国际社会对中国特色社会主义道路、理论、制度的理解、认同、支持,塑造我们党和国家良好的国际形象,以增强国家的"软实力",是中共十八大以来党的对外工作的重要内容,也是开展政党外交

---

① 《中国共产党对外工作概况》编委会编:《中国共产党对外工作概况2017》,北京:当代世界出版社,2018年版,第318页。
② 同①,第245页。
③ 《中国共产党对外工作概况》编委会编:《中国共产党对外工作概况2018》,北京:当代世界出版社,2019年版,第185页。
④ 《中国共产党对外工作概况》编委会编:《中国共产党对外工作概况2016》,北京:当代世界出版社,2017年版,第280页。

的主要任务,赋予了党际关系促进、引领国家关系以新要求。主要有以下几方面:

第一,政党外交中,高举中国特色社会主义旗帜,坚定"四个自信"。不仅在与共产党以及政治上对我们比较认同的一些发展中国家左翼民族主义政党之间,就中国特色社会主义、马克思主义思想理论、党的建设、坚持共产党领导、治国理政经验等方面进行深入交流、互鉴互学,而且在同西方社会民主党、资产阶级政党交往中也突出坚持、宣介中国共产党的领导,中国特色社会主义和中国特色的政治制度,尤其是坚定理想信念、全面从严治党这个中共十八大以来党和国家工作的鲜明主题。这方面,中共中央政治局常委、中纪委书记王岐山在会见外国政党代表团时的讲话很有代表性。2013年3月,王岐山在会见德国联盟党代表团时说,中国共产党坚持理想、信念和宗旨不动摇,制定适合中国国情的路线、方针和政策,带领全国人民坚定不移地走中国特色社会主义道路。中国共产党的执政理念、地位和方式本身即是中国特色社会主义道路的重要内涵。中国要把自己的事情办好,最根本的是靠中国共产党的领导,使8200万党员从思想上、行动上与党中央保持一致。① 2014年10月,王岐山会见法国社会党代表团时指出,中国特色社会主义道路自信、理论自信、制度自信,根源于对中华民族传统文化的自信,并阐释了中国共产党反腐败的意义和决心,指出反腐败事关人心向背,关乎党和国家事业成败,必须对握有权力的人进行强有力的纪律约束,坚持有腐必惩、有贪必肃,为建设社会主义法治国家提供有力保证。② 2015年5月第八届中美政党高层对话上,王岐山指出,中国特色社会主义的本质特征是中国共产党的领导,同中国打交道,不了解中国共产党不行。中国共产党正在带领人民实

---

① 《中国共产党对外工作概况》编委会编:《中国共产党对外工作概况2014》,北京:当代世界出版社,2015年版,第164页。
② 《中国共产党对外工作概况》编委会编:《中国共产党对外工作概况2015》,北京:当代世界出版社,2016年版,第181—182页。

现全面建成小康社会的战略目标，如果组织涣散、纪律松弛，完成这样的历史重任是不可想象的。① 这些讲话旗帜鲜明、立场坚定，充分体现了中国共产党的开放自信，赢得了对方的尊重。中共十九大闭幕时，美国总统特朗普破天荒第一次对中共全国代表大会和中国共产党新任总书记表示祝贺；2017年12月第十届中美政党对话上，美方代表再次特意祝贺中共十九大圆满成功，这些都是前所未有的。

第二，以灵活多样的方式方法，及时准确全面宣传党的思想理论、方针政策、重大理念，讲好"中国共产党的故事"，搭建开辟展示形象的新窗口。一是充分利用中共与180多个国家和地区的600多个政党和组织广泛联系的平台，区分不同国家不同政党和组织的具体情况，适时介绍和宣讲中共十八大、十九大、二十大、历次中央全会和其他重要会议精神，重点宣介以合作共赢为核心的新型国际关系、人类命运共同体等思想理念，深入探讨相互关心的主要问题；派出代表团分赴重点国家进行宣讲和交流，加强与这些国家政党的战略沟通；邀请有关部门负责人和权威专家学者组成专题宣讲团组，分赴亚非拉美欧，直接面向各国政党政要、智库媒体进行宣讲；结合党的重要会议、重大战略和国家治理中的重大举措，举办专题吹风会，如"十八届三中全会""一带一路""十八届五中全会""十八届六中全会"专题吹风会、报告会，及时向驻华使节、跨国公司传递党的最新政策和理念。二是2017年为迎接中共十九大，中联部开始与各地方合作举办"中国共产党的故事"系列专题宣介会，旨在向国际社会介绍中共十八大以来习近平总书记治国理政新理念新思想新战略在地方的实践和成效，在中共十九大之前先后举办了以"精准扶贫——不让一个民族掉队""供给侧结构性改革""全面从严治党""创新驱动，转型发展""绿色发展"为主题的五次宣介，分别以云南为例介绍中国扶贫成效、以湖北为例说明供给侧结构性改革的生动实践、以山西为例展示地方党委

---

① 《中国共产党对外工作概况》编委会编：《中国共产党对外工作概况2016》，北京：当代世界出版社，2017年版，第308页。

落实全面从严治党的情况、以江苏为例说明创新驱动转型发展的成效和经验、以福建为例说明生态文明思想的实践效果。中共十九大以后,以"中国共产党的故事——地方党委的实践"为主题,讲述习近平新时代中国特色社会主义思想在地方的实践,先后在广东、浙江、河南、江西举办了专题会,这些活动为各国政党交流治国理政经验提供了新的平台,也向世界全方位展示中国共产党改革创新、执政为民的形象。三是2017年11月30日至12月3日举办"中国共产党与世界政党高层对话会",吸引了世界300多个政党、政治组织的600多位政要参会。全世界不同意识形态的政党同台交流,这在世界政党史上还是第一次。大会通过的《北京倡议》呼吁各国政党要做新型国际关系的"建设者""推动者""贡献者""维护者",以实际行动构建人类命运共同体。大会既是中国共产党展示形象的窗口,又体现了中国共产党作为大党的责任担当。

第三,加强与发展中国家政党治国理政经验交流,展示改革开放的伟大成就,彰显中国党的影响力。中国改革开放自20世纪90年代进入快车道之后,很快取得了举世瞩目的成就,中共十八大以后党和国家面貌发生历史性变革,中国特色社会主义进入新时代,对世界特别是发展中国家产生了巨大影响,给世界上那些既希望加快发展又希望保持自身独立性的国家和民族提供了全新选择。中国共产党如何治国理政、中国道路中国奇迹的秘籍何在,成为这些国家政党非常希望了解的重要问题,也成为与这些国家政党交流的重要内容。这些不仅体现在双边党际关系中,更直接反映在一些亚非拉国家政党集团式访华,即若干个国家多个政党组成同一个团组访华。早在21世纪初,随着中国经济社会发展成就的不断彰显,这种访华形式在一些非洲国家政党访华活动中出现。中共十八大以后,这种形式成为撒哈拉以南非洲、西亚北非、南亚、东南亚、拉美政党访华十分突出的现象,表现为多国多党组成的各种代表团、考察团、研修班、培训班等。

仅从2013年到2017年这五年的情况看,2013年,非洲方面先后有法语国家政党青年领导人研修班、执政党宣传干部考察团各一个；拉美方面有政党多边研修班、执政党干部考察团各一个。2014年，非洲方面3月至4月先后有英语葡语国家政党青年领导人研修班共四批；阿拉伯国家政党治国理政、媒体负责人研修班各一批；南亚国家政党干部研修班一批。2015年，非洲方面先后有青年领导人研修班、英语国家政党青年领导人代表团、六姊妹党党校建设干部代表团、法语国家执政党干部考察团、北非国家多党干部考察团等六批。2016年非洲方面先后有英语、法语、葡语国家青年领导人研修班四批、干部考察团两批、理论干部考察团两批以及总书记代表团一个；亚洲方面有西亚国家政党干部考察团、南亚国家政党干部研修班、南亚左翼政党理论干部研修班各一个；拉美方面有干部考察团、执政党干部考察团以及政党和智库多边研修班各一个。2017年，非洲方面先后有青年领导人研修班四批，党校建设、理论干部、高级干部考察团五批；亚洲方面先后有东南亚、南亚左翼、南亚干部研修班、考察团共三批；中东政党高级干部考察团一批；拉美安第斯地区政党干部考察团一批。这些团组往往涉及多国多党，最多的为2014年阿拉伯国家政党媒体负责人研修班，涉及九国十七党；2016年10月非洲英语国家政党理论干部考察团包括十国执政党。[①] 这种现象体现了发展中国家政党了解、学习、借鉴中国党治国理政经验的急迫愿望。

中方根据不同代表团考察团的情况和要求，一方面安排与党和政府机构对口参观交流，就中国特色社会主义、党的建设、改革开放、中国共产党治党治国的新理念新实践、治国理政的经验等，与智库学者进行座谈、讲座；另一方面有针对性安排实地考察，到不同地区体验中国经济发展成就、感受社会主义新农村建设、如何脱贫扶贫，体验中国共产党如何以人民为中心的理念。2013年11月，巴基斯坦正义运动党干部考察团表示赞赏中共领导中国取得的巨大发展成就，愿

---

① 以上数据系作者根据《中国共产党对外工作概况》编委会编：《中国共产党对外工作概况》，北京：当代世界出版社2014、2015、2016、2017、2018年版各卷统计得来。

学习借鉴中共治党理政成功经验，更好地促进自身以及巴经济社会发展。① 2016 年 11 月，拉美六国智库学者组成的拉美智库多边研修班访华后充分肯定、赞赏中国改革开放和社会主义建设成就，强调切身感受到中国人民在中国共产党领导下朝着既定目标共同努力奋斗进程中，展现出的对中国特色社会主义的道路自信、理论自信和制度自信，认为中国模式为拉美国家提供了学习的榜样。② 2017 年 6 月至 7 月期间，南亚国家政党干部研修班访华后表示，中共结合自身发展实践形成的执政方略，真正体现了马克思关于理论和实践相结合的思想真谛。③ 2017 年 7 月，安第斯地区政党干部考察团表示，通过此访实地了解中国特色社会主义的伟大成就，相信中国特色社会主义开创了人类历史上全新的发展模式，值得各国深入研究。认为中共的领导是中国模式成功的关键。安第斯地区政党迫切希望以此访为契机加强同中共交往。④

总之，中共十八大以来，面对世界格局大变革，党的对外工作在引领各国政党特别是发展中国家政党正确认识中国特色社会主义和中国政治制度以及中国共产党的领导等方面取得显著成效，中国共产党善于学习创新、开放自信、亲民为民、责任担当以及中国作为负责任的社会主义大国的国际形象得以逐渐清晰，党际关系对国家关系和总体外交的充实引领得以充分体现。

五、处理党际关系与国家关系辩证统一的历史经验及启示

回顾历史不难发现，新中国政党外交的历史实践中，中国共产党

---

① 《中国共产党对外工作概况》编委会编：《中国共产党对外工作概况 2014》，北京：当代世界出版社，2015 年版，第 12—13 页。
② 《中国共产党对外工作概况》编委会编：《中国共产党对外工作概况 2017》，北京：当代世界出版社，2018 年版，第 300—301 页。
③ 《中国共产党对外工作概况》编委会编：《中国共产党对外工作概况 2018》，北京：当代世界出版社，2019 年版，第 120—121 页。
④ 同③，第 284—285 页。

在"两制并存,资强社弱"的总体时代背景下,根据不同时期的历史条件,就如何处理好党际关系与国家关系的辩证关系进行了不懈探索,经历了党际关系对国家关系的"决定""促进""充实"三个历史阶段。不管在哪个阶段,政党外交都始终围绕党的中心工作、核心使命和目标任务展开,进行了丰富生动的实践活动,不断提高其在国家总体外交中的地位和作用,积累了丰富的历史经验,也有十分值得汲取的深刻教训,为进一步开展政党外交提供了重要启示。概括起来,主要有以下几个方面:

(一) 以党的使命任务、中心工作为目标,体现与时俱进的时代要求

新中国成立后,中国共产党作为无产阶级执政党,面临捍卫维护民族国家主权安全及国家利益和履行无产阶级团结合作的国际主义义务的双重使命。一方面,新中国百废待兴,国家的恢复和建设任务十分繁重,同时又面临十分险恶的国际环境,美国及一些西方敌对势力掀起针对社会主义国家的冷战,在内政、军事、外交、经济等方面对新中国处心积虑进行孤立、封锁、遏制。中国共产党必须肩负起捍卫国家主权安全和生存发展的使命,建设社会主义,推进中华民族伟大复兴。这是中国共产党的最高职责,也是在民族国家作为基本组成单元的时代的必然选择。另一方面,中国共产党作为无产阶级政党,特别是作为世界上数一数二、有着丰富革命斗争经验、并领导中国这样一个大国的大党,其他国家无产阶级政党和社会主义国家对中共在履行无产阶级国际主义义务方面无疑具有更大期待。促进世界无产阶级团结合作、为国际共产主义运动作出贡献,是中国共产党作为马克思主义政党的根本要求。刘少奇在中共八大政治报告中指出:"中国同伟大的苏联和其他社会主义国家,在共同目标和相互援助的基础上建立起来的团结和友谊,是牢不可破的,是永恒的。继续巩固和加强这种团结和友谊,是我们最高的国际义务,是我国对外政策的基础。"①从根本上讲,"最高职责"和"根本要求"的双重使命就是要求党正确处理好意识形态与国家利益、党际关系与国家关系的辩证关系。但是究竟如何处理,要取决于党在特定历史时期对时代条件、国内外形势的分析判断,以及由此形成的路线方针和任务目标。

新中国成立后,基于"两制并存,资强社弱"的时代背景和冷战格局、资本主义世界对新中国遏制封锁及新中国建设任务繁重等现实情况,中国共产党提出了"一边倒"、倒向以苏联为首的社会主义阵营的外交战略方针,以首先发展同社会主义国家关系作为外交奠基、突破国际封锁的根本战略及进行国内建设的根本依托。社会主义阵营系由共产党执政的社会主义国家及世界各国非执政共产党组成的国家和政党集团。发展同社会主义阵营的关系,党际关系无疑是天然的联系纽带,是各国共产党特别是执政党建立和发展国家关系的自然选择和根本途径。因此,新中国成立后一段时期内发展党际关系,特别是与社会主义国家共产党的党际关系,以党际关系推动国家关系,以政党外交引导国家外交,是由这一时期历史条件决定的。这一时期,根据履行无产阶级国际主义崇高义务的要求,中国党和国家对兄弟党、兄弟国家以及亚非拉民族解放运动,提供了慷慨无私的援助。这些援助增强了中国党和国家的国际影响力,使中国赢得了良好的国际声誉;与此同时,中国也得到了大量外援,这也是发展同兄弟党兄弟国家关系的基本出发点。毛泽东强调:"我们的总任务是:团结全国人民,争取一切国际朋友的支援,为了建设一个伟大的社会主义国家而奋斗,为了保卫国际和平和发展人类进步事业而奋斗。"② 这些援助以苏联为甚。1957年11月19日,毛泽东在莫斯科会见苏联外长葛罗米柯,对

---

① 中共中央文献研究室、中央档案馆编:《建国以来刘少奇文稿》(第八册),北京:中央文献出版社,2018年版,第258页。
② 中共中央文献研究室编:《毛泽东文集》(第六卷),北京:人民出版社,1999年版,第350页。

苏联的援助给予充分肯定。毛泽东强调说，在中国历史上，还没有任何一个国家向中国提供过这么大的援助。社会主义阵营其他国家（德国、捷克、波兰）也向中国提供援助，但这种援助远不能同苏联的援助相比。①党际关系"决定"国家关系，体现和反映了这一时期党的使命任务。党际关系"决定"国家关系具有时代性，符合时代要求。

20世纪70年代末，中国共产党作出了"和平与发展"成为时代主题的判断，并作出了党的工作重心转移到"以经济建设为中心"的战略决策。邓小平在调整党的对外政策时说："中国对外政策的目标是争取世界和平。在争取和平的前提下，一心一意搞现代化建设，发展自己的国家，建设具有中国特色的社会主义。"②1983年11月6日，邓小平会见澳大利亚共产党（马列）主席希尔时强调："如果中国要对国际共运、对人类做出重大贡献的话，关键是生产力的发展。这种发展不仅表现在国际上社会主义对资本主义比重的增加，而且要体现在社会主义比资本主义更加优越。"③履行国际主义义务，首先要把自己的事情办好，把社会主义建设好，要"聚精会神搞建设，一心一意谋发展"。以党际关系"促进"国家关系，调整与兄弟党兄弟国家的关系，在党际关系中引入务实合作，充分体现了"和平与发展"这一时代主题和党的工作重心转移的根本要求。

2012年中共十八大以后，在以习近平同志为核心的中共中央领导下，党和国家发生面貌历史性巨变，经过长期努力，中国特色社会主义进入新时代，世界面临百年未有之大变局。虽然"两制并存，资强社弱"的总体格局没有发生根本改变，但中国特色社会主义的伟大成就终结了西方的"历史终结论"和资本主义"普世价值论"，证明了社会主义的强大生命力，引领世界社会主义运动的复兴，中国正日益

---

① 沈志华主编：《俄罗斯解密档案选编——中苏关系》（第七卷），上海：东方出版中心，2015年版，第350页。
② 邓小平：《邓小平文选》（第三卷），北京：人民出版社，1993年版，第57页。
③ 中共中央文献研究室编：《邓小平年谱（一九七五—一九九七）》（下），北京：中央文献出版社，2004年版，第944页。

走近世界舞台的中央。美国和一些西方国家继续向全世界推销其"普世价值",对包括中国在内的社会主义国家、一些发展中国家搞"和平演变""颜色革命",但西方国家内部却发生一系列反映其制度危机、治理危机的"黑天鹅事件""灰犀牛事件"。坚定不移实现中华民族伟大复兴,为人类的发展进步作出更大贡献,是中共十八大以后党的初心使命和任务目标。党的对外工作中,以党际关系"充实"国家关系,以共同的理想信念对社会主义国家的战略引领,以构建人类命运共同体对各类政党的方向引领,以增强国际社会对中国特色社会主义认同支持的认知引领,正是服务于新时代党的使命任务的充分体现。

由此可见,根据时代发展和历史条件的变化,始终围绕党的中心工作,服务党的使命任务,既是党际关系与国家关系的辩证统一的必然要求和根本遵循,也是值得总结的重要历史经验,为继续做好党的对外工作提供了历史启示。

(二)以国家利益和国家关系为导向,体现国家总体外交的根本要求

综观新中国政党外交史,从总结历史经验教训的角度,处理好党际关系与国家关系的辩证关系,必须充分认识到二者的紧密关联和相互影响,坚持以国家利益和国家关系为导向,把党际关系作为一种特有资源,坚持把党际关系与国家关系"分开"处理,准确把握党际关系与国家关系之间的平衡,最大限度服务和体现国家总体外交要求。

第一,充分认识党际关系与国家关系的紧密关联,这是正确处理二者关系的基本前提。如前所述,党际关系与国家关系作为政党外交理论与实践中的两个基本范畴,对于执政的共产党来说,二者是紧密关联、相互影响的。一方面,党际关系影响国家关系,既有积极的也有消极的。积极影响在于党际关系促进、助推国家关系,如20世纪70年代末之前,以党际关系为导引,对打开新中国外交新局面作出的开拓性贡献;20世纪70年代末,党的对外工作方针调整之后以国家利

益、国家关系为根本导向的政党外交实践等等。积极方面是新中国政党外交的主流。消极影响在于党际关系制约、阻碍国家关系，主要是指20世纪70年代末之前在极"左"思潮影响下党际关系"凌驾于"国家关系，国家利益受到损害，与一些国家的关系受到党际关系的干扰。20世纪70年代末之前，党际关系"决定"国家关系，党际关系的好坏直接决定国家关系的亲疏。另一方面，国家关系也影响党际关系，或促进，或制约。社会主义国家领导人对资本主义国家进行国家层面上的访问，不仅有助于两国关系，而且对于这些国家的共产党也同样是一种鼓舞和支持，有助于加强与这些国家共产党的党际关系。这就是国家关系促进党际关系的一种体现。1959年9月，赫鲁晓夫访问美国后，美国共产党执行委员会委员 E. 弗林说："赫鲁晓夫同志的访问对我国人民的情绪产生了深刻的影响。它激起了他们对苏联的友好情感和对社会主义问题的极大兴趣。"[1] 1983年4月29日，邓小平谈到同苏联的接触时指出，这"还是国家之间的接触，而不是党的关系。这不是说，党与党不可以接触，但首先要解决国家关系，为此要消除国家关系正常化的障碍。"[2] 这表明，如果社会主义国家间的国家关系不好，也谈不上党际关系，这是国家关系制约党际关系的一种表现。因此，执政的共产党要努力避免党际关系对国家关系的消极影响，发挥前者对后者的推动促进作用。

第二，始终把党际关系作为促进国家关系的独特资源和重要渠道。社会主义国家共产党之间全方位多领域的党际关系对国家关系起到引领、促进和保障作用。同时，各国各类政党也越来越广泛重视党际关系的独特作用。1998年4月，胡锦涛访问日本会见日本政党政要时强调，中日两国政党、政治家之间的交流与合作，为促进两国关系的发

---

[1] 沈志华主编：《俄罗斯解密档案选编——中苏关系》（第九卷），上海：东方出版中心，2015年版，第136页。

[2] 中共中央文献研究室编：《邓小平年谱（一九七五—一九九七）》（下），北京：中央文献出版社，2004年版，第906页。

展和增进两国人民之间的互相了解和友谊发挥了重要的作用。这是中日关系发展中一条十分宝贵的经验。① 同年10月,印共(马)召开十六大,中共应邀派代表与会。当时正值印度政府搞核试验,导致中印关系紧张。会见中共代表时,总书记苏吉特谴责印度人民党政府为谋一党之私,不惜以损害中印友好关系为代价,悍然进行核试验,表示印共(马)将为使两国关系回到正常轨道而继续努力,称印中关系出现恶化是暂时的,两国人民是要印中长期友好的。② 在这里,中共与印共(马)党际关系对中印国家关系同样发挥了纠偏、导引、促进的作用。中共十八大以来,习近平总书记非常重视发挥党际关系对国家关系的促进作用。2014年10月,习近平总书记在会见韩国新国家党党首金武星时强调,中国共产党与韩国新国家党的交流与合作对促进两国关系发挥着重要作用。③ 2017年7月6日,习近平总书记积极评价德国社民党为中德关系发展作出的积极贡献,指出党际交往在双边关系发展中发挥着独特而重要的作用。④ 这也是各国政党的普遍共识。2015年5月8日,德国社民党接待中共友好代表团时表示:"党际关系正在超越一般性友好往来,可以利用其独特的渠道优势,为促进国家关系发展和推动务实合作发挥更大作用。"⑤ 2017年9月5日,南非驻华大使多拉娜·姆西曼在接受记者采访时说:"我认为,南中党际关系是两国双边关系的基础。中共和南非政党,特别是非国大和南非共领导人的政治互信大大促进了两国双边关系的发展。在南中两国正式

---

① 《中国共产党对外工作概况》编委会编:《中国共产党对外工作概况1999》,北京:当代世界出版社,2000年版,第111—112页。
② 同①,第146页。
③ 《中国共产党对外工作概况》编委会编:《中国共产党对外工作概况2015》,北京:当代世界出版社,2016年版,第21—22页。
④ 《习近平会见德国社会民主党主席舒尔茨》,载《人民日报》,2017年7月7日,第2版。
⑤ 《中国共产党对外工作概况》编委会编:《中国共产党对外工作概况2016》,北京:当代世界出版社,2017年版,第220页。

建交前，中共就已与非国大和南非共建立党际关系。"① 党际关系在国家关系中的促进作用获得充分肯定。

第三，坚持以国家利益为导向，努力保持党际关系与国家关系的平衡与相互促进。1959年10月6日，毛泽东会见印共总书记高士，在谈到与印度政府就边界问题说："将来会谈开始以后，印度资产阶级可能还会发动几个浪潮，为的是帮助他们谈判，同时压制印度共产党。"② 这表明毛泽东在考虑处理中印边界问题时，注意到了要顾及印共的处境。2007年11月30日至12月4日，中共代表团访问尼泊尔期间，普拉昌达等尼共（毛）领导人在会见中表示，尼受制于印度，如果没有中国的平衡，尼的独立、主权和领土完整就没有保证，希望中国发挥更加积极的作用。中共方面则明确表示，中国党和政府高度重视发展中尼关系，但这种关系不针对第三国。2008年4月，尼共（毛）在议会选举中取得阶段性胜利，获得第一大党地位，普拉昌达表示非常愿意尽早访华，并派人到中国进行沟通。鉴于尼各主要政党仍就新政府的组成争执不下，中方并没有马上正式发出邀请。普拉昌达就任尼泊尔总理后，中方即邀请他以总理身份来华出席北京奥运会开幕式。2009年5月，普拉昌达担任总理一年时间即被迫辞职。10月，中共正式邀请普拉昌达以党主席身份率尼泊尔联合共产党（毛主义）③ 代表团访华。会谈中，尼共希望中共支持其和平、制宪、建立全民政府三大主张。中共则表示，希望尼各方以国家利益和大局为重，推动尼和平进程继续前进。④ 可见，中共始终以周边稳定和中尼国家关系大局出发处理同尼共的关系。2014年8月，中越之间发生南海

---

① 黄涵：《党际关系是南中两国双边关系的基础——专访南非驻华大使多拉娜·姆西曼》，载《当代世界》，2017年第11期，第23页。
② 中共中央文献研究室编：《毛泽东年谱（一九四九—一九七六）》（第四卷），北京：中央文献出版社，2013年版，第202页。
③ 2009年1月13日，尼共（毛）与尼共（团结中心-火炬）合并，改称"尼泊尔联合共产党（毛主义）"，简称"联合尼共（毛）"。
④ 艾平：《双洲记——政党国际交往亲历》，北京：当代世界出版社，2018年版，第205、207—209页。

"981"石油钻井平台事件后,美国趁机煽动越南国内反共反华势力,越南高层一些领导人也趁机大打民族主义牌,迅速掀起反华浪潮,使中越关系受到很大冲击。主张对华友好的越共总书记阮富仲立即派特使访华。阮富仲认为,越共党内存在着机会主义和民族主义两大势力,是可能导致越共变质、破坏越南与邻国关系的两大毒瘤,① 越共一直试图解决该问题。而这次事件反而给了搞民族主义的高层领导人以政治上翻身的机会。后来,中方利用党际关系渠道,通过平衡党际关系与国家关系,维护了中越关系的大局稳定。显然,中共与尼共、越共的关系虽然有着性质上的不同,在平衡党际关系与国家关系时也各有侧重点,但无疑都是以国家关系和国家利益为根本导向的。

第四,坚持把党际关系与国际关系"分开"处理,把政党外交作为国家总体外交的有机组成部分。党际关系与国家关系是紧密关联、相互影响的,特别是在社会主义国家之间,党际关系与国家关系相交相融,往往表现为同一过程。但是,党际关系与国家关系毕竟性质不同、作用不同。只有把党际关系与国家关系正确"分开",才能有效维护国家利益,促进国家关系。这也是中共领导人的一贯主张。1958年,由于批判《南共联盟纲领草案》,中南关系十分紧张,国家关系处于破裂的边缘。毛泽东及时指示,同南斯拉夫的"国家关系还得保持。……我们一万年也不要断。"20 世纪 50 年代后期,中苏两党关系恶化,苏共有意把党的分歧扩大到国家关系,毛泽东和中共中央批评苏联的这一做法。1963 年 2 月,中央工作会议在北京举行,会议讨论了国际共运的形势和可能面临的分裂,指出"无非是断绝党的关系,断绝国家的关系。断绝党的关系也没有什么,但国家关系不可能完全断绝,做生意恐怕还是要做的,即使完全断绝了也没有什么,生意不

---

① 赵卫华:《十二大之后越南政治的演变与中越关系的走势》,载《云南行政学院学报》,2018 年第 4 期,第 147 页。

做也没有什么。这对我们有一些损失,但也不大。"① 1965 年 2 月,苏联部长会议主席柯西金访问越南路过北京,毛泽东在会见他时说,公开论战就是打笔墨官司,也死不了人。原则争论还要继续下去,但国家关系应当改善。② 在历史实践中,社会主义国家通常通过友好的党际关系发展国家关系,但当党际关系出现问题,进而影响到国家关系,比如一方在政治合作、经济援助等方面对另一方施加影响、惩罚、制裁,对国家关系造成伤害,另一方往往以党是党的关系、国家是国家的关系为由,要求将二者"分开",不得将党际关系中的矛盾分歧扩大到国家关系上。到了 20 世纪 70 年代,毛泽东、邓小平在同马来西亚、泰国等东南亚国家建交的过程中,又进一步阐明了党是党的关系、国家是国家的关系,二者互不影响的主张,即表示愿意同这些国家建立外交关系,但同时不放弃对这些国家共产党政治上、道义上的支持,至于这些国家政府对本国共产党如何处理,中方不干涉,被东南亚国家称为"双层政策"。党际关系与国家关系"分开"的主张对于捍卫国家利益、维系和发展国家关系有重要作用。

20 世纪 70 年代末之前,党际关系与国家关系的"分开",是在"以意识形态划线"、党际关系具有至高地位、党际关系"决定"国家关系的背景下发生的。这种情况下,由于意识形态和党际关系的决定性作用,党际关系与国家关系的"分开"受到很大局限,"分开"的目的也不可能完全达到。就与社会主义国家关系来说,尽管"分开"被许多政党所倡导,希望国家关系不因党际关系变化而变化,但就国际共运历史实践而言,并没有这样的先例发生,党际关系的恶化必然导致国家关系的疏远。要真正实现党际关系与国家关系"分开"的目的,必须重新调整党际关系的基本定位,把党际关系、政党外交纳入

---

① 吴冷西:《十年论战:1956—1966 中苏关系回忆录》(下),北京:中央文献出版社,1999 年版,第 536 页。
② 张立淦:《毛泽东关于在和平共处五项原则基础上处理与社会主义国家关系的思想》,载裴坚章主编:《毛泽东外交思想研究》,北京:世界知识出版社,1994 年版,第 221—222 页。

国家总体外交，以党际关系促进国家关系，在党际关系与国家关系的相互关系上，坚持以国家利益、国家关系为导向。而这正是20世纪70年代末以后政党外交实践的根本遵循。1986年9月3日，邓小平会见日本公民党委员长竹入义胜，在谈到中苏关系时说："中苏关系正常化，仅仅限于国家关系，不会回到五十年代的关系。""中苏关系正常化就是在和平共处五项原则基础上的正常化。"① 这在实际上阐述了中苏关系正常化的本质——社会主义国家之间要回归正常的国家关系，也体现了党际关系与国家关系"分开"处理的要求。只有把政党外交作为国家总体外交的一部分，才能真正做到党际关系与国家关系的"分开"。

（三）充分发挥党际关系维系社会主义国家关系的战略纽带作用，反映"党的外交"的鲜明特色

如前所述，政党外交作为国家总体外交的重要组成部分，最大的特点就是具有双重属性，作为外交，必须服从和服务于国家关系，但它又不是一般意义上的外交，而是"党的外交"，是党的事业的一条重要战线。中国共产党的事业就是以共产主义为远大理想，建设中国特色社会主义，实现中华民族伟大复兴。社会主义、共产主义作为共同事业和理想，对于各国共产党来说，无疑是天然的纽带。对于执政的共产党来说，由于面临着处理意识形态与国家利益、党际关系与国家关系、国际主义与爱国主义的关系，实践中相互之间存在矛盾冲突甚至对立在所难免，因此，在经历了"社会主义大家庭""社会主义阵营"的历史阵痛之后，社会主义国家在相互关系问题上普遍向正常国家关系回归。但即便如此，社会主义对于执政的共产党来说仍然是联系社会主义国家的战略纽带。这不仅是由共产党之所以为共产党的理念所决定的，更重要的还在于"两制并存，资强社弱"的背景下，以

---

① 中共中央文献研究室编：《邓小平年谱（一九七五——一九九七）》（下），北京：中央文献出版社，2004年版，第1134页。

美国为首的资本主义世界加紧推行对中国等仅存的几个社会主义国家的"和平演变"的严峻形势。

一方面,中国作为最大的社会主义国家以及潜在的"威胁",理所当然地成为美国"和平演变"的主要对象。它们利用各种传媒制造"舆论攻势",大肆推销其"普世价值论""文明冲突论""历史终结论""中国威胁论""中国崩溃论",以及个人主义、消费至上等价值观,大力支持所谓"持不同政见者",利用各种基金会通过教育文化交流合作,培植亲西方势力,推行文化殖民主义,利用民族宗教问题分裂分化中国,利用"人权"问题推行双重标准的"人权外交"。另一方面,以几乎同样的手段对越南等其他社会主义进行"和平演变"。在他们看来,仅有的几个社会主义国家,每一个的存在对于其他国家来说都是一种稀缺的合法性支撑。从事中越比较研究的美国学者布兰特利·沃马克曾指出,如果中国不搞社会主义,越南的社会主义就很难存在下去。① 反之,越南社会主义生存发展对中国同样具有很重要的意义。因此,在西方国家眼中,对任何一个社会主义国家的攻击,对其他社会主义国家生存都是不利的。

西方国家对社会主义国家的和平演变具有整体性、全面性,但又以中国和越南为重点。越南之所以成为攻击重点,主要在于它相比其他社会主义国家与中国存在更大关联性。越南不仅是中国唇齿相依的战略邻邦,且实行革新开放,被认为是中国的"好学生",同时又与中国在南海问题上存在尖锐矛盾。因此,对越南实行和平演变会产生更大的影响力。1996年,越共八大《政治报告》指出:七大期间,一些外部势力对我大肆进行"和平演变"活动,制造暴乱,进行颠覆活动;国内一些反动分子也趁机跳了出来。我国再次面临严峻的考验。各种反社会主义、反对民族独立的反动势力时刻把矛头指向我们党,破坏党的思想和组织基础,有许多敌对势力继续耍弄其"和平演变"阴谋,

---

① Brantly Womack, *China and Vietnam: The Politics of Asymmetry*, New York: Cambridge University Press, 2006, p. 254.

他们打着"民主""人权"的旗号，试图干涉我国内政。① 2001年，美国国会通过《越南人权法案》，为干涉越南内政提供法律依据，同时资助海外越南人直接从事颠覆活动。

面对西方国家的意识形态攻击，中国和越南等社会主义国家可谓"同呼吸，共命运"。1994年11月，江泽民总书记访问越南，提出双方要把中越关系置于社会主义大前提之下，两国领导人要"登高望远"，从战略高度和大局出发审视和看待中越关系，受到越方领导人的一致赞同。② 1998年到2003年间，越共总书记黎可漂、农德孟都积极致力于与中国建立意识形态同盟关系，几次向中方提出这方面的建议。③ 中方秉持不"出头"、不"扛旗"的方针，婉拒"结盟"建议，但对越南等党的反和平演变斗争予以坚定支持，并加强了与这些党和国家的各方面的联系，特别是与越南、老挝加强思想理论、党务方面的合作全面加强，围绕"什么是社会主义，怎样建设社会主义"问题，共同探讨交流加强自身建设、反对和平演变的经验教训、方式方法等。1999年，中国与越南就双边关系达成"长期稳定、面向未来、睦邻友好、全面合作"的指导方针。进入21世纪后进一步提出指导双边关系的"四好精神"，即"好邻居、好朋友、好同志、好伙伴"。2000年，中国与朝鲜、老挝先后就双边关系达成十六字指导方针，分别是"继承传统、面向未来、睦邻友好、加强合作"和"长期稳定、睦邻友好、彼此信赖、全面合作"。无论是十六字方针还是"四好精神"，贯穿其中的底色则是社会主义这一共同的理想信仰。

的确，在以民族国家为基本组成单元的当今世界，包括社会主义国家在内的每一个国家都有自己特定的国家利益，国家之间因此发生

---

① 未铭：《越南注重反"和平演变"》，载《思想政治工作研究》，1996年第11期，第43页。

② 李成仁：《深化睦邻友好促进全面合作——中越、中朝、中老关系三个16字方针的产生和发展》，载《当代世界》，2010年第10期，第26页。

③ 周琦、李开盛：《中越关系的两个面向及其"张力"》，载《湘潭大学学报》，2011年第6期，第147—148页。

冲突在所难免，要保持国家之间关系的稳定，必须探索挖掘双方共同的连接纽带。就中越关系来说，越南学者阮庭廉认为，中越关系可以主要分为三个领域，即意识形态和社会主义理论、经贸交流和南海问题。两国在意识形态和理论领域是亲密友好的同志，在经贸合作交流领域则既有合作也有竞争，而南海问题虽是局部问题，却决定着中越两国关系最终是友好还是敌对这一未来前景。① 这一观点是比较客观的。因此，意识形态纽带的重要性不言而喻。中越关系是这样，与其他社会主义国家之间的关系同样如此。中共十八大以后，习近平总书记一再强调社会主义共同理想对社会主义国家关系的战略引领，就是这个道理。党际关系、意识形态不仅仅是社会主义国家关系出现困难时的临时救济手段，而且更是联系团结社会主义国家加强沟通合作的战略纽带和特殊渠道。

总之，如何正确处理党际关系与国家关系的辩证关系是政党外交理论与实践中的重大问题。新中国成立以来，中国共产党就此进行了艰辛探索，经历了从党际关系对国家关系的"决定"到"促进"再到"充实"的发展过程，始终坚持围绕党的使命任务，服务党的中心工作，根据时代发展要求和历史条件变迁展开实践，力图在意识形态与国家利益、党际关系与国家关系之间寻求平衡。20世纪70年代末之前，政党外交坚持"以意识形态划线"，把党际关系置于至高地位，以党际关系决定国家关系，但又在党际关系恶化时强调党际关系与国家关系"分开"处理，以维系国家关系，维护国家利益，总体上是偏向于通过意识形态、党际关系构建国家关系的基础；由于意识形态作为国家关系联系纽带的脆弱性，因此国家关系、国家利益也很容易受到损害。20世纪70年代末以后，政党外交坚持以"超越意识形态"为基本准则，把党际关系作为国家总体外交的一部分，以党际关系促进国家关系，以国家利益而不是意识形态作为开展政党外交的基本出发

---

① 赵卫华：《十二大之后越南政治的演变与中越关系的走势》，载《云南行政学院学报》，2018年第4期，第149页。

点，把经贸因素融入政党外交，以国家利益、务实合作作为发展国家关系的基础。中共十八大以后，党的对外工作更加突出"党的特色"，在坚持政党外交服务国家总体外交的同时，突显党际关系对国家关系和国际社会的战略引领、方向引领和认知引领，以新型政党关系推动构建新型国际关系，把党际关系、国家关系放在构建人类命运共同体的宏大视野中，把国家利益与人类共同利益有机结合。综观新中国政党外交史，要实现党际关系与国家关系的辩证统一，必须根据时代要求和党的中心工作，寻求党际关系与国家关系的平衡，充分发挥党际交往渠道对发展国家关系、维护国家利益的特殊优势，始终坚持以国家利益为导向，特别重视党际关系对于维系社会主义国家关系的战略纽带作用，使政党外交在国家总体外交中发挥更大作用。

第七章　处理好同各国共产党与其他类型政党党际关系

当今世界有5000多个性质不同的政党,既有左翼政党,也有右翼政党;既有民族党、宗教党、部族党等,也有地区党、行业党,色彩纷呈,各有特点。不同的党是在长期的历史过程中形成的,与各国不同国情和文化背景因素直接相关。中国共产党是马克思主义政党,也是世界上最大的执政党,过去曾坚持以马克思主义和无产阶级国际主义原则开展对外交往,在处理同外国党关系时带有明显的意识形态特征。中共自成立以来,同外国政党的关系经历了从与单一的无产阶级政党交往到与左、中、右各类政党交往的转变。中共十一届三中全会以来,中共按照新型党际关系四项原则,超越意识形态差异,不仅同各国共产党、工人党,而且同许多新老社会党、工党,以及社会民主类型、民族民主类型等不同性质的政党,建立了不同形式和不同程度的联系。

一、中共处理同各国共产党党际关系的经验与教训

马克思、恩格斯、列宁等无产阶级经典作家一贯强调无产阶级政党的国际团结、国际联合与共同行动,以反对共同的敌人即各国资产阶级。无产阶级国际主义原则被运用到无产阶级政党关系之中,成为

指导各国共产党、工人党发展党际关系的一条根本原则。平等协商、相互尊重，是马、恩晚年总结第一国际、第二国际经验教训所提出的一条基本原则。中共继承和发展马克思主义党际关系原则，积极开展同各国共产党的交往，既积累了宝贵经验，也留下一些值得反思的教训。

（一）处理同"兄弟党"关系的经验与教训

中共自成立后，就同外国共产党和其他进步力量，特别是联共（布）保持交往，以获得政治和经济方面的支持。中共成为执政党后，国际威望大大提高。许多外国共产党，特别是亚洲国家共产党，视中国为榜样，真诚希望继续加强与中共的联系，并渴望取得我们的支持。与此同时，为打破西方对新中国的孤立和封锁，巩固新生的人民共和国，新中国对外采取"一边倒"政策，即只同社会主义国家，主要是苏联进行交往。与之相适应，我们需要加强同其他国家共产党的联系，扩大中共在国际共运中的影响。短短几年时间，中国共产党与罗马尼亚、保加利亚、匈牙利、捷克斯洛伐克、民主德国、波兰、阿尔巴尼亚等各社会主义国家的共产党、工人党建立了友好关系和紧密联系，同朝鲜劳动党、越南共产党的关系更是情同手足，来往十分密切。即使中苏发生大论战，中共也继续保持同各社会主义国家兄弟党的交往。1965年，尼古拉·齐奥塞斯库当选为罗马尼亚工人党中央委员会第一书记时，中共发贺函写道："中罗两国人民是兄弟，是战友。我们坚信，我们两党、两国人民的友谊和团结，必将在马克思列宁主义和无产阶级国际主义的基础上获得进一步的巩固和发展。"[①] 中共充分利用与苏联和东欧社会主义国家共产党及其他国家共产党的友好关系，促成中国与世界上所有社会主义国家外交关系的迅速建立。然而，中共没有与同为社会主义国家执政党的南斯拉夫共产主义者联盟建立正常关系，原因是南共联盟与苏共在如何建设社会主义问题上发生严重分

---

① 《齐奥塞斯库、斯托伊卡、毛雷尔同志担任新职务 毛泽东刘少奇朱德周恩来同志致电热烈祝贺》，载《人民日报》，1965年3月25日，第1版。

歧，被开除出各国共产党、工人党情报局，中共从维护中苏友好大局着眼，公开批判南共联盟"违犯了马克思列宁主义基本观点"，导致两党关系紧张，两党两国都未能建立正常关系。除了执政的共产党、工人党之外，中共与当时世界上70多个未执政的共产党、工人党开展了政党外交，支持各国共产党反对帝国主义战争、维护世界和平、为本国工人阶级和劳动人民争取合法利益的斗争。

发展同苏联共产党的兄弟友好关系，是当时中共政党外交工作的重点。毛泽东于1949年12月正式应邀出访苏联，刘少奇、朱德、周恩来、邓小平等也曾多次率团访问苏联。1956年2月，赫鲁晓夫在苏共二十大上作了关于斯大林个人崇拜的秘密报告。尽管中共对此有不同看法，但出于维护苏共威望的需要，仍肯定了苏共二十大。中国共产党认为，苏共二十大为进一步发展社会主义事业，不仅制定了宏伟的第六个五年计划，提出了许多重大方针政策，批判了在党内曾经造成严重后果的个人崇拜现象，而且提出了进一步促进和平共处和国际合作的主张，对于缓和世界紧张局势作出了贡献。以苏联为首的社会主义国家国际影响日益扩大，在全世界人民中的声望日益增长，已经成为争取世界持久和平的坚强堡垒。社会主义阵营的强大和团结一致是中国进行社会主义建设最有利的国际条件。即便是在中苏大论战导致中共与苏共分歧越来越明显之际，中共仍从团结的愿望出发，专门致函苏共中央表达自己的真诚希望："尽管目前我们同你们之间存在着关系到马克思列宁主义一系列原则问题的分歧，存在着不团结的状态，但是，我们坚决相信，这只是暂时的。一旦世界发生重大事变，中苏两党、两国和我们的人民就会站在一起，共同对敌。让帝国主义和各国反动派，在我们的团结面前颤抖吧，他们总是会失败的。"[①]字里行间，无不洋溢着中国共产党与兄弟党之间的友好情谊和殷切期待。

1956年秋，中国共产党召开了执政以后的第一次全国代表大会，

[①]《我国党和国家领导人电贺赫鲁晓夫七十寿辰》，载《人民日报》，1964年4月17日，第1版。

即第八次全国代表大会，第一次正式邀请外国党参加，有来自59个国家的共产党、工人党、劳动党和人民革命党代表团到会祝贺。当时国际共产主义运动中的风云人物和党的主要领导人均率团出席，苏联共产党代表团由苏共的领导人之一米高扬担任团长，英国共产党总书记波利特、西班牙共产党总书记伊巴露丽等知名人物率团参会。外国共产党代表团前来出席中共八大，对中国共产党、对新生的中华人民共和国都是一个巨大的支持，非常难得。毛泽东主席高度重视来出席中共八大的外国政党派代表团，周恩来总理亲自安排有关接待工作。新中国成立十周年之际，中共与90多个外国共产党或工人党建立了联系。每遇到兄弟党生日或领导人生日，中国党和国家领导人毛泽东、刘少奇、朱德、周恩来往往联名发函致贺。

从20世纪40年代末期开始，特别是20世纪五六十年代，包括中共在内的一些共产党和工人党为争取国际共运中独立平等的党际关系进行了长期斗争，取得了一定成效并积累了丰富的经验教训。毛泽东同志在新中国成立后根据当时国内外客观环境，提出了独立自主、自力更生的方针，在党际关系上反对大党大国沙文主义。毛泽东指出："对兄弟党，一定要坚持无产阶级国际主义，坚持大党小党一律平等的原则，坚持协商一致的原则，决不能把自己的意见强加于人。"①苏共大党主义做法引起南斯拉夫共产主义者联盟、阿尔巴尼亚劳动党等的不满和反对，苏共则给这些党扣上"修正主义"帽子。中共与苏共分歧公开化之后，一批社会主义国家兄弟党和其他国家共产党紧跟苏共路线而渐渐远离中共。中共也开始支持反帝反修的阿尔巴尼亚党和各国名为马列的共产党和左派组织。1965年3月，苏联共产党不顾中国共产党的反对（中共等七个国家的共产党拒绝参加）召开各国"共产党和工人党代表协商会晤"（19党协商会议），会议同意继续以苏共纲

---

① 毛泽东：《对彭真在国庆十五周年典礼上的讲话稿的批语和修改》（1964年9月29日、30日），载中共中央文献研究室编：《建国以来毛泽东文稿》（第十一册），北京：中央文献出版社，1996年版，第175页。

领作为国际共运总路线的核心。毛泽东发表文章认为,苏共领导是"假反帝、真投降;假革命、真出卖;假团结、真分裂",不承认社会主义阵营还存在。这次会议"是一个公开分裂国际共产主义运动的极其严重的步骤""国际共产主义运动的两条路线的斗争,已经进入了一个新的阶段"。① 毛泽东明确提出实现国际共运新团结的条件,就是苏共公开承认自己提出的政策是错误的。在当时氛围下,苏共及其支持者根本不可能接受中共开出的这一条件。从此以后,国际共运分裂为以中共为首和以苏共为首两支队伍,中共再也没有参加过苏共召集的兄弟党国际会议。

由于中共与苏共在意识形态上的分歧日益加剧,加之双方都是执政党,党际关系影响到国家关系,最终导致中苏国家关系恶化,中国与东欧一些社会主义国家的关系也受到影响。"为了顺利地进行反对帝国主义和各国反动派的斗争,为了进一步巩固国际无产阶级的团结,就必须继续揭露现代修正主义者的本来面目,帮助那些不明了真相的人去明了真相,帮助那些在革命道路上犹豫不定的人同革命人民一道前进,就必须最大限度把那些替帝国主义和各国反动派做帮凶的现代修正主义者孤立起来,把反对赫鲁晓夫修正主义的斗争进行到底。"② 受中苏两党两国关系恶化和国内极"左"思想影响,中共曾认为,同苏共的论战,是马克思主义与修正主义的斗争,是大是大非问题,必须坚持下去。一时间,反帝反修成为我国对外工作的主要任务。"大论战"导致国际共产主义运动和社会主义阵营分裂,教训深刻。

(二) 同共产党"左派"交往的深刻教训

"文化大革命"十年期间,中共先后举行了九大、十大,坚持无产

---

① 蔡武主编:《中国共产党对外工作大事记(1949.10—1999.12)》(上册),北京:当代世界出版社,2001年版,第278页。
② 中共中央文献研究室编:《建国以来毛泽东文稿》(第十一册),北京:中央文献出版社,1998年版,第348页。

阶级国际主义、反帝反修、支援世界革命的外交方针全面确立。随着"文化大革命"全面展开，中国对外工作方针又与世界革命目标紧密结合一起，要为世界革命服务，因此，"文化大革命"期间，支援世界革命成为中共对外交往工作的主要任务。

受"文化大革命"和支援世界革命等极"左"外交方针的影响，中共对外交往中出现了一些有违外交惯例的行为。中国同30个国家发生了外交纠纷，同一些国家的外交关系甚至恶化到降级或断交的严重地步。从1966年起，中共与苏东各国共产党也改变了以往每逢对方建党日，由各自党中央及领导人分别致电祝贺的惯例，不再用党的名义祝贺，实际上是互不承认。东欧国家的共产党邀请中共派团出席其党代会，中共均予拒绝，与这些党的关系就此中断，双方经济、文化和群众团体的往来也随之迅速减少。"文化大革命"期间，中共与支持苏共的70多个共产党、工人党陆续中断了联系，只同少数支持中共观点、反对苏共路线的马列党交往。这一时期，中共公开支持东南亚国家共产党的武装斗争，影响了中国同东南亚各国之间正常关系的发展，导致党际交往范围日益缩小，政党外交陷入困境。

（三）以新型党际关系原则为基础发展同各国共产党的关系

20世纪80年代末90年代初以来，国际形势发生了深刻的变化，一方面，由于东欧剧变、苏联解体，共产党在东欧和苏联加盟共和国相继丧失政权，国际共产主义运动遭遇严重挫折，中共开展政党外交若只限于共产党范围将举步维艰；另一方面，由于世界多极化趋势的发展和世界范围内政党外交趋于活跃，拓展政党外交对象既有必要，又有了现实可能性。中共开拓政党外交新局面的第一步是与一些国家的共产党恢复中断已久的联系与合作。

"文化大革命"结束后，政党外交工作首先要解决"历史遗留问题"，即纠正国际共运"大论战"中说的"空话"和"支左反修，支援世界革命"的过头做法。当时采取的第一个行动是恢复同南斯拉夫共产主义者联盟的关系,改善中南关系,这也符合毛泽东主席联合一切反对苏联霸权主义力量的"一条线"战略。1977年5月,时任中共中央主席华国锋致电祝贺南斯拉夫总统铁托85岁寿辰。同年8月30日至9月8日,应中国政府邀请,南共联盟中央主席、南斯拉夫社会主义联邦共和国总统铁托访华。"华国锋、邓小平、李先念同铁托举行会谈,双方一致同意:两党关系应向前看,过去的事情就过去了,今后要加强接触,增进相互间了解。经过共同努力,在不很长的时间内,正式恢复两党关系。"① 1978年6月,中共中央向全党转发中联部《关于中南两党恢复关系问题的宣传提纲》的通知,② 中南两党关系正常化正式在党内公布。在中南两党恢复正常关系之时,中共仍认为意大利、法国、西班牙等国共产党是"修党",尽管意共、法共、西班牙共希望同中共早日恢复正常关系,但他们在许多重大问题上跟苏联跑,缺乏党际关系正常化的基础,中共如何恢复同这些"修党"关系仍在等待观察中。

中共是从意大利共产党开始恢复同过去称之为"修党"的正常关系的。意大利共产党当时是西方国家力量最大的党,因率先走"欧洲共产主义"道路,受到中共猛烈抨击。"文化大革命"结束后,意共就有同中共改善关系的意愿。华国锋在1978年8月出访罗马尼亚时谈到如何同西欧共产党恢复关系问题,他说,可以先进行低级的接触,先了解一下情况。③ 1979年3月,中联部副部长吴学谦应邀到罗马同意大利共产党就恢复两党关系进行内部会晤,双方又经过一年时间的内部磋商,基本上达成恢复正常关系意向。1980年4月,应中共中央邀请,由中央总书记恩里科·贝林格率领的意大利共产党代表团访华,中共中央总书记胡耀邦到机场迎接,中共中央主席华国锋会见代表团。

---

① 蔡武主编:《中国共产党对外工作大事记(1949.10—1999.12)》(上册),北京:当代世界出版社,2001年版,第399—400页。
② 同①,第408页。
③ 同①,第410—411页。

胡耀邦同贝林格举行了五次深入的会谈，双方一致同意，在完全平等、独立自主、互相尊重的基础上，恢复和发展两党关系。中共中央副主席邓小平在会见贝林格时说："这次我们两党恢复了关系，我去见马克思也好交待了。""过去许多争论，并不是我们讲的都是对的，我想你们认为自己讲的也不一定都对。""我要说三句话：一是过去的一切一风吹；二是当时有些问题我们看得不清楚，甚至有错误；三是我们双方统统向前看。"① 在与意共恢复了党的关系后，1980年11月中共又邀请西班牙共产党总书记圣地亚哥·卡里略访华。双方一致同意实现两党关系正常化，恢复和发展两党之间的传统友谊。胡耀邦总书记在会见代表团时表示，我们愿意同维护马克思主义基本原则的党恢复和建立关系，也愿意同与我国友好的各国工人政党及群众团体进行友好往来。② 在同意大利共产党、西班牙共产党实现关系正常化后，中共接着同一些对苏共有独立性的"欧洲共产主义"类型的其他共产党如法国共产党、希腊共产党（国际派）、荷兰共产党恢复了关系，后来逐步同西方发达国家其他所谓"修党"的共产党先后恢复了关系。到20世纪80年代初，我们党与亚非拉地区中断关系的"老党"陆续恢复了关系。

中共同东南亚各国共产党的关系经历了一段曲折历程，留下了深刻教训。在"支左反修，支援世界革命"的思想影响下，中共曾大力支持东南亚各国共产党搞武装斗争，严重影响了中国与相关邻国的国家关系。如何处理中共同东南亚国家共产党的关系是中国发展党际关系的另一个"历史遗留问题"。1982年9月，中共十二大正式提出发展新型党际关系的四项原则、"革命决不能输出"，中共加快了调整支持东南亚国家共产党武装斗争的政策，经过反复做各方工作，终于妥善解决了历史遗留问题，中共政党外交最终实现由"支援世界革命"

---

① 蔡武主编：《中国共产党对外工作大事记（1949.10—1999.12）》（上册），北京：当代世界出版社，2001年版，第432—433页。
② 同①，第442页。

转向"为国内社会主义现代化服务"的目标转换。

中国和朝鲜有着用鲜血凝成的传统友谊,领导人保持经常往来,历史上,金日成曾46次访华。中国最高领导人除毛泽东以外,均先后访问过朝鲜。即使在"文化大革命"时期,双方也没有中断来往,领导人互访有力推动了两党两国关系不断发展。20世纪80年代初,两党领导人频频互访,就社会主义的一些重大问题交换看法。在东欧剧变、苏联解体和国际形势发生重大变化的时候,两党领导人坐在一起,分析社会主义面临的形势和任务,相互勉励,均表示坚持社会主义不动摇。朝鲜劳动党对国际形势的发展变化非常关注,中朝两党领导人讨论的中心议题是苏联、东欧剧变和急剧动荡的国际形势,双方进一步重申了中朝两党两国人民的团结与友谊,并表示将继续坚持走社会主义道路。1989年11月,金日成对中国进行了一次重要访问。时年85岁的邓小平与江泽民总书记、李鹏总理等人一起,亲自到车站迎接,令金日成非常感动。这是邓小平与金日成的最后一次见面。会谈中,邓小平特别强调,中朝关系确实不一般。1990年3月,江泽民担任总书记以后第一次出访朝鲜,也是对1989年11月金日成访华的回访。在谈到中朝两党两国关系时,江泽民强调中方将一如既往地加强和发展中朝两党两国的友好合作关系。1991年,国际形势的发展变化更加严峻,东欧社会主义国家已发生剧变"转型",号称发达社会主义国家的苏联风雨飘摇。当年10月,金日成最后一次访华,江泽民、杨尚昆、李鹏等中方领导人又一次亲临北京车站迎接。在会见中,江泽民指出,"我们要承认世界社会主义处在低潮,但我们要顶住,硬着头皮顶住,同时要把我们的社会主义事业发展好。"[①] 金日成表示今后无论国际风云如何变化,两党两国和两国人民都会友好下去。在东欧剧变、苏联解体导致国际形势天翻地覆的情况下,朝鲜与原为社会主义国家的苏东各国的政治、经济关系受到巨大冲击,经济建设和民生事业遇

---

① 江泽民:《江泽民文选》(第一卷),北京:人民出版社,2006年版,第136页。

到严重困难。在这种形势下，中国不断加强对朝经济技术援助。1994年7月，金日成主席逝世，江泽民总书记立即发去唁电，表示最深切的悼念，并亲率中国党和国家领导人前往朝鲜驻华使馆吊唁。1997年10月，金正日就任朝鲜劳动党总书记，江泽民总书记最先致电表示祝贺。进入21世纪，两党高层交往频繁，加深相互了解，增进政治互信，深化传统友谊。2018年至2019年不到一年的时间内，金正恩以朝鲜劳动党委员长、国务委员会委员长身份三次访问中国。习近平总书记于2019年6月20日至21日对朝鲜进行国事访问，这是中国党和国家最高领导人时隔14年再访朝鲜，表明中国共产党和中国政府高度重视中朝友好合作关系。在中朝建交70周年之际，中朝两党两国最高领导人互访，推动中朝关系和半岛局势重回正确发展轨道，共同引领好中朝关系未来发展。

中国和越南两国山水相连，有着悠久的交往历史。中国对越南抗法、抗美战争给予了无私的援助，两国人民结下了深厚的友谊。越南共产党主席胡志明曾30多次访问中国，同中共老一代领导人一起为推动两国关系的发展作出了重大贡献。20世纪70年代末，中越两党两国关系一度恶化。20世纪80年代中后期，中苏关系开始缓和，影响中越关系的客观条件和双方政策都发生了重大变化。越共中央通过了对外政策的决议，决定恢复胡志明主席制定的对华政策。1989年1月，越南宣布最迟在当年9月从柬埔寨全部撤军。此时，中国外交政策也有所调整，稳定周边成为外交工作的首要任务。在此背景下，实现中越两党两国关系正常化就成为中越双方的共同选择。从1989年10月起，越共总书记阮文灵从不同渠道向中共领导人传递希望尽快应邀访华、早日实现越中关系正常化的意愿。邓小平、江泽民、李鹏等领导人先后表示，欢迎越南与中国恢复正常党际和国家关系，决定邀请越共中央总书记阮文灵、部长会议主席杜梅和越共中央顾问范文同来华会晤。1990年9月3日，江泽民总书记、李鹏总理在成都同来访的越共中央总书记阮文灵、部长会议主席杜梅和越共中央顾问范文同举行了历史性的内部会晤。这是中越关系恶化十多年来两国领导人的首次会晤。阮文灵在会晤中表示，过去的事情请中国同志谅解，中越两国要面向未来，迅速恢复两国和两党之间的关系。[①] 双方领导人就改善两党两国关系交换意见，确定了恢复两党两国正常关系的主要原则，就实现关系正常化作出政治决断。成都会晤对改善中越关系具有重要意义，是实现中越关系转圜的转折点。江泽民指出这是一次"结束过去，开创未来"的会晤。在政治解决柬埔寨问题的巴黎和平协议签订后不久，越共中央总书记杜梅和部长会议主席武文杰率高级代表团于1991年11月访华。江泽民总书记在会见该代表团时指出，现在，阻碍中越关系正常化的关键问题已经解决，中越之间结束过去、实现关系正常化的条件已经成熟。中越两国发表联合公报，宣布"结束过去、开辟未来"，声明两国在和平共处五项原则基础上发展睦邻友好关系，两党在党际关系四项原则基础上恢复关系，中越两党两国关系实现正常化。近年来，中越两党高层会晤机制化，中越地方之间的党际交往和理论研讨也实现了机制化。2017年1月，越共中央总书记阮富仲应中共邀请来华进行正式访问，习近平总书记同阮富仲举行会谈，双方发表联合声明并签署了一系列合作文件。习近平总书记在同年年底即中共十九大后访越，访问取得圆满成功。2003年至2019年，中国共产党与越南共产党先后举行了15次理论研讨会，研讨主要围绕"社会主义与市场经济""执政党建设""科学发展""农业、农村和农民问题""在对外开放和市场经济条件下推进文化建设""新形势下做好群众工作的经验"等问题展开。这些理论研讨对中越两党交流理论观点、相互学习借鉴起了重要作用。中共与越南共产党的关系是中越关系的核心，在双方最高领导人的亲自指导下，两党关系保持健康稳定发展，为中越关系始终沿着正确轨道向前发展发挥了重要作用。

中共与老挝人民革命党长期保持友好关系。在老挝人民革命党成

[①] 王泰平主编：《新中国外交50年》（上），北京：北京出版社，1999年版，第282页。

立初期，两党就有密切联系，中共尽自己力量积极支援该党抗美救国斗争，并为其建立干部学校。1967年10月，由总书记凯山·丰威汉率领的老挝人民党代表团访华，毛泽东会见。1970年6月，凯山·丰威汉再次率团访华，毛泽东与其就抗美救国斗争交换看法。1975年12月，老挝爱国战线（老挝人民革命党的对外名称）中央召开全国人民代表大会，宣告废除君主立宪制，成立老挝人民民主共和国，老挝人民革命党公开执政。1986年11月，老人革党召开四大，提出了革新开放政策。1989年10月，老人革党总书记凯山·丰威汉访华，邓小平、江泽民、杨尚昆等党和国家领导人分别会见，双方就逐步实现两党两国关系正常化达成共识。凯山坦承之前的老中关系是"受外部影响"下的不正常关系，表示老挝人民将永远铭记中国党和人民的巨大恩情，将尽全力恢复两党两国关系。通过此访，中老政治互信得以恢复，两党两国关系逐步走上正常轨道。2019年4月30日，中共中央总书记、国家主席习近平与老挝人民革命党中央总书记、国家主席本扬在北京首次签署《中国共产党和老挝人民革命党关于构建中老命运共同体行动计划》。行动计划全文5000余字，总体目标是着眼未来五年，推进战略沟通与互信、务实合作与联通、政治安全与稳定、人文交流与旅游、绿色与可持续发展"五项行动"，为中老关系长远发展规划时间表和路线图。在中老两党推动下，两国关系不断发展，政治经济文化各方面交流合作日益密切，两国已形成不可分割的命运共同体。自2010年起至今，中共与老挝人革党已成功举办了九次理论研讨会，双方就执政党建设、市场经济和绿色发展等问题进行了深入研讨。老挝是最早认同中国提出构建命运共同体的周边国家，近年来，两国领导人就构建命运共同体进行了深入沟通，达成共识，将中老共同构建具有战略意义的命运共同体这一表述写入联合声明。老挝国会主席巴妮说，中国现在就是一面旗帜，是推动世界发展的重要力量。

1960年9月28日，中古建交，古巴成为拉美国家中最早与中国建交的国家。20世纪60年代中期到20世纪80年代初的冷战时期，中古实质交往不多。1989年后，中古关系全面恢复。20世纪90年代，两国友好合作关系进入新阶段。1993年11月，在古巴处境十分困难时期，江泽民对古巴进行了20个小时的短暂访问，是历史上第一位访问古巴的中国共产党总书记和国家主席。菲德尔·卡斯特罗反复强调，江泽民主席的访问是对处在困难时刻古巴的极大支持。1995年年底，古共中央第一书记、国务委员会主席卡斯特罗实现首次访华，完成了他长久以来的一个心愿。1997年年底，古国务委员会第一副主席兼部长会议第一副主席劳尔·卡斯特罗也访问了中国。2014年7月，习近平总书记在对古巴进行友好访问期间，重申中方坚定不移同古巴深化肝胆相照的友谊、开展互利双赢的合作、做改革发展的伙伴。近年来，古巴党和国家领导人劳尔·卡斯特罗、卡内尔相继访华。中古高层频繁往来，体现了两国高水平的政治关系，为进一步发展双边关系发挥极为重要的引领和促进作用。

东欧剧变、苏联解体对西欧国家共产党的冲击最为严重，一些党更名改姓、不复存在，一些党虽然坚持了下来，但力量损失严重，影响力远不如前。尽管法共党内出现了"革新派""改建派""重建派"等不同派别，但法共顶住了来自国内外各方压力，坚持党的性质和名称不变，注重与中共保持交往关系。法共政治局委员、国际部长乌尔茨于1992年访华，表示法共极为重视与中国共产党的交流合作关系。1996年1月法共全国书记罗贝尔·于访华，江泽民总书记亲切会见，推动了两党关系进一步发展。意大利重建共产党来自1991年2月原意共内的部分左翼力量因反对意共改名而成立的"争取共产主义重建运动"，同年12月正式改为意大利重建共产党。重建共刚改名就与中共建立了关系，该党总书记加拉维尼、书记处书记乔尔丹诺先后在1992年12月和1994年年底应中共邀请访华。中共于1994年、1996年和2002年派代表出席了该党第二、第三和第五次全国代表大会。意大利共产党人党成立于1998年10月，是从意重建共产党分裂出来的新党。共产党人党成立后就表示愿与中共建立关系，1999年3月、2001年

12月和2004年2月曾邀请中共派代表出席其一大、二大和三大,中共虽未派代表与会,但均向大会发了贺电。20世纪90年代初,发达国家各国共产党逐步消除了对中共的误解,对华态度开始转变,愿与中共开展交流与合作。1991年,葡萄牙共产党、西班牙共产党、德国的共产党、奥地利共产党、卢森堡共产党、澳大利亚共产党(马列)等相继派代表团访华。

日本共产党是国际共产主义运动中的一支重要力量,在新中国成立之前,日共与中共并肩战斗,为中国人民革命胜利作出了贡献,与中共结下了深厚的友谊。因受中苏大论战和中国"文化大革命"的影响,两党关系一度陷入僵局,中断关系长达20多年。1998年6月,中共与日共关系正式恢复。随后,应中共邀请,以中央政治局委员长不破哲三为团长、书记处总书记志位和夫为副团长的日本共产党代表团访华。中共中央总书记江泽民在会见日共代表团时,特别就冷战结束后如何处理各国共产党之间的关系问题,对党际关系四项原则的内涵作了进一步阐释。他说:"世界各国情况千差万别,实现社会主义的道路和模式可以是多种多样的。各国共产党人可以在完全平等和互相尊重的基础上进行交流和探索,不存在'中心',不能搞无谓的意识形态争论,不要对别人的探索和实践指手画脚,更不能把自己的观点和模式强加于人。"① 中日两党关系的发展历程和恢复关系的实践,再一次强有力地证明了四项原则对于发展党际关系的强大指导作用。

在世界现存的100多个共产党中,发展中国家共产党占了大多数。亚洲、非洲、拉美广大发展中国家共产党在调整和探索中力量趋于稳定,其中一些党的力量上升,影响扩大,在本国政坛上具有重要影响。中共同发展中国家共产党交往密切,来往不断,交流合作的内容不断深化、形式不断创新。非洲、亚洲等发展中国家共产党关注中国共产党治国理政经验,希望学习中共执政经验,如在农村农业发展、扶贫

---

① 江泽民:《江泽民文选》(第二卷),北京:人民出版社,2006年版,第194页。

减贫、民族政策、社会治理、党的建设等方面的成功做法和经验。根据它们这些迫切要求，中共充分运用政党外交灵活多样的特点，通过考察培训和理论研讨等形式，加强互相交流，效果明显。

各国共产党非常关注中国特色社会主义，对中国特色社会主义在东方大国的成功充满期待，高度评价中国道路和中国模式。每逢中共举行党代会或有重大活动，各国共产党纷纷致电致函表示祝贺或支持。中共十八大、十九大召开时，各国共产党都积极踊跃来函来电致贺，普遍认为中国特色社会主义是世界社会主义复兴的希望所在，希望中国和中国共产党能为世界社会主义复兴作出更大贡献。2018年5月，中共在深圳举行了纪念马克思诞辰200周年的理论研讨会，向多个国家和地区的共产党和左翼政党发出邀请。邀请发出后，反响热烈，世界上许多地方的共产党纷纷报名，短短几天内就有50个国家和地区的70多个共产党的100余位领导人和代表报名参会。112位与会代表中，党的主席、总书记32人，副主席13人，其余都是中央政治局委员、中央委员级别的领导干部。捷克和摩拉维亚共产党主席、捷克众议院议长菲利普，印共（马）总书记亚秋里，印共总书记雷迪，尼泊尔共（马列）总书记梅纳利，西班牙共产党主席森特利亚，意大利重建共产党总书记阿切尔博，阿根廷共产党总书记维克多·科特，智利共产党总书记卡蒙纳·索托，乌拉圭共产党总书记胡安·卡斯蒂略，委内瑞拉共产党总书记奥斯卡·菲格拉，美国共产党全国主席约翰·巴切特尔，加拿大共产党领袖罗利，英国共产党总书记罗伯特·格里菲斯，新英国共产党总书记安迪·布鲁克斯，埃及共产党总书记萨拉赫·阿德利，芬兰共产党主席瓦萨宁，德国的共产党主席科伯勒，塔吉克斯坦共产党主席阿卜杜洛耶夫，吉尔吉斯斯坦共产党人党主席马萨利耶夫等党的最高领导人出席了这次理论研讨会。

在2020年年初中国抗击新冠肺炎疫情时，世界许多国家共产党领导人通过致函致电中共中央对外联络部等方式，对中国党和政府采取的抗击新冠肺炎疫情的有力举措表示声援，向中国人民致以深切慰问，对中国打赢疫情阻击战表达坚定信心。

二、在求同存异基础上发展同社会党党际关系

社会党、社会民主党和工党是西方国家的重要政治力量，在西方国家国内和国际上具有重要影响。

从1981年起，中共本着"求同存异"原则开始同西方国家的社会党进行接触并建立联系，并同亚非拉各国的社会党开始往来。

（一）西欧社会党最先同中共建立党际关系

欧洲的社会党、社会民主党和工党是19世纪欧美资产阶级革命胜利后产生并逐步发展起来的政治组织。长期以来，欧洲政坛主要是社会民主主义性质的中左翼政党与人民党、基督教民主党等为主体的右翼保守党轮流执政。欧洲各国的社会党、社民党和工党在成立后的一段时期里，承认马克思主义的理论指导意义，宣称代表工人阶级的利益，以社会主义为奋斗目标。1914年，第二国际分裂，共产党与社会党分道扬镳，从此社会党一直对共产党持反对和敌视态度。二战后，多数欧洲国家的社会党坚持改革资本主义制度，大力推动社会福利制度的全面建立，因而被视为"民主""革新""维护劳动人民利益"的力量，政治威望和影响迅速提高，组织力量明显上升。先后有十国的社会党执政或参政。到1951年社会党国际成立时，欧洲各社会党已拥有800多万党员、近4000万选民。但是，随着冷战开始，尤其是20世纪50年代美苏对峙加剧，西方资本主义国家政治气氛明显转变，资产阶级右翼保守势力在美国和资本集团的支持下在政治上占据上风，中左翼政党失去执政地位，欧洲各国社会党的组织发展呈现放慢或停滞状态。随着历史发展，社会党的阶级特性日益模糊，意识形态差异逐渐淡化，逐步从阶级的党向"群众的党""全民的党"转变，纷纷抛弃马克思主义，鼓吹社会民主主义。德国社民党早在1959年的《歌德斯堡纲领》中就提出建立全民党的目标。冷战时期，由于意识形态

差异，中共将社会党视为资产阶级政党，基本上没有交往。中共同社会党的正常交往始于20世纪80年代初。

法国社会党的前身是1905年成立的工人国际法国支部。第二次世界大战前后曾多次执政或参政。1971年，密特朗领导的共和体制大会党及几个小的左翼组织与老社会党合并，仍称社会党，密特朗任第一书记。1981年2月，应中共中央邀请，法国社会党总统候选人密特朗率法国社会党代表团首次访华，成为第一个同中共正式建立关系的欧洲社会党，由此开启了中共同社会党正式交往的大门。该党在密特朗率团访华后，赢得1981年总统和立法机构选举的胜利，一时成为两党交往佳话。密特朗出任总统，组成有法共参加的左翼联合政府，若斯潘接任社会党第一书记。此后双方又多次派团互访，关系热络。1986年，胡耀邦总书记应密特朗总统邀请访法，分别与密特朗总统和若斯潘第一书记会见。1986年12月，若斯潘作为第一书记率团访华，胡耀邦予以会见。这一时期，法国社会党赞扬我改革开放取得的成就，认为中国共产党是一个在本国历史、革命斗争和本国传统文化中"扎根并找到源泉的党""始终具有自己的特性"。中共也积极开展同法国社会党交往，多次应邀派代表出席该党代表大会。1989年政治风波发生后，法国社会党政府在民主、人权等问题上指责中国，并带头对中国实施"制裁"。该党领导人罗卡尔、法比尤斯和克勒松先后访台，使中法关系降至1964年建交以来的最低点，两党关系也进入冷冻期。面对逆境，中共在政党外交中主动出击，针对法国左右翼政党之间的分歧，对社会党进行必要斗争。1990年12月，法国社会党主动派全国副书记勒·加尔来华了解情况，并就两党关系的发展交换意见。法国社会党这一举动在西欧社会党中引起了积极响应。西欧一些社会党陆续派团来华访问，开展交流活动。

中共以密特朗访华为契机，扩大与欧洲国家社会党的交往。1984年5月，应中国共产党邀请，维利·勃兰特以联邦德国社民党主席、社会党国际主席双重身份率领联邦德国社民党代表团访华。这次访华既是中共同社会党交往翻开新的一页，也是中德关系史上的一个里程碑，书写了中德政党交往和两国关系新篇章。中共中央总书记胡耀邦在欢迎讲话和正式会谈中指出，两党超越意识形态差异，谋求共同点，特别是在和平与第三世界的发展这两大问题上的相互了解与合作，支持欧洲和世界人民为缓和国际紧张局势、制止军备竞赛、防止核战争的努力。他还宣布，中国共产党愿意同一切愿意同我们党建立联系的社会党、社民党、工党发展各种形式的友好交往。勃兰特表示完全赞成胡耀邦的意见。勃兰特这次访华，意义重大，影响深远，不仅打开了中国共产党同欧洲社会党、社民党交流合作的大门，也向世界传递了中国共产党愿意同意识形态不同的政党进行交往的信息。

随着1984年5月联邦德国社民党主席勃兰特访问中国，中共陆续同欧洲国家的社会党、社会民主党和工党都建立了联系，促进了中国同发达国家关系的健康稳定发展。我们党在同世界上最大的两个社会党建立联系之后，积极同欧洲、拉美、非洲等一些国家的社会党进行交往，在20世纪80年代掀起一股同社会党建立联系和发展友好关系的热潮。1989年至1991年上半年，因东欧剧变、苏联解体和中国国内发生政治风波，中共党同社会党交往一度中断。之后，在中共的积极努力下，同社会党交往得到迅速恢复和发展。1991年下半年，意大利社会党、新西兰工党、以色列统一工人党等一批社会党先后派代表团访华，表示愿与中共改善关系。中共还利用出访的机会，同意大利社会党领导人及法国社会党有关负责人进行了会晤，同奥地利社会党、西班牙工人社会党和泛希腊社会主义运动恢复了关系，同比利时法语社会党等恢复了接触。从1992年起，随着中国改革开放政策不断取得显著成效、综合国力和国际地位提高，各国社会党、社民党、工党渐渐改变了对华态度，基本停止了对中共的公开指责和批评，表示愿同中共恢复对话。1998年4月，由意大利左翼民主党全国书记、社会党国际副主席马西莫·达莱马率领的意大利左翼民主党代表团正式访华。达莱马曾以左民党全国书记的身份出任意大利总理，为推动意中关系、欧洲社会党与中共关系的改善和发展作出了重大贡献。欧洲议会社会党党团以及葡萄牙社会党、芬兰社民党等相继派团访华。通过实地考察，他们切身感受到了中国实行改革开放以来取得的巨大成就，认为中国选择的改革道路优于苏联和东欧国家，世界的发展离不开中国，并表示愿意推动欧洲各国政党发展同中共的关系，加深相互了解与信任。这一时期，以色列工党、智利社会党等许多国家的社会党也积极开展同我党的联系和交往。1997年3月，应我党邀请，由党首土井多贺子率领的日本社会民主党代表团访华，中共中央总书记江泽民会见代表团。

（二）思想交流是中共同社会党交往的重点

中共同社会党的交往重点在于思想交流，主要是阐释中国共产党坚持改革开放和社会主义制度的方针政策。从2002年到2005年，中共分别以"社会变化与党的组织建设""全球化与国际新秩序""联合国改革与国际政治经济新秩序""中欧全面战略伙伴关系与世界格局"为主题，分别与德、法、英、意、西班牙等西欧主要国家的社会党举行研讨会，与法国社会党、德国社民党举行定期战略对话和研讨，就中欧关系、双边关系、金融危机、国际形势发展变化、世界综合安全等重大问题开展深入交流。中共与西欧社会党的交往模式，从过去以往来为主的"互访型"关系，转变为以探讨问题为主的"深入交流型"关系，交往形式和内容都发生了新的深刻变化。与欧洲各国社会党密切交往的同时，中共还积极开展同欧洲议会的欧洲社会党进行交往。2005年11月，欧洲社会党主席波尔·尼鲁普·拉斯穆森应中共邀请访华，中共与欧洲社会党正式建立了关系。2007年，拉斯穆森再次率团访华，就中欧关系、全球治理等问题与中共进行交流与对话。中共代表应邀出席了欧洲社会党主办的"全球进步论坛"。国际金融危机爆发后，国际形势发生深刻变化，中欧关系面临新机遇和新挑战，在此背景下，中共倡导的中欧政党高层论坛于2010年5月在北京首次举行。来自欧洲22个国家的35个政党及2个欧洲地区性政党、3个欧洲议会党团的93名政党领导人及其助手出席了论坛。论坛在"全球性挑战与中欧合作"主题下,就金融危机后国际经济金融体制改革、全球治理、气候变化与环保、中欧关系及中欧政党合作等问题进行了深入的探讨与交流,达到了增进了解、凝聚共识、深化关系、促进合作的良好效果。

(三) 重视同社会党国际的交往

社会党国际是当今世界上规模和影响最大的国际性政党联盟和政治力量,也是中共对外工作的重要对象之一。社会党国际的前身是第二国际分裂后,由各国社会党的右派和中派于1923年合并成立的社会主义工人国际。第二次世界大战期间,该国际被迫停止活动。二战后,各国社会党于1951年重建社会党国际作为其国际组织。社会党国际的成员党大多以工人和中下层群众为主体,其指导思想是民主社会主义(或称社会民主主义),思想来源主要是基督教传统、工人运动及社区合作经验。1951—1982年,由于冷战的影响和社会党国际在1956—1972年期间严禁其成员党同共产党发展关系,与共产党基本上互不往来。随着中国实行改革开放,社会党国际对中共的态度出现积极转变。中共与社会党国际的交往是从1982年开始的。当时双方还是试探性接触,实质内容不多。取得突破性进展的是1984年社会党国际主席勃兰特率团访华,此后中共与社会党国际之间的交往日益密切,双方共识不断扩大,合作不断加深。1998年9月,由主席皮·莫鲁瓦率领的社会党国际代表团应邀访华。江泽民总书记两次会见莫鲁瓦,强调:"意识形态不同的政党之间,应当提倡互相尊重、平等对话、增进了解、加强合作。中国共产党和社会党国际及其成员党之间,可以超越意识形态的差异,进行交流与合作。"① 2004年,社会党国际主席古特雷斯

---

① 蔡武主编:《中国共产党对外工作大事记(1949.10—1999.12)》(下册),北京:当代世界出版社,2001年版,第946页。

率社会党国际高级代表团访华,表示中共是一支有重要影响的世界性进步力量,是社会党国际在建立公正的国际新秩序过程中的重要伙伴,社会党国际应与中共建立战略对话机制。2004年至2009年,中共多次应邀派观察员参加了社会党国际理事会会议及有关会议。2009年,中共与社会党国际在北京共同举办了可持续发展问题的研讨会,就应对气候变化、实现可持续发展问题进行了广泛的探讨与交流。

三、以发展国家关系为目的发展同资产阶级右翼政党党际关系

西方资本主义国家的右翼政党主要有保守党、共和党、基督教民主党、自由民主党等名称的政党,他们在经济政策上赞同经济自由主义,推崇自由经济,强调私人企业和个人决策对于促进经济繁荣的重要性,主张限制政府规模和政府管制,支持较低的税赋政策,支持对商业有利的自由市场政策;社会议题上则倾向保守主义,如注重道德问题,反对堕胎和同性恋等。所以,从意识形态上看,中共同西方右翼政党是完全不同的,有的是根本对立的。在这种情况下,如何在同西方国家中右政党进行接触交流?必须改变过去的思维方式,在政党外交的内容和形式方面进行创新,要为国内改革开放服务,从维护我国国家利益的根本目的出发,发展同西方国家中右翼政党的党际关系。由于一些国家的中右翼政党是执政党,中共同中右翼政党的交往内容可以不局限于政治领域,重点在于经贸合作和其他领域的合作。

(一)超越意识形态差异

传统政党政治中,右翼政党和左翼政党在意识形态上存在明显分歧,彼此相互对立。自由主义是资本主义意识形态的核心,按自由程度可分为很多流派,如持经典观点的称为保守自由主义,奉行这种观点的党称作保守党;持比较激进即放任自由的观点的大多自称自由党。保守党和自由党既是政党的名称,又是政党的类型,都是资产阶级政党。保守党在历史上比较保守,政治上属于君主立宪派;部分自由党

是从保守党分离出来的，主张资产阶级民主立宪。在现代，这两个类型的党的纲领基本接近，只是具体政策的尺度会有所差异，如果按意识形态色彩划分，保守党、自由党都属于资产阶级右翼政党。长期以来，资产阶级右翼政党对社会主义一直怀有偏见，敌视共产党和社会主义国家。特别是在东欧剧变、苏联解体之际，西方一些右翼执政党对社会主义和共产党大张挞伐，对中国共产党态度咄咄逼人，欲除之而后快。因此，在20世纪90年代以前，中共与西方资本主义国家的右翼政党基本上没有交往。

20世纪90年代后，中共本着求同存异、超越意识形态分歧的精神，同发达国家右翼政党广泛接触并建立了党际关系，此举进一步表明中共对外交往面不断拓宽。1990年同意大利天民党和共和党、西班牙社会民主中心党、法国戴高乐派-保卫共和联盟、奥地利人民党等进行接触，促其缓和对中共的关系。1991年，澳大利亚自由党和国家党上层领导人士连续访华，中国共产党积极做他们的工作，利用其在国内影响，促进澳工党政府取消对中国的政治、经济"制裁"。之后，中共与发达国家的右翼政党交往逐步增多。法国保卫共和联盟（2002年11月改为人民运动联盟）、德国基民盟、英国保守党、西班牙人民党、爱尔兰共和党、比利时自由党、奥地利人民党、日本自由民主党、澳大利亚自由党、新西兰国家党等发达国家的右翼政党都与中共建立了交往关系。通过适时做发达国家右翼政党的工作，促使西欧一些国家逐步改善和发展对华关系。针对法国左、右翼政党的分歧，中共以法国保卫共和联盟（现改名为共和党）为重点开展政党外交，开拓了对法政党工作的新局面。经做工作，该党总书记朱佩于1991年3月应中共邀请访华，成为1989年政治风波后访华的第一位法国政党领导人，受到江泽民总书记接见。此次来访表明两党正式建立关系，在法国内外产生强烈反响。

日本自由民主党从政治光谱看是代表垄断资本利益的政党，成员主要是大资本家、上层官僚、地方大势力的上层人士和城乡保守人士，主要信奉资本主义政治和经济的自由主义意识形态，属发达国家中的右翼保守党。二战后，日本作为战败国，在外交、军事上受制于美国，国民情绪上易产生保守心理和民族主义意识，而自民党以国民的心理意识为依据，推出自己的保守主义政策主张。日本自民党曾多次上台执政，最长一次连续执政 38 年，曾被人誉为日不落的"万年党"。1989 年政治风波发生后，以美国为首的西方国家对中国实行"制裁"，中国外交形势比较严峻。为打破"制裁"、避免孤立，中共发挥政党外交优势，积极做日本执政党自民党的工作。1990 年，中国共产党同日本自民党正式建立了党际关系。推动自民党总裁、时任首相海部俊树逐步改善处于停滞状态下的双边关系，在次年 7 月西方七国首脑会议上，日本表明了反对孤立中国的主张，由此促动西方逐渐放弃"制裁"中国的做法。同自民党建立交往关系后，小渊惠三、森喜朗、加藤纮一、山崎拓等自民党历届领导人都应邀访华。1994 年 8 月，由政调会会长、众议员加藤纮一率领的日本自民党代表团访华，中共中央总书记江泽民会见了代表团。在谈到国家关系和政党体制时，江泽民说："现在国家与国家之间基本不按意识形态的相同或不同来发展关系。比如，我是中国共产党的领导人，我们国家是有中国特色的社会主义国家，这与发达的资本主义国家的意识形态是完全不一样的，但是，丝毫没有影响我们与这些国家发展友好关系和经济合作。我们认为，双方都不要把意识形态的因素混淆到国家关系中。我对美国的众议院、参议院的代表团说，我们现在搞有中国特色的社会主义，你们搞资本主义，我不会把我的东西行销给你，你也不要把西方的民主、自由、人权和议会制度施加给我们。现在世界上的政党体制一种是多党制；一种是两党轮流，比如，美国就是民主党、共和党轮流执政；还有一种就是像我们这样的中国共产党领导的多党合作制。"[①] 不以意识形态划线，发展同日本执政党——自民党的关系，为中日两国经济合作奠

---

① 蔡武主编：《中国共产党对外工作大事记（1949.10—1999.12）》（下册），北京：当代世界出版社，2001 年版，第 810 页。

定了坚实的政治和民意基础。1998年4月，日本自民党和日本政府邀请中共中央政治局常委、国家副主席胡锦涛访问日本。胡锦涛在与自民党干事长加藤纮一会谈时强调指出："政党关系是国家关系的重要组成部分。政党之间的友好交往，是加深两国人民互相了解和友谊，推动国家关系不断发展的重要桥梁。"① 进入21世纪后，中国共产党和日本政党（包括自民党、民主党、公明党等）的交往开始机制化。2006年2月，中共与日本执政的自民、公明两党共同举行了中日执政党交流机制会议。日本政治家多次表示，中日执政党交流机制已经成为中日关系平稳发展的"稳定器"，成为落实中日两国领导人共识的"助推器"，也成为处理中日双方摩擦的"减震器"。

（二）同右翼政党国际组织开展交往

进入21世纪以来，中共同西方国家中右翼政党的交往主要是同国际民主联盟（保守党国际）、自由党国际等政党国际及欧洲人民党、欧洲自由党等地区性政党组织的交往，同中右翼政党的地区和国际组织建立了多种联系。欧洲人民党成立于1976年，是欧洲基督教、天主教等中右政党联合成立的地区性政党，总部设在布鲁塞尔。现有来自欧洲24国的41个正式成员党（包括德国基民盟、法国人民运动联盟、意大利力量党等）、16个联系党、11个观察员党，其成员党分别在欧盟12国以及克罗地亚、挪威、塞尔维亚执政或参政。欧洲人民党政治主张趋于保守，强调维护欧洲传统的民主、自由、人权等基本价值观，反对社会民主主义和共产主义，主张欧盟各国应将推进改革提高竞争力作为当前首要任务；经济政策方面，该党主张将自由主义经济政策与社会目标协调起来，强调减少国家干预，降低劳动力成本，充分发挥市场作用；在欧盟一体化建设方面，该党支持欧洲一体化建设及其扩大与深化，主张欧盟应积极构建共同安全与外交政策，实行更严格

---

① 蔡武主编：《中国共产党对外工作大事记（1949.10—1999.12）》（下册），北京：当代世界出版社，2001年版，第930页。

的移民政策，同时加强成员国安全与司法合作。在对外政策方面，该党认为欧盟应在国际舞台上发挥更大的作用，使欧盟作为一个整体在联合国安理会中取得发言权。欧洲人民党把尊重人权、促进民主作为其外交政策，尤其是发展援助政策的基础，强调人权是普遍的、不可分割和相互依存的，主张从政治上、道义上和物质上支持"极权国家"的所谓"民主人权运动"；该党认为欧盟在与第三国或第三国集团签署任何合作协议时，都应包含人权与民主的内容。欧洲人民党对华政策具有两面性，一方面，支持中国经济建设和改革开放，承认中国在国际上的重要地位；另一方面，由于意识形态上的差异，该党在民主、人权、涉藏、台湾等问题上与中方存在较大分歧。在与该党没有建立正常联系的情况下，中共与该党许多成员党及其在欧洲议会的最大党团人民党党团已建立了较好的联系，在定期举办的中欧政党高层论坛等机制化交往框架内开展交流与合作。随着欧洲议会各党团作为政党地区性组织日趋活跃，中共已经与欧洲议会中的人民党、自由党等右翼党团建立了联系。

（三）增信释疑、促进合作

在中共与右翼政党的交往中，既谈政治，又谈经济；既就加强双边关系、扩大多领域合作进行磋商，又谈国际关系，并交流治国理政经验。形式多样、不拘一格，目的只有一个，就是有针对性地做工作，深化政治互信，密切中共同这些党和国家的友好合作关系。对于一些右翼政党政要和议员在涉藏、台湾、人权、宗教、"法轮功"等问题上对中共存在的偏见和误解，中共本着增信释疑、促进合作的方针，摆事实、讲道理，多做工作，促进其对华政策和立场的理解。对那些纠缠意识形态不放、恶意对中共攻击的人进行有理、有利、有节的斗争，旗帜鲜明地坚持马克思主义和社会主义基本制度。

四、在平等、互信基础上深化与民族主义政党党际关系

民族主义政党是一个复杂的概念，泛指发展中国家除共产党外的

所有政党。民族主义政党多彩纷呈：既有西方民主政治影响的政党，又有受科学社会主义影响的政党；既有民主社会主义政党，又有种族、宗教的政党；既有经受几十年政治斗争考验的比较成熟的政党，又有地区性特色政党。民族主义政党在二战后初期迅速崛起，均以进一步摆脱殖民主义影响，建设独立的民族国家为主要目标。中共十一届三中全会以后，随着党的对外工作指导思想和工作方针的不断调整，中共突破了原来主要与共产党开展交往的框架，开始尝试与亚非拉各国民族民主政党进行交往并取得重大突破。自 20 世纪 80 年代中期开始，受"民主化""多党制"潮流冲击，亚非拉一些发展中国家奉行西方多党制，各种民族民主政党如雨后春笋般迅速发展起来，在平等、互信基础上开展同各国民族主义政党联系和交往，是党的对外交往的一项迫切任务和重要工作。在尊重各国人民的选择和各党意愿的前提下，中共不计较社会制度和意识形态差异，积极主动而又慎重地同这些国家和地区新出现的民族主义政党进行交往，进一步扩展了政党交往的对象范围。据统计，到 20 世纪 80 年代末，与中共交往的民族主义政党达到 110 多个，仅南部非洲就有近 50 个政党和政治组织同中共建立了关系。

（一）同非洲国家民族主义政党的交往

中国与广大非洲国家有着传统友谊。20 世纪五六十年代，社会主义信誉很好，有很大吸引力。非洲一些国家的民族主义政党自称信仰科学社会主义，将民族解放运动的政治组织组建为共产党和工人党类型的政党。独立后，这些民族主义政党成为执政党，直接宣称要在本国搞社会主义。走社会主义道路，作为非洲民族主义政党的政策首选，既有苏共的影响，也有中国榜样的激励，同时还有他们自己的"社会主义"的追求。在非洲，有的民族主义政党执政后还进行"社会主义"实践，纷纷派人到中国学习、考察，希望能同中国共产党保持友好关系，以寻求中共的帮助和支持。当时，中国共产党和这些国家民族主义政党的交往多是以支持亚非拉民族独立解放和反帝反殖为旗帜，意识形态特征比较明显，相互交往多在两国政府层面。20世纪70年代，世界风云急剧变化，出现了大动荡、大改组的局面。根据国际局势的演变，毛泽东提出了亚非拉是第三世界，中国属于第三世界的思想。1974年2月，赞比亚总统、赞比亚联合民族独立党主席卡翁达应邀访华，这次访问是我们党同非洲国家民族主义政党交往的一次重要举动，正是在会见赞比亚联合民族独立党主席卡翁达中，中共中央主席毛泽东系统地论述了他的"三个世界"理论。

中国人民始终支持非洲的民族解放运动和社会发展，中非在国际舞台上相互支持。但在1977年前，中国共产党对非洲国家的政党工作非常薄弱。1978年12月，中共中央决定开展对非洲国家民族主义政党的工作。最先同中共建立关系的是索马里革命社会主义党、坦桑尼亚革命党、几内亚民主党等政党，邓小平等中共领导人同访华的非洲政党领导人交谈，表示中共愿意与非洲国家政党开展各种形式的合作。1985年8月，津巴布韦非洲民族联盟主席、政府总理罗伯特·穆加贝偕夫人访华。邓小平和胡耀邦等领导人先后会见穆加贝。在谈到社会主义时，邓小平说："社会主义究竟是个什么样子，苏联搞了很多年，也并没有完全搞清楚。可能列宁的思路比较好，搞了个新经济政策，但是后来苏联的模式僵化了。中国革命取得成功，就是因为把马克思主义的普遍原则用到自己的实际中去。在社会主义建设方面，我们的经验有正面的，也有反面的，正反两方面的经验都有用。""共产主义的理想就是我们的精神支柱。要实现共产主义，一定要完成社会主义阶段的任务。社会主义的任务很多，但根本一条就是发展生产力，在发展生产力的基础上体现出优于资本主义，为实现共产主义创造物质基础。"[1]

进入21世纪，中共更加重视发展同非洲国家民族民主政党的友好

---

[1] 蔡武主编：《中国共产党对外工作大事记（1949.10—1999.12）》（下册），北京：当代世界出版社，2001年版，第538—539页。

合作关系。在与非洲政党交往中始终奉行独立自主、完全平等、互相尊重、互不干涉内部事务的原则，与非洲100多个政党建立了不同形式的联系，其中既有执政党，也有重要的参政党和有影响力的合法在野党。中非党际关系已成为中非政治关系的有机组成部分。20世纪80年代以来，中共领导人非常重视对非洲的交往，许多党的领导人都亲身参与对非政党交往工作，率领中共代表团访问非洲许多国家，通过政党外交渠道，不断推动中非新型战略伙伴关系的发展。非洲国家高层领导人以党的名义来华访问也日渐增多。南非总统祖马、莫桑比克总统格布扎、纳米比亚总统波汉巴等多位非洲国家执政党领导人应中共邀请相继率党政代表团访华，他们主动要求与中国有关企业商谈经贸合作事宜。中共中央领导人和地方党委负责人率团出访非洲国家时，往往安排一些企业家和经贸团组随行。为满足非洲政党学习中国经验的迫切要求，中共通过安排专题考察和举办研修班等形式，深化对非洲的政党交往工作。非洲许多国家的政党干部单独或联合组团来华考察访问，其中既有中层干部研修班，也有高层干部研修班，还有由某个专门领域干部组成的非洲多国研讨考察团。中共也派出由各部门的专家组成的交流小组，赴非洲国家介绍中国基本情况，学习了解非洲政党和国家的发展经验，中共与非洲各国民族民主政党的交往层次日益提高。政党干部交流是中非政党合作的一大亮点，这种有的放矢的研讨考察使双方共同受益。2008年国际金融危机爆发后，中国沿海一些省份的中小企业遇到了困难，传统市场萎缩，又没有开发出新兴市场，很多企业感到一片茫然。针对这一情况，中联部通过与非洲国家一些政党的政党外交渠道，邀请非洲有关国家执政党带着企业家来到温州参加2008年"中非中小企业合作论坛"，为浙江的中小企业特别是从事外贸的中小企业开拓非洲市场提供了商机。2009年在宁波举办的"中阿·中非中小企业合作论坛"也取得同样的成效。中共与非洲政党的多边交往增多，各种论坛纷纷成立并定期举行，许多非洲国家执政党和重要参政党共同参与治国理政经验交流，中非政党外交格局朝着机制化方向发展。目前，在非洲近 150 个与中共保持交往的政党中，多数为参政党、重要的反对党和在野党。中非政党交往密切，为中非友好关系深入发展增添了动力，打下了牢固基础。

（二）与拉美国家民族主义政党交往

拉丁美洲和加勒比地区虽与中国相距万里，但相互交往历史久远，史料显示，16 世纪就有华人劳工被引入美洲，到 19 世纪华人足迹遍布拉美各国。新中国成立不久，就有巴西等国客人到访。毛泽东在会见拉美客人时，明确指出："只要巴西和其他拉丁美洲国家愿意同中国建立外交关系，我们一律欢迎。不建立外交关系，做生意也好。不做生意，一般往来也好。"[①] 由于历史原因，新中国成立后拉美和加勒比地区多数国家仍与台湾国民党当局保持所谓"外交关系"，新中国政府外交发挥作用较小，彼此间基本上是政党和民间交往。起初，政党外交多局限在个人之间的交往，并没有正式建立政党关系。1979 年 3 月，中共代表团应邀出席墨西哥执政党革命制度党纪念该党成立 50 周年庆典，实现了与拉美民族民主政党的首次交往。1980 年 9 月，委内瑞拉执政党基督教社会党总书记率团访华，这是中国共产党接待的第一个拉美民族民主政党代表团。此后，中共与拉美各国的民族民主政党陆续开展友好往来并建立联系。

世纪之交，中拉政党外交全面快速发展。巴西民主运动党、阿根廷正义党等拉美重要政党即派高级别代表团访华，打破了西方企图孤立中国的图谋。中共与阿根廷正义党、墨西哥革命制度党、哥伦比亚保守党、哥伦比亚自由党、委内瑞拉争取社会主义运动等一大批拉美国家的重要执政党、参政党和主要在野党保持密切往来；与墨西哥民主革命党、智利争取民主党、秘鲁基督教民主党、委内瑞拉第五共和国运动、牙买加人民民族党、苏里南民族党等地区广泛的执政党、参

---

① 中共中央文献研究室编：《建国以来毛泽东文稿》（第七册），北京：中央文献出版社，1992 年版，第 372 页。

政党及重要在野党建立了友好合作关系；与智利、厄瓜多尔等国共产党恢复了原有关系。中国共产党还与拉美地区性政党组织拉美政党常设大会、圣保罗论坛、社会党国际拉美与加勒比委员会、美洲基民组织等建立并保持经常性联系。进入21世纪，按照"坚持在党际关系四项原则基础上同一切愿与我党交往的各国政党发展新型党际交流和合作关系，促进国家关系的发展"的党的对外工作指导方针，中共继续积极开拓和发展与拉美各国各类政党的交往，中拉政党交往的规模不断扩大。中共中央领导人（包括中共中央政治局常委、政治局委员）差不多每年都有人率团出访拉美，拉美有十余位总统在当选前曾作为政党领导人应邀访问中国，相互往来不断。中拉政党外交进一步拓展，且重点突出，内涵深化。中共与拉美政党的密切交往不仅有力地促进了中拉党际关系和国家关系的发展，而且促成了一大批经贸、文化等领域合作项目的签订。政党交往效果的日益明显极大地推动了中拉各领域的交流与合作。目前，中共已同拉美30多个国家近百个政党和政治组织保持交流与合作关系，其中既有执政党和参政党，也有重要在野党；既有建交国政党，也有未建交国政党；既有左翼政党，也有右翼政党，实现了政党外交的广覆盖。此外，中共还和一些未与中国建立外交关系的拉美国家的合法政党开展交往，加强做重要政治人物的工作，为中国与这些未建交国最终建立正常的国家关系奠定了良好的政治和感情基础。

随着世界多极化和经济全球化的深入发展，特别是国际金融危机以来，中拉面临的共同挑战增多，相互倚重日益加深，中拉加强交流合作，互学互鉴的需求和意愿进一步上升。中拉政党外交内涵在原有基础上得到进一步深化，一是通过高层交往推动解决一些双边关系中的重大问题，促进务实合作；二是在不同层次的交往过程中，交流治党和治国理政经验成为主要内容；三是在中央及地方层面的交往中，促进经贸、科技、文化等广泛领域合作；四是在双边及多边交往中，对重大理论的研讨活动日趋活跃，对各自国内及地区形势的介绍、交流增多。中拉政党各层次交往乘势而上，前进步伐更快更密，治国理政经验交流更深更广。在中拉政党交往中，双方都在面向未来，一道努力抓机遇，携手积极创共赢，以日益开放、热诚、务实、创新的党际交流与合作，助推中拉平等互利、共同发展的全面合作伙伴关系不断向前。

（三）同亚洲各国民族主义政党交往

加强与周边国家的睦邻友好是中国对外工作的基本方针，也是党的对外工作的一项重要使命。40年来，中共以不同方式进一步加强了同东南亚、南亚等区域国家民族主义政党往来关系，为促进和深化睦邻友好合作，共同维护地区的和平和稳定发挥了积极作用。

20世纪90年代以来，随着中国与东盟友好合作关系的推进，中共相继同新加坡人民行动党、马来西亚民族统一机构（巫统）、柬埔寨人民党和奉辛比克党、泰国泰爱泰党、印度尼西亚专业集团党、菲律宾基督教穆斯林民主力量党等东南亚国家主要政党建立了党际联系，相互关系不断发展，对话层次不断提高，合作领域不断拓宽，共识互信不断增加。中国共产党同这些国家主要政党的友好关系，已成为中国与东盟国家政治关系中不可分割的组成部分。在南亚，中共积极开展同印度国大党、巴基斯坦穆斯林联盟（谢里夫派和领袖派两大派）、斯里兰卡统一国民党、孟加拉国民族主义党、尼泊尔大会党等民族主义政党之间的交往。1993年5月，应中共邀请，由总书记阿卜杜拉·萨拉姆·塔鲁克达尔率领的孟加拉国民族主义党代表团访华。2007年中共十七大闭幕不久，中共高规格接待应邀访华的印度国大党主席索尼娅·甘地，为21世纪初活跃中印政党交往奠定了良好基础。

中共从维护中东和平与稳定的目标出发，不仅深化与西亚北非国家政党的交往，而且还与该地区无政党国家的政府机构、组织和团体开展交往，积极促谈劝和，对缓和地区紧张局势和维护地区和平发挥了一定作用，推动了中国与该地区所有国家关系的发展。中共与埃及、叙利亚、以色列、巴勒斯坦、黎巴嫩等国的政党保持了传统友好关系，与土耳其、伊朗等国的宗教派别政党也建立了联系。2004年，在伊拉克复兴党垮台后，中共调整了对伊拉克的政党工作，与伊国内的库尔德斯坦民主党、伊拉克伊斯兰党等建立或恢复了关系。2011年以来，西亚北非相继发生社会动荡，一些国家政党格局出现重大变化。中共适应新形势，开始寻求与新兴的政党和政治组织进行接触，以增进相互了解和政治互信，推动国家关系的发展。伴随中国与海湾阿拉伯国家的经济转型和对外合作方式的调整，中国与阿拉伯国家、阿盟共同成立了中阿合作论坛，双方于2010年宣布建立"全面合作、共同发展"的战略合作关系。2012年12月，中共中央对外联络部和海湾阿拉伯国家合作委员会秘书处在阿联酋首都阿布扎比共同举办"中国-海湾阿拉伯国家可持续发展论坛"，不久，该论坛又移往中国江苏省扬州市举行，吸引中国和阿拉伯国家许多企业参加，共同探讨如何超越单纯的原油贸易、初级的商品贸易，探索石油上下游产业的深度合作及资本合作、技术合作、人才合作的有效方式，创建双方务实合作和区域合作新模式。

2000年9月正式成立的亚洲政党国际会议是以亚洲各国执政党为主、吸收合法在野党参加的亚洲地区多边政党论坛机构。在中共的大力参与和支持下，亚洲政党国际会议建设成了一个开放的、平等的、新型的、建设性的区域性政党多边交流与合作机制。通过20余年的努力，亚洲政党国际会议取得跨越式发展，从最初只有46个政党的国际组织，发展成为今天包含300多个执政党和反对党在内的国际性组织。中共除积极参加历次会议外，还为该组织的发展作出了重要贡献。中共十八大以来，中共积极回应国际社会对中国新一轮改革的高度关注，以"中国热""中共热"为契机，力求全面准确讲好中国故事、传播中共理念。中共注重利用亚洲政党会议多边平台机制，加大注入经济文化因素和其他务实合作的因素，搭建经贸合作平台。同时，利用多边平台，就"中国式反腐"、"一带一路"建设、"十三五规划"与中国经济发展走向等外界普遍关心的问题进行互动交流,共同探讨双方合作的新机遇和好前景。如在云南举办的亚洲政党国际会议扶贫专题会议,为亚洲各国政党提供一个交流扶贫经验的平台,同时也让各国政党实地考察中国的扶贫成果。许多亚洲国家政党领导人都表示,愿在"一带一路"大框架下深化双方合作,并提出许多通过党际渠道推动企业及地方务实合作的具体构想。

五、发展同不同类型政党党际关系的基本经验

世界是千差万别、丰富多彩的,不同社会制度和发展阶段的国家既然生活在同一个星球上,就应和平共处、共同发展。中国对外政策的目标是争取世界和平,过去、现在、将来都坚持按照独立自主的和平外交政策,同世界一切国家建立、发展外交关系和经济文化关系,始终坚持党际关系四项原则,求同存异,不断发展同世界各类政党的友好合作关系。

(一)必须始终坚持在独立自主、和平共处基础上发展党际关系

中国倡导的和平共处五项原则是与20世纪下半叶国际共产主义运动中出现的独立自主趋势相呼应的。针对苏共唯我独尊,以我划线,在国际共运中推行一个中心、一条道路、一种模式的做法,一些国家的共产党表示了不满。南斯拉夫共产主义者联盟领导人铁托1956年在苏南两党《莫斯科宣言》中提出了独立、完全自愿和平等、不干涉原则;同年,意共总书记陶里亚蒂系统地提出了"多中心论",他指出:"整个体系成了多中心,在共产主义运动中,不再有什么独一无二的领导中心了。"[①] 欧洲国家的法共、意共、西共等相继提出要根据本国国情独立自主地选择社会主义发展道路,对党与党之间的关系进行了反思并形成独立自主的"欧洲共产主义"的思想主张,提出诸如各党有

---

① 《陶里亚蒂言论集》(第二卷),北京:世界知识出版社,1966年版,第90页。

权选择自己的走向社会主义的独特道路,自主地制定各自的方针政策,在独立自主、权利平等、互相尊重的基础上发展国际主义团结与友谊,主张放弃无产阶级国际主义。20世纪70年代末80年代初,各国党通过对自身经验教训的总结,对独立自主、完全平等、互相尊重的基本理念有了一定共识,走自己的路是大势所趋。胡耀邦同志当时就表示,"欧洲和亚洲的一些党都是当代开创各国党之间新型关系的先驱者。"① 邓小平同志以其思想家的创新勇气和政治家的远见卓识,着眼于新的时代观和务实的国家利益观,及时、果断地把党际关系放在对外关系的全局之中,系统提出发展新型党际关系的理论,奠定了党际关系四项原则的思想基础。在这期间,邓小平反复强调,阵营、大家庭、集团政治等都不好,应按五项原则来发展国家关系,提出中国外交实行不结盟政策,要在新型党际关系原则的基础上发展同社会主义国家共产党和其他国家共产党的关系。实践证明,和平共处五项原则是处理国与国之间关系的最好方式,社会主义国家间一度奉行的国际主义原则是行不通的,"大家庭"方式、"集团政治"方式、"势力范围"方式等都会带来矛盾、激化国际局势,只有在五项原则基础上,国家关系的发展才是靠得住,才能长久的。

和平共处五项原则不仅是社会主义国家同一切不同社会制度国家关系的准则,也是中共发展同世界上各类政党关系的基础。正是从中国外交全局出发,邓小平提出要建立新型的党际关系,强调按照党际关系四项原则来发展同各国政党的关系,政党外交要与国家外交相配合。在中共党纲和其他重要文件中,党际关系四项原则与和平共处五项原则并列提出,表明中共和国家在对外关系的指导方针上保持一致。中共按照党际关系四项原则发展同世界各类政党的关系,是同我们国家关系中的和平共处五项原则精神相一致的,历久弥坚,应一以贯之。改革开放以来,中国的综合国力显著增强,国际地位日益提升。越来

---

① 胡耀邦:《中国独立自主对外政策的实质》,载《人民日报》,1984年5月19日。

越多的外国政党把同中国共产党建立和发展关系作为改善和发展对华关系的重要途径。

(二) 必须以促进国家关系的发展为目的

1992年党的十四大政治报告在总结党的对外交往实践的基础上，进一步肯定了党际关系四项原则的正确性和指导意义，重申"中国共产党重视同各国政党的关系"，并强调："我们将继续按照独立自主、完全平等、互相尊重、互不干涉内部事务的原则，同各国政党建立和发展友好关系，本着求同存异的精神，增进相互了解和合作。"① 在党的十四大修改后的党章总纲部分，增写了"中国共产党主张积极发展对外关系，努力为我国的改革开放和现代化建设争取有利的国际环境"②，表明发展对外关系的目的在于争取有利的国际环境。总纲还提出，在国际事务中，坚持独立自主的和平外交政策，维护中国的独立和主权，反对霸权主义和强权政治，维护世界和平，促进人类进步。这段话既是中共在国际事务上的主张，也是中国当时开展政党外交的主要内容。根据国际形势的新变化，特别是中共政党外交实践的新发展，1997年党的十五大政治报告对政党外交指导方针又有新的表述："要坚持在独立自主、完全平等、互相尊重、互不干涉内部事务原则的基础上，同一切愿与我党交往的各国政党发展新型的党际交流和合作关系，促进国家关系的发展。"③

党的十八大以来，习近平总书记十分强调党的初心与使命，高度重视党的对外工作，要求党的对外工作要始终与党的事业、与党的中心任务紧密联系在一起，政党外交要努力成为向国际社会展示中国共产党良好形象的重要窗口，成为广大党员特别是党员领导干部观察和

---

① 《中国共产党第十四次全国代表大会文件汇编》，北京：人民出版社，1992年版，第46页。
② 同①，第134页。
③ 江泽民：《江泽民文选》（第二卷），北京：人民出版社，2006年版，第41页。

研究世界的重要平台。在具体实践中，党的对外工作充分发挥自身优势和特色，将国家总体外交的重要组成部分、中国特色大国外交的重要体现这一双重定位有机结合起来，既同国家总体外交相辅相成、相得益彰，又在这一过程中突出党的特点和属性，在党言党、在党为党，为不断推进中国特色社会主义伟大事业和党的建设新的伟大工程争取有利外部环境。40多年来，在党际交往四项原则的指导下，党的对外交往通过政党领导人高层互访和其他多种交流形式，为国家关系的稳定健康全面发展奠定了更加坚实的基础，并促进了国家之间在经济、文化等各个领域的友好交流与合作。在深刻变化的国际形势下，各国各类政党交往与合作的意愿日益增强，中共政党外交更加重视治国理政经验交流，通过交流与合作，更好地服务于社会主义现代化建设和党的自身建设。

（三）必须求同存异广交朋友

政党是意识形态色彩最强的政治组织。中国共产党在对外交往中，不仅要维护国家的经济利益，而且要捍卫国家政治利益和马克思主义意识形态指导地位。政党外交重在思想交流，是做人的工作，因而意识形态交锋是不可回避的。互不干涉内部事务是与各国主权原则、各党独立自主原则相联系的，是对话交流的前提，只有在这个前提下才能谈得上对话交流。所以，对话交流与互不干涉内部事务的关系不是对立的。在对话和思想交流中，也会出现思想交锋，目的在于寻求观点和利益的汇合点，是以求同存异、谋求合作为落脚点的。多年来，中共遵循邓小平不以意识形态划线的原则精神，实行超越意识形态差异、谋求相互了解和合作的基本政策，同一切愿与中共交往的外国政党进行交流与合作，积极主动而又慎重稳妥地开展政党外交。在发展与意识形态不同的政党关系时，不仅就双方共同关切的民生问题、国际重大问题以及双边关系问题深入探讨，交换看法，也不回避自由、民主、人权等话题，各方表达自己的观点，在坦诚对话中增进彼此了解与信任。针对西方少数政党和媒体人士对中国的不实宣传甚至恶意攻击，中共通过政党交往渠道，采取请进来、走出去的方式，让他们实地感受中国，积极影响他们对中国的看法。随着党际交往内容不断深化、形式更加丰富多彩，党际交往的互动性更加突出，这反过来又对党际交往内容和形式的更新提出了新的要求。

政党交往中适时的、恰如其分的思想交锋，往往会赢得友谊和尊重，有益于双方深入沟通和交流。过去党和党之间的对话主要在政治层面，以交流治国理政经验为主，现在中共注重在党际交往中注入经济文化因素，通过政党交往渠道和平台推动经济发展、文化交流、人文沟通。党的对外交往围绕"讲好中国故事"来展开"政治引领"，以中国梦为主线，不断开拓创新，从政党高层的"神秘"交流，转变为同时面向媒体、智库和广大民众的互动交流。通过对外讲好中国故事，提升党和国家形象，为中国实现全面小康和实现中国民族复兴的中国梦争取良好舆论氛围和安全环境。通过积极主动、长期扎实的对外交往，将中国价值理念的历史优势和时代特色转化为现实的影响力和吸引力，促使外国政要和精英从认同中国的政治社会制度，再到认同中国共产党的执政能力和领导方式，从而提升党的政治影响力、舆论竞争力、形象亲和力和道义感召力。

党的十八大以来，中共在政党外交中充分发挥自身优势，通过交往、交流、交心，引导各国政党、政要和政治组织等理解、尊重、认同中国坚持共产党领导和中国特色社会主义的制度特点，求同存异，不断扩大党和国家的"朋友圈"。实践证明，不计较社会制度和意识形态差异是中共开拓党际关系新局面、不断促进党的对外工作向前发展的基本方针，是广交朋友、增进政党之间相互了解和合作的行之有效的高明政策，这一方针政策应该也能够长期坚持下去。

第八章 正确处理与执政党和非执政党党际关系

新中国成立后,特别是20世纪70年代末以来,中国共产党逐渐形成了全方位多层次的对外交往格局,交往对象以意识形态划分包括各类性质的政党,以其在国内政治中的地位划分则包括执政党和非执政党(西方政党制度中称"在野党")。西方国家的执政党和非执政党围绕政权展开竞争,相互制约、轮流坐庄。长期以来,中国共产党政党外交既重视发展与执政党的关系,也从来不忽视非执政党的重要性,始终注意从把握二者相互关系的角度发展同它们的关系,努力以党际关系促进国家关系。

一、执政党:发展党际关系的重中之重

(一) 执政党的"执政"与党际关系

在竞争性政党政治中,执政党的"执政"与非竞争性政党政治中执政党的"执政"有很大不同。执政党虽然通过本党组阁、推荐精英、人事任免等方式控制了政府,但在党政关系上,一般都实行党政职能分开。政党一旦在选举中获胜取得执政权,即由本党领袖担任政府首脑并把本党精英骨干输送到政府各部门,同时通过本党在议会中的多数席位和"议会党团",把本党的意志转化成为国家意志,实现执政;执政党不能以党自身的名义直接向政府发号施令,或者干预政府内部

事务，执政党和政府之间不存在直接的领导和被领导的关系，政府保持相应的独立性；在政府体制运行和政策制定过程中，只有立法、行政等国家机构才能称为"直接主体"，执政党影响再大也只是"间接主体"。同时，执政党的"执政"还受到多方面的牵制，要受非执政党的牵制，如果是联合执政，还存在彼此制约。

尽管受到这样那样的限制和制约，但在外交决策中，执政党特别是执政党高层却发挥着特别的作用。一般来说，竞选条件之下，人们更多地关注与自身利益紧密关系的内政，而对于外交政策则不够关注，甚至漠不关心，同时由于外交事务具有专业性、技术性和保密性要求，这就给执政党发挥作用留下了很大空间。政党领袖与高层党务官僚、党的政研智囊机构以及国际部门负责人等，往往构成外交决策的主要角色。日本自民党的外交决策圈主要由总裁、副总裁、干事长、政调会长和总务会长等党内最高领导层，以及政调会内设的外交调查会、外交部会、对外经济合作特别委员会、安全保障调查会、国防部会等机构的主要干部构成，特别是统领政党决策程序的政党领袖在决策过程中具有不可替代的作用。在执行过程中，自民党还通过"执政党审议"的方式对外务省的决策进行严格把关，外务省的政策建议要由外相提交内阁法制局、执政党决策机构、内阁会议顺次进行审议。"执政党审议"显然是其中关键环节。在西方国家，外交决策过程是由政党政治家和职业文官共同主导的，特别是由于外交的专业性特点，需要依赖职业外交官发挥作用，但执政党却是外交政策框架、总体方向的"掌舵人"。[①]

由此可见，与西方政党制度下的执政党打交道，一方面要充分认识到，由于制度体制的差异，执政党对政府没有直接的领导和被领导关系，执政党的思想主张要想成为政府政策，上升为国家意志，要受到多方面的制约，要有一个转换过程；发展同执政党的关系毕竟不同

---

① 杜胜平：《西方政党对外交决策的影响》，载《当代世界》，2008年第3期，第43—44页。

于国家关系，执政党之间的关系不能代替政府之间的关系。另一方面，执政党毕竟是执政党，它作为政府政策思想源头和外交决策"掌舵人"的地位不会改变。执政党之间的交往虽然并不直接处理外交国际事务，不涉及国家间诸如经济项目等具体事务，但就涉及两国关系的大局方向、国际地区热点问题、治国理政、思想理念等方面进行交流沟通，对增加相互理解、推动国家关系发展，有着现实和直接的意义。执政党之间的交往不像国家间交往，特别是峰会那样引人注目，更多的是为今后的深入交往做铺垫，而由于这种铺垫是在双方执政党之间展开的，往往更容易贯彻落实，因此能够直接为国家关系打牢更加坚实的基础。因此，开展政党外交，执政党无疑是重中之重。

早在1954年12月，毛泽东会见缅甸总理吴努时说："每一个国家都有几种党。对于这几种党，我们不能表示反对哪些党、赞成哪些党。我们只能以每一国的政府来解决问题。……如果我们用政府的名义对缅甸的任何一个党表示态度，我们就会得罪这个党和一些群众。"[①] 1972年7月，周恩来在会见日本社会党委员长佐佐木更三时明确指出，社会党没有外交权，所以要和有外交权的田中首相之间实现邦交正常化。[②] 同年8月，周恩来在会见外宾时又说："我们外交行动的方针是争取当权派，……跟上层来往就要跟他的当权派来往，而且要跟当权派的头子来往，否则就不能解决问题。"[③] 1972年，毛泽东在会见日本田中角荣首相时说，"你们日本在野党不能解决问题，解决中日复交问题还是靠自民党的政府。"[④] 因此，政党外交关键是要与执政党及其政府打交道，这一点从一开始中国共产党的领导人就是十分明确的。

---

① 中共中央文献研究室编：《毛泽东年谱（一九四九—一九七六）》（第二卷），北京：中央文献出版社、世界知识出版社，2013年版，第321页。
② 王新堂：《佐佐木更三投石问路——中日恢复邦交的序幕之二》，载《党史文汇》，1997年第1期，第40页。
③ 安建设：《周恩来的最后岁月》，北京：中央文献出版社，2002年版，第329页。
④ 中共中央文献研究室编：《毛泽东文集》（第八卷），北京：人民出版社，1999年版，第440页。

与执政党交往,尤其是高层接触,对推动两党两国关系有直接影响和决定性意义。

20世纪70年代末之前,由于坚持"以意识形态划线"的原则,只与意识形态相同的共产党交往,而不与其他类型政党发展党际关系,在与执政党关系方面,只存在于与社会主义国家共产党之间,不属于本题讨论的范畴,因此,这一时期虽然党的领导人强调解决问题要与执政党及其政府打交道,但并不是要与实行西方政党制度的执政党发展党际关系。实际上,20世纪70年代末之前,只要不是意识形态上的兄弟党,哪怕是对中国十分友好的非洲拉美民族主义政党,无论是执政党还是在野党,都不发展正式党际关系。当时,非洲拉美一些政党因为感念中国党对它们争取民族独立解放和反帝反霸斗争的大力支援和帮助,十分希望与中共发展正式党际关系,但都被拒绝。在这期间,中共也接待了诸如阿根廷正义党、肯尼亚非洲民族联盟等少量民族主义政党,但都是以具有民间性质的外交学会的名义发出邀请,而不是由中联部出面的,性质是完全不同的。在中日邦交正常化的过程中,尽管毛泽东周恩来都强调只有自民党政府才能解决问题,但实际上谈不上与自民党存在正式党际关系。严格意义上的执政党党际关系是20世纪70年代末党的对外方针政策调整以后开始的。

(二) 20世纪70年代末到20世纪90年代末与执政党的交往

1977年12月,中共中央批准了中联部、外交部《关于黑非洲等地区一些民族主义国家执政党要求与我建立关系问题的请示》,决定发展对非洲、拉美等地区民族主义政党的党际关系。在逐步发展全方位多层次党际关系的过程中,始终把执政党作为主要交往对象。综观20世纪70年代末以后中共与各国执政党交往情况,以交往对象的地区分布和交往侧重点的变化为标准,可以以20世纪末为时间界线,前后分为两个大的阶段。第一个阶段,主要以非洲、拉美以及周边国家执政党为重点交往对象,兼及一些发达国家的执政党。这个阶段又可以分为

20世纪80年代和20世纪90年代两个时期。

在整个20世纪80年代,中共与执政党的交往主要集中在非洲和拉美地区。1978年4月,索马里副总统伊斯梅尔率索马里革命社会主义党来访,成为第一个与中共建立党际关系的非洲执政党。20世纪80年代初开始,中共先后与阿尔及利亚民族解放阵线党等十多个非洲国家执政党,以及伊拉克阿拉伯复兴社会党、也门社会党、叙利亚阿拉伯复兴社会党、阿拉伯也门共和国总人民会议等西亚国家执政党,签订了近20份党际合作议定书、备忘录、合作计划、协议书、协定。① 需要指出的是,在冷战结束以前,由于上述地区许多国家在政党体制上采取了一党制或者事实上的一党制,实行党政合一体制,并不存在西方竞争性政党政治意义上的在野党。相比之下,拉美地区大多数国家在政党制度上比较接近西方国家,加上这一地区政党并没有同中共往来的历史积淀,且许多政党在意识形态上与中共存在较大隔阂,因此同这一地区执政党的交往几乎不存在签订党际合作协议的现象,但仍然实现了高水平交往,在哥伦比亚保守党、圭亚那人民全国大会党、委内瑞拉民主行动党、秘鲁阿普拉党、阿根廷正义党、巴西民主运动党、墨西哥革命制度党、玻利维亚民族主义革命运动、哥伦比亚自由党、厄瓜多尔民主左派党、智利基督教民主党等政党执政期间,实现高级别代表团互访。另外,这一时期中共与西方国家主流政党的交往尚未全面展开,就执政党层面来看,主要是与法国社会党和瑞典社会民主党有比较多的往来。由此可见,这一时期与执政党的交往主要以左翼政党为主,具有明显的意识形态色彩。

1989年政治风波发生后,在西方国家对中国进行"制裁"孤立的情况下,非洲和拉美国家执政党及其政府给予中国坚定支持。7月10日至17日,埃塞俄比亚执政的工人党代表团应邀来访,成为政治风波发生以后第一个访华的政党代表团。10月至12月,先后有冈比亚人民

---

① 笔者根据蔡武主编:《中国共产党对外工作大事记(1949.10—1999.12)》,北京:当代世界出版社,2001年版统计而来。

进步党、扎伊尔人民革命运动、安哥拉人民解放运动-劳动党、塞拉利昂全国人民大会党、赤道几内亚民主党等执政党代表团访华,津巴布韦非洲民族联盟-爱国阵线、马里人民民主联盟等与中共签订了合作议定书。江泽民在会见扎伊尔党时说,我们始终支持非洲人民的一切正义斗争,并感谢扎伊尔党和政府对我处理北京发生的事件所表示的支持。[①] 而拉美执政党则为中国党提供了"走出去"的机会。11月20日至12月5日,应巴西民主运动党和委内瑞拉民主行动党邀请,中联部部长朱良和上海市委副书记吴邦国率领中共代表团访问巴西和委内瑞拉,受到巴西总统萨尔内、委总统佩雷斯以及两国其他政要的会见。1990年4月1日至7日,应智利基督教民主党邀请,中共友好代表团访问智利,受到智利总统艾尔文及其他政要的会见并举行会谈。

进入20世纪90年代,中共与各国执政党的往来呈现新特点:一是这一时期与非洲执政党的交往呈现曲折变化的过程。1991年7月,应塞内加尔社会党、布基纳法索人民阵线、乌干达全国抵抗运动和布隆迪乌普罗纳党邀请,中共中央政治局常委李瑞环率中共代表团访问这四个国家,这是继70年代中共同非洲国家执政党交往以来派出的第一个党的高级访问团,[②] 体现了中共对发展与非洲执政党党际关系的更高重视。东欧剧变、苏联解体后,非洲原来的一党制或类似于一党制的国家都受到冲击,纷纷改行多党制。在这种情况下,中国共产党调整工作部署,在保持与老党关系的同时,及时发展与新执政党的关系,如马里非洲团结正义党、布基纳法索争取人民民主组织-劳动运动、毛里塔尼亚民主社会共和党、赞比亚多党民主运动、尼日尔争取民主和进步联盟、加纳全国民主大会党等,继续保持与非洲国家执政党高水平的党际交往。1998年7月,中共中央政治局委员黄菊应津巴布韦非

---

① 蔡武主编:《中国共产党对外工作大事记(1949.10—1999.12)》(下册),北京:当代世界出版社,2001年版,第670页。
② 《中国共产党对外工作概况》编委会编:《中国共产党对外工作概况1992—1993》,北京:当代世界出版社,1993年版,第243页。

洲民主联盟、毛里求斯工党、南非非国大邀请前往访问；10月27日至11月9日，我党邀请由非洲五国执政党（科特迪瓦民主党、喀麦隆人民民主联盟、佛得角争取民主运动、几内亚统一进步党和赤道几内亚民主党）干部组成的联合考察交流团访华，这是我党开展同非洲国家政党外交20年来的第一次，同年，非洲访华的代表团中有六个是执政党的总书记，有八个团受到中央政治局常委的会见。①

二是与拉美执政党的交往在整体上地位更加突出。1989年政治风波发生以后，巴西、阿根廷、委内瑞拉等有影响的拉美国家给予中国很大支持。因此，中国共产党更加重视发展同这一地区党和国家的关系。1991年，中国共产党先后派出不同级别的代表团访问了拉美地区的13个国家，巴西、智利、阿根廷等国的执政党都派重要代表团访华，尚未与我建交的洪都拉斯和巴拿马的执政党也派代表团来访。② 东欧剧变、苏联解体后，拉美政党体制并没有受到像非洲那样的冲击，政党政治保持了平稳的态势，中共中央政治局常委、政治局委员多人多次访问拉美，对拉美政党外交迈上新高度。在政治局常委中，胡锦涛于1994年应乌拉圭白党、阿根廷正义党邀请往访，于1997年应墨西哥革命制度党、哥伦比亚自由党邀请往访；尉健行于1999年应阿根廷、乌拉圭党和政府的邀请往访。在政治局委员中，黄菊于1995年应巴西自由阵线党、乌拉圭红党邀请往访，于1997年应秘鲁"改革90-新多数派"执政联盟等国政党邀请往访；谢非于1996年应巴西自由阵线党等邀请往访；李长春于1999年应巴西社会民主党、秘鲁"改革90-新多数派"邀请往访，出访代表团的层次和频率都大大超过非洲。

三是与周边国家执政党交往突出鲜明。20世纪80年代末以后，随着同东南亚国家共产党历史遗留问题彻底解决，中共开始借鉴同非洲

---

① 《中国共产党对外工作概况》编委会编：《中国共产党对外工作概况1999》，北京：当代世界出版社，2000年版，第11—12页。

② 《中国共产党对外工作概况》编委会编：《中国共产党对外工作概况1992—1993》，北京：当代世界出版社，1993年版，第6页。

民族主义政党交往的经验,积极发展同东南亚、南亚以及其他周边国家民族主义政党的关系,与柬埔寨、斯里兰卡、马来西亚、印度尼西亚、新加坡、菲律宾、泰国、孟加拉国、印度、尼泊尔、巴基斯坦,以及哈萨克斯坦、土库曼斯坦、乌兹别克斯坦、蒙古国、菲律宾等国家执政党互派各种级别的访问团,并积极发展同日本、韩国的关系。其间,中共中央政治局常委宋平于1991年9月应巴基斯坦穆斯林联盟邀请往访,政治局常委尉健行于1997年12月应马来西亚国民阵线邀请往访,胡锦涛以政治局常委和国家副主席双重身份于1998年4月访问日本和韩国,系这一时期几次重要的对周边国家政党的外交活动。

四是因1989年政治风波引起的西方国家对华"制裁",虽然在政府层面上解除了,但在政党层面,特别是执政党层面上仍然处于低迷状态。与德国社民党、法国社会党、瑞典社会民主党、奥地利社会民主党、芬兰社民党等左翼执政党,以及德国联盟党、英国保守党这些右翼政党执政期间,各有一两次、两三次的接触或互访。其中与日本自民党的交往具有代表性,从1991年到1999年,各种形式的互访分别为三次、三次、三次、七次、一次、二次、三次、四次、六次。[①]1995年法国保卫共和联盟在大选获胜后,表示要进一步发展同中国共产党的关系,并邀请中国共产党派高级代表团访法,11月,中共中央政治局委员尉健行率中共代表团应邀往访。1998年1月31日—2月1日,该党首次邀请中共派代表出席其党代表大会。另外,东欧剧变、苏联解体后,中东欧国家由于处于体制转换过渡时期,新上台的执政党总体上比较右倾,因此20世纪90年代中共与这些党保持了接触交往,但总体上执政党高层交往有限,特别是中共高层出访不多。

[①] 数据系作者根据《中国共产党对外工作概况》编委会编:《中国共产党对外工作概况》,北京:当代世界出版社1992—1993、1994、1995、1996、1997、1998、1999、2000各卷统计而来。

(三) 21世纪以来与执政党的交往①

21世纪以来,根据党中央确立的"大国是关键,周边是首要,发展中国家是基础"的外交指引,就与各国执政党的交往进行全方位布局,全面发展同亚非拉国家执政党的关系,同时十分注重发展同发达国家执政党的关系,并推动与各类执政党交流机制化。主要有以下几个方面:

第一,把与亚洲特别是与周边国家执政党的关系放在首要地位。在与各国各类政党的交往中,由于中共派出高层级的访问团,如由政治局常委、政治局委员率领,一般是由执政党及其政府发出邀请,因此具有指标性意义。20世纪90年代,虽然与周边国家和亚洲其他国家政党进行了密切的交往交流,但中共高级别的代表团特别是由政治局常委、政治局委员率领的代表团并不多见,一般是外国党来访更多一些。进入21世纪以后,这一情况得以改变。据统计,2000年至2012年党的十八大之前,由政治局常委、政治局委员率团出访的次数不仅远远超过之前交往频率,而且横向比较,也大大超过与非洲、拉美、欧洲执政党交往次数。其中,这一时期政治局常委应执政党或政府邀请访问亚洲、非洲、拉美、欧洲总数分别为45次、22次、16次、33次;政治局委员应邀访问亚、非、拉、欧总数分别为75次、33次、18次、34次。显然,无论是政治局常委出访次数还是政治局委员出访次数,亚洲都是独占鳌头的,而亚洲绝大多数国家都属于中国的"大周边"范畴。朝鲜、越南、老挝与中国同属于社会主义国家,执政党之间的密切往来是其他国家政党不可比拟的,构成了中国周边执政党

---

① 本节内容数据均为作者根据《中国共产党对外工作概况》编委会编:《中国共产党对外工作概况》,北京:当代世界出版社1992—1993、1994、1995、1996、1997、1998、1999、2000、2001、2002、2003、2004、2005、2006、2007、2008、2009、2010、2011、2012、2013各卷统计而来。凡是政治局常委、政治局委员以党职身份、通过党的渠道、应对方执政党和(或)政府邀请的外访,都在统计之列;一次出访中访问几个国家即算几次,如,某政治局常委率团一次出访三个国家,统计时即算三次。

关系的特殊组成部分。除此之外，2000年至2012年，中共中央政治局常委或政治局委员率领的高级别访问团的出访范围，涵盖了除吉尔吉斯斯坦之外中国周边的所有国家。其中，政治局常委和政治局委员出访次数合计，柬埔寨为八次，印度为六次，韩国为五次，缅甸五次，蒙古国、泰国、哈萨克斯坦、印度尼西亚各四次，日本、菲律宾、马来西亚、新加坡、斯里兰卡、马尔代夫、尼泊尔、土耳其、伊朗、叙利亚各三次，巴基斯坦、乌兹别克斯坦、土库曼斯坦、阿联酋、约旦各二次，孟加拉国、文莱、塔吉克斯坦、阿富汗、沙特阿拉伯各一次，大多数是应执政党或政府的名义邀请往访。这些访问贯彻"巩固睦邻友好，增进互利合作，维护地区和平与稳定"的方针，本着"睦邻、安邻、富邻"的政策，交往内容更加具有目的性、针对性、实效性。

第二，全面拓展同欧洲特别是发达国家执政党的关系。进入21世纪，随着改革开放不断取得新成就和中国国际地位日益提高，发达国家越来越重视加强与中国的联系，中共与西方发达国家执政党的关系日益密切。一方面，全面发展同中东欧国家和一些苏联原加盟国执政党的关系，频繁互动互访，在接待这些国家执政党各层级代表团访问团的同时，中共持续派出由政治局常委、政治局委员，或率党代表团或以其他方式，出访这一地区国家，把政治局常委和政治局委员的出访次数合计，俄罗斯、乌克兰、摩尔多瓦各四次，匈牙利、波兰、罗马尼亚、保加利亚各三次，阿尔巴尼亚、克罗地亚各二次，爱沙尼亚、黑山、立陶宛、塞浦路斯、塞尔维亚、斯洛文尼亚、白俄罗斯、塞黑各一次，涵盖了中东欧绝大多数国家和苏联欧洲部分主要原加盟国。另一方面，全面深化同西欧等发达地区国家执政党的关系。2000年之后，政治局常委、政治局委员或率高层级访问团或以其他方式，应执政党及政府邀请访问了德国、法国、英国、意大利、西班牙、葡萄牙、希腊、奥地利、爱尔兰、瑞士、挪威、瑞典、荷兰、芬兰、冰岛、马耳他等国；同时，这些国家政党在执政期间也派出更高层级、次数更多的团组访华。仅以德国社民党等大党为例，德国社民党于2000年先后派该党联邦议会党团副主席艾尔勒和总书记明特费林访华，于2001年先后派该党副主席沙尔平和该党联邦干事长马赫尼希访华，于2003年先后派该党青年政治家代表团和该党副主席沙尔平访华，于2004年先后派该党两批联邦议员代表团和一批政治家代表团访华。德国联盟党（基民盟、基社盟）在2005年执政以后，除个别年份外，几乎每年都有一到两次党的领导人或其他政要、党的代表团、党的青年政治家代表团等访华；法国人民运动联盟于2001年、2006年、2008年、2009年、2011年、2012年先后派代表团或政要访华；英国工党、保守党在执政期间也先后多次派诸如青年政治家代表团、议员代表团、议会中国小组代表团（保守党）、跨党派议员访华团等团组访华。

第三，进一步夯实并提升与非洲国家执政党的传统关系。20世纪90年代与非洲执政党高水平的交往主要体现为非洲政党来访，而中共高级代表团访问非洲不多。2000年2月，根据胡锦涛关于加强对非政党工作的指示，中联部部长戴秉国率团访问喀麦隆、马里、埃塞俄比亚、肯尼亚、南非、毛里求斯等六个非洲国家，受到各国总统、总理和执政党领袖会见会谈。随后至2012年，每年都有政治局常委、政治局委员率领代表团应非洲执政党邀请往访，一些年份派出的代表团有两批次甚至多批次。其中，2001年5月、9月、10月，先后有政治局委员吴官正、丁关根、李铁映，应摩洛哥、尼日利亚、突尼斯、埃及、安哥拉、肯尼亚、纳米比亚、南非八国执政党邀请率团往访；2002年6月，政治局常委尉健行应博茨瓦纳、加蓬、津巴布韦、科特迪瓦四国执政党邀请率团往访；2005年9月，政治局委员俞正声应津巴布韦、莫桑比克、赞比亚三国执政党邀请往访，同年11月，政治局常委李长春应纳米比亚、南非、苏丹、坦桑尼亚四国执政党或政府邀请往访；2008年3月、7月，政治局常委李长春、贺国强应阿尔及利亚、毛里塔尼亚、摩洛哥、突尼斯、安哥拉五国执政党或政府邀请往访，同年11月，政治局委员刘淇、刘云山应南非、埃及执政党邀请率团往访；等等。这些都表明中共大大加强了对非政党工作的力度。与此同时，从非洲国家执政党访华情况看，2000年有11个非洲国家执政党联合组成两个领导干部研究考察团访华，之后，若干个执政党联合组成干部考察团、访问团访华。作为与非洲国家执政党交往的突出现象，除了个别年份之外，每年都有这样的访问团来访，并成为一种常态。比如，2002年5月的考察团由12个国家的执政党组成，2006年先后有"非洲11国政党高级干部研修团"（以执政党为主）、"非洲葡语国家执政党研讨考察团"、"非洲九国执政党中层干部研修团"三批20多个国家执政党联合考察团访华；2012年开始又增加了青年领袖考察团、培训访问团，其中2012年6月非洲法语国家青年领导人研修班学员来华出席第二届中非青年领导人论坛，涉及15个国家的执政党和参政党。这些都充分体现了中共与非洲国家执政党交往的广度和深度。

第四，进一步巩固与拉美国家执政党的友好关系。据统计，1990年至1999年，中共中央政治局常委应拉美执政党邀请访问拉美国家七次，政治局委员为十次；2000年至2009年，政治局常委访问拉美的次数为16次，政治局委员为13次。显然，2000年之后的十年比之前的十年次数显著增加，特别是政治局常委级别领导人的出访次数是前一个时期的两倍多。比如，2005年，罗干应阿根廷、乌拉圭、古巴三国执政党邀请往访，尤其是2007年3月、4月，李长春、吴官正应墨西哥、委内瑞拉、苏里南、秘鲁，以及古巴、哥伦比亚、智利等国执政党邀请往访，被认为是中国对拉美地区国家开展的重大外交活动；2008年6月，贺国强应巴西、古巴、特立尼达和多巴哥执政党或政府邀请往访。这些访问，通过广泛接触往访国政府、议会和政党领导人，就共同关心的问题深入坦率地交换意见，全面阐述了中共的执政成就、经验理念以及和平、发展、进步的外交政策，阐明中国党和政府对台湾问题的原则立场，就双边多领域的合作进行有益的探讨，并在能源、经贸、司法、文化等领域签署多项合作协议，取得实际成果。

第五，与执政党交往的机制化建设前所未有。执政党交往机制化、规范化，体现了执政党之间信任合作的深度广度，这种现象在20世纪

80 年代就已出现，最先体现在与非洲执政党交往中所签订的各种合作协议、议定书、备忘录等，后来进一步成为与亚非拉国家执政党关系机制化、规范化的普遍形式，特别是进入 21 世纪后，执政党不论大小，都可以根据意愿签订相应的合作文件。仅以 2008 年为例，这一年，中共与统一俄罗斯党就两党机制化交往达成共识，次年两党签署了新的合作协议与合作备忘录，为两党未来的合作与交流规划了目标和方向；印度国大党主席、执政党联盟主席索尼娅·甘地出席北京奥运会开幕式，中共与印国大党签署交往备忘录，奠定了两党机制化交往的基础；印尼专业集团党副总主席阿贡访华，签署两党交往备忘录，中印尼两党建立新的交往机制；巴基斯坦人民党主席扎尔达里访华，签署两党交往备忘录；南非非国大主席祖马访华，两党签署党际交往备忘录；由伊万主席和伊沃阿西纳总书记率领的马达加斯加"我爱马达加斯加党"代表团访华，双方签署会谈纪要，就机制化交流达成共识；乌拉圭广泛阵线主席布罗韦托率团访华，双方签署两党交流与合作备忘录。与此同时，与发达国家主流政党机制化建设成果丰硕。2000 年 11 月德国社民党总书记明特费林访华时，中方就两党交往提出五点建议，包括：加强两党高层领导人和政治家的联系和互访，加强两国青年政治家的交流，两党建立专家级磋商机制，建立两党国际部领导人年度会晤机制，希望通过德国社民党加强中共与欧洲社会党、社会党国际和欧洲议会社会党党团的交流与对话。明特费林表示原则上同意并将认真研究中方的建议，① 由此开启了探索与发达国家执政党交流机制化的进程。2004 年，中共与日本自民党就执政党交流机制达成协议和共识，2006 年 2 月、10 月，中共和日本自民党分别轮流举办了中日执政党交流机制第一、第二次会议。2009 年，法国人民运动联盟总书记贝特朗访华，双方签署交流与合作备忘录，这是中共首次与西欧主要执政党签署交往备忘录。2010 年，中美政党高层对话和中欧

---

① 《中国共产党对外工作概况》编委会编：《中国共产党对外工作概况 2001》，北京：当代世界出版社，2002 年版，第 320 页。

政党高层论坛的先后建立,是中共与美国和欧洲国家主流政党交流机制化建设的重大成果,也为与欧美执政党交流搭建了重要平台。

(四) 与执政党党际关系的主要内容

如前所述,由于执政党掌握国家行政和其他重大资源,与执政党交往中达成的协议、共识、意向等容易落实或实现政策转化,对于促进国家关系能起到更加直接的作用。概括中共与各国执政党关系,主要有以下几方面内容。

第一,强化以执政党党际关系促进国家关系的共识。1991年11月30日,中共中央总书记江泽民会见印度国大党(英)代表团时说,中印两国执政党之间关系的健康发展对促进两国关系的发展起了重要作用。希望今后两党进一步加强交往,加深相互了解。[①] 1992年4月,马来西亚"巫统"副主席、政府外交部长巴达维会见中共友好代表团时说,"我们都是执政党,作为执政党自然对政府有重要影响。按照我们的原则,党的领导人在政府中工作要遵循党的原则,不管在党内或在政府中工作,都不能做有损于党的事情。党不行了,政府也就没有了;党的力量也就是政府的力量。"[②] 1994年3月,韩国民主自由党领导人金钟泌在会见中联部代表团时表示,韩中两国执政党的交流超越党的范围,促进国家关系发展,是一个良好的重要开端。韩中两国执政党加强联系符合韩中两国国民的共同利益,有利于加强国民间的相互了解,全面发展两国关系。[③] 1995年11月27日至12月4日,芬兰社民党总书记许韦里宁率代表团访华时表示,芬社民党愿利用执政党

---

① 《中国共产党对外工作概况》编委会编:《中国共产党对外工作概况1992—1993》,北京:当代世界出版社,1993年版,第107页。
② 蒋光化:《访问外国政党纪实》,北京:世界知识出版社,1997年版,第632页。
③ 《中国共产党对外工作概况》编委会编:《中国共产党对外工作概况1995》,北京:当代世界出版社,1995年版,第141页。

的地位和议员在议会的工作,推动芬中两国在各个方面的合作。① 1999年4月18日至23日,胡锦涛在会见非国大代表团时表示:中共和非国大都是执政党,都肩负着建设自己国家的历史重任。加强两党之间的友好交往,互相交流、借鉴治党治国的经验,既有利于各自的事业,也有利于促进两国友好合作关系的发展。② 2011年11月,刘云山访问埃塞俄比亚、坦桑尼亚和津巴布韦三国,先后与三国执政党领袖进行会见会谈,一致认为,"政党关系是国家关系的政治基础,执政党之间的交往更接近决策中心、更能发挥关键作用。"③

2010年3月,中共中央政治局常委习近平会见第一届中美政党高层对话美方代表团时表示,中国共产党高度重视与美国两党的交往,双方加强接触与对话,加深相互了解与信任,使党际交往成为两国建设21世纪积极合作全面关系的重要纽带和推动力。④ 2011年5月,习近平会见第二届中欧政党高层论坛欧方政党领导人时指出,中欧政党交往是中欧关系的重要组成部分。中欧政党领导人在相互交流中围绕双边关系的根本性问题及重大全球性问题开展深入对话,为推动中欧全面战略伙伴关系的健康稳定发展发挥了积极作用。⑤ 这些讲话虽然不是专门针对执政党的,但无疑强调了执政党关系在党际关系中更加重要的地位。

第二,在国际环境恶化、国家关系出现困难和紧张时,积极发挥执政党党际渠道的作用,改善国际环境,促进国家关系。1989年政治

---

① 《中国共产党对外工作概况》编委会编:《中国共产党对外工作概况1996》,北京:当代世界出版社,1996年版,第256页。
② 《中国共产党对外工作概况》编委会编:《中国共产党对外工作概况2000》,北京:当代世界出版社,2001年版,第315页。
③ 艾平:《双洲记——政党国际交往亲历》,北京:当代世界出版社,2018年版,第139页。
④ 《中国共产党对外工作概况》编委会编:《中国共产党对外工作概况2011》,北京:当代世界出版社,2012年版,第8页。
⑤ 《中国共产党对外工作概况》编委会编:《中国共产党对外工作概况2012》,北京:当代世界出版社,2013年版,第247—248页。

第八章　正确处理与执政党和非执政党党际关系

风波发生后,中国打破"制裁"孤立,一个重要方面就是通过党际关系开展工作,特别是加强与执政党的关系。除了与社会主义国家执政党、非洲、拉美国家执政党频繁互动之外,有针对性地加强对日本等国家执政党的工作。当时,日本作为西方七国集团成员,参与了对中国的"制裁",同时日本又是西方国家对华关系链条中的薄弱环节,以日本为突破口打破封锁势在必行;鉴于政府层面的沟通交往存在困难障碍,双方即以执政党的名义进行交往沟通。1990年7月,应日本自民党邀请,中联部部长朱良访问日本,会见了日本首相、自民党总裁海部俊树;次年7月,日本自民党代表团回访中国,8月10日,日本首相海部俊树访华,成为政治风波发生后访华的第一位西方国家现职政府首脑。

在国家关系方面,仍以中日关系为例。2001年至2006年,日本首相小泉纯一郎先后六次参拜靖国神社,给中日关系造成了严重困难。正是在这样的背景下,2004年,中共与日本自民党就执政党交流机制达成协议和共识。2005年5月,胡锦涛会见日本自民、公明执政两党干事长时指出,在当前中日关系面临困难的情况下,加强两国执政党之间的对话和沟通,对推动中日关系改善和发展具有积极意义。[①] 2006年2月、10月,中日交流机制第一、第二次会议先后由中共和自民党举办。在第一次会议上,中共中央政治局常委李长春指出,希望出席"中日执政党交流机制"首次会议的中日双方代表,为维护中日关系政治基础、妥善处理中日间分歧、推动中日关系健康发展作出努力和贡献。[②] 2010年9月、2012年4月、日方先后挑起"撞船事件"(日本巡逻船在钓鱼岛海域撞击中国渔船)和"购岛事件"(日本东京都知事石原慎太郎购买钓鱼岛归日本国有),给中日关系造成很大影响,但

---

① 《中国共产党对外工作概况》编委会编:《中国共产党对外工作概况2006》,北京:当代世界出版社,2007年版,第65页。
② 《中国共产党对外工作概况》编委会编:《中国共产党对外工作概况2007》,北京:当代世界出版社,2008年版,第81—82页。

两国执政党始终保持密切联系。2012年3月，中共与日本执政的民主党举办两党交流机制第四次会议，习近平在会见日方代表时表示，他积极评价两党交流机制为促进两国相互理解和友好合作发挥的重要作用，希望本次会议为增进两国政治互信、深化各领域互利合作、改善两国国民感情作出更大贡献。① 在双方的共同努力下，中日关系有所改善。2014年11月，习近平在人民大会堂应约会见来华出席亚太经合组织领导人非正式会议的日本首相安倍晋三。2015年3月，日本执政两党（自民党、公明党）代表团访华；12月，中日双方举行执政党机制第五次会议，俞正声在会见日方代表团时表示，中日执政党交流机制建立于两国关系面临严重政治困难之际，多年来为推动中日关系改善发展发挥了重要作用。当前中日关系有所改善，但这种势头依然脆弱，两国执政党应切实发挥政治引领作用，推动中日关系持续稳定健康发展。②

第三，以执政党交往促进国家间务实合作。发展经贸关系既是政党外交的重要纽带和抓手，也是推动和发展国家关系的共同基础。进入20世纪90年代以后，经贸问题成为中共与各类政党交往的重要议题，尤其是同拉美非洲地区政党交往中，这一现象更加明显。从来访的"访华团""代表团""考察团"组成看，除了政党领导人、官员外，经常包括经贸方面的官员、顾问、企业家，有时还组成专门的经贸考察团。中方一般都要安排参观考察工农业企业、公司、开发区、特区、城市建设等，安排经贸部、中国国际贸易促进会、农业部、银行等单位的对口交流，就开展双边贸易和工农业合作等项目进行意向性洽谈。同时，中共在派团出访时也根据对象国和对象党的不同情况安排经贸人员、企业家随团访问，以推动国内有关部门落实对外经贸

---

① 《中国共产党对外工作概况》编委会编：《中国共产党对外工作概况2013》，北京：当代世界出版社，2014年版，第81页。
② 《中国共产党对外工作概况》编委会编：《中国共产党对外工作概况2016》，北京：当代世界出版社，2017年版，第83页。

合作项目。广东等发达地区的省市委书记率领的中共代表团更是如此，2003年、2004年、2007年中共中央政治局委员、广东省委书记张德江先后率中共代表团访问拉美、非洲国家，随行经贸代表团或者企业家代表团均有签订商业合同或合作意向书。① 2006年11月，中共中央政治局委员、北京市委书记刘淇应哈萨克斯坦祖国党邀请率团往访，随访的经贸团签订了五个合作项目协议和金额达2.5亿美元的采购及工程合同。② 2010年6月，中共中央政治局委员、广东省委书记汪洋率团访问俄罗斯，出席"2010中国（广东）-俄罗斯经贸合作洽谈会"开幕式并致辞，双方签订投资贸易合作项目金额15.6亿美元。③ 需要指出的是，中共代表团特别是由中央政治局委员率领的代表团，一般要由访问国执政党及其领导的政府发出邀请；同时，要推动合作项目落实，也只有执政党才容易做到，因此这些来访往访一般以执政党为主要对象。2010年8月，中非农业合作论坛在北京举行，这是在中非合作的框架下，中非双方通过党际交流渠道开展的在农业合作领域的首次集体对话，来自非洲18个国家180多位党政高层官员和企业界人士、有关国家驻华使节等出席并参加研讨。习近平在讲话中指出，中非农业合作是中非合作的重要组成部分，农业的基础性、战略性地位决定了农业合作的重要性。中国有关党政部门举办此次中非农业合作论坛，就是发挥中非执政党交往的优势和特色，挖掘党际交往的内涵，为深化中非农业合作搭建平台。④ 2013年6月，第二届中国-苏丹执政党高层对话在北京举行，中共中央政治局委员、国家副主席李源潮，苏丹全国大会党副主席、总统助理纳菲阿共同出席高层对

---

① 参见《中国共产党对外工作概况》编委会编：《中国共产党对外工作概况》，北京：当代世界出版社，2004年卷第7页，2005年卷第7页，2008年卷第7页。
② 《中国共产党对外工作概况》编委会编：《中国共产党对外工作概况2007》，北京：当代世界出版社，2008年版，第10页。
③ 《中国共产党对外工作概况》编委会编：《中国共产党对外工作概况2011》，北京：当代世界出版社，2012年版，第4页。
④ 同③，第7页。

话，双方就加强农业、矿业、金融科技等领域合作进行交流。

第四，执政党治国理政、思想理念的交流夯实国家关系的政治基础。治国理政经验交流，作为党际交流的重要方面，对执政党来说，更具有现实性、针对性，随着中国改革开放取得越来越大的成就，许多国家政党尤其是发展中国家执政党，更加希望了解中共治国理政、改革开放经验以及中国制度和中国道路等。1993年10月，赞比亚总统奇卢巴率执政党"多方民主运动"代表团访华期间，希望了解中国政党体制和党建工作，在听取了情况介绍后，奇卢巴认为民主不是想干什么就干什么，说自己的党当前特别需要有起码的纪律，党的核心要发挥领导作用等。[1] 1994年4月，埃塞俄比亚人民革命民主阵线（以下简称"埃革阵"）代表团访华，向中方了解关于中国农村发展、社会主义市场经济理论等，称该党正研究在当前国际形势下应该如何开展国内工作，并且特别重视中国的情况和经验。[2] 2000年2月，中联部部长戴秉国率团访问喀麦隆等六个非洲国家，这些国家的执政党纷纷表示要向中方学习，希望中方授人以渔，相信中国道路适合非洲。埃塞俄比亚总理梅莱斯表示，埃革阵要想避免边缘化，就必须尽快改变国家贫穷和不发达状况，而中共是埃革阵的天然伙伴，认为中国可以在非洲的发展中发挥特殊作用。肯尼亚总统莫伊表示，作为执政党，肯尼亚非洲民主联盟在努力解决贫困问题，这方面可向中共学习，这有助于深化两党关系。南非非国大副主席、副总统祖马表示，中国共产党的力量、影响和中国的制度决定了它在世界进步力量中处于重要的战略地位。[3] 之后，除个别年份外，非洲国家每年都要向华派出由若干个国家执政党组成的联合考察团，如非洲法语国家、英语国家、葡语国家执政党干部考察团，2012年以后又出现了由若干个国家政党联

---

[1] 艾平：《双洲记——政党国际交往亲历》，北京：当代世界出版社，2018年版，第67—68页。
[2] 同[1]，第82—83页。
[3] 同[1]，第99—101页。

合组成的青年干部研修班;同一时期,一些拉美、亚洲国家执政党也有类似的访华团。这些考察团、研修班应邀到中国学习考察,接受培训。2014年9月,以"中国改革:执政党的角色"为主题的"中国共产党与世界对话会"在北京举办;中共中央政治局委员、国家副主席李源潮希望与会代表实地了解中国发展变化,坦诚交流对话,全面客观地向世界介绍中国共产党领导改革开放的历程和成就,为推动中国与国际社会的良性互动作出贡献。①围绕治国理政经验开展交流,不仅深化了执政党党际关系,也夯实了国家关系政治基础。

二、非执政党:发展党际关系的重要基础

(一) 国际视野下的非执政党交往

与执政党相比,非执政党虽然没有执政资源,但在政党轮替规则之下,今日之非执政党很可能就是明日之执政党,今日之执政党也可能成为明日之非执政党。因此,中国共产党在着重发展执政党外交的同时,十分重视发展同非执政的重要政党的关系。1982年11月16日,邓小平会见日本社会党人士说:"发展两国人民的关系,不仅是官方和执政党的事情,也包括所有在野党和日本人民。"②

从政党交往的全球视野看,与非执政党交往主要包括以下三种形式。第一种,交往双方在各自国家都是非执政党。1989年1月底2月初,非执政党的韩国民主党应邀访问日本,其间该党总裁金泳三与日本在野的社会党领导人举行了会晤。③第二种,交往双方一方是非执政党,另一方是执政党。其中又包括两种情况:一是出访者为非执政党,受访者为执政党。前述1989年韩国民主党出访日本期间,金泳三不仅

---

① 《中国共产党对外工作概况》编委会编:《中国共产党对外工作概况2015》,北京:当代世界出版社,2016年版,第290页。
② 中共中央文献研究室编:《邓小平年谱(一九七五—一九九七)》(下),北京:中央文献出版社,2004年版,第869页。
③ 黎能清:《南朝鲜在野党外交角逐的意图》,载《人民日报》,1989年2月10日,第6版。

与非执政的社会党领导人进行了会晤,还与执政的自民党干事长、总务会长举行了会谈。1998年7月,非执政的日共应执政的中共邀请访华。二是出访者为执政党,受访者为非执政党。这种情况在中共政党外交中多有发生。其中既有中共应非执政党邀请出访(如2000年1月19日—25日,中联部副部长李成仁应日共邀请率中共友好代表团访问日本),也有中共应执政党邀请出访并顺访非执政党,这种情况更为常见。第三种,交往双方一方是非执政党,另一方是非政党组织。非政党组织既可以是官方机构,也可以是半官方半民间的组织甚至民间团体,诸如美国参议院外交委员会、中国人民外交学会、各种学术机构等。

非执政党虽然不执政,但在国家总体外交中具有十分重要的作用。一方面,在没有国家关系或者国家关系处于紧张状态执政党或政府不便、不愿亲自出面往来的情况下,由非执政党出马,在国家、政府间传递信息、穿针引线。20世纪70年代初,日本、联邦德国、澳大利亚等国家在与中国建交的过程中,各国非执政党发挥了重要作用。这一点将在后面详细述及。1990年,韩国金泳三率民主自由党代表团访问苏联,直接推动了韩苏关系,使双方关系在正常化的道路上"迈出了一大步""进入了相互关系史上的崭新时代"。另一方面,致力于促进经贸合作和民间往来,为发展国家间友好关系奠定基础。日本社会党等非执政党在推动中日邦交正常化的过程中,一直把促进中日贸易作为重要抓手,各党派议员联合民间力量积极推动签订中日民间贸易协定。1989年1月底2月初,韩国民主党(总裁金泳三)、共和党(金钟泌)、和平民主党(金大中)三大非执政党相继出访日本、美国、欧洲,一个十分重要的目的就是扩大韩国与日美欧发达国家的经济合作,探讨解决韩国与这些国家的贸易摩擦等问题。①

中国共产党政党外交对象中相当数量为非执政党,与非执政党的

---

① 黎能清:《南朝鲜在野党外交角逐的意图》,载《人民日报》,1989年2月10日,第6版。

交往主要包括：其一，中国共产党以党的名义邀请外国非执政的重要政党来访，"应中国共产党邀请"及"应中联部邀请"即属此类。其二，中国共产党应邀出访或顺访外国非执政党，所谓"应邀"，指一些非执政党以党的名义邀请中共往访；所谓"顺访"，即中共应执政党或政府邀请往访期间，同时接触会见非执政党人士。其三，中共授权非官方机构（如中国人民外交学会、中国国际交流学会）邀请外国非执政党来访。新中国成立以来的政党外交中，与许多国家非执政党打交道，都是透过非正式官方组织发出邀请进行往来的。

综观新中国成立以来中国共产党与非执政党的交往，以20世纪70年代末和20世纪80年代末为时间界线，可以分为三个阶段。从新中国成立到20世纪70年代末，与一些国家非执政党积极接触，虽然不具有严格意义上的党际关系，但对于促进国家关系具有重要意义；从20世纪70年代末到20世纪80年代末，系中国共产党与各国非执政党交往的正式起步阶段；20世纪80年代末90年代初以后为全面发展和机制化建设的新时期。

（二）20世纪70年代末之前与一些国家非执政党的接触

纵观新中国成立以来至20世纪70年代末中国共产党政党外交实践，主线就是与各国共产党打交道，包括社会主义国家执政的共产党和非社会主义国家的共产党。这一时期中国共产党交往的资本主义国家在野党主要来自日本、英国、联邦德国、澳大利亚等国家。

1951年英国保守党上台执政，试图就发展对华关系进行一些试探，非执政的工党也想通过发展对华关系，捞取政治资本。1954年8月，以艾德礼为首的工党代表团应中国人民外交学会邀请访华，受到毛泽东、周恩来的接见。毛泽东阐明了中国对推进中英关系的原则立场，指出，"只需要一个条件，就是双方愿意共处。我们认为，不同的制度是可以和平共处的。"① 周恩来指出："思想意识上的分歧不应该妨碍一国与另一国、一国的一个政党与另一国的一个政党在政治上的合作。"② 工党这次访华，起到了在两国政府间传递信息、穿针引线的作用。与英国相比，20世纪70年代初中共与联邦德国、澳大利亚非执政党的交往直接促进了中国与联邦德国和澳大利亚建交。1969年9月，联邦德国联盟党（基民盟、基社盟）在大选中失败后，积极主张发展对华关系，在1971年中美关系开始解冻的情况下，联盟党负责人通过新华社记者多次表达访华愿望。1972年7月，基民盟副主席施罗德应邀访华，临行前还专门拜访了社民党勃兰特总理和谢尔外长，听取他们的意见。③ 访华期间，施罗德同中国外交部副部长兼中国人民外交学会会长乔冠华就两国建交问题签署了"内部谅解方案"。同年10月10日，联邦德国外长谢尔访华，中国和联邦德国正式签署建交公报。1971年5月，澳大利亚非执政的工党领袖惠特拉姆致函周恩来，希望访华。当时澳大利亚自由党政府也很关注对华关系，但却瞻前顾后，不停地窥视美国态度。这种情况下，同年7月，惠特拉姆为首的工党代表团顺利应邀访华，受到周恩来的接见，在澳国内引起很大反响。1972年12月4日，工党赢得大选，21日中澳双方发表建交公报。

与英、德、澳非执政党交往有一个共同点，即三国非执政党都曾是或将是本国的执政党。相比之下，日本"五五体制"之下的非执政党则有"万年在野党"之称。从新中国成立到1970年10月日本社会党代表团第五次访华之前，日本与中国往来的非执政党主要是日本社会党和共产党，目标任务是以推动两国民间交往、贸易为重点，为恢复两国邦交打基础。从20世纪50年代初到20世纪70年代末，日本社会党始终是中共与日非执政党交往的主角，特别是在1970年之前。

---

① 中共中央文献研究室编：《毛泽东年谱（一九四九—一九七六）》（第二卷），北京：中央文献出版社，2013年版，第271—272页。
② 中共中央文献研究室编：《周恩来年谱（一九四九—一九七六）》（上卷），北京：中央文献出版社，1997年版，第410页。
③ 王殊：《中德建交亲历记》，北京：世界知识出版社，2002年版，第75页。

从 1952 年开始到中日建交，社会党每年都有国会议员访华，是访华议员人数最多的党派。据统计，从 1949 年至 1972 年 9 月为止，日本各党派国会议员的访华总人数为 578 人。其中社会党一党即占 276 人（占将近一半的比例），自民党 208 人、公明党 23 人、共产党 16 人、民社党 11 人、其他党派 44 人。① 社会党还于 1957 年、1959 年、1962 年、1964 年、1970 年、1975 年、1977 年、1978 年先后八次组成正式代表团访华。

中日建交前，与日非执政党交往的一个重要方面就是共同反对美帝国主义。1959 年 3 月，浅沼稻次郎率领日本社会党代表团第二次访华期间，发表谴责美帝国主义的演讲，引起强烈反响，也遭到日本国内右翼分子的记恨，于 1960 年 10 月被刺杀。浅沼主张中日共同反美，致力于发展中日邦交，被称为"浅沼精神"。1961 年 6 月，日本共产党国会议员访华代表团与中国全国人大代表团发表共同声明，谴责"美帝国主义的实力政策""是全世界人民的敌人""是中日两国人民的共同敌人"②。中日建交以后，中方在与日方谈判和平友好条约中，根据中日联合声明第七款，主张把反对霸权主义（主要是针对苏联）写进条约，但日方因害怕苏联以不针对第三国为由拒绝。而日本社会党对中方关于反霸的主张表示支持。1975 年 5 月 12 日，社会党访华代表团与中方发表联合声明，"双方一致认为要反对两个超级大国的霸权主义。"1976 年 1 月 21 日，日本社会党日中特别委员会访华团访华时，团长下平正一明确表示，缔结日中和平友好条约必须把两国政府联合声明第七条反霸权条款写入条约正文，只能在联合声明的基础上前进，不能后退，我们决心坚持这个方针。③

---

① 胡鸣：《日本在野党与中日邦交正常化》，载《日本研究》，2010 年第 2 期，第 100 页。
② 《中华人民共和国全国人民代表大会代表团同日本共产党国会议员访华代表团的联合声明》，http://www.npc.gov.cn/wxzl/gongbao/2000-12/25/content_5000768.htm。
③ 《日本社会党日中特别委员会访华团举行告别宴会》，载《人民日报》，1976 年 1 月 22 日，第 4 版。

与日非执政党交往的另一项任务则是发展中日友好关系，促进中日邦交正常化。1959年3月社会党访华与中方发表的共同声明中，即把"政治三原则"①确定为两国关系正常化的基本原则。1961年6月，日共国会议员代表团访华与中国全国人大代表团发表共同声明，进一步确认了前两次共同声明的原则立场，"双方坚决谴责日本池田政府所采取的敌视中国，追随美国，制造'两个中国'的反动政策"；强调"早日恢复两国的邦交，是符合于两国人民的要求的"②。1971年6月，以竹入义胜委员长为团长的公明党访华代表团首次访问中国，提出了承认中华人民共和国政府是代表中国人民的唯一合法政府等"复交三原则"，受到中方高度重视。③ 1972年3月6日，日本民社党首次派代表团访华，在与中方的共同声明中，第一次明确表述了"复交三原则"。④ 1972年7月7日，田中角荣出任首相，明确表示要尽早实现中日邦交正常化；日本社会党佐佐木更三委员长再次应邀率社会党代表团访华。周恩来在会见时第一次明确表示对田中访华的邀请。佐佐木刚回国，公明党竹入义胜委员长即被中方邀请再次访华；竹入将与周恩来会谈内容整理带回给田中首相，完成了大量的事先沟通工作。⑤

这一时期与日本等国的非执政党交往主要围绕促进国家关系、建立邦交的主题展开。即便是与中共有共同信仰的日共，在与中共交往中，除了意识形态、思想理论、革命经验、社会主义阵营的团结以及党务工作等方面的内容外，一个十分重要的方面就是要促进两国经贸文化交流，推动两国邦交正常化。

---

① 即：日本政府不能敌视中国；日本政府不能追随美国，搞"两个中国"的阴谋；日本政府不要阻碍中日两国关系向正常化发展。参见《中国人民外交学会会长张奚若、日本社会党访华代表团团长浅沼稻次郎共同声明》，载《新华半月刊》，1959年第7期，第39—40页。
② 《中华人民共和国全国人民代表大会代表团同日本共产党国会议员访华代表团的联合声明》，http://www.npc.gov.cn/wxzl/gongbao/2000-12/25/content_5000768.htm。
③ 黄大慧：《日本公明党与中日邦交正常化》，载《东北亚论坛》，2007年第3期，第120页。
④ 胡鸣：《日本在野党与中日邦交正常化》，载《日本研究》，2010年第2期，第101页。
⑤ 孙平化：《中日友好随想录》，载《世界知识》，1986年第5期，第26页。

（三）20世纪70年代末到20世纪80年代末：与非执政党交往的起步阶段

20世纪70年代末以来，随着对外方针政策的调整，中国共产党开始打破意识形态的制约，全面发展与各国各类政党的关系，形成了全方位、多层次的政党外交格局，其中一个重要方面就是与非执政党的关系。但是，由于非执政党不掌握政权，而且与执政党及政府存在政治上的矛盾对立，因此与非执政党的关系经历了一个逐渐发展过程。20世纪80年代可谓与非执政党交往的探索起步阶段。据统计，1979年至1987年的九年间，与中国共产党有来往的各国政党分别为32个、46个、46个、36个、56个、91个、93个、93个、127个，其中在野党分别为17个、20个、21个、20个、27个、51个、38个、46个、67个，所占百分比分别为53%、43.4%、45.7%、55.6%、48.2%、56%、40.9%、49.5%、52.8%。① 就此进行分析，主要有以下几点：

其一，与资本主义国家具有合法地位的非执政共产党的往来占了很大比重，其中不仅包括与诸如意大利等遍及欧亚美各洲近40个传统老党恢复关系、多次往来，而且还同这些国家历史上从老党分裂出来或独立组建的新党保持密切往来，如法国马列主义共产党、法国革命共产党、西班牙人民共产党、希腊共产党（国内派）、比利时马列主义共产党、瑞典左翼党（共产党人）、挪威工人共产党（马列）、挪威社会主义左翼党、澳大利亚共产党（马列）、新西兰共产党（马列）、阿根廷革命共产党、秘鲁共产党（红色祖国）、玻利维亚共产党（马列）、印度共产党（马）、孟加拉国共产党（马列）等等。

其二，以社会党为突破方向，积极发展同西方发达国家主要非执政党的关系。1981年2月，应中共中央总书记胡耀邦邀请，由社会党领导人弗朗索瓦·密特朗率领的法国社会党政治代表团访华，中法两

---

① 数据系作者根据承厚浩发表于《国际共产主义运动》1984年第4期至1988年第2期的《十一届三中全会以来我党与世界各国政党往来大事记》整理加工而来。

党正式建立了关系,开了社会党与中共关系的先河。同年5月,法国社会党在大选中获胜,成为执政党。1984年5月28日至6月3日,应中共邀请,由主席维利·勃兰特率领的联邦德国社民党代表团访华。胡耀邦总书记在讲话和会谈中阐述了两党超越意识形态的差异的主张,宣布中国共产党愿意同一切愿同我们建立联系的社会党、社民党、工党发展各种形式的友好交往。① 由于勃兰特同时还担任社会党国际主席,因此他的访问具有标志性意义。之后,这一时期非执政的奥地利社会党、荷兰工党、比利时法语社会党、澳大利亚工党、西班牙工社党、意大利社会党等或应邀访华,或邀请中共代表团往访。这些政党一般都是曾经执政或将有可能执政。日本社会党继承20世纪70年代末之前与中共长期友好往来的传统,更加积极开展与中共频密互访。1983年3月,日本社会党代表团应中联部邀请访华,4月双方决定正式建立两党关系。之后,两党每年互派高级别各种形式代表团交流,1985年3次,1986年2次,1987年高达6次,1988年4次,② 对促进两国关系发挥了重要作用。

其三,开始发展与拉美等地区主要非执政党的关系。1984年7月,应中共邀请,由党的总书记阿兰·加西亚率领的秘鲁阿普拉党代表团访华,胡耀邦总书记在会见时指出:我们愿意与你们发展关系,不仅我们两党的关系,而且两国的交往也有广阔的前途。不论你们党是否执政,我们两党的关系都要发展,两党都可以推进两国经济关系的不断发展。③ 在此期间,诸如多米尼加劳动党、巴西劳工党、巴西工党、玻利维亚左派革命运动、智利基督教民主党等左翼、中间派在野党应邀访华。

总的看来,20世纪80年代中共虽然提出了超越意识形态的党际关

---

① 蔡武主编:《中国共产党对外工作大事记(1949.10—1999.12)》(下册),北京:当代世界出版社,2001年版,第501页。
② 数据系作者根据蔡武主编:《中国共产党对外工作大事记(1949.10—1999.12)》(下册),北京:当代世界出版社,2001年版统计而来。
③ 同①,第504页。

系准则，但交往对象除了共产党，主要还是社会党、工党等左翼政党；从地域上讲，高层次的非执政党代表团互访主要是与欧日发达国家社会党、与发展中国家非执政党的交往，高层次的互访主要集中在拉美地区，但也不多，亚洲地区则更少。20世纪80年代，在所谓全球"第三波民主化浪潮"到来之前，威权政党体制、军人独裁统治在亚洲、非洲、拉美都有不同程度存在，特别是在非洲一党制或受一党制影响的政党体制普遍存在的情况下，非执政党的对外活动很容易受到包括体制以及自身需求在内的各种因素的制约。这一时期亚洲和拉美非执政党来访代表团不多，但中共应执政党邀请，在条件允许的情况下，一般都会与非执政党进行会见、交流、接触，这也是同包括发达国家在内的各国非执政党交往的一种主要方式。

（四）20世纪80年代末到20世纪90年代末：与非执政党交往逐步发展时期

1992年中共十四大召开，在开展政党外交方面，将"发展我国同各国共产党和其他工人阶级政党的关系"调整为"发展我党同各国共产党和其他政党的关系"；1997年中共十五大召开，将其进一步调整为"同一切愿与我党发展交往的各国政党发展新型的党际交流和合作关系，促进国家关系的发展"，明确要求把服务国家利益和国家关系作为政党外交的基本出发点。进入20世纪90年代，就中外形势而言，一方面，中共开启了社会主义市场经济，加快改革开放步伐，在经历了20世纪80年代末90年代初的历史变局后，执政地位进一步巩固；另一方面，东欧剧变、苏联解体引发苏联原加盟国、中东欧国家及整个非洲地区政党政治大变革，纷纷改行多党制，原来的社会主义政党有些改了名字，勉强保住了执政权，大多数纷纷下台成为非执政党，加上一大批新政党成立，构成了这一时期世界政党格局的新景观。在这种背景下，政党外交始终紧扣服务国家总体外交的要求，以保持国家关系持续稳定为出发点，在全面发展同执政党关系的同时，积极稳妥、有重点有分别地发展同非执政党的关系。

一是积极做发达国家非执政党工作，在打破"制裁"的基础上进一步深化双边关系。如前所述，1989年政治风波发生后，西方国家联合起来对中国进行所谓"制裁"，国家政府之间关系陷入僵局，一些国家执政党不方便、不愿意与中共往来。对此，中共在坚持做各国执政党（如日本自民党、法国社会党）工作的同时，大力加强对非执政党的工作。一方面，积极开展与西班牙、法国等一些国家共产党的交往，争取其对中国的理解和支持。这些党一度对1989年政治风波表示不理解甚至谴责。中共按照讲清原则立场、不咎既往、注重团结的精神，主动派代表团往访做解释说明。1990年，应西共、意共邀请，朱良率中共代表团往访，同时主动邀请这些共产党访华；1991—1992年意大利重建共产党、西班牙共产党、法国共产党先后访华。另一方面，着重做德、法、意、澳等国家主要非执政党的工作，其中包括作为左翼的社会党和这些国家主要的右翼政党。就前者而言，以德国社民党为例，1989年政治风波发生后，该党曾谴责中共"践踏人权"，单方面中断与中共的党际关系，但随着中国社会主义市场经济目标的确立和改革开放不断取得显著成效，该党逐渐改变了态度，恢复了对话和互访，1992年至1994年，该党的联邦议员、中层干部、艾伯特基金会负责人每年多次访华，1995年该党副主席格梅林应邀访华，直到1998年该党上台执政，都与中共保持密切接触。就后者而言，1990年与西班牙社会民主中心党、法国保卫共和联盟、奥地利人民党等进行接触。1991年澳大利亚自由党和国家党连续访华，特别是1991年3月，法国保卫共和联盟总书记朱佩应中共邀请访华，开拓了对法政党外交工作的新局面。①

二是为营造良好的周边环境，在发展同周边亚洲国家政党关系中，加强对主要非执政党的工作。20世纪80年代末，中共开始借鉴同非洲

---

① 王家瑞主编：《中国共产党对外工作90年》，北京：当代世界出版社，2013年版，第163—164页、168页。

民族主义政党发展关系的经验,积极发展同亚洲国家特别是周边亚洲国家政党关系,所不同的是,不仅积极发展同执政党的关系,而且积极发展同非执政党的关系,尤其是那些曾经是或有可能在未来成为该国执政党的非执政党关系,把同执政党和非执政党的关系结合起来。1990年至1993年,中共在同印共(马)、尼共(联合马列)等政党保持良好关系的基础上,先后同尼泊尔大会党、孟加拉国民族主义党和人民联盟等建立了关系。到1993年,中共同印度、巴基斯坦、尼泊尔、孟加拉国、斯里兰卡等南亚各国的所有执政党和主要非执政党都建立了关系。1993年4月,尼共(联合马列)代表团访华,总书记班达里转达了尼泊尔首相柯伊拉腊对中国领导人的问候,柯伊拉腊首相重申在尼泊尔国土上不允许任何人进行反华活动。[①] 1992年中韩建交后,中共先后与民主自由党(大国家党)(1993)、新政治国民会议(1998)建立友好关系。这些政党都表示,无论是执政或非执政,都希望保持对中国党和国家的积极友好关系。20世纪90年代初,蒙古国实行多党制后,中共在发展同传统老党人民革命党关系的同时,相继与蒙古社会民主党、民族民主党建立关系,这三个政党于1997年年底组成统一代表团访华,1998年8月中共代表团应三党邀请往访,这是自20世纪90年代初蒙古国实行多党制以来,中共代表团首次同时应蒙古国朝野政党邀请访问蒙古国,双方一致认为政党关系是国家关系的重要组成部分,对促进国家关系的发展发挥着重要作用;都表示希望同中共开展更加广泛的接触和交流,增进了解,加强合作。[②] 1997年亚洲金融危机对东南亚国家造成严重冲击,印尼等国家的长期执政党受到反对党的攻击,反对党趁势而起,打破执政党原来一统天下的政治格局。中共在发展同印尼执政党关系的同时,积极发展同非执政

[①] 《中国共产党对外工作概况》编委会编:《中国共产党对外工作概况1994》,北京:当代世界出版社,1994年版,第89—90页。

[②] 《中国共产党对外工作概况》编委会编:《中国共产党对外工作概况1999》,北京:当代世界出版社,2000年版,第99—100页。

党关系。2000年,印尼专业集团党、民主斗争党以及五个伊斯兰党派分别组团访华,同中共正式建立关系。

三是为推进国家关系特别是发展与未建交国关系,进一步加强与拉美国家非执政党往来。如前所述,1989年政治风波发生后,由于阿根廷、巴西等拉美主要国家给予中国有力支持,中共更加积极地把拉美地区作为开展政党外交的重点,在发展同执政党关系同时,积极发展同非执政党的关系。从1990年至1997年,中共先后与阿根廷、巴西、墨西哥、委内瑞拉、玻利维亚、乌拉圭、牙买加等国家主要非执政党往来,建立党际关系或保持高层交往。玻利维亚民族主义行动党(1991)、墨西哥社会主义人民党(1992)、乌拉圭白党(1996)、委内瑞拉基督教社会党(1997)等政党非执政时主动邀请中共代表团往访,为中方广泛联络这些国家的执政党、政府和议会要员牵线搭桥。1995年4月,委内瑞拉基督教社会党总书记D.拉米雷斯率代表团访华时表示,基社党现虽为非执政党,但对国家负有重大责任。这次访华的目的之一,就是研究、借鉴中国的经验,作为将来执政、治国的参考。① 1997年11月,非执政的阿根廷激进公民联盟代表团访华,中共中央政治局委员温家宝在会见时指出,激进党作为阿国内一支重要政治力量,无论在执政还是在野期间都把发展阿中关系作为对外政策的重要内容。② 与非执政党的往来对维护中国与这些国家关系的持续稳定发挥了重要作用。同时,中共开始积极致力于发展同这一地区非建交国非执政党的关系,服务于国家的"涉台外交"。东欧剧变、苏联解体后,台湾当局加强与中国大陆官方进行所谓的"外交"争夺。拉美地区是台湾当局所谓"邦交国"主要集中的地区。台湾当局试图以"银弹外交"拓展其所谓的"国际空间",又千方百计阻止其"邦交

---

① 《中国共产党对外工作概况》编委会编:《中国共产党对外工作概况1996》,北京:当代世界出版社,1996年版,第302页。
② 《中国共产党对外工作概况》编委会编:《中国共产党对外工作概况1998》,北京:当代世界出版社,1999年版,第200页。

国"及执政党与我往来。这样,政党特别是非执政党便成为与这些国家联系的重要窗口渠道。到 1997 年,中共已同拉美非建交国中的 10 个国家的 24 个政党建立了联系。① 除了 20 世纪 80 年代即开始往来的左派政党外,还包括诸如巴拿马民族主义共和自由运动、民主革命党、基督教民主党,巴拉圭红党、真正激进自由党,洪都拉斯国民党、自由党,多米尼克工党,格林纳达统一工党,哥斯达黎加民主力量党,海地民族主义革命进步党,萨尔瓦多法拉本多·马蒂民族解放阵线,危地马拉全国革命联盟等,其中既有执政党,也有非执政党,以后者为主,从而极大促进了与非建交国的国家关系,为与一些国家最终建交奠定了基础。

四是妥善应对东欧剧变、苏联解体和一些国家的多党制变革,稳妥发展与苏联原加盟国、中东欧国家新党、非执政党的关系。东欧剧变、苏联解体后,苏联一分为十五、南斯拉夫一分为五(后来进一步一分为六)、捷克斯洛伐克一分为二,这些新独立国家和东欧曾经的社会主义国家都纷纷改行多党制,政党或改旗易帜,或重新组合,新党纷纷成立,政党政治形势复杂多变。1993 年年底,随着新宪法的通过,俄罗斯逐渐形成了左翼、中间派、右翼和民族主义四大政治力量并存的多党制格局,但由于政治体制的制约,不存在严格意义上的执政党与非执政党的分野。中共本着慎重适应、因势利导的方针,淡化意识形态因素的影响,积极稳妥地与俄各政党开展政党外交,先后邀请"亚博卢集团"领导人、俄罗斯农业党代表团、俄共代表团访华,促进了中俄国家关系的改善。在独联体国家,中共抓住这些国家在独立之初愿与我全面发展关系的有利时机,在重点发展与哈萨克斯坦、乌兹别克斯坦、塔吉克斯坦、土库曼斯坦、阿塞拜疆、亚美尼亚等国执政党关系的同时,也积极发展与这些国家非执政党的关系,特别是与这些国家以共产党为代表的左翼政党的关系,对维护推动中国与该

---

① 周余云:《相交无远近 万里尚为邻——十四大以来中国共产党与拉美政党的交往》,载《拉丁美洲研究》,1998 年第 1 期,第 2 页。

地区国家关系稳定发展产生了重要影响。在东欧地区，中共根据党际关系四项原则，有秩序地进行政党交往，首先与这一地区那些的改名原执政党发展关系，因为这类政党在当时反共反社会主义声浪高涨的情况下，往往是被排挤的对象，与它们建立联系，难度相对较小；随后，又把交往面扩展到新建或改建的左翼政党；1993年开始，交往范围逐渐扩大到其他中左翼政党以及一些对华友好的中右翼政党，其中在数量上以非执政党为主体。① 1997年11月，中联部代表团访问罗马尼亚，广泛接触罗朝野政党，会见了主要反对党、原执政的社会民主主义党主席伊利埃斯库等领导人以及社会主义劳动党和大罗马尼亚党领导人，对方均表示将努力促进党际关系和国家关系的发展。② 1998年8月，保加利亚社会党代表团应邀访华，该党珀尔瓦诺夫主席在会见中表示，保社会党今后不论是否执政，都将为增进两国和两国人民之间的友谊而努力。③

（五）21世纪以来：与非执政党交往全面拓展的新时期

进入21世纪以来，世界处于大变革、大调整、大发展时期，世界政党政治空前活跃，政党活动范围不断拓展。随着中国特色社会主义取得举世瞩目的成就，世界各国政党、政治力量更加关注中国共产党，希望扩大与中共的交往交流。2002年中共十六大进一步强调，将在党际关系四项原则基础上，"同各国各地区政党和政治组织发展交流与合作"，第一次把"政治组织"列为交往对象；2007年中共十七大对此进行重申，从而突显非执政党更加重要的地位，在全方位、多渠道、宽领域政党外交格局的形成和政党外交机制化建设过程中，紧扣服务

---

① 王家瑞主编：《中国共产党对外工作90年》，北京：当代世界出版社，2013年版，第180—182页。

② 《中国共产党对外工作概况》编委会编：《中国共产党对外工作概况1998》，北京：当代世界出版社，1999年版，第332—333页。

③ 《中国共产党对外工作概况》编委会编：《中国共产党对外工作概况1999》，北京：当代世界出版社，2000年版，第200页。

国家关系稳定发展，进一步加强和拓展与国外非执政党的交往。

根据中共十六大"继续加强睦邻友好，坚持与邻为善、以邻为伴，加强区域合作，把同周边国家的交流与合作推向新水平"①的要求，在政党外交方面，重点加强与日本、俄罗斯、印度等大国大党的交流，不断加强与韩国、蒙古国以及东南亚、南亚、中亚国家主要政党的交往，尽可能推进对周边、大周边国家的全覆盖。2002年，中共与菲律宾两个非执政党——民主战斗党和民族主义人民联盟进行了友好交往，实现了与中国周边所有国家重要非执政党关系的建立；在大洋洲这一中国大周边地区，与澳大利亚工党、自由党，新西兰工党、国家党，以及瓦鲁阿图的政党瓦努阿库党、美拉尼西亚进步党等，无论执政还是非执政，都始终保持高层交往。按照中共中央关于"继续增强同第三世界的团结和合作，增进相互理解和信任，加强相互帮助和支持，拓宽合作领域，提高合作效果"②的外交部署，继续开拓与拉美地区政党的关系。21世纪以来，随着新自由主义弊端的进一步显现，拉美国家经济和社会问题不断加重，一些传统大党日渐衰落，涌现出一些新的政党，使执政党和非执政党的格局发生了很大变化，进一步充实了非执政党队伍。新老政党迫切希望同中共加强治国理政经验的交流。中共采取"突出重点，兼顾一般，提高质量，讲究实效"的工作方针，不仅保持同当前执政党关系，而且着眼于加强对作为"明日执政党"的非执政党的工作。拉美有十余位总统在当选前曾代表非执政党、作为中共党宾访华。③中共特别把与未建交国政党的政党外交放在十分重要的位置。就与非执政党关系而言，2000年以后与哥斯达黎加的政党交往主要以非执政党为对象，2000年6月、2004年10月，哥新成立的"改革2000"领导人莫利纳、非执政的民族解放党领袖阿里亚斯先

---

① 江泽民：《江泽民文选》（第三卷），北京：人民出版社，2006年版，第567页。
② 同①。
③ 王家瑞主编：《中国共产党对外工作90年》，北京：当代世界出版社，2013年版，第226页。

后应邀访华;2006年2月,阿里亚斯当选哥总统;2007年6月1日,中哥正式建交。另外,2005年1月中国与格林纳达复交前,也曾多次与该国最大非执政党民族民主大会党接触并邀请其访华。

进入21世纪,政党外交积极配合对非外交战略,开始发展与非洲国家非执政党的交往。20世纪90年代初,非洲大多数国家在"第三波民主化浪潮"冲击下,纷纷改行多党制,原有的政党格局被打乱。1998年,非洲之角、中部非洲、南部非洲和西部非洲先后爆发了冲突和战争,撒哈拉以南非洲有十多个国家卷入到战争中,政局动荡。在政局恢复平静后,非洲多数国家多党选举成为常态。中国积极实施"走出去"的方针,非洲在中国对外交往中的地位上升,因此,中共在加强对非洲国家执政党交往的同时,也开始发展与一些非洲国家非执政党的关系。但由于历史、部族和西方势力介入等因素影响,非洲许多国家执政党与非执政党往往矛盾尖锐。因此,中共发展与非洲国家非执政党的关系时往往比较慎重,形式上以应执政党邀请顺访非执政党的情况居多。1998年7月,中共中央政治局委员黄菊率中共代表团应毛里求斯执政党工党邀请往访,其间拜会了主要非执政党社会主义战斗运动和战斗党两党领导人,他们均表示,代表团的会见体现了中共对毛各政党一视同仁、不忘老朋友的情谊,两党虽然非执政,但不会改变对华政策,将来执政后将继续奉行对华友好政策,希望继续加强同中共的关系。[①] 2000年7月,中联部工作小组访问莱索托王国,不仅与执政党领袖、政府首相举行会谈,而且还同莱索托七个非执政党领导人进行了集体会晤,重点阐述了我对台湾问题的原则立场,莱方表达了对华友好的积极态度。[②] 2005年,南非最大反对党——民主联盟领袖利昂应邀访华;2008年,赞比亚、博茨瓦纳反对党代表团分

---

① 《中国共产党对外工作概况》编委会编:《中国共产党对外工作概况1999》,北京:当代世界出版社,2000年版,第178—180页。
② 《中国共产党对外工作概况》编委会编:《中国共产党对外工作概况2001》,北京:当代世界出版社,2002年版,第264—265页。

别访华；2009年11月，中共中央政治局委员王兆国访问南非期间再次会见民主联盟领袖特罗利普。

世纪之交，随着经济全球化和世界多极化的不断发展，各大国之间利益彼此牵连又相互借重，大国之间在竞争中加强合作，特别是作为快速发展、国际地位日益提高的中国与西方大国之间既有矛盾也有很多利益交汇点，表现在党际关系上，中共与西方国家政党都有加强沟通交往的愿望，特别是西方国家政党，无论其立场谱系是左是中还是右，为了发展双边关系和国际合作，与中共开展党际交流的希望都越来越强烈，无论是否执政，都把与中共的交往放在十分重要的位置，完全打破了之前低迷有限的状态。德国等大国的大党，无论是否执政，都积极发展与中共的关系。以德国社民党为例，在社民党非执政（参政）的八年时间（2006—2013年）里，与中共的往来为33次，而在几乎同样长的执政时间（1998—2005年）里，为21次，①非执政（参政）期间往来次数远远高于执政期间。一般来说，政党一旦不执政，虽然失去行政资源，但身份也更加方便灵活。联盟党（基民盟、基社盟）作为德国右翼政党，一直对与中共交往存有顾虑，但1998年成为非执政党后，2000年即与中共接触，基民盟政治家代表团先后于2001年4月、2002年3月访华；2002年，中联部与联盟党阿登纳基金会举办了首次政党对话研讨会，之后该研讨会两党每两年举行一次；2003年9月、11月，该党两次派高级别代表团访华，并与中共建立正式党际关系，基民盟正式邀请中共派团参加该党第十七次党代会，这对基民盟来讲是"非常重要的新事物""这在过去是根本不可想象的"②。英国保守党在1997年败选后，从1999年开始，每年都与中共有1—3次的交往，并于2002年4月"以党的名义"邀请中联部代表团访问英

---

① 根据《中国共产党对外工作概况》编委会编：《中国共产党对外工作概况》，北京：当代世界出版社对应各卷统计而成。
② 《中国共产党对外工作概况》编委会编：《中国共产党对外工作概况2004》，北京：当代世界出版社，2005年版，第294页。

国，于 2003 年 2 月首次应中共中央邀请正式派党的代表团访华。① 法国社会党、保卫共和联盟、英国工党，以及西欧、北欧其他国家的政党，无论是否执政，都积极发展与中共的关系，始终保持双方关系的热度。

此外，中东欧、波罗的海、独联体国家经过多年政治体制的转型，基本形成了各具特色的多党制，由于中国改革开放取得了举世瞩目的成就，这些国家政党也都渴望发展与中共的关系。中共按照"突出重点，不断开拓"的精神，着眼于发展同执政党和主要非执政党的关系，包括一些新成立的右翼政党的关系。而这些地区国家的政党，特别是一些东欧国家政党迫切希望与中共就经贸合作进行交流。1998 年，保加利亚社会党主席珀尔瓦诺夫和前主席利洛夫在应中联部邀请访华时直言两国经贸关系的发展水平不尽如人意，指出保虽是小国，市场不大，但地处东欧中心，是东西方交汇点，愿成为中国通向黑海和地中海的桥梁。② 2004 年，匈牙利民主论坛主席达维德在应中联部邀请访华时表示，经贸合作是党际交往中永恒的话题，希望双方在党际交往和议会交往中注入经济因素，建立起新型的经贸关系，并表示欢迎中国企业到匈牙利投资建厂。③ 波兰农民党等其他一些东欧政党非执政时也都表达过希望拓宽经济合作渠道，加强交流与合作的愿望。

21 世纪以来，伴随着与执政党交往的不断扩展，中共与非执政党交往在地域上全面延伸到了亚洲、非洲、拉美、欧洲及大洋洲，并在政党交往机制化进程中，形成了诸如备忘录、定期论坛研讨等机制化

---

① 1999 年之前，英国保守党与中共仅在 1993 年有 1 次接触；1998—2010 年在野期间该党与中共交往的次数为：1999 年 2 次、2001 年 1 次、2002 年 2 次、2003 年 1 次、2004 年 2 次、2005 年 1 次、2006 年 2 次、2007 年 2 次、2008 年 1 次、2009 年 3 次。数据系作者根据《中国共产党对外工作概况》编委会编：《中国共产党对外工作概况》系列丛书统计整理而来。

② 《中国共产党对外工作概况》编委会编：《中国共产党对外工作概况 1999》，北京：当代世界出版社，2000 年版，第 201 页。

③ 《中国共产党对外工作概况》编委会编：《中国共产党对外工作概况 2005》，北京：当代世界出版社，2007 年版，第 411 页。

交往形式，这些许多都是与中共交往的政党非执政时期达成的。2006年7月，胡锦涛总书记会见来访的日本最大非执政党民主党党首小泽一郎，双方一致同意建立两党交流机制，不仅对非执政党交往，而且对总体上的政党外交都具有标志性意义。2010年，中美政党高层对话和中欧政党高层论坛先后建立，不仅为与欧洲国家和美国的执政党，也为与其非执政党交流搭建了重要平台。

三、同执政党与非执政党发展党际关系的历史经验

回顾历史不难发现，中国共产党在政党外交中，始终注意处理好与实行西方竞争性政党政治国家执政党和非执政党的关系。以党际关系促进国家关系、维护国家利益为基本出发点，在重点发展与执政党关系的同时，积极发展同非执政党的关系，把发展同执政党与非执政党关系作为保持国家关系持续稳定的重要渠道，充分发挥执政党、非执政党各自的优势特点。既注意执政党与非执政党之间的对立矛盾，又认识二者之间的关联统一，在实践中放眼长远，把握分寸，特别是在发展同非执政党的关系时，注重处理好同执政党及政府的关系。

（一）推动形成执政党和非执政党共同致力于维护发展双边关系的普遍共识

在西方竞争性政党体制下，政党轮流坐庄、上台下台是一种常态。执政党与非执政党角色往往定期不定期地轮换，这使一个国家内外政策的连续性难免受到冲击和影响。基于这样的认识，中共政党外交始终既发展与执政党的关系，同时又发展与非执政党的关系，为保持国家关系的持续稳定与发展创造条件。这一做法也受到各国政党的普遍赞赏。1998年3月，中联部副部长李成仁应邀访问韩国期间，韩外交通商部部长朴定洙表示，中共在同韩执政党发展友好关系的同时，也与非执政党建立发展关系，这有利于促进两国关系的发展；其间，李成仁拜会了非执政党大国家党秘书长徐清源，国民新党总裁、韩国前

议长李万燮等人,就中共与韩政党关系及相互关心的问题广泛地交换了意见。① 2000年朱镕基访问日本时,会见了自民党、公明党、保守党三大执政党领导人和民主党、共产党、社民党等主要非执政党党首;同年尉健行访问欧亚四国,不仅会晤了往访国的元首、政府首脑和议会领袖,而且与执政党和重要非执政党领导人会谈或会见。② 2006年11月,胡锦涛主席访问印度期间,会见了国大党主席索尼娅·甘地、反对党人民党领导人阿德瓦尼,并集体会见了印共(马)、印共和全印前进同盟等非执政党领导人。③ 中共领导人、代表团组出访期间,既与执政党及政府要员会见会谈,又与非执政党要员接触交往,这早已是一种普遍现象,也为各国党普遍认同接受。

实际上,由于中共、中国在国际上的重要影响力,许多政党希望始终与中共保持良好的关系,希望中共不因它们不是执政党而改变态度。1992年4月,执政的孟加拉民族主义党总书记塔鲁克达尔对到访的中共代表团说:"孟加拉国实行多党民主政治,这次我们党执政,下一次可能落选,固然执政党之间关系重要,但依我看来,不论是和台上党的关系还是和台下党的关系都是重要的。"中共代表团表示,在一个国家,哪一个党执政,是其内部事务。一般地说,作为党的关系,不因为一方党的地位发生了变化而改变。在台上两党有友好关系,将来如果情况变了没有新的制约因素,两党依然是朋友。④ 一些政党下野后,对中共仍然与其保持和发展友好关系表示钦佩和感谢。1998年12月,蒙古人民革命党总书记额奈比希率团访华时表示,近些年来,中国共产党在蒙古国国内发生很大变化,在蒙古人民革命党成了非执政

---

① 《中国共产党对外工作概况》编委会编:《中国共产党对外工作概况1999》,北京:当代世界出版社,2000年版,第80—82页。
② 《中国共产党对外工作概况》编委会编:《中国共产党对外工作概况2001》,北京:当代世界出版社,2002年版,第2页。
③ 《中国共产党对外工作概况》编委会编:《中国共产党对外工作概况2007》,北京:当代世界出版社,2008年版,第144页。
④ 蒋光化:《访问外国政党纪实》,北京:世界知识出版社,1997年版,第640页。

党的情况下，中共依然坚持同人革党友好往来，这充分说明了中共重视同人革党的关系。① 2000 年 10 月，中共中央政治局常委尉健行率中共代表团访问蒙古国，非执政的蒙古社会民主党主席贡其格道尔吉表示，现在蒙古社会民主党成了非执政党和议会外政党，中共代表团在访蒙期间仍会见我们，使我们深受感动，希望两党关系进一步发展。②

正是由于中共是大国大党，在国际上具有重要影响力，许多国家政党把发展同中共的关系作为国内竞选和党派斗争的筹码。一些非执政党往往会把访问中国作为自己选举的策略，把访问行程安排在选举之前。1981 年 2 月，法国社会党领导人弗朗索瓦·密特朗应胡耀邦总书记邀请率该党政治家代表团访华，中共给予了代表团应有的礼遇，三个月后密特朗在大选中获胜，当选法国总统。后来社会党领导人在见到中共领导人时，不止一次地感谢中共对密特朗访华的邀请和接待。随行来访的该党第一书记若斯潘对能来中国访问非常感动，认为法国社会党派最高级代表团访华是一个"历史性事件"。③ 类似的访问还有：1984 年 7 月，秘鲁阿普拉党领导人阿兰·加西亚率党代表团访华，次年大选获胜，当选总统；1989 年 4 月，智利基督教民主党代表团访华，同年 12 月在大选中获胜，成为执政党；等等。另外，一些执政党对自己非执政期间与中共保持友好往来感到自豪，并对中共表示感谢。1997 年 8 月，智利执政党基民党众议长马丁内斯在会见中共友好代表团时表示，早在基民党非执政时期，中共就邀请该党领袖艾尔文访华，这是一种友好的姿态。④ 1998 年 1 月，巴基斯坦执政党穆斯林联盟（谢里夫派）主席谢里夫在会见到访的中联部代表团时，对他

---

① 《中国共产党对外工作概况》编委会编：《中国共产党对外工作概况 1999》，北京：当代世界出版社，2000 年版，第 100—101 页。

② 《中国共产党对外工作概况》编委会编：《中国共产党对外工作概况 2001》，北京：当代世界出版社，2002 年版，第 164、167 页。

③ 王家瑞主编：《中国共产党对外交往 90 年》，北京：当代世界出版社，2013 年版，第 149—150 页。

④ 《中国共产党对外工作概况》编委会编：《中国共产党对外工作概况 1998》，北京：当代世界出版社，1999 年版，第 382 页。

1996年作为反对党领袖访华受到中方高规格礼遇表示由衷感谢，表示他作为穆盟主席和政府总理，将不遗余力地发展巴中友好合作关系。①

在与中共交往中，许多政党表示，自己虽为非执政党，但仍要积极促进双边关系。2006年4月，罗马尼亚社会民主党代表团访华时表示，该党2001—2004年执政期间，见证双边签订了多项大型项目合作协议，现虽为非执政党，但仍将发挥应有的作用，促进罗中关系发展。② 2006年4月，新西兰反对党国家党领袖布拉什应邀访华时表示，国家党支持工党政府发展与中国的政治、经贸往来，希望两国最终签署一个全面的、高质量的、平衡的、符合双方利益的自贸协定。③ 这表明，与反对党的沟通也有利于推动与执政党及政府间合作的落实。2007年11月，波兰民主左翼联盟党主席奥莱伊尼查克在会见到访的中共友好代表团表示，民左联党执政期间曾为发展波中友好关系做过很多工作，目前虽为非执政党，但将继续支持发展两国在政治、经济、文化、旅游等各领域的互利合作，在对华政策上继续向新政府建言献策，推动波兰社会就发展两国友好达成共识。④ 2009年4月，英国保守党议员代表团应邀访华，该党议员伯恩斯团长表示，保守党目前虽然是非执政党，但重视发展对华关系，愿继续加强双边关系。⑤ 非执政党对于促进国家关系具有十分重要的作用，已成为中共与各类政党的普遍共识。不断强化和扩大这一共识，也是中共处理执政党与非执政党关系的重要经验。

（二）准确把握运用执政党与非执政党的竞合关系，维护国家利

---

① 《中国共产党对外工作概况》编委会编：《中国共产党对外工作概况1999》，北京：当代世界出版社，2000年版，第72页。
② 《中国共产党对外工作概况》编委会编：《中国共产党对外工作概况2007》，北京：当代世界出版社，2008年版，第272—273页。
③ 同③，第371页。
④ 《中国共产党对外工作概况》编委会编：《中国共产党对外工作概况2008》，北京：当代世界出版社，2009年版，第211页。
⑤ 《中国共产党对外工作概况》编委会编：《中国共产党对外工作概况2010》，北京：当代世界出版社，2011年版，第237页。

益，促进国家关系

作为竞争性政党政治中既关联统一又矛盾对立的现象，中共始终坚持统筹而又区别的做法处理与执政党和非执政党的关系，准确把握二者的竞合关系，发挥非执政党为执政党及政府牵线搭桥的作用，或者利用非执政党在对华关系上与执政党的差异矛盾影响政府，促进国家关系，维护国家利益。新中国成立后，中共在对英、日等国家的交往，充分发挥了非执政党穿针引线的作用。如前所述，1954年针对英国工党来访，周恩来明确指出，英国工党虽然是反对党，但它来华访问实际上是得到英国外交部支持的。[1] 1972年7月，联邦德国基民盟副主席施罗德应邀访华，临行前专门拜访了社民党政府勃兰特总理和谢尔外长，听取他们的意见。[2] 在中日邦交正常化的过程中，非执政党在其中的作用是十分明显的，正如田中角荣所说："日中邦交正常化是政府最后完成的，但在野党为这一事业铺设了路基。"[3] 非执政党积极牵线搭桥，一个重要方面是出于国内党派斗争的需要，它们与执政党存在矛盾分歧。这正是中共与非执政党交往的重要着眼点，在一些涉及双边关系的重大问题上，根据非执政党与执政党的矛盾，有的放矢向执政党及政府施加影响。1958年5月9日，中国外交部副部长张闻天与苏联驻华临时代办晤谈，谈到中日关系时说，最近以来岸信介政府对中国很不友好，决定"对日本进行反击"。张闻天表示："主要打击的目标是岸信介政府。对日本社会党人和各种小的政治派别，将采取另外的态度，因为它们是政府的反对派。"[4] 联邦德国联盟党在1969年之前执政期间，坚持"哈尔斯坦主义"，拒绝承认社会主义国家，完全漠视同中国的关系；而在败选沦为非执政党后，猛烈攻击社民党政

---

[1] 中共中央文献研究室编：《周恩来年谱（一九四九——一九七六）》（上卷），北京：中央文献出版社，1997年版，第407页。
[2] 王殊：《中德建交亲历记》，北京：世界知识出版社，2002年版，第75页。
[3] 孙平化：《中日友好随想录》，北京：世界知识出版社，1986年版，第35页。
[4] 沈志华主编：《俄罗斯解密档案选编——中苏关系》（第八卷），上海：东方出版中心，2015年版，第42—43页。

府新东方政策的同时却没有把中国包括在内。社民党指责联盟党在中国问题上前后矛盾的主张"只是为了党派斗争的需要"①。这种情况下，周恩来"一反谈建交问题首先同政府接触的常规，决定邀请反对党领导人来华访问"②。日本公明党在中日邦交正常化过程中曾多次访华，发挥了积极作用，其领导人竹入义胜曾经说过："我决定访华，是因为我觉得在日中问题上能有所作为的话，一定对我们在选举中取胜有利。"③

20世纪70年代末以后，在世界上绝大多数国家与中国实现了邦交正常化、建立了外交关系的情况下，仍有一些小国并未与中国建立外交关系，而是与台湾当局保持着所谓的"外交关系"。与未建交国发展国家关系，进而压缩台湾当局的所谓"国际空间"，最终实现邦交正常化，是20世纪70年代末以来中国外交的一项重要任务。由于台湾当局的提防和阻挠，特别是进入20世纪90年代以来台湾当局试图强固"邦交"，这些国家的执政党在很多情况下不便、不愿出面与我交往。据此，中共便以这些国家非执政党为突破口，传递信息，制造舆论，对政府施加影响。与非执政党交往在我与拉美一些国家关系正常化的过程中发挥了独特作用，前述2007年6月1日中国和哥斯达黎加建交是这样，2005年与格林纳达复交也是与非执政党交往的结果。1989年格林纳达与台湾当局建立所谓的"外交关系"，中格两国外交关系随即中止。在台湾当局的控制拉拢下，该国直到1998年与中共连党际关系也没有。中共坚持以非执政党为对象寻求突破。1998年10月，中联部邀请格林纳达统一工党代表团访华，该党虽然只是议会第三大党，但1950年成立，资格老，且坚持一个中国原则；2002年9月，中联部再次邀请该党领袖迈克尔·巴普蒂斯特率团访华，巴普蒂斯特重申一

---

① 王殊：《中德建交亲历记》，北京：世界知识出版社，2002年版，第28、34页。
② 同②，第2—3页。
③ 胡鸣：《对中日邦交正常化中竹入义胜身份与作用的考辨》，载《中共党史研究》，2008年第5期，第57页。

个中国原则，明确表示愿为推动两国关系正常化继续努力。2003 年 8 月，格林纳达最大的在野党民族民主大会党访华，该党强调将坚持一个中国原则，并希望通过党际关系推动格中两国关系的发展。在非执政党的推动下，2005 年 1 月由新民族党执政的格林纳达政府与中国恢复了外交关系。

另外，同巴拉圭这样的未建交国虽然通过非执政党的渠道没有达到建交的目的，但促进了中巴双方关系的改善。1992 年、1994 年中共与巴拉圭执政的红党多次往来互动。但 1997 年李登辉"访问"巴拉圭后，我与巴执政党的关系几乎陷于中断，之后主要是同非执政党打交道。1997 年 10 月，巴拉圭最大非执政党真正激进自由党代表团应邀访华，双方就通过两党交流推动两国关系实质性发展问题交换了意见。2002 年、2003 年、2004 年，陈水扁"访问"巴拉圭后，我进一步加强与巴非执政党的往来。2002 年 5 月，巴拉圭二月革命党代表团访华，表示愿成为巴中友好的桥梁，积极推动两国关系实现正常化。2003 年 11 月、12 月，2004 年 1 月，巴拉圭真正激进自由党、亲爱祖国党、国家团结党先后访华。真正激进自由党表示，台湾问题纯属中国内政，相信中国政府有能力妥善解决，并表示愿为促进两国在各个领域的友好交流与合作而努力。① 亲爱祖国党表示，巴拉圭广大民众并不完全知道台湾问题的由来，更不清楚巴拉圭为什么不与中国建交。回国后，我们将向巴拉圭人民介绍台湾问题的由来和中国政府的原则立场，努力推动两国关系的发展。②

除了通过非执政党与未建交国发展关系之外，在国家关系处于紧张状态或受到不良因素干扰、中国国家利益受到损害的情况下，非执政党也是缓和关系促进发展的十分重要的渠道。1989 年政治风波发生

---

① 《中国共产党对外工作概况》编委会编：《中国共产党对外工作概况 2004》，北京：当代世界出版社，2005 年版，第 356 页。
② 《中国共产党对外工作概况》编委会编：《中国共产党对外工作概况 2004》，北京：当代世界出版社，2005 年版，第 357 页。

以后，作为西方阵营中的一员，工党执政下的澳大利亚加入"制裁"中国的行列中。但工党政府并不真正希望这样做，担心失去中国市场。为此，中共大力推进政党外交，特别是与非执政党交往。1990年10月21日至11月2日，应中国国际交流协会邀请，由副领袖布鲁斯·劳埃德率领的澳非执政党国家党代表团访华，成为1989年政治风波之后西方国家中第一个正式访华的右翼政党；同年11月19日至28日，反对党（自由党和国家党）联盟影子内阁贸易部长亚力山大·唐纳率领澳自由党代表团应邀访华，中共中央政治局常委李瑞环会见代表团，①这次访问对于打破澳乃至西方的"制裁"具有积极作用。1994年7月，以安德鲁·皮科克为团长的澳大利亚反对党自由党代表团应邀访华，皮科克表示，澳自由党虽是小党，但在国内政坛上很活跃，下次大选很可能上台执政，并称自由党比工党更坚定地奉行一个中国原则，对其在执政期间为发展两国关系作出的贡献感到自豪。②这再次表明，非执政党与执政党在对华关系上既有一致性，也有差异性。这种对立统一关系也体现在其他国家。1999年8月，韩国前国会议长金守汉率大国家党政治家代表团访华，金守汉等表示，在对华关系方面，韩国朝野没有分歧，但大国家党在促进两国关系方面更加积极和坚定。③这种差异，无疑是发展与这些国家执政党与非执政党关系需要特别关注的。2017年1月4日，韩国最大非执政党共同民主党议员团应邀访华，商谈美国在韩国部署萨德导弹系统问题，在这个问题上，韩国政府执意要部署萨德系统，而共同民主党与政府存在明显分歧，且该党在即将举行的韩国大选中民调支持率保持领先。这是利用非执政党施压执政党、保持国家关系稳定发展的又一例证。

---

① 蔡武主编：《中国共产党对外工作大事记（1949.10—1999.12）》（下册），北京：当代世界出版社，2001年版，第704、707页。
② 《中国共产党对外工作概况》编委会编：《中国共产党对外工作概况1995》，北京：当代世界出版社，1995年版，第269—270页。
③ 《中国共产党对外工作概况》编委会编：《中国共产党对外工作概况2000》，北京：当代世界出版社，2001年版，第211页。

第八章　正确处理与执政党和非执政党党际关系

在国家关系正常化的情况下,非执政党的桥梁纽带作用以新的方式体现出来。一方面,应邀访华的非执政党在本国执政党及政府和中共之间传递信息,这是一种常态。另一方面,一些非执政党以本党的名义邀请中共代表团、政要往访,同执政党及政府会谈会见。这种情况常见诸有"明日执政党"之称的非执政党,这类政党临时在野,仍有实力和影响力;一些政党虽然长期在野,但因其在国内的重要地位以及与中共长期友好关系,也发挥了同样的作用。1992年9月,应日本社会党中央执行委员会的邀请,中共中央政治局委员吴学谦率中共友好代表团访问日本,其间,吴学谦与社会党中央执行委员会委员长田边诚举行了两轮会谈,还拜会了日本首相富泽喜一,会见了众议院议长樱内义雄,日本前首相竹下登、中曾根康弘,自民党总务会长佐藤孝行,自民党最高顾问二阶堂进及日本工会总联合会会长山岸章等;此外,代表团还分五路赴日本14个都、道、府、县参观访问,会见了当地政府官员,并与各界人士进行广泛接触。① 1995年11月,应葡萄牙共产党邀请,中共中央政治局委员尉健行率团往访,其间,代表团除与葡共举行会谈外,还会见了葡萄牙总统苏亚雷斯、总理古特雷斯。② 2000年3月,应瓦努阿图非执政的瓦努阿库党邀请,中联部工作小组往访,其间会见了该党主席、前主席等,拜会了执政党美拉尼西亚进步党主席、政府总理索佩等政要。③ 中共常常应这类非执政党的邀请往访,既发展与该党党际关系,同时会见该国执政党及政府要员、议会议员以及其他政要。2004年4月,应巴拉圭亲爱祖国党邀请,中联部副部长蔡武率中共友好代表团首次往访,其间,除了与亲爱祖国党会谈之外,还与真正激进自由党、国家团结党、全国道德公民联盟

---

① 《中国共产党对外工作概况》编委会编:《中国共产党对外工作概况1992—1993》,北京:当代世界出版社,1993年版,第317—318页。
② 《中国共产党对外工作概况》编委会编:《中国共产党对外工作概况1996》,北京:当代世界出版社,1996年版,第261—263页。
③ 《中国共产党对外工作概况》编委会编:《中国共产党对外工作概况2001》,北京:当代世界出版社,2002年版,第455页。

等在野党领导人进行了会谈会晤；执政党的国会众议长、参议院第一副议长首次在国会接待了中共代表团。① 这次访问被亲爱祖国党主席法杜尔称为两党两国关系中的"历史性事件"。

（三）与非执政党交往，要妥善处理好与执政党的关系，对非执政党的作用不宜估计过高

发展与执政党和非执政党的关系，要做到统筹兼顾。一方面，发展与执政党的关系时要顾及与非执政党的关系，特别是传统友好政党（如共产党）。1983 年，中共恢复了同印度共产党（马）的关系，此后在该党支持下发展同印度执政党国大党的关系。1985 年，中共派团参加了国大党建党 100 周年庆典，双方开展直接交往，为 1988 年拉吉夫·甘地访华起到了推动作用，② 促进了中印关系的改善。另一方面，发展同非执政党的关系要妥善处理好与执政党及政府的关系，这一点尤为重要。

与非执政党交往，邀请非执政党来访，要把握分寸。非执政党固然重要，但解决问题最终还得靠执政党及政府。因此在发展同非执政党关系，特别是邀请非执政党来访时，就必须讲究策略。1972 年，中德建交之前，本着"既要对政府有点压力，也不能过于得罪他们，因为发展关系还得要同政府谈"的要求，③ 经反复研究，周恩来认为可先邀请联邦德国联盟党副主席施罗德访华。施罗德既有非执政党领袖的身份，又是联邦德国议会外交委员会主席，以前还担任过外交部长和国防部长；但中方仅以外交学会名义邀请施罗德以议会外交委员会主席，而不是非执政党副主席的身份访华，④ 这样不至于过分刺激社民党政府。1975 年 5 月 21 日，周恩来在会见莱索托王国外交大臣科措科阿

---

① 《中国共产党对外工作概况》编委会编：《中国共产党对外工作概况 2005》，北京：当代世界出版社，2007 年版，第 423—424 页。
② 艾平：《双洲记——政党国际交往亲历》，北京：当代世界出版社，2018 年版，第 153 页。
③ 王殊：《中德建交亲历记》，北京：世界知识出版社，2002 年版，第 40 页。
④ 同①，第 74—75 页。

内时说，过去很少见到来自南部非洲的客人。你们大会党的人曾经来过，但现在已无关系了。周恩来还指出，我们根据毛主席的政策，做过什么事，如实告诉你们，不隐瞒。当时，我们出于支持非洲人民独立斗争的愿望，同他们（大会党）往来。这些人后来有的成功，有的失败，有的犯错误。[①] 做到实事求是，光明磊落。

发展与非执政党的关系，一个重要方面，就是要准确把握对方国家政治环境：执政党与非执政党在对立的同时，相互之间是否具有包容性、是否对华友好。如果该国所有政党都对华友好，那么在处理执政党与非执政党的关系时，就有比较大的回旋空间和余地。一般来说，在比较规范的竞争性政党政治中，执政党与非执政党都具有体制所要求的相互包容性。但有些国家，特别一些处于政治转型时期的非洲国家，由于历史、部族和外部势力介入等原因，执政党与非执政党之间往往矛盾尖锐。因此，中共在发展同非洲非执政党的关系时，需要十分谨慎。1992年1月，中联部朱良部长率团访问非洲。在赞比亚，同中共有着良好关系的原唯一合法政党联合民族独立党在该国改行多党制后的第一次大选中败北，中国的"全天候朋友"卡翁达总统下台，反对党多党民主运动获胜上台。大选前，中共因顾及与赞执政党的关系而拒绝与反对党来往。1月17日，本来说好赞比亚新任总统奇卢巴会见代表团，但对方临时却以奇卢巴不在首都为由，改由担任政府外长的多党民主运动国际关系委员会主席姆旺加会见。与该党的关系多少有些疙瘩。[②] 经过做工作，1993年10月，奇卢巴总统应江泽民主席邀请访华，随行人员包括多名多方民主运动的官员以及几名反对党领导人。1998年1月，执政的加蓬民主党对到访的中共友好代表团谈到国内选举，认为选举是一个国家的主权问题，表示将坚决抵制反对党

[①] 中共中央文献研究室编：《周恩来年谱（一九四九——一九七六）》（下卷），北京：中央文献出版社，1997年版，第708页。

[②] 艾平：《双洲记——政党国际交往亲历》，北京：当代世界出版社，2018年版，第65页。

要求外国干预加蓬选举的主张。① 2月，莫桑比克解放阵线党应邀访华，该党总书记曼努埃尔·托梅介绍国内政治情况时指出，反对党在美国等西方国家的支持下来势汹汹。② 4月，执政的几内亚统一进步党总书记松巴雷对到访的中共代表团表示，该国首都因征用土地、扩建道路发生一些骚动，反对党乘机闹事。政府已平息事件，维护了社会稳定。③ 这种在对外关系中突显与非执政党的矛盾，在成熟的政治制度下是不可想象的，同时传递的信息也是很明显的，即执政党对于外部力量与非执政党进行往来是不欢迎的。这种情况下，显然不宜与非执政党往来。

与非执政党交往具有基础性预防性作用，这并不意味着非执政党一旦上台，就一定在国家关系上进行相应的调整。就与非建交国关系而言，非执政党上台成为执政党，也并不一定马上与中国建交，而是会受多种因素制约。尼加拉瓜桑地诺民族解放阵线（以下简称"桑解阵"）在野时多次访华，并承诺重新上台后要与中国恢复外交关系。2006年11月，桑解阵在大选中获胜，但一直没有兑现其建交承诺。1993年10月至11月、1994年5月、1995年8月、1996年5月、1996年8月至9月、1998年5月，桑解阵在与中共的多次来往互动中一再表示，一旦该党执政，即将着手纠正尼加拉瓜同台湾当局"建交"的历史性错误，恢复与中国的外交关系。④ 2006年11月9日，中联部部长王家瑞致电视贺桑解阵总书记丹尼尔·奥尔特加当选尼加拉瓜总统，并强调："中国党、政府和人民永远不会忘记，正是在1985年阁下执政期间，中尼两国建交。1990年以来，阁下和桑解阵其他领导人

---

① 《中国共产党对外工作概况》编委会编：《中国共产党对外工作概况1999》，北京：当代世界出版社，2000年版，第170—171页。

② 同①，第182页。

③ 同①，第168页。

④ 《中国共产党对外工作概况》编委会编：《中国共产党对外工作概况》，北京：当代世界出版社，1994卷第187页、1995卷第263页、1996卷第299—300页、1997卷第360页、1997卷第361页、1999卷第257页。

多次表示，一旦再次上台执政，将坚决与中华人民共和国复交。对此，我们表示高度赞赏和衷心感谢。中国政府愿与尼加拉瓜早日实现两国关系正常化，并在和平共处五项原则基础上发展双方友好合作关系，以造福于两国人民。中国共产党愿与尼加拉瓜桑解阵共同努力，为推动中尼两国关系的健康发展作出积极贡献。"[①] 这实际上就是希望桑解阵党能够履行承诺。因此，要正确理解与非执政党交往的基础性作用，不能把这种作用绝对化，认识到其功能作用上的局限性；也不要过高估计非执政党对外交活动的积极性，特别是很多时候，"外交问题与议员的政治生命关系不大，也就是外交问题难以成为政治家拉拢选民、争取选票的手段"[②]。

总之，处理与执政党和非执政党的关系，必须坚持以维护国家关系持续稳定为根本出发点，准确把握二者的对立统一关系，始终坚持以执政党为重点，同时发展与非执政党，特别是主要非执政党的关系，这是由竞争性政党政治中执政党与在野党轮流坐庄的规律特点所决定的。坚持统筹兼顾，发展与执政党的关系，要顾及友好非执政党的感受；发展与非执政党的关系，更要处理好与执政党及政府的关系，注意对方国家政治环境和执政党与非执政党相互关系的包容性，把握分寸，避免僵局和尴尬。

---

① 《中国共产党对外工作概况》编委会编：《中国共产党对外工作概况2007》，北京：当代世界出版社，2008年版，第342—343页。
② 包霞琴、臧志军主编：《变革中的日本政治与外交》，北京：时事出版社，2004年版，第150页。

结　语　新中国政党外交的基本经验和重要启示

2014年习近平总书记在中央外事工作会议上指出，"我们要在总结实践经验的基础上，丰富和发展对外工作理念，使我国对外工作有鲜明的中国特色、中国风格、中国气派。"① 新中国政党外交历史经验表明，中国特色政党外交必须在党的集中统一领导下，始终坚持党的一条重要战线、国家总体外交的重要组成部分、中国特色大国外交的重要体现的属性定位，正确处理马克思主义党际关系理论的继承和发展的关系、政党外交与国家总体外交的关系、意识形态与超越意识形态关系、党际关系与国家关系、发展与国外执政党和非执政党的关系、发展与国外共产党和其他类型政党之间的关系，在始终遵循党际关系四项原则的基础上推动新型政党关系，并不断赋予其时代内涵。这些都为新时代中国特色政党外交继续开拓前进提供了重要启示，其中最为重要的有以下几个方面。

一、正确处理马克思主义党际关系理论继承与发展的关系

马克思主义是科学指南而不是教条，必须随着时代变化和实践任务而不断发展。在政党外交的实践中，必须要始终坚持马克思主义党

---

① 习近平：《论坚持推进构建人类命运共同体》，北京：中央文献出版社，2018年版，第200页。

际关系理论,始终坚持无产阶级国际主义原则,坚持无产阶级政党处理党际关系的基本原则,正确处理国内斗争与国际斗争相互关系,同时必须随着时代主题的转换、客观形势的变化,不断创新马克思主义党际关系理论。这是中国共产党百年来特别是新中国成立以来政党外交实践所得出的一个重要结论。回顾历史可以发现,中国化马克思主义党际关系理论经历了革命时期的萌芽、新中国成立后的初步形成、改革开放后的正式形成、中共十八大以后创新发展的历史进程,产生了一系列重要思想理论成果,不断推进党的对外工作开拓奋进。

新中国成立之前,中国共产党在同共产国际的交往中,出于纠正共产国际对中国革命错误指挥的需要,逐渐萌生了独立自主意识。遵义会议后,在以毛泽东同志为核心的中共第一代中央领导集体领导下,独立自主成为探索中国革命新道路的重要思想原则。这一时期关于独立自主的思想原则不是基于一般意义上普遍存在的党际关系问题提出的,但独立自主毕竟是关涉党际关系原则的核心问题,为新中国成立后中共全面探索如何处理党际关系问题提供了逻辑起点。

新中国成立后,中国共产党成为执政党,政党外交亦面临全新局面和崭新课题:一是在新的时代条件下兄弟党交往是否需要,应当遵循什么规范规则;二是中国共产党作为执政党开展政党外交,具有处理党际关系和国家间关系的双重性质,这就需要解决如何区别党际关系和国家间关系的问题;三是如何看待不同意识形态的政党、不同社会制度的国家之间的往来。对此,毛泽东明确表示党和党之间"相互关系应有准则"①,并提出一系列重要的理论原则、思想主张:一是从中国革命经验教训出发,特别强调独立自主对于各国党的重要性,明确"所谓兄弟党,不论大党小党,新党老党,掌握政权的党或者没有掌握政权的党,都是独立自主、一律平等的"②。二是明确党际关系与

---

① 吴冷西:《十年论战:1956—1966 中苏关系回忆录》(下),北京:中央文献出版社,1999 年版,第 662 页。
② 《关于国际共产主义运动的总路线的论战》,北京:人民出版社,1965 年版,第 310 页。

国家间关系性质不同，"国家是国家的关系，党是党的关系"①，党际分歧不应影响国家间关系，不以党际关系干涉别国内政。三是不同意识形态的政党、不同社会制度的国家应该友好往来、和平相处。1954年8月，毛泽东会见英国工党代表团时表示："我们不仅不会和工党开仗，也不会和保守党开仗。"② 毛泽东由此阐明了不同意识形态的政党之间完全可以和平共处的主张。这些思想回答了党际关系中的基本问题，初步形成了具有鲜明时代特征的党际关系思想，为发展新中国外交作出了历史性贡献，为后来正式提出党际关系四项原则和超越意识形态等思想做出了重要的历史铺垫。

20世纪70年代末到中共十八大，邓小平、江泽民、胡锦涛立足于党和国家历史方位和使命任务的新变化，基于对时代主题和国际形势的新判断，阐明了新的时代条件下指导党际关系的理论原则。一是正式提出"独立自主、完全平等、互相尊重、互不干涉内部事务"作为指导党际关系的四项原则，强调各党不能根据自身经验来判断和评价其他国家政党的功过是非，反对把一党一国的经验绝对化。二是打破意识形态束缚，明确提出"超越意识形态"，不计较社会制度与意识形态的差别，本着求同存异的精神开展新型政党外交，尊重政党政治的多样性，与世界各类政党交往。三是明确提出政党外交的目的是促进国家关系的发展，政党外交要为经济建设服务，把加强对外经济交流、促进经贸合作作为政党外交的重要内容。四是明确政党外交必须统筹国内国际两个大局；坚持走和平发展道路，推动建设和谐世界。五是主张通过党的对外信息传播工作，积极树立党的良好国际形象。在新型党际关系思想指导下，中国共产党全面恢复和发展了与国外共产党、民族主义政党、社会党，以及其他资产阶级政党的关系，极大地促进

---

① 中共中央文献研究室编：《毛泽东年谱（一九四九——一九七六）》（第六卷），北京：中央文献出版社，2013年版，第594页。
② 中共中央文献研究室编：《毛泽东文集》（第六卷），北京：人民出版社，1999年版，第339页。

了国家间关系。

中共十八大以来,以习近平同志为核心的中共中央面对世界百年未有之大变局和中国特色社会主义进入新时代,以正确的历史观、大局观、角色观准确把握党的对外工作的时代背景,把握中国与世界关系的新变化,提出了以"十个坚持"为主要内容的习近平外交思想;以新时代观、新全球观、新政党观审视党的对外工作,明确新时代党的对外工作的基本定位、时代特征、宗旨使命、主要任务、指导原则和科学方法等重大理论问题,牢牢把握服务于中华民族伟大复兴和促进人类进步事业的主线,推动构建人类命运共同体。在党际关系基本原则问题上,习近平总书记阐明了一系列新观点、新论断、新理念,提出政党之间超越意识形态,不仅要求同存异,更要"聚同化异",即"我们应谋求从求同存异升华到聚同化异,聚利益、责任、挑战之同,化意识形态、政治制度、发展阶段之异,打造顺应时代发展的新型党际关系"①。特别是习近平总书记在2017年中国共产党与世界政党高层对话会的主旨讲话中提出"新型政党关系"重要思想,强调不同国家的政党应该探索在新型国际关系的基础上建立求同存异、相互尊重、互学互鉴的新型政党关系。这一思想不仅继承和发展了党际关系四项原则,赋予了新型政党关系内涵要求,而且与"新型国际关系"相联系相对接,明确把政党关系作为国际关系的有机组成部分,把建立新型政党关系作为推动构建新型国际关系的重要途径,是对马克思主义党际关系和国际关系理论的重大贡献。在这一思想指导下,中国特色政党外交既服务国家总体外交,又突出党的特色,为塑造党和国家形象、提高国家软实力发挥了独特作用。

新时代中国特色政党外交必须坚持以习近平关于党的对外工作重要论述为根本遵循和行动指南,继续发挥政党外交的独特优势,与时俱进,开拓奋进,致力于打造全方位、多渠道、宽领域、深层次的全

---

① 《习近平会见德国社民党主席、副总理加布里尔》,载《人民日报》,2015年7月16日,第1版。

球政党伙伴关系网络，努力汇集构建人类命运共同体的政党力量。

二、始终坚持"三个重要"的科学定位

习近平总书记指出，党的对外工作是党的一条重要战线，是国家总体外交的重要组成部分，是中国特色大国外交的重要体现。这是新时代党的对外工作的科学定位。[①] "三个重要"具有紧密的理论逻辑。其中，第一个"重要"是由政党外交的主体性决定的，即政党外交之所以是党的一条重要战线，根本在于这种外交形式的主体是中国共产党。第二个"重要"则是由政党外交的功能性决定的，即政党外交之所以是国家总体外交的重要部分，根本在于任何外交形式都必须服务于国家外交，中国共产党作为执政党尤其如此。主体性和功能性构成政党外交的双重属性，犹如一个硬币的两面。这种双重属性共同决定了第三个"重要"，即中国共产党的角色地位，是中国特色大国外交之特色的集中体现和根本所在。

"三个重要"的科学定位也反映了深刻的历史逻辑，是历史经验的科学总结。从渊源看，政党外交起源于无产阶级政党的国际交往，首先服务于无产阶级的解放事业，为实现社会主义、共产主义而奋斗。作为无产阶级政党，中国共产党成立后，即在共产国际指导下，积极发展同共产国际、苏共和其他兄弟党之间的关系，致力于中华民族解放和促进人类进步的伟大事业。新中国成立后，中国共产党成为执政党，在领导中国社会主义革命和建设的伟大实践中，积极发展同兄弟党、兄弟国家的关系，致力于维护社会主义阵营的团结，支援亚非拉民族独立解放运动，成为国际共产主义运动中的一支重要力量。20世纪70年代末以后，对政党外交方针政策进行了调整，明确开展政党外交关系要服务于改革开放、服务于社会主义现代化建设；政党外交要围绕党的这一中心工作展开，如同党的组织工作、宣传工作、统战工

[①] 宋涛：《赓续对外工作百年辉煌 服务中华民族伟大复兴》，载《求是》，2021年第9期。

作、经济工作等各方面工作一样,都是党的一条重要战线。中共十八大以后,中国特色社会主义进入新时代。站在新的历史起点上,新时代中国特色政党外交坚持"在党言党,在党为党,在党兴党",以讲好中国共产党的故事为新的使命任务,在国际上广泛宣介习近平新时代中国特色社会主义思想,特别是中国共产党治国理政经验及扶贫开发、发展经济的重要经验,服务于中共为人民谋幸福、为人类谋发展、为世界谋大同的伟大事业,促进世界社会主义运动和国际共产主义运动的复兴发展。

新中国成立后一段时期,由于西方资本主义国家的封锁,中国共产党执行"一边倒"外交方针,主要以社会主义国家作为外交的发展方向和战略重点。这一时期,同社会主义国家的关系主要体现为同执政的共产党之间的关系,共产党之间的党际关系成为社会主义国家外交的主要渠道和形式,诸如中国与苏联这样的国家关系,主要是由中苏两国共产党中央决定,并由两党的国际联络部门执行,至于两国的外交部,在发展社会主义国家关系方面只是"发挥一定的作用"①。这一时期国家外交很大程度上体现为政党外交,政党外交构成了这一时期国家外交重要而特殊的部分。20世纪70年代末以后,政党外交作为国家总体外交的重要组成部分,主要体现在:一是发挥政党外交优良传统和党际渠道独特优势,以党际关系引领社会主义国家之间发展正常的国家关系;二是全方位发展同各类政党的关系,以党际关系促进国家关系,党际关系是一些国家关系的桥梁纽带,国家关系紧张时通过党际关系予以维系,等等;三是在与各类政党交往中融入经贸因素,开展务实合作。中共十八大以来,中国特色政党外交积极谋划,主动作为,充分发挥党际渠道优势,以党际关系扎实推进国家关系,主动对接国家双多边外交议程,主动服务于国家重大外交斗争。面对百年未有之大变局,特别是在美国及一些西方反华势力加强对中国意识形

---

① 沈志华主编:《俄罗斯解密档案选编——中苏关系》(第七卷),上海:东方出版中心,2015年版,第351页。

态博弈的背景下,政党外交要进一步发挥自身特殊优势,通过加强同各类政党政治组织的交往交流,积极应对同美国及一些西方反华势力的舆论战、价值观交锋,努力进一步增强在国家总体外交中的地位和作用。

新中国成立以来,党和国家的外交事业取得了辉煌成就,奠定了中国特色大国外交的坚实基础。在制定中国外交战略、擘画国家总体外交过程中,中国共产党充分发挥党际渠道的独特优势,积极开展政党外交,绘就中国特色大国外交一道独特的风景线。第一,政党外交坚持党对外交工作的领导,充分体现了中国特色大国外交的最鲜明特征。作为中国特色大国外交的领导者、开拓者,中国共产党的领导是中国特色大国外交的本质属性。政党外交由于以政党为外交行为主体,这就使政党外交与党的领导形成天然的内在统一性。新中国成立后,党中央通过设立中共中央对外联络部,进一步加强同兄弟党、兄弟国家的党际关系,充分体现了新中国外交的鲜明特色。

第二,政党外交坚持以巩固党的执政地位、履行党的执政使命、捍卫社会主义制度安全为使命宗旨,充分体现中国特色大国外交的鲜明本色。新中国成立后,为打破外交封锁,维护国家主权安全,政党外交致力于发展同社会主义国家关系,加强社会主义阵营的团结;并通过意识形态论战,致力于维护马克思主义、社会主义的纯洁性,防止和平演变。进入改革开放新时期,政党外交服务经济建设和社会主义现代化建设,与世界各国各类政党、政治组织,开展全方位交流合作,把经济因素融入政党外交。中共十八大以后,面对百年未有之大变局,政党外交坚持底线思维、增强忧患意识、发扬斗争精神,努力化解外部环境中的消极因素,为维护和巩固党的执政地位发挥重要作用。

第三,政党外交坚持胸怀天下,把中国人民的利益同世界各国人民的共同利益结合起来,充分体现中国特色大国外交的世界情怀。新中国成立后,中国共产党人始终坚持为人类作出更大贡献,在维护和捍卫中国人民利益的同时，积极支援被压迫国家、被压迫人民的解放斗争，促进人类进步事业。中共十八大以来，习近平总书记提出推动构建人类命运共同体，致力于联通"中国梦"和"世界梦"，既为中国人民谋幸福、为中华民族谋复兴，也为人类谋进步、为世界谋大同。服务民族复兴、促进人类进步，是中国特色大国外交的主线，也是中国共产党的初心使命在政党外交中的集中体现。

第四，政党外交坚持大国大党的责任担当，充分体现中国特色大国外交的气度风范。中国共产党作为领导中国这样大国的执政党，这在世界上都是十分独特的现象。"大就要有大的样子。"新中国成立后，中国在很长一段时间内处于比较贫困的状态，但中国共产党不断克服困难，最大限度支援世界人民的正义事业，切实履行无产阶级国际主义义务。中共十八大以来，随着中国特色社会主义进入新时代，中国日益走近世界舞台中央，中国共产党前所未有地走进世界政党舞台中央，切实履行作为大国大党的责任担当、公道正义，为全球治理提供中国方案、中国智慧和中国经验，引领世界政党为构建人类命运共同体担负政党责任。无产阶级国际主义和人类命运共同体理念赋予了中国特色大国外交鲜明的理念特征。

"三个重要"作为新时代党的对外工作的基本定位，也是必须遵循的"国之大者"，要求新时代政党外交牢牢把握中华民族伟大复兴的战略全局和世界百年未有之大变局，主动在党和国家事业发展的大棋局中找准服务点，把突出政党外交特点和属性作为立足点，在工作各个环节中坚定不移地贯彻落实党中央决策部署，服务于中华民族伟大复兴。

三、坚持党际关系主要原则并赋予其新的时代内涵

马克思主义党际关系理论中，一个十分重要的方面就是党际关系的规范准则。由于政党外交主体的多样性、复杂性，必然要求党际关系的规范准则经得起历史和实践的检验。党的百年对外工作史，特别

是新中国政党外交史，很大程度上就是党际关系规范准则探索形成的过程，也是长期坚持和不断创新的过程。概言之，政党外交要始终坚持党际关系四项原则与和平共处五项原则，遵循新型政党关系和新型国际关系的基本要求，这是由政党外交涉及党际关系和国家间关系的双重性质所决定的。

一方面，必须坚持独立自主、完全平等、互相尊重、互不干涉内部事务的党际关系四项原则。早在新民主主义革命时期，中国共产党在与共产国际和他国共产党的交往中，即开始把马克思主义与中国实际相结合，独立自主地探索中国革命道路。新中国成立后，党从自身历史经验出发，始终坚持反对大党主义、大国主义，提出兄弟党之间完全平等、互相尊重、独立自主、互不干涉内部事务等重要主张。但是，当时国际共运中的"为首论"使互相尊重等原则大打折扣，因此这一时期所阐述的党际关系原则还有很大的时代局限性。20世纪70年代末以后，中国共产党总结了国际共运和党际关系的经验教训，坚决剔除"为首论"，拒绝任何形式的"扛旗""出头"，正式概括提出党际关系四项原则。从此，该四项原则成为发展党际关系、开展政党外交的根本遵循。

另一方面，必须坚持互相尊重主权和领土完整、互不侵犯、互不干涉内政、平等互利、和平共处的和平共处五项原则。坚持党际关系四项原则，必然要求坚持和平共处五项原则，这是由作为政党外交主体的政党的性质决定的。政党作为有特定政治目标和意识形态的政治组织，无论是执政党还是非执政党，都会以直接或间接的方式关注国内和国际事务。中国共产党作为长期执政党，开展政党外交时坚持和平共处五项原则也是题中应有之义。和平共处五项原则作为国际关系的基本准则，突出以和平而不是武力的方式解决国际争端，这是党际关系四项原则所没有的。因此，在开展政党外交时既要以党际关系四项原则为指导，也要以和平共处五项原则为准绳，特别是互相尊重主权和领土完整及互不干涉内政这两项原则：一是一国社会制度和发展道路应由本国政党和人民探索选择,一国内政应由本国政府和政党独立自主地处理;二是反对利用与一个政党的关系去针对另一个政党,也反对利用政党关系去干涉别国内政,输出自己的意识形态、社会制度和发展模式,当然也反对别国的政党将自己的意识形态和价值观念强加于我们。

党的十八大以来,中国共产党致力于构建以相互尊重、公平正义、合作共赢(以下简称"十二字"要求)为核心的新型国际关系,提出建立以求同存异、相互尊重、互学互鉴(以下简称"十二字"方针)为内涵的新型政党关系,继承和发展了和平共处五项原则和党际关系四项原则,使二者在新的时代背景下更加紧密关联又相得益彰。一方面,相互尊重这一准则既体现在新型国际关系中,也体现在新型政党关系中,成为二者紧密关联的共同点。另一方面,新型政党关系和新型国际关系虽然重心不同(前者重在求同存异、互学互鉴,后者突出公平正义、合作共赢),但都立足于各国相互联系、相互依赖的实际,都体现了开放包容、在相互融通中创新发展的精神。新型政党关系"十二字"方针更是"超越中国共产党与其他政党的双边范畴,为所有政党间交流与合作提供了'中国共产党方案'和公共产品"①。这是对党际关系四项原则的重大发展。

总之,党际关系基本准则萌芽于新民主主义革命时期,探索于社会主义革命和建设时期,形成于改革开放时期,发展于中国特色社会主义新时代。如果说党际关系四项原则与和平共处五项原则为发展党际关系、国际关系提供了根本遵循,那么新型政党关系"十二字"方针和新型国际关系"十二字"要求则是构建人类命运共同体的时代要求。它们都是党的对外工作必须坚持的规范要求,势必不断推动党际关系由传统党际关系向新型政党关系发展,并服务于构建新型国际关系和人类命运共同体的事业。

---

① 宋涛:《建立新型政党关系 建设更加美好世界》,载《当代世界》,2018年第1期,第1页。

在党际关系基本原则和各项准则中,如果说独立自主是其中的核心精髓,那么不干涉内部事务(内政)原则则具有更为重要的现实意义和更加关键的作用。这一原则要求我们既不允许别的国家政党利用各种借口干涉中共内部事务和中国内政,也不允许利用中国政府和政党的影响力去干涉别国和政党的内政和内部事务。1954年12月,毛泽东与应邀访华的缅甸总理吴努谈到缅甸共产党问题时,阐明了中共的不干涉原则。当时,吴努希望中共派一些公正的人士到缅甸实地研究考察。毛泽东说,我们派观察团到缅甸去,是不妥当的。吴努说,你们是应我们的邀请而来的,不是违背我们的意愿而来的,因此不是干涉内政。毛泽东说:"不能说凡是政府愿意的,就不是干涉内政。一个国家到另外一个国家的土地上去建立军事基地,附带军事和政治条件的援助和贷款,在另外一个国家建立的宗教机关进行间谍活动等,就是干涉内政;纯粹属于内政范围的事,如民族之间或党派之间的斗争,如果外国介入,就是干涉内政。"[1] 显然,涉及交往对方内部事务,即便对方同意、受到邀请介入对方内部事务,中国也不能接受,否则就是"干涉"。

20世纪70年代末,邓小平谈到党际关系时多次强调指出,如何理解马克思主义、社会主义,选择什么样的道路,实行什么样的制度,应该由他们自己去决定,我们不作评判。1991年12月南非共产党八大召开,中共代表团应邀与会。其间,南非共围绕文件草案中究竟是"社会主义"还是"民主社会主义"进行了讨论,在大会组织的记者会上有人问中共代表团对此的看法,中共代表明确表示:"一个党信奉什么社会制度、信仰何种意识形态,这是他们自己的选择,也是他们的权利和内部事务,我们不予评论。"[2] 恪守党际关系四项原则,尤其是互不干涉内部事务原则,是破解消除一些发展中国家政党对中共疑

---

[1] 中共中央文献研究室编:《毛泽东年谱(一九四九——一九七六)》(第二卷),北京:中央文献出版社,2013年版,第322—323页。
[2] 蒋光化:《访问外国政党纪实》,北京:世界知识出版社,1997年版,第615页。

虑戒心、破解"中国威胁论"的重要法宝。一位非洲政党领导人说："永远不忘记中国兄弟的友好情谊。唯有中国朋友不像其他国家那样指手画脚，从未说过一句不该说的话，更未干涉过我们党的内部事务。"① 1992年4月中共友好代表团访问马来西亚，第一次与马执政党马来西亚民族统一机构（巫统）进行党际交往，该党对党际关系四项原则十分赞赏，尤其对不干涉内部事务原则感兴趣，"因为马来西亚是小国，不可能干涉别国内政"②。因此，中共作为大党、又领导中国这样的大国，坚持不干涉原则，具有特殊的意义。

互不干涉内部事务原则，除了不干涉对方党的内部事务和执政党所领导国家的内政，还包括不利用对方的内部事务和内政针对第三国、第三方。2007年11月30日至12月4日，中联部部长王家瑞率团访问尼泊尔，期间会见了尼共（毛）领导人，在谈到尼泊尔与中印关系时，尼方说，尼受制于印度，如果没有中国的平衡，尼的独立、主权和领土完整就没有保证。希望中国发挥更加积极的作用，只要有助于维护尼的独立、主权和领土完整，支持尼的和平进程和繁荣稳定，就不是干涉尼的内政。王家瑞重申不干涉内政原则，强调中国党和政府高度重视发展中尼关系，但这种关系不针对第三国。③ 2009年12月，日本民主党党首小泽一郎率团访华，在与胡锦涛的会谈中，小泽虽极力表示他在民主党选举中的地位及对2010年参议院选举的信心，但胡锦涛仅表示，中国共产党重视同日本民主党的友好交流，愿与民主党一道，不断健全和完善两党交流机制，共同把这一机制打造成两国执政党开展对话、增进互信、促进合作、共谋发展的重要平台，为中日战略互惠关系长期健康深入发展作出贡献。④

---

① 蒋光化：《访问外国政党纪实》，北京：世界知识出版社，1997年版，第670页。
② 同①，第631页。
③ 艾平：《双洲记——政党国际交往亲历》，北京：当代世界出版社，2018年版，第204页。
④ 李广民、欧斌：《从与日本民主党的交流看中共政党外交》，载《中共党史研究》，2010年第2期，第104页。

由此可见，中国共产党坚持不干涉原则的实践，有两个显著特点：一是一种行为是否构成"干涉"，不以是否经对方同意或邀请为前提，只要介入对方内政和事务就是干涉；二是与对象党交往不针对第三方或第三国。这两点中，第一点尤其重要，体现了中国共产党坚持不干涉原则的彻底性。如同其他思想原则需要随着时代的变迁进行丰富发展或调整一样，这一原则面临着新的挑战。随着中国日益走近世界舞台中央、"一带一路"建设的推进，以及中国在全球利益的发展，以美国为首的西方国家动辄以所谓"民主""人权"，以及其他任意捏造的理由为借口，肆意干涉中国内政，以所谓"长臂管辖"进行干涉制裁，特别是以经济援助等手段对一些与中国联系密切的国家和中国的周边国家拉拢挑拨、威逼利诱，一些国家在外部势力的干涉影响下，政局动荡，对华挑衅，给"一带一路"建设的推进造成阻碍，损害中国投资利益和双边关系。新的历史条件下，一方面，必须坚持不干涉原则的核心内涵，坚持"中国无论发展到什么程度，永远不称霸，永远不搞扩张"①的承诺，这也正是中国共产党在党际关系和国际事务中的"软实力"所在；另一方面，有必要根据实际情况，积极探索"建设性介入"的有效做法，着眼于通过外交、法律途径，通过双边、多边谈判达成相关共识，为特定情况下中方发挥力量进行介入提供正当途径和法律保障。

四、始终坚持"国家利益至上"的总要求

始终坚持以维护国家利益、促进国家关系作为开展政党外交的总依归和总要求。回顾政党外交史，从"以意识形态划线"到"超越意识形态"、从政党外交替代国家外交到政党外交内嵌于国家总体外交，在处理党际关系与国家关系、执政党与非执政党、共产党与其他类型政党辩证关系的过程中，无论是在哪个阶段，处理哪一对关系，国家

---

① 《党的十九大报告辅导读本》编写组编：《党的十九大报告辅导读本》，北京：人民出版社，2017年版，第58页。

利益、意识形态都是关涉其中的核心问题,意识形态与国家利益的相互关系,无疑是其中最带有根本性的,而如何处理这一对关系即成为贯穿政党外交始终的主线,这正是由政党外交的双重属性决定的。从历史实践来看,无论是党际关系,还是国家间关系,不管意识形态是否相同,要发展双边关系并始终保持下去,其中起决定性作用的,往往是国家利益;即便是意识形态相同的政党之间,如果缺乏惠及双边关系的利益作为基础,那么这种仅仅以意识形态为纽带的关系也是不可持续的,这方面社会主义国家之间的政党外交曾留下了深刻教训;如果政党之间、国家之间存在连接双方的共同的利益纽带,特别是存在战略互惠,即便意识形态不同甚至对立,双方也是可以在相互合作的基础上建立起党际关系,从而推动国家关系发展。正因如此,20世纪70年代末以后,中国共产党在总结历史经验教训的基础上,果断提出超越意识形态的政党外交新要求,把维护国家利益、促进国家关系作为发展党际关系的基本出发点,在政党外交中,除了强调意识形态理念、治国理政经验交流,还积极探索服务于国家关系发展的新方式、新渠道、新机制,把经贸务实合作融入政党外交,助力化解双边关系中的分歧障碍,不断增强双边关系的韧性。

把国家利益和国家关系作为政党外交的根本出发点,不仅是从历史经验教训中得出的结论,而且更是"国家利益至上"这一准则的根本要求。只要人类社会仍然是以民族国家为基本构成单元,国家利益原则都始终是包括政党外交在内的任何国际政治行为主体和外交形式所必须坚持和遵循的。新中国成立后到20世纪70年代末之前,以毛泽东同志为核心的党的第一代中央领导集体,虽然没有明确"国家利益至上"的准则,但始终以特殊方式坚定地维护着国家利益。20世纪60年代初中苏意识形态论战期间毛泽东指出,苏联领导人搞大国沙文主义,这是中苏关系中的核心问题,是要害所在。这个问题不解决,我们跟苏联之间的纠纷是一天也不会停止的。① 这实际上赋予了国家利益以至高地位。1989年10月，邓小平在会见美国前总统尼克松时说："我们都是以自己的国家利益为最高准则来谈问题和处理问题的""考虑国与国之间的关系主要应该从国家自身的战略利益出发"。② 这表明了明确把国家利益作为中国对外关系的"最高准则"。党的十八大以后，习近平在阐述党和国家内外政策时正式提出"国家利益至上"。2016年8月28日，习近平对中国航空发动机集团公司成立作出重要指示，指出："希望你们牢记使命、牢记责任，坚持国家利益至上，坚持军民深度融合发展，……"③。特别是2018年4月17日，习近平总书记在十九届中央国家安全委员会第一次会议上明确提出"国家利益至上是国家安全的准则"④，这一论断既是总体国家安全观的根本指导，也是包括政党外交在内的国家总体外交的根本遵循。

随着中国特色社会主义进入新时代，中国与世界联系越来越紧密，中国把实现国家利益与各国共同利益结合起来。习近平总书记指出，"我们要树立世界眼光，更好把国内发展与对外开放统一起来，把中国发展与世界发展联系起来，把中国人民利益同各国人民共同利益结合起来，不断扩大同各国的互利合作，以更加积极的姿态参与国际事务，共同应对全球性挑战，努力为全球发展作出贡献。"⑤ 习近平总书记进一步指出，"我们应该倡导人类命运共同体意识，在追求本国利益时兼顾他国合理关切，在谋求本国发展中促进各国共同发展，建立更加平等均衡的新型全球发展伙伴关系。"⑥ 人类命运共同体以及紧密关联的

---

① 吴冷西：《十年论战：1956—1966中苏关系回忆录》（下），北京：中央文献出版社，1999年版，第852页。
② 邓小平：《邓小平文选》（第三卷），北京：人民出版社，1993年版，第330页。
③ 《加快实现航空发动机及燃气轮机自主研发和制造生产 为把我国建设成为航空强国而不懈奋斗》，载《人民日报》，2016年08月29日，第1版。
④ 《习近平在十九届中央国家安全委员会第一次会议上强调全面贯彻落实总体国家安全观开创新时代国家安全工作新局面》，载《人民日报》，2018年4月18日，第1版。
⑤ 习近平：《习近平谈治国理政》，北京：外文出版社，2014年版，第248—249页。
⑥ 习近平：《弘扬传统友好 共谱合作新篇——在巴西国会的演讲》，载《人民日报》，2014年07月18日，第3版。

"一带一路"等国际公共产品,作为连接中国国家利益和各国共同利益的中国理念和中国方案,成为新时代政党外交的方向指引,把"国家利益至上"的原则提升到历史的新高度、新境界。

五、不以意识形态划线但充分认识国际意识形态斗争的尖锐性和重要性

必须正确处理意识形态价值理念的超越和坚持,要充分认识到国际意识形态斗争的尖锐性、复杂性和重要性。一方面,必须始终坚持党际关系中超越意识形态的基本准则,不受意识形态差异的牵扯,同一切愿意与我往来的政党发展关系,坚决打破自我设限、画地为牢的做法,不因意识形态的差异分歧妨碍发展国家关系;放弃"意识形态挂帅"的做法,淡化意识形态,不搞意识形态争论,坚持以国家利益、国家关系为根本导向。正如邓小平在谈到党的对外工作时所说:"不要给自己设置障碍,不要孤立于世界之外""要重视广泛的国际交往,同什么人都可以打交道,在打交道的过程中趋利避害"。①

另一方面,必须充分认识到,作为联系纽带,单纯的意识形态相对于国家利益而言具有脆弱性,但作为一种信仰体系,意识形态又具有坚韧性、伸展性和强大凝聚力,相同意识形态之间拥有天然的亲和力,不同意识形态之间相互排斥,进行激烈斗争。20世纪70年代末中国共产党开始调整对外方针,实践中,首先恢复和发展的是与意识形态相同的各国共产党的关系,其次是与非洲和拉美那些意识形态相近的左翼民族主义政党进行往来,再次发展在意识形态上有某些交集的社会党(它们虽然不赞同马克思主义意识形态,但主张民主社会主义)以及其他民族主义政党的关系,最后才是发展与意识形态对立的资产阶级政党(自由党、保守党等)的关系。共产党、社会党、民族主义政党构成了中共政党外交的交往主体;而与资产阶级政党的交往,相比较而言,起步晚,往来不多,质量不高,主要原因在于,这些政党

---

① 邓小平:《邓小平文选》(第三卷),北京:人民出版社,1993年版,第202、260页。

囿于意识形态的偏见，仍然对发展与中共的关系顾虑重重。实际上，在西方，包括资产阶级政党、社会党等在内的主流政党，对于发展同中共的关系始终存在意识形态上的隔阂，不仅如此，这些政党及其国家始终没有放弃冷战思维，企图对中国进行和平演变。作为外交国际政治斗争的重大问题，意识形态斗争将长期存在。

早在1957年毛泽东指出："无产阶级和资产阶级之间在意识形态方面的阶级斗争，还是长期的，曲折的，有时甚至是很激烈的。"① 二战后，西方国家挑起"冷战"，资本主义和社会主义两大阵营激烈对抗斗争，到20世纪80年代末90年代初，东欧剧变、苏联解体，国际共产主义运动陷入低潮。但社会主义的历史并未因此而"终结"，中国等国家继续坚持走社会主义道路。在这种情况下，西方国家坚持冷战思维，企图对中国进行"和平演变"。1989年11月23日，邓小平在会见坦桑尼亚革命党主席尼雷尔时指出："西方国家正在打一场没有硝烟的第三次世界大战。所谓没有硝烟，就是要社会主义国家和平演变。东欧的事情对我们说来并不感到意外，迟早要出现的。东欧的问题首先出在内部。西方国家对中国也是一样，他们不喜欢中国坚持社会主义道路。"② 西方国家一方面与中国积极接触，另一方面始终戴着意识形态的有色眼镜，打着"自由""民主""人权"等旗号，对中国推行价值观外交，始终把意识形态目标作为对华交往的基本出发点。

党的十八大以来，以习近平同志为核心的党中央肩负中华民族伟大复兴的历史使命，高度重视意识形态问题，强调"意识形态工作是党的一项极端重要的工作"③，作出了一系列重要部署。在这一问题上，党中央始终保持了清醒认识。党的十九大报告指出："意识形态领

---

① 中共中央文献研究室编：《毛泽东文集》（第七卷），北京：人民出版社，1999年版，第230页。
② 邓小平：《邓小平文选》（第三卷），北京：人民出版社，1993年版，第344页。
③ 习近平：《习近平谈治国理政》，北京：外文出版社，2014年版，第153页。

域斗争依然复杂,国家安全面临新情况"。① 法国前总统密特朗去世前谈到法美关系时曾说:我们与美国正处于战争之中。是的,他们冷酷无情,这些美国人,他们贪婪成性,他们一心要独自攫取对世界的权力。这是一场人所不知的战争,一场永恒的战争,看上去似乎不会死人,但实际上是会死人的战争。② 这段话可谓西方各国在国家关系、国家利益上的真实写照。我们不能对西方国家心存幻想。

2020年年初,新冠肺炎疫情在中国和全球暴发。在中国抗疫初期,德国《明镜》周刊竟刊文称:"中国人若想消灭这次的新型冠状病毒,需要的药方既不是什么西医疫苗,也不是中医草药,而是自由和民主。"③ 当中国有效控制疫情,而美欧因自身抗疫不力而陷入感染和死亡人数暴增的疫情灾难之时,这些国家考虑的不是"人命关天"而是"民主关天"。上自总统及政府高官,下至主流媒体,竟然无视世卫组织及国际社会对中国抗疫的充分肯定,一致对中国发起攻击,极尽造谣污蔑抹黑之能事,其根本原因是中国抗疫成功体现了中国特色社会主义制度的优势,而欧美国家的疫情出现了大规模蔓延的态势,这充分暴露了这些国家制度的弊端,它们处心积虑地造谣抹黑中国,其根本目的在于捍卫所谓"民主""自由"价值观。以美国前国务卿蓬佩奥为代表的反华分子毫无根据地指责中国的抗疫行动,故意制造自由主义与共产主义的意识形态对抗,试图拼凑所谓"民主国家"的反华联盟,鼓吹"脱钩"和"新冷战"。2021年,美国拉拢一些国家搞所谓"领导人民主峰会",捏造所谓"新疆人权问题",推行"价值观外交",就是蓬佩奥式"冷战"思维的体现。

可以预料,随着中国特色社会主义取得更大成就,中国同美国及其他一些国家西方国家在意识形态领域的较量斗争将会更加尖锐激烈。

---

① 《党的十九大报告辅导读本》编写组编:《党的十九大报告辅导读本》,北京:人民出版社,2017年版,第9页。
② Benamou and Georges-Marc. *Le dernier Mitterrand*, Paris: PLON, 1996, pp.52-53.
③ 《面对新冠疫情,究竟是人命关天还是民主关天?》,https://www.guancha.cn/SongLuZheng/2020_02_29_539037.shtml。

党的十九大报告指出，中国特色社会主义进入新时代，"意味着科学社会主义在二十一世纪的中国焕发出强大生机活力，在世界上高高举起了中国特色社会主义伟大旗帜；意味着中国特色社会主义道路、理论、制度、文化不断发展，拓展了发展中国家走向现代化的途径，给世界上那些既希望加快发展又希望保持自身独立性的国家和民族提供了全新选择，为解决人类问题贡献了中国智慧和中国方案。"① 中国特色社会主义的伟大成就，终结了美国及其他一些西方国家的"历史终结论"，使其"和平演变"图谋和意识形态攻击遭到严重挫败，这是西方国家绝不能接受的。

综上所述，作为新中国政党外交历史经验的核心焦点，处理国家利益与意识形态的相互关系，必须始终坚持以"国家利益至上"为根本，以维护国家利益、促进国家关系作为总依归和总要求，在政党外交实践中超越意识形态，不让意识形态、党际关系拖累国家关系、妨碍国家利益，以务实合作夯实党际关系的基础；但超越意识形态不等于放弃意识形态价值目标，相反，在西方国家加紧推行"和平演变"的情况下，必须加强国际上意识形态的斗争，从总体国家安全观的高度认识意识形态安全，把意识形态作为国家利益的有机组成部分；同时，要积极进取，在世界上高举中国特色社会主义伟大旗帜，始终把意识形态作为维护和发展同社会主义国家关系的战略纽带，适时发展与各国共产党及左翼政党的关系，以人类命运共同体理念，加强对各类政党的政治引领。如果说处理好国家利益与意识形态的关系体现了政党外交的目标价值要求的话，那么互不不干涉内部事务原则，则是开展政党外交的核心规范，始终坚持这一规范，即能够为实现目标价值提供根本保障。

站在新的历史起点上，新时代中国特色政党外交要在习近平关于党的对外工作重要论述指引下，紧扣时代主题，坚持"三个重要"的

---

① 《党的十九大报告辅导读本》编写组编：《党的十九大报告辅导读本》，北京：人民出版社，2017年版，第10—11页。

科学定位，把握中华民族伟大复兴的战略全局，围绕党和国家中心工作，特别是紧扣服务构建人类命运共同体和推进"一带一路"建设的主题，把握意识形态与国家利益辩证关系这一政党外交的恒久主题，树立世界眼光，把中国发展与世界发展联系起来，把中国利益同各国共同利益结合起来，携手构建人类命运共同体，在政党外交中既坚持超越意识形态，又充分发挥中国共产党作为社会主义大国执政党的制度优势，加强对国际社会的政治引领，致力于构建新型政党关系和新型国际关系，积极打造全球政党伙伴关系和国家伙伴关系网络，推动构建人类命运共同体，为塑造中国特色大国外交独特风范作出更大贡献。

参考文献

一、经典著作

中共中央马克思恩格斯列宁斯大林著作编译局编:《马克思恩格斯选集》(第一—四卷),北京:人民出版社,1995年版。

中共中央马克思恩格斯列宁斯大林著作编译局译:《马克思恩格斯全集》(第三卷),北京:人民出版社,1960年版。

中共中央马克思恩格斯列宁斯大林著作编译局译:《马克思恩格斯全集》(第四卷),北京:人民出版社,1958年版。

中共中央马克思恩格斯列宁斯大林著作编译局译:《马克思恩格斯全集》(第十六卷),北京:人民出版社,1964年版。

中共中央马克思恩格斯列宁斯大林著作编译局译:《马克思恩格斯全集》(第十八卷),北京:人民出版社,1964年版。

中共中央马克思恩格斯列宁斯大林著作编译局译:《马克思恩格斯全集》(第二十二卷),北京:人民出版社,1965年版。

中共中央马克思恩格斯列宁斯大林著作编译局译:《马克思恩格斯全集》(第三十一卷),北京:人民出版社,1972年版。

中共中央马克思恩格斯列宁斯大林著作编译局译:《马克思恩格斯全集》(第三十二卷),北京:人民出版社,1974年版。

中共中央马克思恩格斯列宁斯大林著作编译局译:《马克思恩格斯

全集》(第三十五卷),北京:人民出版社,1971年版。

中共中央马克思恩格斯列宁斯大林著作编译局译:《马克思恩格斯全集》(第三十七卷),北京:人民出版社,1971年版。

中共中央马克思恩格斯列宁斯大林著作编译局译:《马克思恩格斯全集》(第三十九卷),北京:人民出版社,1974年版。

中共中央马克思恩格斯列宁斯大林著作编译局译:《马克思恩格斯全集》(第四十四卷),北京:人民出版社,1982年版。

中共中央马克思恩格斯列宁斯大林著作编译局编:《马克思恩格斯书信选集》,北京:人民出版社,1962年版。

中共中央马克思恩格斯列宁斯大林著作编译局译:《马克思恩格斯文集》(第二卷、第五卷、第十卷),北京:人民出版社,2009年版。

中共中央马克思恩格斯列宁斯大林著作编译局编:《列宁选集》(第一——四卷),北京:人民出版社,1995年版。

中共中央马克思恩格斯列宁斯大林著作编译局译:《列宁全集》(第一卷),北京:人民出版社2013年版。

中共中央马克思恩格斯列宁斯大林著作编译局译:《列宁全集》(第四卷),北京:人民出版社,2013年版。

中共中央马克思恩格斯列宁斯大林著作编译局译:《列宁全集》(第十九卷),北京:人民出版社,2017年版。

中共中央马克思恩格斯列宁斯大林著作编译局译:《列宁全集》(第二十八卷),北京:人民出版社,2017年版。

中共中央马克思恩格斯列宁斯大林著作编译局译:《列宁全集》(第三十六卷),北京:人民出版社,2017年版。

中共中央马克思恩格斯列宁斯大林著作编译局译:《列宁全集》(第三十九卷),北京:人民出版社,2017年版。

中共中央马克思恩格斯列宁斯大林著作编译局译:《列宁全集》(第四十一卷),北京:人民出版社,2017年版。

中共中央马克思恩格斯列宁斯大林著作编译局译:《列宁全集》(第

四十三卷),北京:人民出版社,2017年版。

中共中央马克思恩格斯列宁斯大林著作编译局译《列宁专题文集论无产阶级政党》,北京:人民出版社,2009年版。

毛泽东:《毛泽东选集》(第一——四卷),北京:人民出版社,1991年版。

中共中央文献研究室编:《毛泽东文集》(第六卷、第七卷、第八卷),北京:人民出版社,1999年版。

中共中央文献研究室编:《建国以来毛泽东文稿》(第一册),北京:中央文献出版社,1987年版。

中共中央文献研究室编:《建国以来毛泽东文稿》(第二册),北京:中央文献出版社,1988年版。

中共中央文献研究室编:《建国以来毛泽东文稿》(第三册),北京:中央文献出版社,1989年版。

中共中央文献研究室编:《建国以来毛泽东文稿》(第四册),北京:中央文献出版社,1990年版。

中共中央文献研究室编:《建国以来毛泽东文稿》(第五册),北京:中央文献出版社,1991年版。

中共中央文献研究室编:《建国以来毛泽东文稿》(第六册、第七册),北京:中央文献出版社,1992年版。

中共中央文献研究室编:《建国以来毛泽东文稿》(第八册),北京:中央文献出版社,1993年版。

中共中央文献研究室编:《建国以来毛泽东文稿》(第九册、第十册、第十一册),北京:中央文献出版社,1996年版。

中共中央文献研究室编:《建国以来毛泽东文稿》(第十二册、第十三册),北京:中央文献出版社,1998年版。

中华人民共和国外交部、中共中央文献研究室编:《毛泽东外交文选》,北京:中央文献出版社、世界知识出版社,1994年版。

中共中央文献研究室、中央档案馆编:《建国以来刘少奇文稿》(第一—四册),北京:中央文献出版社,2005年版。

中共中央文献研究室、中央档案馆编:《建国以来刘少奇文稿》(第五—七册),北京:中央文献出版社,2008年版。

中共中央文献研究室、中央档案馆编:《建国以来刘少奇文稿》(第八—十二册),北京:中央文献出版社,2018年版。

中共中央文献研究室、中央档案馆编:《建国以来周恩来文稿》(第一—十三册),北京:中央文献出版社,2008年版。

中华人民共和国外交部、中共中央文献研究室编:《周恩来外交文选》,中央文献出版社,1990年版。

邓小平:《邓小平文选》(第一—三卷),北京:人民出版社,1994年版。

中共中央文献研究室编:《邓小平文集(一九四九—一九七四)》(下卷),北京:人民出版社,2014年版。

江泽民:《江泽民文选》(第一—三卷),北京:人民出版社2006年版。

胡锦涛:《胡锦涛文选》(第一—三卷),北京:人民出版社,2016年版。

习近平:《习近平谈治国理政》,北京:外文出版社,2014年版。

习近平:《习近平谈治国理政》(第二卷),北京:外文出版社,2017年版。

习近平:《习近平谈治国理政》(第三卷),北京:外文出版社,2020年版。

习近平:《习近平谈治国理政》(第四卷),北京:外文出版社,2012年版。

习近平:《习近平外交演讲集》(第一—二卷),北京:中央文献出版社,2022年版。

二、党的文献和领导人年谱及传记

党的文献：

中央档案馆中共中央文献研究室编：《中共中央文件选集(1949.10—1966.5)》(第三十册、第三十一册、第三十二册、第三十五册、第三十六册、第三十九册、第四十二册)，北京：人民出版社，2013年版。

《十一届三中全会以来党的历次全国代表大会中央全会重要文件选编》(上、下)，北京：中央文献出版社，1997年版。

中共中央文献研究室编：《十三大以来重要文献选编》(上、中、下)，北京：人民出版社，2011年版。

中共中央文献研究室编：《十四大以来重要文献选编》(上、中、下)，北京：人民出版社，2011年版。

中共中央文献研究室编：《十五大以来重要文献选编》(上)，北京：人民出版社，2000年版。

中共中央文献研究室编：《十五大以来重要文献选编》(中)，北京：人民出版社，2001年版。

中共中央文献研究室编：《十六大以来重要文献选编》(上)，北京：中央文献出版社，2005年版。

中共中央文献研究室编：《十六大以来重要文献选编》(中)，北京：中央文献出版社，2006年版。

中共中央文献研究室编：《十七大以来重要文献选编》(上)，北京：中央文献出版社，2009年版。

中共中央文献研究室编：《十七大以来重要文献选班》(下)，北京：中央文献出版社，2013年版。

中共中央文献研究室编：《十八大以来重要文献选编》(上)，北京：中央文献出版社，2014年版。

中共中央文献研究室编：《十九大以来重要文献选编》(上)，北京：中央文献出版社，2021年版。

中共中央文献研究室编：《建国以来重要文献选编》(第八册)，北京：中央文献出版社，1993年版。

中共中央文献研究室编：《建国以来重要文献选编》（第九册），北京：中央文献出版社，1994年版。

领导人年谱及传记：

中共中央文献研究室编：《毛泽东年谱（一九四九——一九七六）》（第一—六卷），北京：中央文献出版社，2013年版。

中共中央文献研究室编：《周恩来年谱（一九四九——一九七六）》（上卷、下卷），北京中央文献出版社，1997年版。

中共中央文献研究室编：《刘少奇年谱》（上卷、下卷），北京：中央文献出版社，1996年版。

中共中央文献研究室编：《邓小平年谱（一九七五——一九九七）》（上、下），北京：中央文献出版社，2004年版。

中共中央文献研究室编：《邓小平思想年谱（一九七五——一九九七）》，北京：中央文献出版社，1998年版。

金冲及主编：《周恩来传1898—1976》（下），北京：中央文献出版社，2008年版。

中华人民共和国外交部外交史研究室编：《周恩来外交活动大事记（1949—1975）》，北京：世界知识出版社，1993年版。

安建设：《周恩来的最后岁月》，北京：中央文献出版社，1995年版。

《李先念传》编写组、鄂豫边区革命史编辑部编：《李先念年谱》（第三—六卷），北京：中央文献出版社，2011年版。

三、资料汇编

人民出版社编：《批判斯大林问题文集》，北京：人民出版社，1956年版。

《共产党和工人党莫斯科会议宣言（1957年11月）》，北京：人民出版社，1960年版。

《关于国际共产主义运动的总路线的论战》，北京：人民出版社，

1965年版。

《陶里亚蒂言论集》(第二卷),北京:世界知识出版社,1966年版。

铁托:《铁托选集》,北京:人民出版社,1982年版。

中国人民大学科学社会主义系编:《国际共产主义运动史文献史料选编》(第五卷),北京:中国人民大学出版社,1986年版。

何春超:《国际关系史资料选编(1945—1980)》,北京:法律出版社,1987年版。

齐世荣:《当代世界史资料选辑》(第一分册),北京:北京师范学院出版社,1990年版。

《中国共产党对外工作概况》编委会编:《中国共产党对外工作概况1992—1993》,北京:当代世界出版社,1993年版。

《中国共产党对外工作概况》编委会编:《中国共产党对外工作概况1994》,北京:当代世界出版社,1994年版。

《中国共产党对外工作概况》编委会编:《中国共产党对外工作概况1995》,北京:当代世界出版社,1995年版。

《中国共产党对外工作概况》编委会编:《中国共产党对外工作概况1996》,北京:当代世界出版社,1996年版。

《中国共产党对外工作概况》编委会编:《中国共产党对外工作概况1997》,北京:当代世界出版社,1997年版。

《中国共产党对外工作概况》编委会编:《中国共产党对外工作概况1998》,北京:当代世界出版社,1999年版。

《中国共产党对外工作概况》编委会编:《中国共产党对外工作概况1999》,北京:当代世界出版社,2000年版。

《中国共产党对外工作概况》编委会编:《中国共产党对外工作概况2000》,北京:当代世界出版社,2001年版。

《中国共产党对外工作概况》编委会编:《中国共产党对外工作概况2001》,北京:当代世界出版社,2002年版。

《中国共产党对外工作概况》编委会编:《中国共产党对外工作概况

2002》，北京：当代世界出版社，2003年版。

《中国共产党对外工作概况》编委会编：《中国共产党对外工作概况2003》，北京：当代世界出版社，2004年版。

崔合营主编：《中国共产党对外工作概况2004》，北京：当代世界出版社，2005年版。

《中国共产党对外工作概况》编委会编：《中国共产党对外工作概况2005》，北京：当代世界出版社，2007年版。

《中国共产党对外工作概况》编委会编：《中国共产党对外工作概况2006》，北京：当代世界出版社，2007年版。

《中国共产党对外工作概况》编委会编：《中国共产党对外工作概况2007》，北京：当代世界出版社，2008年版。

《中国共产党对外工作概况》编委会编：《中国共产党对外工作概况2008》，北京：当代世界出版社，2009年版。

《中国共产党对外工作概况》编委会编：《中国共产党对外工作概况2009》，北京：当代世界出版社，2010年版。

《中国共产党对外工作概况》编委会编：《中国共产党对外工作概况2010》，北京：当代世界出版社，2011年版。

《中国共产党对外工作概况》编委会编：《中国共产党对外工作概况2011》，北京：当代世界出版社，2012年版。

《中国共产党对外工作概况》编委会编：《中国共产党对外工作概况2012》，北京：当代世界出版社，2013年版。

《中国共产党对外工作概况》编委会编：《中国共产党对外工作概况2013》，北京：当代世界出版社，2014年版。

《中国共产党对外工作概况》编委会编：《中国共产党对外工作概况2014》，北京：当代世界出版社，2015年版。

《中国共产党对外工作概况》编委会编：《中国共产党对外工作概况2015》，北京：当代世界出版社，2016年版。

《中国共产党对外工作概况》编委会编：《中国共产党对外工作概况

2016》,北京:当代世界出版社,2017年版。

《中国共产党对外工作概况》编委会编:《中国共产党对外工作概况2017》,北京:当代世界出版社,2018年版。

《中国共产党对外工作概况》编委会编:《中国共产党对外工作概况2018》,北京:当代世界出版社,2019年版。

蔡武主编:《中国共产党对外工作大事记》(上册、下册),北京:当代世界出版社,2001年版。

沈志华主编:《俄罗斯解密档案选编———中苏关系》(第一—十二卷),上海:东方出版中心,2014年版。

四、著述和回忆录及纪实

著述:

中国人民大学马克思列宁主义基础系:《国际共产主义运动史》,北京:中国人民大学,1958年10月。

北京大学国际政治系:《国际共产主义运动史》(讲义初稿)(内部学习参考),1972年10月。

姜琦等编著:《当代国际共产主义运动史(1945—1985)》,兰州:甘肃人民出版社,1987年版。

日本共产党中央委员会编:《日本共产党的六十年》,北京:人民出版社,1986年版。

张玉良等:《党际关系的新发展》,北京:解放军出版社,1989年版。

石林主编:《当代中国的对外经济合作》,北京:中国社会科学出版社,1989年版。

裴坚章主编:《毛泽东外交思想研究》,北京:世界知识出版社,1994年版。

刘金质、梁守德、杨淮生主编:《国际政治大辞典》,北京:中国社会科学出版社,1994年版。

《中联部四十年》,北京:人民画报出版社,1992年版。

裴坚章主编：《中华人民共和国外交史（1949—1956）》（第一卷），北京：世界知识出版社，1994年版。

王泰平主编：《中华人民共和国外交史（1957—1969）》（第二卷），北京：世界知识出版社，1998年版。

王泰平主编：《中华人民共和国外交史（1970—1978）》（第三卷），北京：世界知识出版社，1999年版。

王泰平主编：《新中国外交50年》（上、中、下），北京：北京出版社，1999年版。

吴兴唐：《政党外交与国际关系》，北京：当代世界出版社，2004年版。

包霞琴、臧志军主编：《变革中的日本政治与外交》，北京：时事出版社，2004年版。

王家瑞主编：《当代国外政党概览》，北京：当代世界出版社，2009年版

沈志华：《苏联专家在中国1948—1960》，北京：新华出版社，2009年版。

王家瑞主编：《中国共产党对外交往90年》，北京：当代世界出版社，2013年版。

朱建田：《马克思主义党际关系理论研究》，北京：人民出版社，2017年版。

宋涛主编：《中国共产党对外工作100年》，北京：当代世界出版社，2021年版。

回忆录及纪实：

师哲回忆、李海文整理：《在历史巨人身边：师哲回忆录》，北京：中央文献出版社，1991年版。

吴冷西：《十年论战：1956—1966中苏关系回忆录》（上、下），北京：中央文献出版社，1999年版。

孙平化：《中日友好随想录》，北京：世界知识出版社，1996年版。

蒋光化：《访问外国政党纪实》，北京：世界知识出版社，1997年版。

王殊：《中德建交亲历记》，北京：世界知识出版社，2002年版。

钱其琛：《外交十记》，北京：世界知识出版社，2003年版。

耿飚：《耿飚回忆录》，北京：中华书局，2009年版。

朱良：《对外工作回忆与思考》，北京：当代世界出版社，2012年版。

李北海：《外交心语》，北京：当代世界出版社，2011年版。

艾平：《双洲记——政党国际交往亲历》，北京：当代世界出版社，2018年版。

吴兴唐：《政党外交工作的回忆与思考》，北京：当代世界出版社，2020年版。

《历史瞬间的回顾—中国共产党对外交往纪实》，北京：世界知识出版社，1997年版。

李健：《天堑通途——中国共产党对外交往纪实》（下），北京：当代世界出版社，2001年版。

五、译著及英文资料

埃弗尔·詹宁斯：《英国议会》，北京：商务印书馆，1963年版。

尤·安·克拉辛主编，俞邃等译：《国际共产主义运动》，北京：人民出版社，1986年版。

汉斯·摩根索：《政治学的困境》，北京：中国人民公安大学出版社，1990年版。

戴维·米勒、韦农·波格丹诺主编，邓正来等译：《布莱克维尔政治学百科全书》，北京：中国政法大学出版社，1992年版。

斯拉沃热·齐泽克著，季广茂译：《意识形态的崇高客体》，北京：中央编译出版社，2002年版。

陈平：《我方的历史》，新加坡：Media Masters Pte Ltd.，2004年版。

埃德加·斯诺：《西行漫记》（中译本），北京：东方出版社，2005年版。

亨利·基辛格:《大外交》,海口:海南出版社,2012年版。

Brantly Womack, *China and Vietnam: The Politics of Asymmetry*, NewYork: Cambridge University Press, 2006.

William R. Heaton, "China and Southeast Asian Communist Movements: the Decline of Dual Track Diplomacy", *Asian Survey*, Vol. 22, No. 8, 1982.

Michael Freeden, *Ideologies and Political Theory*, Oxford: Clarendon Press, 1996。

后 记

本课题自2014年启动到截稿、修改、出版,历时七年。关于政党外交历史经验的研究思路,学界比较常见的做法是以历史的纵向为基本逻辑,对党际关系史划分为若干个阶段,就每一个阶段的历史进行梳理,然后进行阶段性总结,提炼出一些带有经验性、规律性的观点。严格地说,这种以历史本身的梳理为重点的研究,只是为历史经验研究做了一定的铺陈,本身并不是历史经验研究。历史经验研究,要体现其理论性、创造性、系统性、深刻性,表现在思路框架上,必须是以提炼出的一条条具体经验、一个个具体观点为统领,把历史研究融入经验总结之中。本着这样的思路,着眼于处理好各种关系的角度,对新中国政党外交历史经验进行梳理,概括总结了七个方面,即本书第二章到第八章的内容。新中国政党外交在思想理论和历史实践方面不断发展,包含的历史经验十分丰富,本书所阐述的内容远远难称"全面""系统"。实际上,不同的研究者基于不同学术背景、不同的视角,就同一问题的研究结论也是不尽相同的。本书力求在研究方法上有所创新,对促进该问题研究的进一步深化起到抛砖引玉的作用。

本书各章分工如下:

余科杰:

导论;

第一章　新中国政党外交的历史概述；

第四章　始终坚持和遵循党际关系四项原则；

第五章　处理好意识形态与超越意识形态的关系；

第六章　准确把握党际关系和国家关系的辩证统一；

第八章　正确处理与执政党和非执政党的关系；

结　语　新中国政党外交的根本经验和重要启示。

柴尚金：

第二章　在实践中坚持和发展马克思主义党际关系理论；

第三章　服务于党和国家中心工作及总体外交战略；

第七章　处理好共产党与其他类型政党的关系。

本书付梓之际，谨对当代世界出版社丁云社长及编辑部刘娟娟主任及其他编辑同志表示由衷感谢。对审阅书稿并提出宝贵意见的中联部唐海军同志、田永祥同志以及中联部研究室的其他同志表示由衷谢意。

余科杰、柴尚金

2021年9月